AF746254

BUNGA RAMPAI LOGIKA: TEORI, ARGUMEN, DAN KESALAHAN BERPIKIR

Ahmad Dwi Juharmanto, Ahmad Habibi, Ahmad Zaini, Choirul Umam, Choirun Nisak, Eka Putriana, Febriana Hisana Hulwa, Fitri Shofiatul Ulul Hikmah, Fitria, Habibatul Fitria, Iftitah Hidayati, Intan Fitriyani, Irfan Ali, Luluk Mukarromah, Marum Dasuki, Muhammad Adytia Maulana Zidni, Muhammad Arjuna Umar Faruq, Najwa Nuril Maulida Alfianti, Noer Laili Rohmadhoni Novita F, Nurul Lailatul Aulia, Nurwahid, Rofiatus Zahro, Samsul Huda, Siti Maimunah, Tanti Verawaty Nailis, dan Vania Putri Nabila.

GRA FLIT

BUNGA RAMPAI LOGIKA: TEORI, ARGUMEN, DAN KESALAHAN BERPIKIR

Penulis

Ahmad Dwi Juharmanto, Ahmad Habibi, Ahmad Zaini, Choirul Umam, Choirun Nisak, Eka Putriana, Febriana Hisana Hulwa, Fitri Shofiatul Ulul Hikmah, Fitria, Habibatul Fitria, Iftitah Hidayati, Intan Fitriyani, Irfan Ali, Luluk Mukarromah, Marum Dasuki, Muhammad Adytia Maulana Zidni, Muhammad Arjuna Umar Faruq, Najwa Nuril Maulida Alfianti, Noer Laili Rohmadhoni Novita F, Nurul Lailatul Aulia, Nurwahid, Rofiatus Zahro, Samsul Huda, Siti Maimunah, Tanti Verawaty Nailis, dan Vania Putri Nabila.

QRCBN

62-688-1281-728

Editor

Dr. Rifqi Khairul Anam

Penyunting

Dwi Susilowati

Desain Sampul dan Tata Letak

Friska Cahya F.

Penerbit

GRA FLIT
Graflit Anagraf Indonesia
Penerbitan dan Penulisan
Palem Merah, J2/06, Tangerang, Banten
@graflit.id
www.graflitin.com
081-317-450-195
IKAPI: No.082/BANTEN/2025

Cetakan pertama, Desember 2025

Hak cipta dilindungi undang-undang

Dilarang memperbanyak karya tulis ini dalam bentuk dan dengan cara apapun tanpa izin tertulis dari penerbit.

KATA PENGANTAR

Oleh: Rektor Institut Ahmad Dahlan Probolinggo

Assoc. Prof. Dr. Benny Prasetiya, M.Pd.I

Di tengah lanskap peradaban kontemporer yang ditandai oleh percepatan informasi, fragmentasi pengetahuan, dan dominasi narasi emosional, kemampuan manusia untuk bernalar secara jernih menghadapi tantangan yang semakin kompleks. Kita hidup pada zaman ketika data tersedia melimpah, tetapi kebijaksanaan justru terasa langka; ketika opini bergerak lebih cepat daripada verifikasi; dan ketika kebenaran sering kali dikalahkan oleh viralitas. Dalam situasi inilah, logika sebagai fondasi berpikir rasional tidak lagi sekadar menjadi disiplin akademik, melainkan kebutuhan eksistensial manusia modern.

Buku ini hadir sebagai respons intelektual atas kegelisahan tersebut. Ia tidak sekadar menawarkan logika sebagai kumpulan rumus atau kaidah formal, melainkan menempatkannya sebagai struktur kesadaran, alat pembebasan berpikir, dan penjaga integritas akal budi. Melalui pembahasan yang sistematis namun reflektif, buku ini mengajak pembaca untuk kembali menaruh perhatian pada satu hal yang kerap diabaikan: cara kita berpikir tentang apa yang kita pikirkan. Inilah dimensi metakognitif yang menjadi prasyarat bagi lahirnya pemikiran ilmiah, sikap kritis, dan kebijaksanaan praktis.

Secara konseptual, buku ini dibangun di atas keyakinan bahwa penalaran manusia tidak bersifat tunggal dan linier. Manusia berpikir melalui beragam modus: formal dan informal, simbolik dan matematis, intuitif dan deduktif. Oleh karena itu, upaya memahami logika tidak dapat dilepaskan dari pemetaan cara berpikir itu sendiri. Buku ini dengan cermat menunjukkan bahwa pemikiran formal bukanlah lawan dari pemikiran informal, melainkan kelanjutannya; bahwa simbol bukan sekadar alat bantu, tetapi medium utama abstraksi; dan bahwa pemikiran matematis merupakan puncak integrasi dari seluruh proses kognitif tersebut. Pendekatan ini menempatkan logika dalam kerangka yang hidup, kontekstual, dan manusiawi.

Lebih jauh, buku ini menegaskan kembali peran fundamental hukum-hukum dasar logika khususnya Hukum Identitas dan Hukum Cukup Alasan sebagai pilar akal sehat. Dalam dunia yang semakin permisif terhadap kontradiksi dan klaim tanpa dasar, penegasan atas dua hukum ini menjadi sangat relevan. Hukum Identitas menjaga kejernihan makna dan stabilitas konsep, sementara Hukum Cukup Alasan menuntut tanggung jawab intelektual atas setiap klaim pengetahuan. Keduanya bukan sekadar prinsip abstrak, melainkan etos berpikir yang menopang sains, pendidikan, etika, dan kehidupan sosial yang rasional.

Dari perspektif akademik, buku ini memiliki signifikansi ganda. Pertama, ia berfungsi sebagai fondasi konseptual bagi mahasiswa dan pendidik dalam membangun kemampuan berpikir kritis, menulis ilmiah, dan melakukan riset yang bertanggung jawab. Kedua, ia berperan sebagai jembatan epistemologis antara filsafat, logika, dan praktik pendidikan, khususnya dalam konteks pembelajaran matematika dan pengembangan kemampuan bernalar. Dengan demikian, buku ini tidak hanya relevan bagi satu disiplin, tetapi bersifat lintas bidang dan lintas konteks keilmuan.

Lebih dari sekadar membekali pembaca dengan keterampilan teknis bernalar, buku ini juga mengandung dimensi pembentukan karakter intelektual. Logika dihadirkan bukan hanya sebagai instrumen kognitif, tetapi sebagai etika berpikir sebuah disposisi batin untuk bersikap jujur terhadap fakta, rendah hati terhadap kompleksitas realitas, dan disiplin dalam menarik kesimpulan. Dalam tradisi akademik yang sejati, kemampuan berpikir logis tidak dapat dipisahkan dari integritas ilmiah. Buku ini secara implisit menanamkan nilai bahwa berpikir lurus berarti bersedia mengoreksi diri, menerima keterbatasan argumen, dan menunda penghakiman ketika alasan belum memadai.

Di sisi lain, buku ini menempati posisi penting dalam konteks pendidikan nasional dan global yang tengah mendorong penguatan keterampilan berpikir tingkat tinggi (*higher-order thinking skills*). Dengan menguraikan relasi antara pemikiran formal, informal, simbolik, dan matematis, buku ini memberikan kerangka konseptual yang kuat bagi pendidik untuk memahami bagaimana peserta didik membangun pengetahuan secara bertahap dan kontekstual. Pendekatan semacam ini sejalan dengan tuntutan pendidikan abad ke-21 yang tidak lagi berorientasi pada hafalan prosedural, melainkan pada kemampuan analisis, sintesis, dan evaluasi yang berlandaskan penalaran rasional.

Akhirnya, buku ini dapat dibaca sebagai pernyataan optimistik tentang masa depan akal budi manusia. Di tengah kekhawatiran akan degradasi nalar akibat algoritma, disinformasi, dan budaya instan, buku ini menegaskan bahwa kemampuan berpikir rasional tetap dapat dipelajari, dilatih, dan diwariskan. Logika bukanlah privilese segelintir intelektual, melainkan hak sekaligus tanggung jawab setiap manusia yang ingin hidup secara sadar dan bermakna. Dengan demikian, buku ini tidak hanya menawarkan pengetahuan, tetapi juga harapan: bahwa melalui pendidikan nalar yang serius dan berkelanjutan, manusia masih mampu menjaga kemerdekaan berpikirnya di tengah dunia yang semakin kompleks.

PRAKATA EDITOR

Assalamualaikum Warahmatullahi Wabarakatuh,

Logika seringkali disalahpahami sebagai sekadar aturan berpikir yang kaku, kering, dan warisan masa lalu yang hanya relevan bagi filsuf Yunani kuno. Namun, di era di mana kita hidup saat ini sebuah era yang sering disebut sebagai *post-truth*, di mana emosi lebih sering didahulukan daripada fakta, dan algoritma media sosial mendikte apa yang harus kita percayai ilmu logika justru menemukan urgensinya yang paling vital. Logika bukan lagi sekadar pelengkap kurikulum; ia adalah alat bertahan hidup (*survival kit*) bagi akal sehat kita.

Buku yang ada di tangan pembaca saat ini adalah sebuah *Bunga Rampai Logika: Teori, Argumen, dan Kesalahan Berpikir* yang lahir dari kegelisahan dan semangat intelektual para mahasiswa dalam mata kuliah Ilmu Logika. Kehadiran buku ini bukan sekadar pemenuhan tugas administratif perkuliahan, melainkan manifestasi nyata dari penerapan kurikulum *Outcome-Based Education* (OBE). Dalam paradigma OBE, mahasiswa tidak lagi diposisikan sebagai "gelas kosong" yang pasif menerima ceramah, melainkan sebagai subjek aktif yang mampu mengonstruksi pemahaman, mengolah argumen, dan menyajikannya dalam bentuk karya tulis ilmiah yang terstruktur.

Sebagai pengampu mata kuliah sekaligus editor yang mengawal proses lahirnya naskah ini, saya menyaksikan sendiri bagaimana para mahasiswa bergulat dengan konsep-konsep dasar logika. Mulai dari upaya mendefinisikan hal-hal sederhana (term dan konsep), menyusun proposisi yang koheren, hingga menarik kesimpulan melalui silogisme yang valid. Proses ini tidaklah mudah. Menuliskan jalan pikiran jauh lebih sulit daripada sekadar memikirkannya. Namun, justru di sanalah letak pembelajarannya: menulis adalah proses menata kekacauan pikiran menjadi struktur yang bisa dipahami orang lain.

Buku ini menyajikan ragam pembahasan yang komprehensif. Pembaca akan diajak menelusuri dasar-dasar logika formal, mulai dari pembahasan mengenai penunjukan makna dan definisi yang menjadi gerbang pemahaman, hingga pembahasan mengenai proposisi dan penyimpulan yang menjadi jantung dari argumentasi. Tidak ketinggalan, beberapa tulisan dalam bunga rampai ini juga menyoroti fenomena *Logical Fallacy* (sesat pikir) yang kian marak kita temui dalam debat-debat publik maupun percakapan digital sehari-hari.

Tentu saja, sebagai karya mahasiswa, buku ini tidak lepas dari ketidaksempurnaan. Namun, ketidaksempurnaan itu sendiri adalah bagian dari proses dialektika keilmuan. Apa yang tertuang di sini adalah potret jujur dari nalar yang sedang bertumbuh. Semangat mereka untuk berani mempublikasikan gagasan layak untuk kita apresiasi setinggi-tingginya.

Saya mengucapkan terima kasih yang sebesar-besarnya kepada pihak pimpinan kampus yang telah mendukung iklim akademik berbasis luaran ini. Apresiasi khusus saya haturkan kepada Bapak Assoc. Prof. Benny Prasetiya selaku Rektor, yang telah berkenan memberikan Kata Pengantar untuk melengkapi buku ini.

Akhir kata, semoga *Bunga Rampai* ini tidak hanya berakhir sebagai tumpukan kertas di perpustakaan, tetapi mampu menjadi pemantik diskusi dan yang paling penting menjadi salah satu upaya kecil kita untuk tetap menjaga kewarasan logika di tengah riuh rendahnya dunia.

Selamat membaca.

Probolinggo, Desember 2025
Oleh: Dr Rifqi Khairul Anam
Editor / Dosen Pengampu

DAFTAR ISI

BAGIAN 1

MENGAPA LOGIKA? MEMBEDAH PERAN PENALARAN DALAM STUDI DAN KEHIDUPAN SEHARI-HARI

Oleh : Ahmad Dwi Juharmanto

A. PENDAHULUAN

Kita hidup dalam paradoks zaman digital: saat akses terhadap informasi melimpah ruah bagaikan air bah, kemampuan kita untuk menyaring dan memprosesnya justru terasa semakin dangkal. Setiap hari, gawai kita dibanjiri oleh ribuan data, namun fenomena ini sering kali tidak diimbangi dengan ketajaman nalar. Realitas ini tercermin dalam berbagai ironi di sekitar kita. Kita bisa melihat bagaimana seseorang yang berpendidikan tinggi mudah termakan berita bohong (*hoaks*) yang secara logis tidak masuk akal, hanya karena berita tersebut menyentuh sisi emosionalnya. Di sisi lain, dalam konteks akademik, tidak jarang kita temukan mahasiswa dengan Indeks Prestasi Kumulatif (IPK) nyaris sempurna, namun gagap dan bingung ketika diminta menyusun argumen skripsi yang runtut dan beralur. Ketiadaan fondasi logika ini membawa konsekuensi serius: keputusan-keputusan krusial baik di ruang publik maupun pribadi akhirnya didasarkan semata-mata pada viralitas dan ledakan emosi, bukan pada validitas kebenaran.

Sayangnya, di tengah urgensi tersebut, logika seringkali disalahpahami. Disiplin ini kerap dianggap sebagai mata kuliah yang "kering", "abstrak", dan eksklusif hanya untuk mereka yang mendalami filsafat atau matematika murni. Ada anggapan keliru bahwa logika tidak membumi dan tidak relevan dengan tantangan praktis sehari-hari. Padahal, terdapat sebuah ironi besar dalam kehidupan kita: meskipun kita berpikir setiap saat mulai dari bangun tidur hingga kembali terlelap kita sangat jarang memikirkan cara kita berpikir (metakognisi). Kita sering menerima begitu saja proses berpikir kita tanpa evaluasi, seolah-olah itu adalah mekanisme otomatis yang selalu benar. Akibatnya, tanpa disadari, kita menjadi rentan terhadap berbagai kesesatan berpikir (*logical fallacy*) dan mudah dimanipulasi oleh retorika kosong yang tampak meyakinkan di permukaan.

Untuk itu, kita perlu meluruskan pemahaman dasar mengenai apa itu logika. Logika bukanlah sekadar segala sesuatu yang terdengar "masuk akal" dalam percakapan sehari-hari. Lebih dari itu, logika adalah sebuah disiplin ilmu (*scientia*) sekaligus kecakapan atau seni (*ars*). Jika bahasa memiliki tata bahasa (*grammar*) untuk menyusun kalimat yang benar, maka logika adalah "tata bahasa" dari proses berpikir. Ia menyediakan seperangkat aturan dan prinsip yang memungkinkan kita untuk berpikir lurus, tertib, dan teratur guna mencapai kebenaran. Logika adalah alat ukur yang memisahkan antara kesimpulan yang valid dengan asumsi yang tidak berdasar.

Bab ini hadir dengan tujuan utama untuk mendemistifikasi anggapan bahwa logika itu rumit dan tidak terjangkau. Di halaman-halaman berikutnya, kita akan membedah peran vital logika dalam dua arena utama. Pertama, sebagai tulang punggung kesuksesan akademik, di mana logika menjadi fondasi dalam melakukan riset yang tajam dan penulisan karya ilmiah yang kokoh. Kedua, kita akan melihat fungsi logika sebagai "alat pertahanan diri" yang esensial dalam kehidupan personal dan sosial, membentengi kita dari arus informasi yang menyesatkan. Melalui pembahasan ini, diharapkan pembaca tidak hanya memahami logika sebagai teori, tetapi mampu menggunakannya sebagai senjata intelektual dalam menghadapi kompleksitas dunia modern.

B. PEMBAHASAN

a) Fondasi: Apa Itu Logika dan Mengapa Kita Membutuhkannya?

Sebelum melangkah lebih jauh ke dalam penerapan teknis, kita perlu menggali kembali ke akar paling dasar: apa sebenarnya yang kita lakukan ketika kita "berlogika"? Secara sederhana, logika adalah studi tentang metode dan prinsip-prinsip yang digunakan untuk membedakan penalaran yang lurus (benar) dari yang bengkok (salah). Namun, pemahaman ini sering memunculkan pertanyaan: "Bukankah setiap manusia sudah bisa berpikir sejak lahir tanpa perlu belajar logika?" Jawabannya adalah ya, dan tidak.

Logika Kodratiah vs. Logika Ilmiah

Manusia memang dianugerahi logika kodratiah (*naturalis*). Ini adalah kemampuan akal budi bawaan yang memungkinkan kita berpikir secara spontan untuk menyelesaikan masalah sehari-hari. Misalnya, seorang petani tidak perlu kuliah filsafat untuk mengetahui bahwa jika awan gelap menggantung, hujan akan segera turun, dan ia harus segera mengamankan hasil panennya. Logika alami ini bekerja berdasarkan pengalaman dan intuisi, cukup untuk menavigasi kehidupan yang sederhana.

Namun, logika kodratiah memiliki keterbatasan serius. Ia sering kali goyah ketika dihadapkan pada masalah yang kompleks, abstrak, atau penuh dengan data yang manipulatif. Di sinilah logika ilmiah (*artificialis*) diperlukan. Jika logika kodratiah ibarat kemampuan "berjalan kaki" yang dimiliki semua orang, maka logika ilmiah adalah teknik "baris-berbaris" yang disiplin dan teratur. Logika ilmiah memperhalus, mempertajam, dan menertibkan jalan pikiran kita agar tidak mudah tergelincir oleh bias emosi, prasangka sistematis, atau kerancuan bahasa. Dalam konteks akademik dan profesional, mengandalkan "firasat" (kodratiah) saja tidak cukup; kita membutuhkan presisi (ilmiah) untuk membedah argumen yang rumit.

Mekanisme Berpikir: Tiga Aktivitas Budi

Bagaimana sebenarnya proses "berpikir lurus" itu terjadi dalam benak kita? Dalam tradisi logika klasik, mekanisme ini dipetakan menjadi tiga langkah fundamental yang dikenal sebagai "Tiga Aktivitas Budi" (*The Three Acts of the Mind*). Pemahaman ini menjadi kerangka dasar untuk mendeteksi di mana letak kesalahan sebuah argumen.

1. **Konsep atau Pengertian (*Simple Apprehension*):** Ini adalah aktivitas pertama di mana akal menangkap esensi dari suatu objek tanpa mengiyakan atau menolaknya. Hasil dari aktivitas ini adalah *konsep*. Contohnya, ketika kita melihat benda berkaki empat yang digunakan untuk duduk, pikiran kita membentuk konsep "Kursi". Kesalahan di tahap ini biasanya berupa ambiguitas makna (misalnya, menggunakan kata "bunga" untuk tanaman dan suku bunga bank secara bergantian).
2. **Putusan (*Judgment*):** Aktivitas kedua adalah menghubungkan dua konsep untuk menyatakan kebenaran atau kesalahan. Kita menyatukan konsep "Kursi" dan "Rusak" menjadi sebuah proposisi: "Kursi ini rusak". Di sinilah letak benar atau salahnya sebuah fakta. Sebuah putusan yang cacat terjadi jika kita salah menghubungkan realitas, misalnya menyatakan "Semua mahasiswa itu malas" hanya karena melihat satu mahasiswa terlambat.
3. **Penyimpulan (*Reasoning/Inference*):** Ini adalah puncak dari proses berpikir, di mana kita merangkai putusan-putusan (premis) untuk menghasilkan pengetahuan baru (kesimpulan).
   - Premis 1: Semua manusia akan mati.
   - Premis 2: Sokrates adalah manusia.

Kesimpulan: Sokrates akan mati. Logika ilmiah mengajarkan kita validitas struktur ini. Banyak orang gagal di tahap ini karena melompat pada kesimpulan yang tidak didukung oleh premis-premisnya (non-sequitur).

Fungsi Dasar: Penjernih Pikiran

Dengan memahami mekanisme di atas, fungsi dasar logika menjadi jelas: ia adalah alat untuk menjernihkan kekusutan pikiran. Dalam era informasi yang hiruk-pikuk ini, batas antara fakta (realitas objektif), opini (tafsiran subjektif), dan keyakinan (kebenaran transenden) sering kali kabur.

Logika bertindak sebagai saringan. Ia menuntut kita untuk bertanya: "Apakah pernyataan ini adalah fakta yang terverifikasi, atau sekadar opini yang menyamar?" Ketika seseorang berkata, "Kebijakan ini buruk karena pejabatnya tidak kompeten," logika membedahnya: mana datanya? Apa indikator ketidakmampuannya? Apakah ada hubungan sebab-akibat yang sah? Tanpa logika, pikiran kita ibarat gudang yang berantakan penuh barang, tapi sulit menemukan yang berharga. Dengan logika, kita menata gudang tersebut, memisahkan mana yang valid, mana yang bias, dan mana yang sekadar sampah informasi.

b) Logika sebagai Tulang Punggung Dunia Akademik

Jika universitas adalah pabrik pengetahuan, maka logika adalah mesin utamanya. Tanpa logika, aktivitas akademik hanya akan menjadi tumpukan informasi yang tidak bermakna, sekumpulan data tanpa kesimpulan, dan perdebatan tanpa ujung. Banyak mahasiswa merasa kesulitan di kampus bukan karena mereka kurang cerdas, melainkan karena mereka belum terbiasa menggunakan "perangkat lunak" logika dalam mengerjakan tugas-tugas intelektual mereka.

Di bagian ini, kita akan membedah secara rinci bagaimana logika bekerja dalam tiga aktivitas utama mahasiswa: membaca, menulis, dan berdiskusi.

1. Membaca Kritis (*Critical Reading*): Menguliti Argumen, Bukan Sekadar Mengeja Kata

Membaca di level universitas berbeda secara fundamental dengan membaca novel atau berita populer. Mahasiswa sering terjebak dalam "membaca pasif" mereka menyoroti (highlight) kalimat-kalimat yang dianggap penting, menghafal definisi, dan menerima begitu saja klaim penulis sebagai kebenaran mutlak. Logika menuntut kita untuk melakukan "membaca kritis".

Mekanisme Logis:

Membaca kritis berarti melakukan rekonstruksi argumen. Saat membaca jurnal atau buku teks, otak logis tidak hanya bertanya "Apa yang dikatakan penulis?", tetapi "Mengapa penulis mengatakan hal itu?" dan "Apakah alasan yang diberikan cukup kuat untuk mendukung klaim tersebut?". Dalam kacamata logika, sebuah teks akademik terdiri dari dua elemen utama:

1. **Premis:** Bukti, data, atau alasan yang diajukan.
2. **Konklusi:** Klaim utama atau tesis yang ingin dibuktikan.

Contoh Penerapan:

Bayangkan Anda membaca sebuah artikel jurnal dengan judul "Pengaruh Media Sosial terhadap Tingkat Depresi Mahasiswa".

- **Pembaca Pasif:** Akan langsung mencatat kesimpulan: "Media sosial menyebabkan depresi."
- **Pembaca Logis (Kritis):** Akan membedah struktur argumennya. Ia akan mencari premisnya: "Penulis mengklaim hubungan sebab-akibat (kausalitas). Tapi, data yang disajikan hanyalah korelasi (hubungan yang terjadi bersamaan). Apakah penulis sudah menyingkirkan variabel lain seperti beban tugas atau faktor ekonomi?"

Jika premis (data korelasi) tidak cukup kuat menopang konklusi (klaim kausalitas), maka pembaca logis berhak meragukan validitas jurnal tersebut. Kemampuan memisahkan premis dan konklusi ini menyelamatkan mahasiswa dari mengutip sumber yang lemah dalam tugas mereka sendiri.

2. Menulis Ilmiah & Skripsi: Membangun Bangunan yang Kokoh

Banyak mahasiswa mengalami *writer's block* atau kebuntuan saat menyusun skripsi. Sering kali, masalahnya bukan pada kurangnya referensi, tetapi pada keruntuhan struktur logika. Menulis ilmiah pada hakikatnya adalah menuangkan struktur berpikir logis ke dalam bentuk teks. Jika pikiran tidak tertib, tulisan pasti akan kacau.

Logika dalam Latar Belakang (*Gap Analysis*):

Bab 1 (Pendahuluan) adalah ujian logika pertama. Latar belakang masalah harus disusun dengan pola silogisme yang menuntut adanya penelitian. Ini sering disebut sebagai Gap Analysis.

- **Premis Mayor (Das Sollen):** Apa yang seharusnya terjadi (Teori/Harapan).
- **Premis Minor (Das Sein):** Apa yang faktanya terjadi di lapangan (Data Masalah).
- **Konklusi (Solusi Riset):** Karena ada kesenjangan (gap) antara harapan dan fakta, maka penelitian ini *harus* dilakukan untuk mencari jawaban.

Tanpa struktur ini, penelitian dianggap "tidak ada masalah" dan pasti akan ditolak oleh dosen pembimbing.

Menghindari "Lompatan Logika" (Logical Leap):

Kesalahan paling fatal dalam penulisan skripsi adalah menarik kesimpulan yang melompat jauh dari data yang ada.

- **Contoh Kasus:** Seorang mahasiswa meneliti "Strategi Pemasaran UMKM X". Datanya menunjukkan penjualan UMKM X meningkat setelah membuat akun Instagram.
- **Lompatan Logika (Salah):** Mahasiswa menyimpulkan, "Instagram adalah satu-satunya faktor kesuksesan UMKM X." (Ini mengabaikan faktor lain seperti kualitas produk atau lokasi).
- **Penyimpulan Logis (Benar):** "Instagram berkontribusi positif terhadap visibilitas produk, yang berkorelasi dengan peningkatan penjualan."

Logika mengajarkan mahasiswa untuk jujur pada data. Menulis ilmiah bukan soal membuktikan bahwa kita benar, tapi soal menguji apakah hipotesis kita tahan uji secara logis.

3. Diskusi & Debat: Seni Bertarung Tanpa Melukai

Puncak dari kehidupan akademik adalah dialektika pertukaran gagasan melalui diskusi kelas, seminar, atau sidang skripsi. Di sinilah logika berfungsi sebagai alat serang dan alat tangkis. Seperti yang disinggung dalam dokumen sumber mengenai *Argumentum ad Hominem*[1111], prinsip utama diskusi akademik adalah menyerang argumen, bukan orangnya.

Pertahanan Diri di Sidang Skripsi:

Sidang skripsi sering menjadi momok menakutkan. Namun, bagi mahasiswa yang menguasai logika, pertanyaan penguji bukanlah serangan personal, melainkan uji validitas.

- **Identifikasi Cacat Logika *(Fallacy)*:** Terkadang, penguji (sengaja atau tidak) mengajukan pertanyaan yang mengandung sesat pikir. Mahasiswa yang jeli dapat merespons dengan elegan.
  - *Situasi:* Penguji bertanya, "Metode kualitatif kamu ini tidak ada angkanya, mana mungkin bisa ilmiah?"
  - *Analisis:* Ini adalah bentuk penyempitan makna (reduksionisme) bahwa ilmiah = angka (kuantitatif).
  - *Respon Logis:* Mahasiswa tidak perlu marah atau gugup. Ia cukup kembali ke definisi metodologis: "Izin menjawab, Bapak. Validitas ilmiah tidak semata-mata diukur dari angka, tetapi dari ketatnya prosedur triangulasi data yang saya lakukan untuk memahami fenomena ini secara mendalam, sesuai dengan rumusan masalah yang bersifat eksploratif."

Membangun Argumen yang Koheren:

Dalam debat kelas, logika membantu mahasiswa menyusun argumen yang sound (sah dan benar). Argumen yang baik harus memiliki:

1. **Koherensi:** Antar kalimat saling nyambung, tidak bertentangan.
2. **Evidensi:** Setiap klaim didukung bukti.
3. **Relevansi:** Jawaban harus "nyambung" dengan pertanyaan.

Sering kali mahasiswa menjawab panjang lebar (berputar-putar/ *circular reasoning*) hanya untuk menutupi ketidaktahuan. Logika mengajarkan efisiensi: jawab langsung pada inti pertanyaan (premis), lalu berikan bukti (argumen), dan tutup dengan penegasan (konklusi).

c) Relevansi Logika dalam Kehidupan Personal dan Sosial

Sering kali, logika dianggap sebagai perangkat yang hanya aktif saat kita berada di ruang kelas atau perpustakaan. Namun, begitu kita melangkah keluar dari gerbang kampus, peran logika justru menjadi semakin krusial. Dalam kehidupan personal dan sosial, logika berfungsi sebagai kompas yang menuntun kita melewati lautan ketidakpastian, membantu kita mengambil keputusan yang bijak, menyaring informasi, hingga mengelola gejolak batin.

1. Pengambilan Keputusan (*Decision Making*): Rem bagi Impulsivitas

Setiap hari, kita dihadapkan pada ratusan pilihan, mulai dari yang sederhana seperti membeli makanan, hingga yang kompleks seperti memilih jalur karir, berinvestasi, atau menentukan pasangan hidup. Tanpa logika, keputusan-keputusan ini rentan dikemudikan oleh impuls sesaat atau tekanan sosial (*peer pressure*). Logika menawarkan mekanisme "analisis biaya-manfaat" (*cost-benefit analysis*) yang objektif. Misalnya, dalam keputusan finansial, logika menahan kita dari perilaku boros atau investasi bodong yang menjanjikan keuntungan tidak masuk akal. Ia memaksa kita berhenti sejenak dan bertanya: "Apakah risikonya sebanding dengan manfaatnya?" atau "Apakah aku membeli barang ini karena butuh (kebutuhan primer) atau sekadar takut ketinggalan tren (*FOMO*)?". Dengan membedah premis di balik keinginan kita, logika menyelamatkan masa depan kita dari kepuasan sesaat yang merugikan.

2. Navigasi Era Digital: Filter Anti-Hoaks

Kita hidup di era "pasca-kebenaran" (*post-truth*), di mana emosi sering kali lebih dipercaya daripada fakta objektif. Media sosial dibanjiri oleh klaim-klaim sensasional yang dirancang untuk memancing amarah atau ketakutan. Di sinilah logika berfungsi sebagai filter pertahanan utama. Pola pikir logis menuntut adanya keselarasan antara klaim (konklusi) dan bukti (premis). Ketika sebuah berita bombastis muncul misalnya tentang konspirasi kesehatan atau isu politik yang memecah belah nalar logis tidak akan langsung membagikannya (*share*). Sebaliknya, ia akan mengaktifkan skeptisisme sehat: "Mana sumber primernya?", "Apakah foto ini relevan dengan konteksnya?", dan "Apakah narasi ini memiliki cacat logika?". Jika sebuah klaim terlalu sensasional namun tidak memiliki premis pendukung yang valid, logika memerintahkan kita untuk menolaknya, atau setidaknya menunda persetujuan sampai bukti tersedia.

3. Manajemen Emosi: Menuju Ketenangan Stoik

Mungkin terdengar kontraintuitif, namun logika adalah sahabat terbaik bagi kesehatan emosional. Banyak penderitaan kita bukan berasal dari peristiwa itu sendiri, melainkan dari "penilaian" kita terhadap peristiwa tersebut. Ini adalah prinsip dasar Stoikisme yang sangat rasional. Logika membantu menciptakan jarak kognitif antara stimulus (kejadian buruk) dan respons (emosi kita). Ketika menghadapi kegagalan atau kritik, logika membantu kita melihat masalah secara objektif ("Ini hanya satu kegagalan teknis, bukan akhir dunia") alih-alih secara emosional ("Aku memang bodoh dan tidak berguna"). Dengan memisahkan fakta dari asumsi negatif yang kita buat sendiri, logika meredam reaksi berlebihan dan menjaga mental kita tetap stabil dan waras di tengah tekanan.

d) Strategi: Cara Melatih Otak Berpikir Logis

Logika bukanlah bakat bawaan yang statis, melainkan "otot" intelektual yang perlu dilatih secara konsisten. Seperti halnya otot fisik yang akan menyusut jika tidak digunakan, kemampuan berpikir kritis pun akan tumpul jika kita terbiasa berpikir pasif. Berikut adalah tiga strategi praktis (*how-to*) yang dapat diterapkan mahasiswa dalam kehidupan sehari-hari untuk mempertajam ketajaman logika.

1. Selalu Bertanya "Mengapa?": Menolak Klaim Tanpa Tiket

Langkah pertama adalah mengembangkan skeptisisme yang sehat. Jangan pernah membiasakan diri menerima sebuah klaim baik itu dari dosen, berita di media sosial, atau omongan selebritas tanpa menuntut bukti. Dalam struktur logika, sebuah kesimpulan (klaim) hanya sah jika ditopang oleh premis (bukti/alasan) yang kuat. Biasakan untuk selalu menagih "tiket masuk" bagi setiap informasi yang ingin masuk ke kepala Anda dengan bertanya: *"Mengapa demikian?"*, *"Apa dasar argumen ini?"*, atau *"Dari mana data ini berasal?"*. Jika lawan bicara tidak bisa memberikan premis yang jelas, maka klaim tersebut hanyalah opini kosong yang tidak layak dipercaya.

2. Cari Kontradiksi: Menjadi Detektif Inkonsistensi

Logika membenci kontradiksi. Latihlah otak Anda untuk menjadi peka terhadap ketidakkonsistenan di lingkungan sekitar. Jadikan ini sebuah permainan intelektual pribadi: amati janji politisi yang bertabrakan dengan kebijakan yang ia buat, cermati iklan produk yang klaimnya mustahil secara ilmiah, atau perhatikan teman yang argumennya berubah-ubah (innsistensi) saat terdesak. Mendeteksi celah logis ini bukan bertujuan untuk menjadi orang yang sinis atau gemar mendebat hal sepele, melainkan untuk melatih "radar" otak agar cepat mengenali ketidakbenaran (*falsehood*) dan kecacatan berpikir sebelum Anda sendiri terjebak di dalamnya.

3. Latihan Menulis Terstruktur: Menertibkan Kekacauan Pikiran

Kekacauan dalam berbicara atau menulis sering kali hanyalah cerminan dari kekacauan dalam berpikir. Cara terbaik untuk merapikannya adalah dengan memaksakan struktur. Sebelum Anda mengangkat tangan untuk berpendapat di kelas atau mengetik kalimat pertama dalam makalah, biasakan untuk membuat kerangka pikir (*outline*) sederhana. Tentukan satu poin utama (tesis) yang ingin disampaikan, lalu susun poin-poin pendukungnya secara berurutan. Kebiasaan sederhana ini memaksa otak untuk bekerja secara linier dan sistematis, membuang informasi yang tidak relevan, dan memastikan bahwa setiap kata yang keluar memiliki alur logika yang kokoh dan tak terbantahkan.

C. KESIMPULAN

Setelah menelusuri berbagai dimensi penalaran dari definisi dasar hingga aplikasi praktisnya, kita tiba pada satu pemahaman fundamental: logika bukanlah sekadar beban kurikulum atau formalitas akademik semata. Jauh dari sekadar menghafal silogisme atau istilah-istilah Latin yang rumit, logika adalah keterampilan hidup (*life skill*) yang esensial. Kita telah melihat bagaimana disiplin ini berfungsi sebagai jembatan kokoh yang menghubungkan dua dunia: dunia akademik yang menuntut ketajaman riset dan penulisan ilmiah, serta dunia personal yang membutuhkan kebijaksanaan dalam mengambil keputusan dan menyaring informasi. Tanpa logika, kesuksesan di kampus mungkin hanya bersifat semu, dan kehidupan pribadi akan rentan terombang-ambing oleh arus emosi dan manipulasi.

Penting untuk ditegaskan kembali bahwa relevansi logika menjadi semakin mendesak di zaman ini. Kita hidup di dunia yang semakin kompleks, bising, dan penuh dengan gangguan digital yang berlomba-lomba mencuri perhatian kita. Di tengah banjir informasi dan era pasca-kebenaran (*post-truth*), kemampuan bernalar yang lurus adalah satu-satunya jangkar yang mampu menjaga kita tetap waras dan objektif. Logika adalah perisai yang melindungi integritas pikiran kita dari serbuan hoaks, fanatisme buta, dan kedangkalan berpikir. Ia bukan hanya alat untuk memenangkan debat, melainkan instrumen untuk merawat kemerdekaan berpikir itu sendiri.

Sebagai penutup, bab ini mengundang Anda untuk mulai mempraktikkan "sadar pikir" dalam setiap tarikan napas kehidupan. Jangan biarkan pikiran Anda berjalan secara autopilot. Mulailah mengevaluasi argumen sendiri sekritis Anda mengevaluasi argumen orang lain. Jadikan pertanyaan "Mengapa?" dan "Apa buktinya?" sebagai kebiasaan harian. Ingatlah selalu, bahwa status "maha" pada kata mahasiswa membawa tanggung jawab intelektual yang berat. Menjadi mahasiswa bukan hanya soal kebanggaan memakai jas almamater, tetapi soal memiliki mentalitas yang tidak mudah dibodohi, berani menolak arus yang salah, dan mampu mencari kebenaran secara mandiri. Logika adalah nyala api yang menerangi jalan terjal tersebut; jagalah agar ia tidak pernah padam.

DAFTAR PUSTAKA

- Surajiyo. (2019). *Dasar-Dasar Logika.* Jakarta: Bumi Aksara.
- Rapar, J. H. (2020). *Pengantar Logika: Asas-Asas Penalaran Sistematis.* Yogyakarta: Kanisius.
- Chatfield, T. (2022). *Critical Thinking: Your Guide to Effective Argument, Successful Analysis and Independent Study.* London: SAGE Publications.
- Wijana, I. D. P. (2021). *Berpikir Kritis dan Logis di Era Disrupsi Informasi.* Yogyakarta: Gadjah Mada University Press.
- Creswell, J. W., & Creswell, J. D. (2023). *Research Design: Qualitative, Quantitative, and Mixed Methods Approaches* (6th ed.). Los Angeles: SAGE.
- Sugiyono. (2022). *Metode Penelitian Kuantitatif, Kualitatif, dan R&D.* Bandung: Alfabeta.
- Dobelli, R. (2020). *The Art of Thinking Clearly.* (Edisi Terjemahan Baru). Jakarta: Kepustakaan Populer Gramedia.

PETA PEMIKIRAN: MEMBEDAKAN PEMIKIRAN FORMAL, INFORMAL SIMBOLIS DAN MATEMATIKA

Oleh: Ahmad Zaini

A. PENDAHULUAN

Dalam sejarah ilmu pengetahuan, penalaran sering dipahami dalam kerangka logika formal, tetapi pandangan ini kemudian dipertanyakan. Walaupun penalaran formal dapat membantu proses penemuan ilmiah, pendekatan tersebut tidak memadai untuk mendorong kemajuan suatu persoalan secara menyeluruh. Temuan ilmiah memang disampaikan melalui bahasa formal yang sangat mengandalkan logika, namun proses berpikir yang melahirkannya justru lebih banyak bersumber dari penalaran informal. Untuk memahami hal ini, dapat diperhatikan beberapa perbedaan antara penalaran formal dan informal: penalaran formal berlandaskan premis yang tetap dan pasti, sedangkan penalaran informal memungkinkan penyesuaian premis melalui analisis kritis; penalaran formal menggunakan pola deduktif yang tersusun rapi, sementara penalaran informal membangun argumen induktif yang bersifat kemungkinan; dan jika penalaran formal cenderung membentuk rangkaian argumen panjang seperti dalam pembuktian matematika, penalaran informal lebih menyerupai struktur bercabang pendek yang mengarah ke berbagai kemungkinan.

Simbol seperti gambar, teks, dan berbagai tanda memiliki fungsi yang sangat penting dalam membantu anak usia dini berkomunikasi, karena melalui simbol-simbol tersebut mereka dapat memahami gagasan yang bersifat abstrak dan mulai membangun kemampuan berpikir simbolik. Visual seperti ilustrasi atau ikon memungkinkan anak menghubungkan suatu objek dengan kata maupun makna tertentu; temuan Callaghan & Rankin menunjukkan bahwa penggunaan buku bergambar serta media visual lainnya mampu memperkuat pemahaman simbolis anak. Di sisi lain, aktivitas membaca dan menulis mengenalkan anak pada sistem simbol yang lebih rumit. Neuman & Roskos menyatakan bahwa keterlibatan langsung anak dalam kegiatan literasi, seperti membaca bersama atau menuliskan namanya sendiri, menjadi faktor kunci dalam perkembangan kemampuan literasi awal.

Penelitian ini dilakukan dengan pendekatan kualitatif melalui metode studi pustaka, di mana peneliti menelusuri, mengumpulkan, dan mengkaji berbagai referensi terkait etnomatematika serta pola pikir manusia. Temuan penelitian menunjukkan bahwa cara manusia bernalar memengaruhi bagaimana konsep matematika digunakan dalam konteks budaya, karena kemampuan berpikir logis memungkinkan individu memahami serta menerapkan prinsip-prinsip matematika dalam aktivitas sehari-hari. Dalam ranah etnomatematika, unsur logika manusia yang berperan mencakup kemampuan mengenali pola, menghubungkan gagasan matematika dengan latar budaya, memahami keterkaitan antara angka dan simbol dengan realitas budaya, serta mempraktikkan prinsip matematika sesuai nilai dan norma masyarakat. Oleh sebab itu, kemampuan bernalar menjadi aspek fundamental dalam perkembangan konsep matematika, karena melalui proses penalaran manusia dapat menyusun, mengolah, dan memahami berbagai ide matematis.

Berpikir manusia adalah jantung dari setiap proses pembelajaran, terutama dalam matematika yang sarat dengan konsep abstrak dan simbol. Dengan memahami beragam jenis pemikiran dari formal dan informal hingga simbolis dan matematis pendidik dan peneliti dapat menyingkap cara individu menangkap informasi, menghadapi tantangan, dan membangun pengetahuan mereka sendiri. Pemetaan pemikiran ini bukan sekadar alat akademik; ia menjadi peta jalan bagi strategi belajar yang lebih tepat, sekaligus membimbing siswa untuk berkembang menjadi pemikir kritis, fleksibel, dan kreatif, siap menghadapi kompleksitas dunia di luar kelas.

B. PEMBAHASAN

Pemikiran Formal

Pemikiran formal menggambarkan kemampuan bernalar yang berakar pada penggunaan logika yang tertata, kaidah yang terorganisasi, serta langkah-langkah deduktif yang konsisten. Pada tahap perkembangan ini, individu tidak hanya menyerap informasi secara permukaan, tetapi juga mampu mengolahnya melalui cara berpikir yang berurutan dan berprinsip. Piaget mengemukakan bahwa fase operasional formal ditandai oleh munculnya kapasitas untuk memahami konsep-konsep abstrak, membayangkan berbagai kemungkinan hipotetis, dan menyusun generalisasi dari beragam gagasan yang telah dipelajari. Artinya, seseorang pada tahap ini dapat menilai suatu persoalan dari berbagai sudut, menguji alternatif solusi, dan membentuk kesimpulan yang lebih kompleks dibandingkan tahap perkembangan sebelumnya.

Ciri khas pemikiran formal tampak melalui beberapa kemampuan intelektual yang semakin matang. Hal ini meliputi kemahiran mengelola ide-ide abstrak tanpa memerlukan contoh konkret, kecakapan melakukan penalaran deduktif yang mengikuti alur logis tertentu, penggunaan simbol-simbol sebagai representasi gagasan secara lebih efisien, serta kecenderungan melakukan penelaahan secara runtut, sistematis, dan penuh perencanaan.

Kualitas-kualitas ini mencerminkan peningkatan kapasitas kognitif yang memungkinkan seseorang untuk bekerja dengan konsep rumit, mengambil keputusan yang didasari argumen kuat, dan memahami hubungan antarkonsep secara lebih mendalam.

Dalam konteks matematika, pemikiran formal sangat penting karena menjadi fondasi bagi aktivitas akademik yang membutuhkan ketepatan dan keteraturan berpikir. Contohnya terlihat pada penyelesaian persoalan aljabar dengan menerapkan rumus-rumus baku, penyusunan pembuktian teorema dalam geometri yang menuntut argumen logis dan teruji, serta analisis statistik yang dilakukan melalui prosedur yang sudah distandarkan. Seluruh proses tersebut tidak dapat dilakukan hanya dengan intuisi; diperlukan pemahaman mendalam terhadap aturan formal, kemampuan mengikuti langkah deduktif secara konsisten, dan kesanggupan memastikan bahwa setiap simpulan yang diambil berlandaskan premis-premis yang sah.

Dengan demikian, pemikiran formal tidak sekadar menjadi tanda perkembangan intelektual seseorang, tetapi juga menjadi elemen penting yang menopang keberhasilan akademik, khususnya dalam disiplin matematika yang menuntut pola pikir tertata, konsisten, dan berbasis logika.

Pemikiran Informal

Pemikiran informal merujuk pada cara berpikir yang cenderung lebih luwes, dekat dengan situasi nyata, dan sangat mengandalkan intuisi serta pengalaman langsung seseorang. Pola berpikir ini tidak berjalan dengan aturan baku yang ketat, melainkan berkembang secara alami sesuai dengan kondisi yang dihadapi. Seperti dijelaskan oleh Nunes dan Bryant, pendekatan informal melibatkan penggunaan strategi praktis seperti membuat taksiran, memanfaatkan analogi, mengamati ciri visual, hingga mengandalkan pengetahuan sehari-hari untuk memahami atau menyelesaikan suatu persoalan. Dengan sifatnya yang tidak terikat oleh struktur formal, pemikiran ini memberikan ruang bagi individu untuk berimprovisasi secara lebih bebas.

Dalam pembelajaran matematika, bentuk penalaran informal biasanya muncul saat siswa berhadapan dengan masalah-masalah kontekstual yang tidak menyediakan langkah prosedural yang jelas. Ketika tidak ada aturan baku yang bisa langsung diterapkan, siswa akan mengandalkan intuisi mereka untuk menafsirkan informasi yang tersedia dan mencari pendekatan penyelesaian yang dianggap paling masuk akal. Sebagai ilustrasi, seorang siswa mungkin mencoba menentukan panjang suatu jalan dengan melihat tanda-tanda visual di sekitarnya, atau dengan membandingkannya pada objek yang sudah akrab baginya. Proses seperti ini memperlihatkan bagaimana pemikiran informal memberi ruang bagi siswa untuk menafsirkan situasi secara kreatif.

Lebih jauh, pemikiran informal juga berperan sebagai tahap awal yang membantu siswa membangun pemahaman intuitif sebelum mereka diperkenalkan pada konsep dan aturan matematika yang lebih formal. Ketika siswa mengembangkan dugaan, mengidentifikasi pola, atau membandingkan pengalaman sebelumnya dengan situasi baru, mereka sebenarnya sedang membangun landasan awal bagi penalaran matematis yang lebih terstruktur. Dengan demikian, pemikiran informal tidak hanya menjadi alternatif dalam menyelesaikan persoalan, tetapi juga menjadi bagian penting dari proses belajar, terutama dalam membantu siswa menjembatani pengalaman konkret menuju pemahaman abstrak yang lebih matang.

Pemikiran Simbolis

Pemikiran simbolis merupakan bentuk kemampuan kognitif yang memanfaatkan berbagai tanda baik berupa angka, kata-kata, maupun representasi visual untuk menggambarkan konsep atau objek yang bersifat tidak kasatmata. Dalam proses ini, simbol berfungsi sebagai alat konseptual yang membantu seseorang memahami dan mengorganisasi ide-ide abstrak melalui bentuk-bentuk representasi yang lebih ringkas dan mudah dikelola. Dengan adanya simbol, seseorang dapat bekerja dengan konsep yang rumit tanpa harus bergantung pada benda nyata atau situasi konkret.

Penggunaan simbol memungkinkan terjadinya penyederhanaan dan transformasi ide sehingga gagasan kompleks dapat dirumuskan, diatur, dan dikomunikasikan secara lebih efektif. Simbol juga membantu menghubungkan pemahaman intuitif dengan konsep formal yang lebih terstruktur. Contohnya tampak jelas dalam aljabar, di mana huruf digunakan sebagai penanda nilai yang belum diketahui dan memungkinkan pembentukan persamaan untuk dianalisis lebih lanjut. Dalam geometri, berbagai jenis diagram berfungsi untuk memperlihatkan hubungan bentuk dan posisi secara visual, sehingga mempermudah pemahaman mengenai relasi spasial. Sementara itu, grafik dalam statistik menyajikan data dalam bentuk visual sehingga pola, kecenderungan, dan perbandingan dapat ditangkap dengan lebih cepat dan akurat.

Pada tingkat yang lebih luas, pemikiran simbolis memainkan peran penting dalam mendorong kemampuan berpikir abstrak. Ketika seseorang memahami makna di balik suatu simbol dan mampu menggunakannya secara konsisten, ia sedang membangun dasar penalaran yang lebih maju. Tidak hanya menjadi alat representasi, simbol-simbol tersebut menjadi sarana untuk membentuk generalisasi, menghubungkan konsep-konsep yang berbeda, dan memproses informasi secara lebih sistematis. Dengan demikian, pemikiran simbolis merupakan fondasi penting dalam matematika dan berbagai disiplin ilmu lainnya, karena menjadi medium utama untuk merumuskan, mengembangkan, dan menyampaikan gagasan yang bersifat kompleks.

d) Pemikiran Matematika

Pemikiran matematika mencerminkan kemampuan kognitif yang luas dan multidimensional, mencakup penguasaan simbol, pemahaman konsep, pemecahan masalah, penalaran, serta kemampuan menyampaikan ide-ide matematis secara jelas (National Council of Teachers of Mathematics [NCTM], 2000). Kemampuan ini tidak terbatas pada penerapan prosedur formal, tetapi juga melibatkan kombinasi antara pendekatan formal, simbolik, dan kadang informal, tergantung pada karakteristik masalah serta tingkat perkembangan kognitif individu. Dengan demikian, pemikiran matematika merupakan proses dinamis yang memadukan berbagai strategi dan bentuk representasi untuk membangun pemahaman dan menyelesaikan persoalan secara efektif.

Hasil penelitian menunjukkan bahwa siswa kerap memanfaatkan representasi visual, verbal, maupun simbolik secara bergantian saat menyelesaikan masalah matematika. Misalnya, seorang siswa mungkin pertama-tama membuat sketsa atau diagram untuk memvisualisasikan situasi, kemudian mengekspresikannya dalam kata-kata atau persamaan simbolik, dan akhirnya menarik kesimpulan secara logis. Fleksibilitas dalam berpindah antar bentuk representasi ini dianggap sebagai tanda kematangan berpikir matematika, karena mencerminkan pemahaman konsep yang mendalam, kemampuan analisis yang terintegrasi, dan keterampilan berpikir yang adaptif (Mason, Burton, & Stacey, 2010).

Selain itu, pemikiran matematika juga berperan dalam mengembangkan kemampuan berpikir kritis, kreatif, dan sistematis. Siswa yang mampu mengelola berbagai representasi secara efektif cenderung memiliki wawasan yang lebih utuh terhadap konsep-konsep matematika, mampu membuat generalisasi, serta menyampaikan gagasan matematis dengan lebih jelas dan meyakinkan. Dengan demikian, pengembangan pemikiran matematika tidak hanya penting dalam pembelajaran formal, tetapi juga menjadi fondasi bagi keterampilan berpikir logis dan pemecahan masalah yang dapat diterapkan dalam kehidupan sehari-hari. Berikut beberapa hasil analisis berdasarkan kosep dasar implementasi berikir kritis:

a) Interaksi dan Dinamika Antar Jenis Pemikiran

Peta pemikiran berperan sebagai representasi mengenai bagaimana seseorang dapat berpindah, menyesuaikan, atau menggabungkan berbagai bentuk cara berpikir, termasuk pemikiran formal, informal, simbolik, dan matematis. Konsep ini menekankan bahwa proses berpikir bersifat fleksibel dan kontekstual, bukan sekadar mengikuti satu pendekatan tunggal. Misalnya, seorang siswa yang menghadapi masalah baru mungkin pertama-tama memanfaatkan strategi informal, seperti perkiraan, analogi, atau pengalaman sehari-hari, untuk memahami situasi. Setelah mengenali pola atau hubungan yang relevan, siswa tersebut kemudian dapat beralih ke prosedur formal atau menggunakan simbol untuk menyusun representasi yang lebih sistematis dan terstruktur (Radford, 2014).

Penelitian menunjukkan bahwa kemampuan untuk mengintegrasikan berbagai bentuk pemikiran ini dapat memperkuat pemahaman secara mendalam. Dengan berpindah dan memadukan mode berpikir, siswa dapat melihat masalah dari berbagai perspektif, mengidentifikasi pola, serta membangun hubungan antara konsep yang sebelumnya tampak terpisah. Contohnya, siswa yang mampu mengombinasikan representasi visual, seperti diagram atau grafik, dengan representasi simbolik, seperti persamaan atau notasi aljabar, biasanya lebih berhasil menyelesaikan masalah kompleks dibandingkan mereka yang hanya mengandalkan satu bentuk representasi saja (Goldin, 2000; Kaput, 1998).

Lebih jauh, peta pemikiran juga memberikan gambaran mengenai jalur berpikir yang adaptif, sehingga siswa dapat menyesuaikan strategi mereka sesuai dengan sifat dan kompleksitas masalah yang dihadapi. Kemampuan untuk berpindah antar mode berpikir tidak hanya membantu siswa menemukan solusi yang tepat, tetapi juga memungkinkan mereka mengembangkan pemahaman konseptual yang lebih luas dan mendalam. Oleh karena itu, pengembangan keterampilan berpikir yang terintegrasi melalui peta pemikiran menjadi aspek penting dalam pendidikan matematika, karena mendukung kemampuan analisis, kreativitas, dan penyelesaian masalah yang lebih efektif.

b) Implikasi Pedagogis

Perancangan Kurikulum dan Pembelajaran:

Dalam merancang kurikulum serta aktivitas pembelajaran, guru perlu memastikan bahwa siswa tidak hanya terbiasa mengikuti prosedur formal secara mekanistis. Kegiatan pembelajaran sebaiknya dirancang untuk menstimulasi pengembangan berbagai bentuk representasi, baik visual maupun verbal, sekaligus mendorong pemikiran informal yang memanfaatkan intuisi atau pengalaman sehari-hari. Selain itu, penting pula menekankan keterkaitan antar konsep agar siswa dapat memahami hubungan yang lebih luas di antara berbagai gagasan matematika. Pendekatan ini membantu siswa mengembangkan fleksibilitas berpikir dan kemampuan untuk melihat masalah dari berbagai sudut pandang, sehingga pembelajaran menjadi lebih kontekstual dan bermakna (Clements & Sarama, 2009).

Evaluasi Kompetensi:

Proses penilaian sebaiknya menitikberatkan pada kemampuan siswa untuk berpindah antar mode berpikir, memanfaatkan representasi yang berbeda, dan mengekspresikan penalaran kreatif, bukan sekadar menilai keterampilan dalam memanipulasi simbol formal atau mengikuti prosedur baku. Penilaian semacam ini tidak hanya mengukur pencapaian prosedural, tetapi juga kemampuan siswa untuk memahami konsep secara mendalam dan menerapkan ide-ide mereka dalam situasi yang beragam. Dengan demikian, evaluasi menjadi sarana penting untuk mengembangkan berpikir fleksibel dan kreatif dalam matematika (Mason, Burton, & Stacey, 2010).

Penelitian Pendidikan Matematika:

Dalam penelitian pendidikan matematika, penting bagi peneliti untuk mengamati bagaimana siswa berpindah antar berbagai bentuk pemikiran, strategi yang mereka pilih untuk memecahkan masalah, serta faktor kognitif yang mempengaruhi proses berpikir tersebut. Kajian yang menyoroti dinamika berpikir siswa ini dapat memberikan wawasan tentang cara terbaik untuk mendukung perkembangan pemikiran matematika yang lebih matang, adaptif, dan kreatif. Penelitian semacam ini juga membantu mengidentifikasi praktik pembelajaran yang efektif dan dapat diterapkan untuk memperkuat pemahaman konseptual serta kemampuan analisis siswa (Radford, 2014). Dengan mengintegrasikan perancangan kurikulum yang menyeluruh, evaluasi yang menekankan fleksibilitas berpikir, dan penelitian yang mendalam terhadap proses kognitif siswa, pendidikan matematika dapat lebih efektif dalam membekali siswa untuk tidak hanya menguasai prosedur formal, tetapi juga berpikir kritis, kreatif, dan adaptif dalam menghadapi beragam persoalan matematis.

C. STUDI KASUS

Pemikiran manusia merupakan landasan penting dalam seluruh proses pembelajaran, terutama dalam matematika yang kaya akan unsur abstrak dan simbolik. Kapasitas kognitif seseorang untuk memahami, mengolah, dan menerapkan konsep-konsep matematika sangat dipengaruhi oleh tipe-tipe pemikiran yang dimilikinya. Memahami berbagai bentuk pemikiran formal, informal, simbolik, maupun matematis memberikan wawasan berharga bagi guru dan peneliti mengenai cara individu mengelola informasi, menyelesaikan persoalan, dan membangun pengetahuan secara mendalam (Piaget, 1972; Radford, 2014).

Dengan pemahaman ini, pendidik dapat merancang strategi pembelajaran yang lebih tepat sasaran, sementara peneliti dapat menelusuri pola berpikir yang mendasari penguasaan konsep matematika. Sebagai contoh, pemikiran formal memungkinkan siswa mengikuti prosedur logis dan sistematis, pemikiran informal memanfaatkan intuisi dan pengalaman sehari-hari, sedangkan pemikiran simbolik membantu siswa merepresentasikan ide-ide abstrak melalui notasi atau simbol. Kombinasi dari berbagai bentuk pemikiran ini menjadi faktor penting dalam membangun pemahaman matematika yang utuh dan terintegrasi.

Studi kasus berikut menggambarkan bagaimana berbagai tipe pemikiran ini muncul ketika siswa dihadapkan pada masalah matematika berbasis konteks. Pengamatan terhadap proses berpikir siswa ini memungkinkan identifikasi strategi yang digunakan, cara mereka berpindah antar bentuk pemikiran, serta bagaimana pengalaman dan representasi yang berbeda saling melengkapi dalam membentuk pemahaman. Dengan demikian, pemahaman tentang pemikiran manusia tidak hanya memberikan insight teoritis, tetapi juga menjadi panduan praktis untuk merancang pembelajaran matematika yang lebih adaptif, kontekstual, dan efektif.

a) Konteks Masalah

Di kelas VIII SMP, guru memberikan sebuah soal yang bertujuan untuk memperdalam pemahaman konsep segitiga siku-siku. Soal tersebut berbunyi: "Sebuah tangga bersandar pada dinding. Jarak antara kaki tangga dan dinding adalah 6 meter, sementara ujung tangga mencapai ketinggian 8 meter. Tentukan panjang tangga tersebut!" Soal ini dirancang bukan hanya untuk melatih siswa dalam menerapkan rumus secara mekanis, tetapi juga untuk mendorong mereka menggunakan berbagai bentuk pemikiran secara terpadu.

Melalui soal ini, siswa diharapkan dapat memanfaatkan pemikiran visual dengan membayangkan atau membuat sketsa posisi tangga terhadap dinding, pemikiran simbolik melalui penulisan persamaan atau notasi yang mewakili hubungan antar sisi segitiga, serta pemikiran formal dengan mengikuti prosedur logis untuk menemukan panjang tangga. Soal ini juga mengaitkan konsep matematika dengan situasi nyata, sehingga siswa dapat menyadari relevansi pembelajaran matematika dalam kehidupan sehari-hari.

Pendekatan seperti ini membantu siswa mengembangkan pemahaman yang lebih menyeluruh, karena mereka tidak hanya bergantung pada manipulasi simbol atau rumus, tetapi juga mengintegrasikan visualisasi, pemikiran abstrak, dan pengalaman konkrit.

Dengan demikian, soal semacam ini menjadi sarana efektif untuk melatih fleksibilitas berpikir, kemampuan analitis, dan keterampilan pemecahan masalah siswa dalam konteks yang realistis dan aplikatif

b) Respon dan Analisis Siswa

Pemikiran Informal

Siswa A menanggapi masalah matematika dengan pendekatan yang lebih intuitif dan berbasis pengalaman sehari-hari. Ia menyatakan, "Kalau tangga bersandar, pasti membentuk segitiga. Panjangnya kemungkinan lebih dari 8 meter, tetapi tidak sampai 12 meter. Kurang lebih 10 meter." Pendekatan ini menunjukkan bahwa siswa memulai proses pemecahan masalah dari pengamatan dan pengalaman nyata, tanpa mengandalkan rumus atau prosedur formal.

Dalam konteks ini, siswa menggunakan pemikiran informal, yaitu kemampuan untuk memperkirakan jawaban berdasarkan persepsi visual, pengalaman pribadi, dan logika praktis. Strategi semacam ini membantu mereka membangun gambaran awal mengenai masalah sebelum menerapkan prosedur matematika formal. Pemikiran informal sering menjadi tahap pendahuluan yang krusial dalam memahami konsep matematika, karena memberikan kesempatan bagi siswa untuk mengaitkan pengalaman konkret dengan gagasan abstrak yang nantinya akan dipelajari lebih mendalam.

Selain itu, pendekatan berbasis intuisi ini menunjukkan fleksibilitas berpikir siswa, karena mereka mampu membuat estimasi yang masuk akal meski belum menguasai metode formal. Hal ini menegaskan bahwa intuisi dan penalaran praktis tidak hanya berfungsi sebagai langkah awal sementara, tetapi juga menjadi fondasi penting bagi pengembangan pemahaman matematika yang lebih kompleks. Dengan demikian, bagi sebagian siswa, pemikiran informal berperan sebagai titik awal yang memungkinkan mereka mengeksplorasi konsep, melihat hubungan antar ide, dan mempersiapkan diri untuk berpikir secara formal maupun simbolik (Piaget, 1972).

Pemikran Simbolis

Siswa B mulai mengubah situasi nyata menjadi representasi simbolik dalam matematika. Ia menuliskan, "$6^2 + 8^2 = ?$ Hasilnya 100, jadi panjang tangga 10 meter." Pada tahap ini, siswa mengekspresikan informasi melalui simbol dan perhitungan numerik, meskipun belum menjelaskan alasan konseptual yang mendasari penggunaan rumus tersebut.

Pendekatan ini menunjukkan penggunaan pemikiran simbolis, di mana simbol dan notasi matematika dimanfaatkan untuk memanipulasi angka dan menyelesaikan masalah secara terstruktur (Radford, 2014). Dengan cara ini, siswa mulai mengaitkan pengalaman konkret dengan representasi matematis, mengubah fenomena fisik menjadi bentuk yang dapat dianalisis secara numerik.

Walaupun pemahaman siswa terhadap logika di balik rumus Pythagoras belum sepenuhnya matang, langkah ini memperlihatkan kemampuan awal dalam berpikir simbolis. Pemikiran simbolis berfungsi sebagai jembatan antara pengalaman nyata dan konsep abstrak, memungkinkan siswa untuk melihat hubungan antar elemen masalah sekaligus menerapkannya dalam bentuk perhitungan formal. Proses ini juga menandai tahap perkembangan di mana siswa mulai menyadari keterkaitan antara pengalaman sehari-hari dan notasi matematika, yang nantinya akan mendukung pemahaman konsep yang lebih mendalam serta kemampuan analisis yang lebih kompleks.

Pemikiran Formal

Siswa C menanggapi soal dengan pendekatan yang bersifat konseptual dan logis. Ia menjelaskan, "Masalah ini membentuk segitiga siku-siku. Dengan menggunakan Teorema Pythagoras, hipotenusa dihitung sebagai $6^2 + 8^2 = 10^2$, sehingga panjang tangga adalah 10 meter." Dalam penyelesaian ini, siswa memperlihatkan kemampuan untuk menerapkan konsep matematika secara tepat dan terstruktur.

Proses ini menunjukkan penggunaan pemikiran formal, yang ditandai dengan pemahaman definisi, penerapan aturan logis, dan penggunaan prosedur matematika secara benar. Siswa tidak sekadar menebak atau mengandalkan intuisi, tetapi mengikuti langkah berpikir yang sistematis untuk memperoleh jawaban yang akurat dan dapat dipertanggungjawabkan.

Pendekatan formal ini mencerminkan kemampuan berpikir abstrak, di mana siswa mampu menghubungkan teori matematika dengan situasi nyata. Teorema Pythagoras berfungsi sebagai sarana untuk menjembatani konsep geometris dengan pengukuran panjang tangga secara konkret. Selain itu, proses ini juga memperlihatkan bagaimana pemikiran formal mendukung kemampuan analisis dan penalaran yang sistematis, sehingga siswa dapat menyelesaikan masalah dengan cara yang logis dan konsisten.

Dengan demikian, kemampuan berpikir formal tidak hanya membantu siswa mendapatkan jawaban yang benar, tetapi juga membentuk dasar berpikir kritis dan konseptual yang dapat diterapkan pada berbagai persoalan matematika lainnya. Pendekatan semacam ini menegaskan pentingnya pengembangan pemikiran formal sebagai bagian integral dari pembelajaran matematika yang efektif.

Pemikiran Matematis

Pemikiran matematis berkembang ketika siswa mampu memadukan ketiga jenis pemikiran sebelumnya, yaitu intuisi informal, representasi simbolik, dan logika formal. Kemampuan ini menandakan bahwa siswa tidak sekadar melakukan perhitungan secara rutin, tetapi juga mampu memproses informasi dengan cara yang menyeluruh dan terorganisir.

Dalam hal ini, siswa yang berpikir secara matematis menunjukkan beberapa aspek penting. Pertama, mereka dapat memahami konteks nyata dari suatu masalah dan membayangkan situasi tersebut secara visual, memanfaatkan pengalaman sehari-hari atau pengamatan langsung untuk memperoleh pemahaman awal (pemikiran informal). Kedua, siswa mampu mengubah informasi dari situasi konkret menjadi bentuk simbolik atau notasi matematika, sehingga data yang nyata dapat dianalisis dan diolah lebih lanjut (pemikiran simbolik). Ketiga, siswa menerapkan konsep dan prinsip matematika dengan cara yang logis dan tepat, mengikuti aturan dan prosedur yang berlaku untuk menarik kesimpulan yang akurat (pemikiran formal).

Penggabungan ketiga bentuk pemikiran ini memungkinkan siswa melihat keterkaitan antara pengalaman konkrit, representasi abstrak, dan prinsip logis dalam matematika. Pendekatan ini tidak hanya menghasilkan jawaban yang benar, tetapi juga membangun pemahaman yang lebih mendalam dan fleksibel, sehingga siswa dapat menerapkan konsep yang sama pada berbagai situasi berbeda. Dengan demikian, pemikiran matematis merupakan tahap puncak dalam perkembangan kognitif siswa dalam pembelajaran matematika, karena mengintegrasikan intuisi, simbolisasi, dan penalaran logis dalam satu **proses yang terstruktur dan efektif.**

Variasi cara berpikir siswa muncul secara alami selama proses pembelajaran matematika. Sebagian siswa cenderung memulai dari intuisi atau pengalaman sehari-hari, menggunakan perkiraan dan imajinasi visual untuk memahami masalah. Sebagian lain lebih mudah bekerja dengan representasi simbolik, mengubah informasi konkret menjadi notasi atau persamaan matematika. Sementara itu, ada pula siswa yang langsung menerapkan pemikiran formal, mengikuti prosedur logis dan aturan matematika secara sistematis.

Perbedaan ini menunjukkan bahwa setiap siswa memiliki jalur berpikir yang unik dalam membangun pemahaman konsep matematika.

Pemetaan pola berpikir siswa menjadi alat penting bagi guru untuk merancang strategi pembelajaran yang sesuai dengan tingkat perkembangan kognitif masing-masing. Dengan mengetahui cara siswa berpikir apakah melalui intuisi, simbol, atau logika formal guru dapat menyiapkan aktivitas yang tepat, memilih metode yang mendukung, dan memberikan bimbingan yang sesuai dengan kebutuhan berpikir siswa.

Pemikiran matematis lebih dari sekadar kemampuan untuk mendapatkan jawaban yang benar. Ia merupakan proses yang menyeluruh, mengintegrasikan pengalaman konkret, representasi simbolik, dan pemahaman konsep secara logis. Melalui proses ini, siswa belajar mengaitkan pengalaman nyata dengan simbol dan prinsip matematika, sehingga mereka tidak hanya menghitung, tetapi juga memahami konsep secara mendalam.

Dengan dasar pemahaman ini, guru dapat merancang kegiatan pembelajaran yang mendorong transisi antar jenis pemikiran, mulai dari informal ke simbolik, lalu ke formal. Aktivitas semacam ini memungkinkan siswa membangun pemahaman matematika secara utuh, mengembangkan fleksibilitas berpikir, serta meningkatkan kemampuan analisis dan pemecahan masalah. Pendekatan ini menegaskan pentingnya mengintegrasikan berbagai bentuk pemikiran dalam pembelajaran agar siswa tidak hanya mampu menyelesaikan soal, tetapi juga memahami struktur dan esensi matematika secara menyeluruh.

D. MANFAAT LUARAN

Pemahaman mengenai peta pemikiran, yang membedakan antara pemikiran formal, informal, simbolis, dan matematis, memberikan manfaat penting bagi mahasiswa dalam mengembangkan kemampuan kognitif serta memperkaya proses pembelajaran mereka. Dengan mempelajari peta pemikiran, mahasiswa tidak hanya dapat mengenali perbedaan dan karakteristik masing-masing jenis pemikiran, tetapi juga menjadi lebih menyadari pola berpikir pribadi mereka. Kesadaran ini membantu mahasiswa dalam menentukan strategi atau pendekatan yang paling tepat saat menghadapi beragam masalah matematika, baik yang bersifat konkret maupun abstrak.

Selain itu, pemahaman tentang peta pemikiran mendorong pengembangan kemampuan berpikir kritis dan analitis. Mahasiswa diajak untuk menilai, membandingkan, dan mengintegrasikan berbagai jenis pemikiran sesuai dengan konteks dan tingkat kompleksitas masalah yang dihadapi. Kemampuan untuk berpindah dan memadukan pemikiran informal, simbolik, dan formal meningkatkan fleksibilitas kognitif, sehingga mahasiswa dapat menemukan solusi untuk masalah yang tidak selalu memiliki satu metode tunggal. Fleksibilitas ini juga melatih kemampuan adaptif yang penting dalam menghadapi tantangan akademik maupun situasi kehidupan nyata yang kompleks.

Lebih jauh, pemahaman tentang peta pemikiran memperkuat keterampilan mahasiswa dalam menyelesaikan masalah matematika secara komprehensif. Mahasiswa belajar mengaitkan pengalaman nyata, pengamatan visual, dan intuisi dengan representasi simbolik serta konsep matematika yang lebih abstrak. Pendekatan ini tidak hanya membantu mereka memperoleh jawaban yang akurat, tetapi juga membangun pemahaman yang lebih mendalam dan menyeluruh. Pada akhirnya, penguasaan peta pemikiran membekali mahasiswa dengan keterampilan berpikir tingkat tinggi yang dapat diterapkan dalam penelitian, kegiatan pengajaran, maupun praktik profesional, khususnya dalam pengambilan keputusan, pemecahan masalah, dan penalaran logis berbasis matematika.

E. KESIMPULAN

Memetakan berbagai bentuk pemikiran formal, informal, simbolik, dan matematis memberikan wawasan yang lebih komprehensif mengenai proses kognitif individu. Pemetaan ini tidak hanya memperlihatkan tipe-tipe cara berpikir yang dimiliki siswa, tetapi juga menunjukkan bagaimana mereka dapat berpindah atau menggabungkan berbagai mode berpikir sesuai dengan konteks dan karakteristik masalah yang dihadapi. Sifat peta pemikiran yang fleksibel memungkinkan pendidik dan peneliti untuk menelusuri jalur berpikir siswa secara rinci, termasuk bagaimana intuisi, simbol, dan logika formal saling melengkapi dalam penyelesaian masalah.

Dengan pemahaman ini, kegiatan pembelajaran matematika dapat dirancang tidak hanya untuk menguasai prosedur formal, tetapi juga untuk mengembangkan kemampuan berpikir yang lebih luas. Aktivitas pembelajaran dapat diarahkan untuk melatih siswa berpikir kritis, adaptif, dan kreatif, sehingga mereka mampu menghubungkan pengalaman sehari-hari dengan konsep abstrak, menggunakan berbagai bentuk representasi, serta menyusun strategi pemecahan masalah yang efektif.

Selain itu, pemetaan pemikiran membantu guru mengenali titik awal pemahaman siswa, sehingga bimbingan dan intervensi dapat diberikan secara tepat sasaran. Misalnya, siswa yang awalnya mengandalkan intuisi informal dapat diarahkan untuk memadukan pemikiran simbolik atau formal, sehingga pemahaman konsep menjadi lebih utuh dan menyeluruh.

Dengan pendekatan ini, pembelajaran matematika tidak hanya menghasilkan jawaban yang tepat, tetapi juga membangun keterampilan berpikir yang mendalam, kemampuan analitis, dan fleksibilitas kognitif fondasi penting bagi penguasaan matematika secara menyeluruh dan bermakna.

DAFTAR PUSTAKA

Negara, T. N., Hawari, I. F., Nurcahya, Y., Sugiarto, D., Syah, M. K. T., Sulasman, S., & Suparman, S. (2025). *Pemikiran Filsafat Sejarah Spekulatif dan Filsafat Sejarah Kritis. Jejak digita*l: Jurnal Ilmiah Multidisiplin, 1(6), 4121-4129.

Amelianda, A., Saputri, F. T., Naibaho, M. A., & Anggraini, E. S. (2024). "*Mengimplementasikan Bahasa, Logika, Kode, Dan Simbol Dalam Komunikasi Pembelajaran Di Tk An Nizam. Jurnal Kajian Penelitian Pendidikan Dan Kebudayaan",* 2(3), 97-110.

Anggraini, L., Karneli, Y., & Handayani, P. G. (2025). "*Sarana Berfikir Ilmiah (Bahasa, Logika, Matematika dan Statistika) SOSIAL*: Jurnal Ilmiah Pendidikan IPS, 3(2), 324-332.

Clements, D. H., & Sarama, J. (2009). *Learning and teaching early math: The learning trajectories approach.* Routledge.

Goldin, G. A. (2000). *Affective pathways and representation in mathematical problem solving.* Mathematical Thinking and Learning, 2(3), 209–234.

Kaput, J. J. (1998). *Transforming algebra from an engine of inequity to an engine of mathematical power by 'algebrafying' the K–12 curriculum.* National Council of Teachers of Mathematics.

Mason, J., Burton, L., & Stacey, K. (2010). *Thinking mathematically* (2nd ed.). Pearson Education.

National Council of Teachers of Mathematics. (2000). *Principles and standards for school mathematics.* NCTM.

Nunes, T., & Bryant, P. (2009). *Children doing mathematics* (2nd ed.). Wiley-Blackwell.

Piaget, J. (1972). *The psychology* of the child. Basic Books.

Radford, L. (2014). *Gestures, speech, and the sprouting of signs: A semiotic-cultural approach to students' types of generalization.* Educational Studies in Mathematics, 86(2), 239–262.

Van de Walle, J. A., Karp, K. S., & Bay-Williams, J. M. (2016). *Elementary and middle school mathematics: Teaching developmentally* (9th ed.). Pearson.

EMPAT PILAR AKAL SEHAT: MENGAPLIKASIKAN HUKUM IDENTITAS DAN CUKUP ALASAN

Oleh : Noer Laili Rohmadhoni Novita Fitri

A. PENDAHULUAN

Dalam era di mana informasi bergerak begitu cepat, manusia dihadapkan pada tuntutan untuk memilah, menilai, dan merespons berbagai fenomena secara kritis. Arus data yang tidak terbendung membuat batas antara fakta dan opini semakin kabur. Situasi ini menuntut alat penilaian intelektual yang kokoh agar seseorang dapat menjaga kejernihan berpikir. Salah satu kerangka filsafat paling kuat yang menyediakan landasan tersebut adalah empat pilar akal sehat, yang telah dikenal sejak zaman Aristoteles dan kemudian diperkuat oleh para pemikir seperti Leibniz, Aquinas, dan Kant.

Empat pilar akal sehat terdiri atas Hukum Identitas, Hukum Non-Kontradiksi, Hukum Eksklusi Tengah, dan Hukum Cukup Alasan. Meskipun keempatnya saling berhubungan dan membentuk satu kesatuan sistem logika, bab ini secara khusus memilih untuk mengkaji dua pilar: Hukum Identitas dan Hukum Cukup Alasan, karena keduanya merupakan dasar bagi proses epistemik yang lebih tinggi. Tanpa kedua hukum ini, manusia akan kehilangan kemampuan untuk mendefinisikan konsep dan memberikan alasan yang memadai bagi klaim pengetahuan.

Hukum Identitas memberikan struktur bagi proses konseptualisasi, sedangkan Hukum Cukup Alasan menyediakan kerangka untuk menjelaskan mengapa sebuah pernyataan dapat dianggap benar atau dapat dipercaya. Dengan demikian, keduanya membentuk dua dimensi penting dalam penalaran: kejelasan konsep dan kedalaman argumentasi.

Penulisan bab ini bertujuan untuk menguraikan landasan filosofis kedua pilar tersebut, mengintegrasikan keduanya dalam proses berpikir rasional, serta menjelaskan aplikasinya dalam berbagai aspek kehidupan. Tujuan akademik bab ini adalah menunjukkan bahwa akal sehat bukan sesuatu yang bersifat naluriah semata, melainkan sebuah sistem kognitif yang dapat dibangun melalui metodologi logis yang konsisten.

Selanjutnya urgensi akal sehat di era kontemporer tidak hanya berkaitan dengan kapasitas individu untuk memahami informasi, tetapi juga berkaitan dengan kapasitas kolektif masyarakat untuk mempertahankan ruang publik yang rasional. Dalam berbagai fenomena global seperti meningkatnya polarisasi politik, penyebaran teori konspirasi, dan lahirnya budaya post-truth, akal sehat sering kali tersisih oleh dominasi narasi emosional yang tidak berdasar. Keadaan ini membuktikan bahwa struktur berpikir yang tidak dibangun di atas empat pilar logika berpotensi menghasilkan keputusan sosial yang destruktif. Oleh karena itu, kajian mendalam mengenai dua pilar inti Hukum Identitas dan Hukum Cukup Alasan sangat penting bukan hanya bagi ranah akademik, tetapi juga bagi kelangsungan kehidupan sosial yang sehat.

B. EMPAT PILAR AKAL SEHAT: TELAAH FILSAFAT LOGIKA

Secara klasik, empat pilar akal sehat dipahami sebagai empat hukum dasar logika yang menjadi fondasi setiap proses penalaran. Aristoteles dalam Organon menegaskan bahwa logika merupakan instrumen bagi pengetahuan, dan tanpa struktur logis yang tepat, seluruh klaim kebenaran akan kehilangan makna. Empat pilar tersebut terdiri atas Hukum Identitas, Hukum Non-Kontradiksi, Hukum Eksklusi Tengah, dan Hukum Cukup Alasan. Keempat hukum ini tidak berdiri sebagai prinsip-prinsip abstrak semata; melainkan merupakan struktur dasar yang memungkinkan sebuah proposisi dapat dinilai benar, salah, atau bahkan bermakna. Dua hukum yang menjadi fokus kajian ini Hukum Identitas dan Hukum Cukup Alasan memiliki kedudukan sentral karena keduanya mengatur dua aspek fundamental dalam berpikir: kejelasan konsep dan keberalasan klaim. Tanpa definisi yang jelas, tidak ada pembahasan yang stabil; tanpa alasan yang memadai, tidak ada pengetahuan yang dapat dipertanggungjawabkan.

Selain menjadi pilar logika, keempat hukum dasar ini juga dapat dipahami sebagai mekanisme mental yang menjaga agar pemikiran manusia tetap berada dalam jalur rasionalitas. Dalam tradisi filosofis, khususnya dalam pemikiran Stoa, akal sehat (logos) dipandang sebagai pantulan dari keteraturan alam semesta. Artinya, cara dunia bekerja setara dengan cara manusia seharusnya berpikir. Empat pilar akal sehat mencerminkan keteraturan tersebut: sesuatu harus identik dengan dirinya sendiri, tidak dapat berkontradiksi, tidak dapat berada dalam dua keadaan sekaligus pada waktu yang sama, dan harus memiliki alasan keberadaannya.

Jika salah satu dari empat hukum itu diabaikan, maka hancurlah struktur pengetahuan. Sebagai contoh, pembicaraan menjadi mustahil apabila identitas makna tidak stabil; matematika runtuh apabila kontradiksi diperbolehkan; hukum tidak dapat ditegakkan apabila kebenaran bersifat relatif; dan sains tidak dapat berfungsi tanpa alasan yang memadai untuk setiap hipotesis. Dengan demikian, empat pilar ini bukan hanya landasan logika formal, tetapi juga fondasi bagi seluruh disiplin ilmu, moralitas, dan tatanan sosial modern.

Empat hukum dasar logika ini dapat pula dipandang sebagai "pra-syarat kemungkinan berpikir" dalam istilah Kant. Tanpa hukum-hukum tersebut, struktur kognisi manusia tidak akan mampu mengorganisir pengalaman menjadi pengetahuan. Misalnya, Hukum Non-Kontradiksi memastikan bahwa dunia dipahami secara konsisten, sedangkan Hukum Eksklusi Tengah menjamin bahwa proposisi dapat dievaluasi secara tegas melalui nilai kebenaran tertentu. Kedua hukum ini berfungsi sebagai penguat bagi Hukum Identitas dan Hukum Cukup Alasan.

Jika empat pilar akal sehat diibaratkan sebagai sistem pondasi epistemik, maka Hukum Identitas adalah batu pertama yang memastikan bangunan logika tidak roboh sejak awal, dan Hukum Cukup Alasan adalah struktur pendukung yang memberi kekuatan penjelas sehingga bangunan tersebut dapat berdiri secara kokoh. Tanpa empat pilar ini, proses berpikir akan tercerai-berai menjadi intuisi yang tidak terstruktur, sehingga manusia tidak mungkin mencapai pengetahuan ilmiah.

C. HUKUM IDENTITAS: FONDASI KEJELASAN KONSEPTUAL

Hukum Identitas menyatakan bahwa "A adalah A", sebuah prinsip sederhana yang justru menjadi fondasi paling dasar dari seluruh aktivitas berpikir. Hukum ini menegaskan bahwa setiap entitas harus identik dengan dirinya sendiri dalam konteks yang sama. Dalam epistemologi, prinsip ini berfungsi sebagai pagar konsep ia memastikan bahwa istilah tidak mengalami pergeseran makna secara sembarangan. Jika kata "air" misalnya, tidak selalu berarti substansi H_2O, maka semua percakapan ilmiah akan kehilangan stabilitas semantik. Artinya, bahasa hanya dapat menjadi medium komunikasi pengetahuan jika identitas setiap konsep tetap konsisten.

Dalam ilmu pengetahuan, Hukum Identitas menempati posisi krusial untuk menjaga konsistensi definisi dan stabilitas objek kajian. Eksperimen ilmiah merupakan kegiatan yang sangat bergantung pada definisi yang tetap. Misalnya, dalam kimia, air harus didefinisikan secara konsisten sebagai H_2O agar percobaan dapat direplikasi. Dalam biologi, klasifikasi spesies membutuhkan ciri identitas yang tidak berubah secara arbitrer. Bahkan dalam fisika, konsep tentang partikel bergantung pada identitas sifat-sifat fundamentalnya. Dengan demikian, Hukum Identitas bukan hanya milik filsafat, tetapi merupakan pondasi bagi seluruh disiplin ilmiah.

Kesalahan berpikir dalam kehidupan sehari-hari sering terjadi karena ketidakjelasan identitas. Contohnya dapat ditemukan dalam perdebatan publik ketika istilah seperti "keadilan" dipahami secara berbeda oleh masing-masing pihak, sehingga diskusi tidak pernah mencapai titik temu. Dalam politik, sebuah tindakan bisa disebut "korupsi" atau "bukan korupsi" bukan berdasarkan definisi hukum, tetapi berdasarkan kepentingan kelompok. Bahkan dalam proses pengambilan keputusan pribadi, orang sering mengubah definisi tujuan di tengah proses sehingga menimbulkan bias. Semua ini menunjukkan pentingnya menerapkan disiplin identitas sebagai syarat awal berpikir rasional.

Untuk memahami kedalaman Hukum Identitas, penting untuk melihat bagaimana hukum ini berpengaruh dalam sejarah filsafat. Plato menekankan pentingnya idea atau bentuk-bentuk tetap sebagai identitas dasar segala sesuatu. Sementara itu, Aristoteles memperhalusnya melalui konsep substance, yaitu apa yang membuat suatu benda adalah dirinya sendiri dan bukan yang lain. Dalam tradisi skolastik, Thomas Aquinas membedakan antara essentia (hakikat) dan existentia (keberadaan), yang keduanya tetap berpijak pada prinsip identitas. Modernitas juga tidak terlepas dari hukum ini: Descartes menyatakan bahwa kesadaran dirinya disimpulkan melalui identitas berpikir Cogito ergo sum.

Konsep identitas bukan hanya penting dalam metafisika, tetapi juga dalam logika bahasa modern. Filsuf seperti Frege dan Russell menekankan bahwa identitas menjadi syarat utama bagi analisis proposisional. Misalnya, proposisi "Hesperus adalah Phosphorus" hanya bermakna karena melibatkan identitas dua nama yang merujuk pada satu objek, yaitu planet Venus. Ini menunjukkan bahwa tanpa kerangka identitas, analisis makna menjadi mustahil.

Dalam ilmu sosial, kaburnya identitas konsep sering mengakibatkan salah paham besar. Ambil contoh istilah "radikalisme". Tanpa identitas yang jelas, kata ini dapat digunakan secara sewenang-wenang terhadap kelompok yang berbeda pandangan politik, padahal maknanya sangat spesifik dalam kajian ilmu politik. Demikian pula dengan istilah "kemiskinan", yang dalam ekonomi modern memiliki definisi kuantitatif yang detail. Jika tidak jelas identitas konsepnya, kebijakan tidak dapat dirumuskan secara tepat.

Hukum identitas juga sangat penting dalam era digital, ketika informasi begitu cepat diproduksi dan disebarkan. Banyak perdebatan di media sosial bersumber dari ketidakjelasan identitas istilah yang digunakan. Misalnya, istilah "hoaks" sering dipakai untuk semua informasi yang tidak disukai, padahal secara teknis ia merujuk pada informasi palsu yang disengaja untuk menipu. Ketika identitas makna dilanggar, diskusi berubah menjadi konflik emosional, bukan dialog rasional.

D. HUKUM CUKUP ALASAN: FONDASI ARGUMENTASI DAN PENJELASAN

Hukum Cukup Alasan (Principle of Sufficient Reason) menyatakan bahwa "tidak ada sesuatu pun yang terjadi tanpa alasan yang memadai." Prinsip yang diperkokoh oleh Leibniz ini mengandung gagasan bahwa setiap fakta, peristiwa, atau klaim kebenaran memerlukan dasar penjelasan yang dapat dipertanggungjawabkan. Dalam epistemologi, prinsip ini menjadi landasan bagi konsep justifikasi. Sebuah keyakinan atau pernyataan tidak cukup hanya benar secara kebetulan; ia harus memiliki alasan yang konsisten, dapat diuji, dan logis.

Dalam struktur pengetahuan, prinsip ini berfungsi sebagai mekanisme penyaringan. Ketika seseorang menyatakan "X adalah benar", pertanyaan yang harus menyusul adalah "Mengapa?" Tanpa alasan, klaim pengetahuan berubah menjadi opini subjektif tanpa nilai kognitif. Dalam kerangka epistemologi modern, sebuah justified belief menuntut tiga syarat: konsistensi logis, bukti empiris atau analitis, dan argumentasi yang dapat dievaluasi secara objektif.

Di bidang sains, Hukum Cukup Alasan menjadi inti dari metode ilmiah. Setiap hipotesis harus didukung oleh data yang dapat direplikasi. Ilmuwan tidak lagi mengaitkan penyakit dengan roh halus, tetapi dengan mikroorganisme karena ada bukti empiris yang memadai. Demikian pula, teori-teori fisika dikembangkan melalui alasan matematis yang dapat diujikan melalui eksperimen. Prinsip ini membuat ilmu pengetahuan bergerak dari dugaan menuju pengetahuan yang dapat diverifikasi.

Dalam kehidupan sehari-hari, prinsip cukup alasan membantu mencegah keputusan impulsif dan tidak rasional. Individu yang menggunakan prinsip ini akan memilih karier berdasarkan minat, kemampuan, dan peluang objektif, bukan sekadar mengikuti tren. Keputusan keuangan diambil berdasarkan analisis risiko, bukan dorongan emosional. Bahkan dalam konteks sosial-politik, sikap terhadap informasi publik harus dibangun di atas data, bukan propaganda atau emosi kelompok. Prinsip ini melahirkan individu yang tidak mudah dimanipulasi dan memiliki ketahanan terhadap disinformasi.

Hukum Cukup Alasan tidak hanya berperan dalam filsafat rasionalisme, tetapi juga menjadi kunci ilmu pengetahuan modern. Dalam dunia sains, prinsip sebab-akibat (causality) dan justifikasi empiris merupakan turunan logis dari hukum ini. Tanpa tuntutan alasan yang memadai, tidak mungkin muncul metode ilmiah. Sains bergerak dari ketidaktahuan menuju pengetahuan melalui proses: observasi → hipotesis → pengujian →verifikasi. Setiap langkah menuntut alasan.

Pandangan ini sejalan dengan Popper, yang menyatakan bahwa teori ilmiah harus dapat difalsifikasi. Prinsip falsifikasi adalah bentuk negatif dari Hukum Cukup Alasan: jika alasan yang mendukung suatu teori tidak cukup, maka teori harus ditolak. Kuhn menambahkan bahwa revolusi ilmiah terjadi ketika alasan baru lebih kuat dari paradigma lama. Ini menunjukkan bahwa cukup alasan adalah energi intelektual yang menggerakkan perkembangan ilmu.

Dalam kehidupan sehari-hari, prinsip ini sangat penting karena manusia tidak hidup berdasarkan insting semata. Keputusan-keputusan besar seperti memilih pasangan, menentukan karier, atau mengambil kredit rumah memerlukan alasan yang kuat. Mereka yang mengambil keputusan tanpa alasan yang cukup cenderung mengalami penyesalan. Psikologi modern menyebut fenomena ini sebagai cognitive misjudgment salah pertimbangan akibat minimnya analisis.

Hukum Cukup Alasan juga menjadi fondasi bagi etika. Suatu tindakan moral dianggap baik apabila memiliki alasan yang benar. Canonical etika Kant menegaskan bahwa tindakan bermoral harus didasarkan pada alasan yang dapat diuniversalkan suatu bentuk cukup alasan dalam moralitas. Artinya, logika dan etika tidak dapat dipisahkan: moralitas tanpa rasionalitas adalah dogma.

E. INTEGRASI DUA PILAR: KEJELASAN DAN JUSTIFIKASI

Hukum Identitas dan Hukum Cukup Alasan merupakan dua langkah berurutan dalam proses berpikir kritis. Langkah pertama adalah mendefinisikan secara jelas apa yang dibahas (identitas). Langkah kedua adalah menyediakan dasar alasan yang memadai untuk klaim tersebut (cukup alasan). Keduanya saling melengkapi: identitas memberi kejelasan konsep, sementara cukup alasan memberi kejelasan dasar argumentasi. Tanpa identitas, alasan menjadi tidak relevan; tanpa alasan, identitas menjadi kosong.

Misalnya, ketika seseorang mengatakan bahwa "kecerdasan buatan berbahaya", dua pertanyaan harus diajukan:

(1) Apa yang dimaksud dengan "berbahaya"?

(2) Apa alasan yang mendukung klaim tersebut?

Melalui prosedur dua langkah ini, kesalahan logika akibat definisi kabur dan justifikasi lemah dapat diungkap dan diperbaiki.

Hubungan Hukum Identitas dan Hukum Cukup Alasan dapat dianalogikan sebagai hubungan antara fondasi dan struktur sebuah bangunan. Identitas memberikan landasan stabil, sedangkan cukup alasan menjelaskan mengapa bangunan itu layak berdiri. Tanpa identitas, alasan kehilangan objek; tanpa alasan, identitas hanya nama kosong.

Contoh integrasi dapat dilihat dalam penalaran hukum. Hakim tidak hanya bertanya "apa yang dilakukan terdakwa?" (identitas fakta) tetapi juga "apa alasan hukumnya?" (justifikasi normatif). Dalam ilmu ekonomi, definisi inflasi harus jelas terlebih dahulu, kemudian barulah dianalisis faktor penyebabnya. Dalam diskusi metafisika, identitas sesuatu harus terdefinisi, baru kemudian dapat ditanyakan alasan keberadaannya.

Integrasi kedua hukum ini juga penting dalam menangkal misinformation dan disinformation. Banyak orang termakan berita palsu hanya karena tidak memeriksa identitas informasi (sumber, konteks, definisi) dan tidak menuntut alasan yang memadai (bukti, data, verifikasi). Ketika dua pilar ini dipraktikkan, seseorang memiliki "perisai rasional" yang kuat.

F. PENERAPAN PRINSIP DALAM PENDIDIKAN, SAINS, DAN KEHIDUPAN SOSIAL

Dalam pendidikan, penerapan dua pilar ini menghasilkan pembelajaran berbasis pemahaman, bukan hafalan. Guru mengajak siswa memahami apa konsep yang dipelajari (identitas) dan mengapa konsep tersebut benar (cukup alasan). Dalam sains, dua prinsip ini tampak jelas dalam metode ilmiah: mendefinisikan variabel secara tepat dan menyediakan bukti empiris sebagai dasar kesimpulan. Dalam masyarakat, kedua prinsip ini membantu publik menghindari hoaks, mengambil keputusan berdasarkan data, dan menyelesaikan konflik melalui debat rasional, bukan serangan pribadi. Penerapan dua pilar ini juga meningkatkan literasi kritis dan ketahanan terhadap manipulasi informasi.

Dalam pendidikan, penerapan dua prinsip logika ini dapat direalisasikan melalui pembelajaran berbasis inkuiri. Siswa diajak menelusuri definisi suatu konsep (identitas) sekaligus menguji alasannya (cukup alasan). Misalnya, konsep "demokrasi" tidak cukup hanya dikenali sebagai "pemerintahan rakyat", tetapi juga harus dilihat alasan filosofis, historis, dan sosial mengapa demokrasi menjadi bentuk pemerintahan yang dipilih banyak negara.

Di bidang sains, penerapan prinsip identitas dan cukup alasan tampak dalam penyusunan teori. Teori yang valid harus memiliki definisi konsep yang konsisten (identitas), sekaligus didukung data empiris dan alasan matematis (cukup alasan). Tanpa dua prinsip ini, sains berubah menjadi pseudosains.

Dalam ranah sosial, kedua prinsip ini sangat penting untuk membangun masyarakat yang deliberatif, yaitu masyarakat yang berdiskusi berdasarkan alasan, bukan emosi. Demokrasi berkualitas tinggi hanya dapat terwujud jika warganya berpikir secara logis: memahami definisi masalah dan menuntut alasan kebijakan. Tanpa dua prinsip ini, masyarakat mudah terpecah karena hoaks, isu sara, dan propaganda.

G. TANTANGAN AKAL SEHAT DI ERA MODERN

Meskipun tampak sederhana, penerapan dua prinsip ini menghadapi tantangan besar di era digital. Bias kognitif sering mempengaruhi cara seseorang memahami realitas. Informasi yang sangat berlimpah membuat batas antara fakta dan opini kabur. Manipulasi emosional melalui media sosial sering menggantikan kemampuan berpikir jernih, sementara relativisme kebenaran menyebabkan sebagian orang menganggap semua pendapat sama benarnya. Dalam konteks ini, akal sehat hanya dapat dipertahankan jika dua pilar dasar kejelasan konsep dan alasan yang memadai dipraktikkan secara konsisten.

Dalam pendidikan, penerapan dua prinsip logika ini dapat direalisasikan melalui pembelajaran berbasis inkuiri. Siswa diajak menelusuri definisi suatu konsep (identitas) sekaligus menguji alasannya (cukup alasan). Misalnya, konsep "demokrasi" tidak cukup hanya dikenali sebagai "pemerintahan rakyat", tetapi juga harus dilihat alasan filosofis, historis, dan sosial mengapa demokrasi menjadi bentuk pemerintahan yang dipilih banyak negara.

Di bidang sains, penerapan prinsip identitas dan cukup alasan tampak dalam penyusunan teori. Teori yang valid harus memiliki definisi konsep yang konsisten (identitas), sekaligus didukung data empiris dan alasan matematis (cukup alasan). Tanpa dua prinsip ini, sains berubah menjadi pseudosains.

Dalam ranah sosial, kedua prinsip ini sangat penting untuk membangun masyarakat yang deliberatif, yaitu masyarakat yang berdiskusi berdasarkan alasan, bukan emosi. Demokrasi berkualitas tinggi hanya dapat terwujud jika warganya berpikir secara logis:

memahami definisi masalah dan menuntut alasan kebijakan. Tanpa dua prinsip ini, masyarakat mudah terpecah karena hoaks, isu sara, dan propaganda.

Tantangan terbesar akal sehat hari ini adalah dominasi narasi emosional. Media sosial cenderung memberikan ruang lebih besar bagi informasi yang memicu keterkejutan, bukan kejelasan. Akibatnya, banyak orang memproses informasi berdasarkan impuls, bukan alasan rasional. Dalam kondisi seperti ini, Hukum Identitas dan Hukum Cukup Alasan menjadi alat yang sangat kuat untuk memfilter informasi.

Selain itu, perkembangan AI generatif yang dapat membuat teks, gambar, bahkan video palsu menjadikan publik semakin sulit membedakan fakta dan rekayasa. Dengan demikian, dua prinsip logika dasar ini bukan hanya alat intelektual, tetapi menjadi kebutuhan bertahan hidup di era informasi.

H. KESIMPULAN

Hukum Identitas dan Hukum Cukup Alasan merupakan dua pilar utama yang menopang struktur akal sehat dan penalaran manusia. Identitas menyediakan kejelasan dalam penggunaan konsep, sementara Cukup Alasan memastikan bahwa setiap klaim memiliki dasar yang dapat diuji. Keduanya bersama-sama menciptakan pola pikir yang rasional, sistematis, dan bertanggung jawab. Di tengah derasnya arus informasi dan meningkatnya tantangan kognitif di zaman modern, kemampuan menerapkan dua prinsip ini menjadi keterampilan yang esensial. Akal sehat bukanlah sesuatu yang muncul secara otomatis, tetapi sebuah disiplin intelektual yang harus dibangun melalui pendidikan, latihan berpikir kritis, dan komitmen terhadap kejujuran intelektual. Dengan menerapkan prinsip-prinsip ini, manusia dapat mengembangkan cara berpikir yang lebih tajam, adil, dan terarah dalam menghadapi kompleksitas realitas kontemporer.

DAFTAR PUSTAKA

Aristotle. (1994). The Complete Works of Aristotle: The Revised Oxford Translation (J. Barnes, Ed.). Princeton University Press.

Aquinas, T. (1981). Summa Theologica. Christian Classics.

Descartes, R. (1996). Meditations on First Philosophy. Cambridge University Press.

Frege, G. (1952). Translatable Essays on Logic. Blackwell Publishing.

Kant, I. (1998). Critique of Pure Reason (P. Guyer & A. Wood, Eds.). Cambridge University Press.

Kripke, S. (1980). Naming and Necessity. Harvard University Press.

Kuhn, T. (2012). The Structure of Scientific Revolutions (50th Anniversary Edition). University of Chicago Press.

Leibniz, G. W. (1989). Philosophical Essays (R. Ariew & D. Garber, Eds.). Hackett Publishing.

Popper, K. (2002). The Logic of Scientific Discovery. Routledge.

Russell, B. (1998). The Principles of Mathematics. W. W. Norton & Company.

Wittgenstein, L. (1953). Philosophical Investigations. Blackwell.

Zagzebski, L. (1996). Virtues of the Mind: An Inquiry into the Nature of Virtue and the Ethical Foundations of Knowledge. Cambridge University Press.

Chisholm, R. (1989). Theory of Knowledge (3rd ed.). Prentice Hall.

Searle, J. (1995). The Construction of Social Reality. Free Press.

Putnam, H. (1975). Mind, Language, and Reality. Cambridge University Press.

ANATOMI ARGUMEN: MENGURAI TIGA UNSUR DASAR LOGIKA DARI PENGERTIAN HINGGA PENYIMPULAN

Oleh : Muhammad Adytia Maulana Zidqi

A. PENDAHULUAN

Dalam kehidupan sehari-hari, manusia tidak lepas dari proses berpikir dan membuat penalaran. Baik dalam diskusi, pengambilan keputusan, maupun kegiatan akademik, kemampuan untuk memahami argumen menjadi sangat penting. Argumen yang jelas dan logis memudahkan komunikasi, membantu menilai kebenaran informasi, serta mendukung keputusan yang tepat. Oleh karena itu, mempelajari struktur dasar argumen merupakan langkah awal yang krusial bagi setiap mahasiswa.

Sebuah argumen pada dasarnya tersusun dari beberapa komponen yang saling terkait. Tiga unsur utama yang menjadi fondasi logika dalam argumen adalah pengertian, keputusan, dan penyimpulan. Ketiga komponen ini membentuk kerangka berpikir yang sistematis, sehingga setiap penalaran dapat dianalisis secara kritis dan objektif. Dengan memahami ketiganya, seseorang dapat membedakan argumen yang kuat dari yang lemah atau tidak logis.

Pengertian merupakan dasar dari sebuah argumen. Unsur ini menjelaskan konsep, fakta, atau informasi yang menjadi premis awal dalam penalaran. Tanpa pengertian yang jelas, argumen akan kehilangan landasan dan berpotensi menimbulkan kesalahpahaman. Oleh karena itu, pengertian harus disampaikan secara akurat dan relevan dengan konteks permasalahan.

Keputusan adalah tahap di mana seseorang mengevaluasi pengertian atau premis yang ada untuk menentukan arah pemikiran selanjutnya. Pada tahap ini, individu menimbang informasi yang tersedia dan menghubungkannya dengan tujuan argumen. Keputusan yang tepat akan memudahkan proses penyimpulan dan memastikan argumen tetap logis serta konsisten.

Akhirnya, **penyimpulan** merupakan hasil akhir dari rangkaian berpikir yang menghubungkan pengertian dan keputusan menjadi satu kesimpulan logis. Penyimpulan yang baik mencerminkan kemampuan seseorang dalam merangkai informasi secara sistematis dan kritis. Dengan memahami anatomi argumen dari pengertian hingga penyimpulan, mahasiswa tidak hanya mampu menganalisis argumen orang lain, tetapi juga menyusun argumen sendiri dengan cara yang rasional dan meyakinkan.

B. PEMBAHASAN

e) Struktur Dasar Argumen dalam Penalaran: Pengertian, Keputusan, dan Penyimpulan

Dalam proses berpikir manusia, terdapat sejumlah tahapan yang terjadi secara berurutan dan memiliki fungsi yang berbeda. Setiap kali seseorang menyatakan pendapat, mengambil keputusan, atau menarik kesimpulan, sebenarnya ia sedang mengoperasikan mekanisme berpikir yang terbentuk dari tiga komponen utama, yaitu **pengertian, keputusan,** dan **penyimpulan**. Ketiga unsur ini membentuk kerangka berpikir yang sistematis sehingga argumen dapat dianalisis dan disusun secara teratur.

Pembahasan berikut menjelaskan ketiga unsur tersebut secara deskriptif, sehingga tidak hanya menggambarkan definisinya, tetapi juga fungsinya dalam kehidupan sehari-hari, akademik, serta implikasinya dalam membentuk pola pikir yang lebih matang.

1. Pengertian: Tahap Awal dalam Menangkap Makna

Pengertian merupakan langkah pertama dalam proses berpikir, yaitu ketika akal manusia menangkap esensi atau gambaran suatu objek. Pada tahap ini, seseorang belum menyatakan pendapat, belum menilai benar atau salah, dan belum memberikan penilaian apa pun. Ia hanya memahami *apa* suatu objek itu.

Secara deskriptif, pengertian dapat dilihat sebagai proses "mengambil inti makna" dari sesuatu yang diamati. Ketika seseorang melihat kursi, misalnya, ia memahami bentuk dan fungsi kursi tanpa perlu membuat pernyataan tentang kualitas atau keberadaannya. Dari proses inilah terbentuk konsep atau ide dasar yang akan digunakan dalam tahap-tahap penalaran berikutnya.

Pengertian menjadi sangat penting karena merupakan dasar bagi setiap argumen. Jika konsep awal yang dipahami seseorang kabur, rancu, atau memiliki banyak makna, maka seluruh argumen yang dibangun di atasnya juga akan mengalami kekacauan. Misalnya, ketika seseorang menggunakan kata "keadilan" dalam diskusi tetapi tidak memiliki pengertian yang jelas tentang apa yang dimaksud, maka pembicaraan menjadi mudah tersesat.

Dalam kehidupan akademik, pengertian membantu mahasiswa memahami istilah-istilah ilmiah sebelum membahasnya lebih jauh. Sementara dalam kehidupan sosial, pengertian mencegah seseorang salah paham terhadap makna kata atau konsep yang digunakan orang lain. Dengan demikian, pengertian adalah pondasi awal dari berpikir yang jernih, karena ia menyiapkan dasar konseptual bagi seluruh struktur argumen.

2. Keputusan: Penyataan yang Menghubungkan Konsep

Setelah pengertian terbentuk, proses berpikir bergerak ke tahap kedua, yaitu keputusan. Pada tahap ini, akal menghubungkan dua pengertian atau lebih untuk menghasilkan sebuah pernyataan. Keputusan bersifat deklaratif karena menyatakan sesuatu yang dapat dinilai benar atau salah.

Keputusan dapat digambarkan sebagai hubungan antara subjek dan predikat dalam suatu proposisi. Misalnya, dalam pernyataan "Air mendidih pada suhu 100 derajat Celsius", terdapat dua konsep yang dihubungkan: "air" sebagai subjek dan "mendidih pada suhu 100 derajat Celsius" sebagai predikat. Hubungan inilah yang menghasilkan informasi faktual yang dapat diuji kebenarannya.

Tahap keputusan memainkan peran yang sangat penting dalam proses berpikir karena merupakan titik awal munculnya kebenaran atau kesalahan. Jika keputusan yang dibuat seseorang bertentangan dengan fakta atau tidak didukung oleh dasar yang kuat, maka seluruh argumen yang dibangun di atasnya akan menjadi rapuh.

Dalam kehidupan sehari-hari, banyak kesalahpahaman terjadi karena keputusan yang diambil tanpa mempertimbangkan konteks, data, atau kebenaran. Contohnya, ketika seseorang menyimpulkan bahwa "semua anak muda malas belajar" hanya berdasarkan sedikit pengalaman pribadi. Keputusan seperti itu tidak akurat dan cenderung subjektif.

Dalam konteks akademik, keputusan tampak jelas dalam bentuk pernyataan ilmiah, teori, atau data yang dijadikan dasar analisis. Mahasiswa harus mampu membedakan apakah suatu pernyataan mendeskripsikan fakta, opini, atau interpretasi penulis. Kepekaan seperti ini akan membantu mereka menilai validitas sumber bacaan dan meningkatkan kualitas penalaran mereka sendiri. Dengan demikian, keputusan adalah tahap yang menjembatani konsep menuju argumen. Ia menggambarkan bagaimana seseorang menilai sesuatu berdasarkan konsep yang telah dipahami.

3. Penyimpulan: Tahap Akhir dalam Menarik Kesimpulan

Tahap ketiga dalam proses berpikir adalah penyimpulan. Pada tahap ini, akal merangkai berbagai keputusan yang telah dibuat sebelumnya untuk menghasilkan kesimpulan baru.

Penyimpulan merupakan puncak dari penalaran, karena hasilnya berupa pengetahuan baru yang muncul dari penggabungan berbagai premis.

Secara deskriptif, penyimpulan dapat dipahami sebagai proses menghubungkan beberapa pernyataan sehingga menghasilkan gagasan yang lebih luas. Misalnya, ketika seseorang mengetahui bahwa "semua manusia akan mati" dan "Sokrates adalah manusia", maka ia secara logis menyimpulkan bahwa "Sokrates akan mati". Kesimpulan ini tidak hadir secara otomatis, tetapi merupakan hasil dari rangkaian proposisi sebelumnya.

Penyimpulan mengajarkan bahwa kesimpulan yang benar hanya dapat diperoleh dari premis yang benar dan hubungan yang logis. Jika salah satu premis keliru, atau hubungan antarpremis tidak relevan, maka kesimpulan menjadi tidak dapat dipertanggungjawabkan.

Dalam kehidupan sosial, kesalahan penyimpulan sering terjadi ketika orang mengambil keputusan tanpa premis yang cukup. Misalnya, seseorang dapat menyimpulkan bahwa seseorang tidak sopan hanya karena tidak membalas pesan dengan cepat, padahal faktanya orang tersebut sedang sibuk. Kesimpulan yang terburu-buru seperti ini sering menimbulkan konflik.

Dalam dunia akademik, penyimpulan menjadi inti dari analisis ilmiah. Setiap karya tulis ilmiah, baik makalah, artikel, maupun skripsi, selalu bergantung pada kemampuan penulis untuk menarik kesimpulan yang sesuai dengan data dan teori yang digunakan. Mahasiswa yang tidak terlatih dalam penyimpulan sering menghasilkan kesimpulan yang tidak relevan, terlalu jauh dari data, atau tidak didukung premis-premis yang kuat.

f) Hubungan Ketiga Unsur dalam Proses Berpikir

Ketiga unsur penalaran, pengertian, keputusan, dan penyimpulan merupakan rangkaian aktivitas mental yang tidak dapat dipisahkan satu sama lain. Masing-masing unsur memiliki fungsi yang berbeda, namun ketiganya bekerja secara harmonis dan berurutan untuk menghasilkan pemikiran yang utuh. Pengertian menjadi fondasi tempat seluruh proses berpikir berakar; keputusan berfungsi sebagai penyusunan pernyataan yang dapat dinilai benar atau salah; sementara penyimpulan menjadi tahap akhir yang menghasilkan pengetahuan baru berdasarkan dua tahap sebelumnya. Apabila salah satu unsur tidak berfungsi dengan baik, seluruh proses penalaran akan terganggu.

Pengertian menyediakan landasan konseptual yang memungkinkan seseorang memahami suatu objek atau gagasan tanpa terlebih dahulu menilainya. Tanpa pengertian yang jelas, seseorang tidak dapat menghasilkan keputusan yang sahih karena konsep yang digunakan belum memiliki batasan makna yang tegas. Sebaliknya, keputusan hanya dapat lahir jika pengertian sudah terbentuk dengan benar. Pada tahap ini, akal manusia mulai menghubungkan berbagai konsep untuk menghasilkan pernyataan yang memiliki nilai kebenaran. Jika keputusan yang dibuat tidak akurat misalnya karena terburu-buru, bias, atau tidak berdasarkan fakta maka penyimpulan yang dihasilkan akan turut menjadi keliru.

Penyimpulan merupakan tahap yang paling kompleks karena di sinilah berbagai keputusan dirangkai untuk menghasilkan kesimpulan. Tahap ini bergantung sepenuhnya pada kekuatan dua unsur sebelumnya. Premis yang kabur akan menghasilkan kesimpulan yang lemah, sedangkan hubungan antar-premis yang tidak logis akan membuat kesimpulan kehilangan landasan. Dengan demikian, penyimpulan hanya dapat menjadi kokoh apabila pengertian dan keputusan yang mendasarinya juga kuat.

Ketiga proses ini dapat digambarkan sebagai sebuah alur berpikir yang saling menyambung dan tidak dapat diacak urutannya. Skema alurnya adalah sebagai berikut:

1. **Pengertian → menangkap makna**

Pada tahap ini, akal budi membentuk konsep dasar tentang suatu objek atau fenomena. Konsep inilah yang akan digunakan dalam tahap-tahap berikutnya.

2. **Keputusan → menyatakan hubungan antarmakna**

Di tahap ini, seseorang mulai menyatukan konsep-konsep tersebut ke dalam pernyataan yang memiliki nilai benar atau salah.

3. **Penyimpulan → merangkai pernyataan menjadi Kesimpulan**

Tahap ini merupakan penyatuan berbagai keputusan untuk menghasilkan pengetahuan baru atau kesimpulan yang logis.

Struktur ini tidak hanya berlaku dalam proses berpikir abstrak, tetapi juga dalam hampir semua bentuk komunikasi dan argumentasi. Dalam diskusi sederhana sekalipun, seseorang biasanya menjelaskan pengertian suatu istilah, menyatakan hubungan antar konsep, lalu menarik kesimpulan yang ingin ia sampaikan. Dalam debat akademik, ketiga unsur ini menjadi lebih jelas karena setiap argumen memerlukan definisi (pengertian), proposisi (keputusan), dan bukti-bukti yang mengarah pada kesimpulan (penyimpulan). Begitu pula dalam penulisan ilmiah, khususnya dalam skripsi dan karya penelitian, keberhasilan penulis dalam menguraikan masalah sangat bergantung pada ketepatannya dalam mengolah ketiga unsur tersebut secara runtut dan logis.

Ketika seseorang mampu menyampaikan pendapat secara terstruktur, meyakinkan, dan tidak berputar-putar, itu menandakan bahwa ia secara tidak sadar mengikuti alur logika yang benar melalui tiga aktivitas berpikir tersebut. Sebaliknya, jika sebuah argumen tampak membingungkan, tidak terarah, atau sulit dipahami, biasanya terdapat kekacauan pada salah satu dari tiga unsur tersebut entah konsepnya tidak jelas, pernyataannya tidak didukung fakta, atau kesimpulannya tidak mengikuti premis.

Dengan demikian, hubungan antara pengertian, keputusan, dan penyimpulan bukanlah hubungan yang bersifat opsional, melainkan hubungan yang niscaya dalam proses berpikir manusia. Ketiganya membentuk kerangka berpikir yang memungkinkan manusia menyusun argumen, memahami dunia, serta membuat keputusan secara rasional dan bertanggung jawab.

g) Penerapan Struktur Argumen dalam Kehidupan Akademik

Dalam kegiatan akademik, kemampuan menggunakan ketiga unsur argumen secara tepat sangat penting. Mahasiswa yang memahami pengertian akan mudah memahami teori. Mahasiswa yang mampu membuat keputusan faktual akan mampu menulis kalimat ilmiah. Mahasiswa yang terampil dalam penyimpulan akan mampu menulis argumentasi yang kuat.

Pada kegiatan membaca, mahasiswa dapat mengurai struktur argumen penulis. Pada kegiatan menulis, mahasiswa dapat menyusun paragraf logis dan sistematis. Pada kegiatan diskusi, mahasiswa dapat menyampaikan pendapat secara lebih terarah. Dengan demikian, struktur dasar argumen menjadi landasan yang membantu mahasiswa berpikir lebih kritis dan menghasilkan analisis yang lebih mendalam.

h) Peran Struktur Argumen dalam Kehidupan Sehari-hari

Struktur ini tidak hanya berlaku di dunia akademik, tetapi juga dalam kehidupan sosial. Pengertian membantu seseorang memahami informasi secara utuh. Keputusan membantu seseorang menilai suatu keadaan. Penyimpulan membantu seseorang mengambil keputusan berdasarkan penilaian yang telah dipikirkan.

Ketiga unsur ini menjaga seseorang agar tidak mudah percaya pada informasi yang menyesatkan atau terbawa emosi. Dengan pola berpikir yang sistematis, seseorang dapat menilai informasi secara objektif, mempertimbangkan berbagai aspek, dan membuat keputusan yang lebih matang.

C. KESIMPULAN

Proses berpikir manusia pada dasarnya merupakan rangkaian aktivitas mental yang teratur dan berkesinambungan. Dalam setiap tindakan intelektual mulai dari memahami informasi, merumuskan pendapat, menilai situasi, hingga mengambil keputusan manusia selalu bergantung pada struktur dasar penalaran yang tersusun dari tiga unsur utama, yakni pengertian, keputusan, dan penyimpulan. Ketiga unsur ini bukan hanya elemen teknis dalam logika, tetapi juga fondasi epistemologis yang memungkinkan manusia memahami realitas secara rasional. Oleh karena itu, kemampuan menguasai ketiganya merupakan kebutuhan mendasar bagi setiap individu, khususnya mahasiswa yang dituntut untuk berpikir sistematis dan objektif dalam kehidupan akademik.

Pengertian merupakan tahap pertama yang memberikan dasar konseptual bagi seluruh proses berpikir. Pada tahap ini, akal manusia menangkap makna dasar dari suatu objek atau gagasan tanpa memberikan penilaian. Pengertian menuntut kejernihan konsep agar argumen yang dibangun di atasnya memiliki ketegasan makna dan tidak menimbulkan ambiguitas. Dalam konteks akademik, pemahaman terhadap istilah, teori, dan konsep dasar dalam bidang keilmuan sangat menentukan kualitas pembelajaran. Tanpa pengertian yang jelas, seseorang akan mudah tersesat dalam perdebatan, salah memahami informasi, atau menggunakan istilah secara keliru. Dengan demikian, pengertian merupakan pondasi yang memastikan agar seluruh bangunan nalar berdiri atas dasar yang kokoh.

Tahap kedua, yaitu keputusan, merupakan proses mental ketika seseorang menghubungkan dua pengertian atau lebih ke dalam sebuah pernyataan yang dapat dinilai benar atau salah. Keputusan memainkan peran penting dalam menetapkan arah argumen. Pada tahap inilah seseorang mulai memasuki wilayah kebenaran dan kesalahan karena keputusan selalu terkait dengan fakta, data, atau hubungan logis antar konsep. Kesalahan keputusan, baik karena kurangnya data, bias emosional, maupun kesalahan penilaian, dapat menyebabkan keruntuhan argumen secara keseluruhan. Dalam kehidupan sehari-hari, banyak konflik dan kesalahpahaman terjadi karena keputusan yang diambil tanpa dasar yang kuat. Sementara dalam konteks akademik, ketepatan keputusan sangat menentukan kualitas analisis dan argumentasi ilmiah. Oleh karena itu, kemampuan untuk membuat keputusan yang akurat dan berbasis fakta merupakan langkah penting dalam membangun pola pikir rasional.

Tahap ketiga, penyimpulan, merupakan puncak dari proses penalaran. Pada tahap ini, berbagai keputusan dirangkai menjadi suatu kesimpulan yang menghadirkan pengetahuan baru. Penyimpulan mengajarkan bahwa kesimpulan yang valid hanya dapat dihasilkan jika premis-premis yang mendasarinya benar dan hubungan di antaranya bersifat logis. Kesalahan dalam penyimpulan dapat terjadi apabila premis tidak lengkap, hubungan antarpremis tidak relevan, atau terdapat generalisasi yang terburu-buru. Dalam dunia akademik, penyimpulan merupakan inti dari proses penelitian; seorang peneliti diharuskan mampu menyusun kesimpulan yang sesuai dengan data dan teori yang telah dibahas. Sementara dalam kehidupan sosial, penyimpulan yang tepat membantu seseorang membuat keputusan yang bijaksana dan tidak mudah terpengaruh oleh opini yang menyesatkan. Dengan demikian, penyimpulan merupakan refleksi dari kemampuan berpikir kritis seseorang secara utuh.

Ketiga unsur tersebut saling terkait secara erat dan tidak dapat dipisahkan. Pengertian memberikan dasar konseptual, keputusan memberikan hubungan makna, dan penyimpulan memberikan hasil akhir berupa pengetahuan baru. Hubungan ketiganya membentuk struktur berpikir yang sistematis dan berurutan, sehingga setiap aktivitas mental berjalan dengan konsisten dan logis. Jika salah satu unsur terganggu, maka keseluruhan proses berpikir juga akan terganggu. Sebuah penyimpulan yang logis tidak mungkin tercapai jika pengertian yang mendasarinya kabur atau keputusan yang digunakan tidak akurat. Karena itulah, ketiga unsur ini harus bekerja dalam harmoni agar manusia dapat menghasilkan argumen yang rasional dan dapat dipertanggungjawabkan.

Penerapan ketiga unsur ini dalam kehidupan akademik sangat nyata. Mahasiswa yang memahami struktur dasar argumen akan mampu membaca literatur secara kritis, menulis karya ilmiah dengan baik, serta menyampaikan pendapat dalam diskusi secara terstruktur. Pengertian membantu mahasiswa memahami teori, keputusan membantu mereka menentukan pernyataan ilmiah yang benar, dan penyimpulan membantu mereka menyusun analisis serta kesimpulan penelitian. Dengan demikian, struktur dasar argumen tidak hanya berfungsi sebagai alat berpikir, tetapi juga menjadi panduan metodologis dalam menjalankan aktivitas ilmiah. Kemampuan berpikir kritis yang tumbuh dari pemahaman terhadap struktur argumen akan membuat mahasiswa mampu membedakan informasi yang valid dari yang menyesatkan, serta memahami logika di balik setiap pendapat atau tulisan akademik.

Tidak hanya di lingkungan pendidikan, struktur dasar argumen juga memainkan peran penting dalam kehidupan sehari-hari. Dalam interaksi sosial, pengertian membantu seseorang menangkap maksud dan makna pembicaraan. Keputusan memungkinkan seseorang menilai situasi secara objektif, sementara penyimpulan membantu seseorang menentukan tindakan atau sikap yang tepat. Ketika struktur berpikir ini digunakan dengan benar, seseorang tidak mudah terjebak dalam manipulasi informasi, hoaks, atau kesimpulan yang terburu-buru. Pola pikir yang sistematis dan kritis membantu masyarakat menjadi lebih matang dalam menilai permasalahan, mengambil keputusan, serta memahami fenomena sosial yang kompleks. Hal ini sangat penting di era informasi yang penuh dengan data, opini, dan narasi yang saling bertentangan.

DAFTAR PUSTAKA

- Fisher, A. (2021). *The logic of real arguments* (3rd ed.). Cambridge University Press.
- Fisher, A. (2021). Teaching reasoning: Logic and argumentation in higher education. *Journal of Philosophy of Education*, 55(4), 538–556.
- Chatfield, T. (2022). *Critical Thinking: Your Guide to Effective Argument, Successful Analysis and Independent Study*. London: SAGE Publications.
- Noorhapizah, N., Pratiwi, D. A., & Ramadhanty, K. (2022). Meningkatkan keterampilan berpikir kritis menggunakan SMART model untuk siswa sekolah dasar. *Jurnal Cakrawala Ilmiah, 2*(2), 613–624.
- Permana, R., & Adiansha, A. A. (2023). Membentuk keterampilan berpikir kritis matematis siswa melalui model brain-based learning ditinjau dari penalaran induktif. *Jurnal Pendidikan MIPA, 9*(1).
- Sugiyono. (2022). *Metode Penelitian Kuantitatif, Kualitatif, dan R&D*. Bandung: Alfabeta.
- Romadhoni, S. A. F., Puspitasari, D. S., & Winarno, A. (2024). *Urgensi prinsip logika sebagai pengantar ilmiah dalam bidang ilmu ekonomi.* Jurnal Manuhara: Pusat Penelitian Ilmu Manajemen dan Bisnis, 3(1).
- Aninda, L. (2025). *Logika dan rasionalitas dalam ilmu serta implikasinya dalam pengambilan keputusan sebagai pemimpin.* Journal of Innovation in Teaching and Instructional Media, 5(2), 479–489.
- Megawati, S. (2025). *Logika dan rasionalitas dalam ilmu.* Journal of Innovation in Teaching and Instructional Media, 5(3), 855–868.

SENI MEMBERI BATASAN:TEKNIK MERUMUSKAN DEFINISI YANG TEPAT, JELAS DAN BEBAS AMBIGUITAS

Oleh : Febriana Hisana Hulwa

A. PENDAHULUAN

Dalam kajian Ilmu Logika, kemampuan memberikan batasan (definisi) yang tepat merupakan fondasi utama dalam membangun penalaran yang valid dan argumentasi yang dapat dipertanggungjawabkan. Setiap konsep dalam logika, baik yang bersifat abstrak maupun konkret, membutuhkan definisi yang jelas agar tidak menimbulkan kerancuan atau ambiguitas dalam proses berpikir. Oleh sebab itu, penyusunan definisi bukan sekadar kegiatan linguistik, melainkan sebuah keterampilan intelektual yang memerlukan ketelitian metodologis. Melalui definisi yang tepat, seseorang dapat membedakan suatu konsep dari konsep lain, menentukan ruang lingkupnya, serta menghindari kekeliruan dalam analisis maupun diskusi ilmiah.

Tugas penyusunan chapter book dalam mata kuliah Ilmu Logika bertujuan untuk membantu mahasiswa memahami dan menguasai aspek-aspek fundamental dari penalaran logis. Salah satu aspek penting tersebut adalah kemampuan merumuskan definisi. Bab ini membahas secara khusus *seni memberi batasan*, yaitu teknik untuk menyusun definisi yang sistematis, tidak kabur, dan terbebas dari kesalahan umum seperti circular definition, terlalu luas, terlalu sempit, atau penggunaan bahasa yang ambigu. Keterampilan ini sangat diperlukan dalam pengembangan kemampuan berpikir ilmiah, terutama dalam menyusun argumentasi, menganalisis konsep, serta membangun struktur tulisan akademik.

Pembahasan mengenai definisi dalam konteks logika tidak hanya berfungsi sebagai telaah teoretis, tetapi juga sebagai panduan praktis bagi mahasiswa untuk mengembangkan ketepatan berpikir. Dengan memahami prinsip dan teknik perumusan definisi yang benar, mahasiswa diharapkan mampu menerapkannya dalam berbagai konteks, baik dalam penulisan ilmiah, diskusi kelas, maupun proses penalaran sehari-hari. Oleh karena itu, bab ini tidak hanya menyajikan dasar-dasar konseptual mengenai definisi, tetapi juga mengembangkan keterampilan aplikatif yang relevan dengan kebutuhan akademik dan profesional.

Dengan demikian, pendahuluan ini menjadi pintu masuk bagi pembaca untuk memahami pentingnya ketepatan dalam memberikan batasan terhadap suatu istilah. Seni merumuskan definisi merupakan bekal fundamental bagi pengembangan logika kritis dan analitis yang menjadi tujuan utama pembelajaran dalam mata kuliah Ilmu Logika. Bab ini diharapkan mampu memandu pembaca untuk menguasai teknik-teknik tersebut secara sistematis, sehingga mampu menyusun definisi yang tidak hanya jelas dan terukur, tetapi juga bebas dari ambiguitas yang dapat melemahkan kualitas suatu penalaran.

B. PEMBAHASAN

Pembahasan merupakan bagian utama dalam sebuah karya ilmiah yang berfungsi menguraikan topik secara mendalam, sistematis, dan komprehensif. Pada bagian ini, penulis tidak hanya menjelaskan teori-teori pendukung, tetapi juga menunjukkan kemampuan analitis dalam mengolah informasi, menghubungkan konsep dengan konteks, serta menafsirkan data secara kritis. Pembahasan menjadi ruang bagi penulis untuk menjawab rumusan masalah secara logis dan mendalam melalui argumentasi yang didukung bukti-bukti yang relevan. Oleh karena itu, pembahasan tidak hanya menyajikan informasi, melainkan juga memperlihatkan cara berpikir ilmiah yang runut dan beralasan.

Secara substansial, pembahasan memuat interpretasi terhadap data atau teori yang digunakan. Data yang dikumpulkan dalam penelitian tidak akan memberikan makna apa pun tanpa analisis yang memadai. Karena itu, pembahasan berfungsi sebagai jembatan antara data dan kesimpulan. Dalam penelitian kualitatif, pembahasan biasanya berfokus pada pemaknaan fenomena, melihat kecenderungan perilaku, atau mengungkap dinamika tertentu berdasarkan wawancara, observasi, atau dokumentasi. Sementara itu, dalam penelitian kuantitatif, pembahasan ditampilkan melalui penjelasan statistik, perbandingan variabel, serta interpretasi angka-angka menjadi isi makna yang dapat ditarik secara ilmiah. Dengan demikian, pembahasan tidak hanya mengulang hasil penelitian, tetapi menjelaskan *mengapa* hasil tersebut muncul dan *apa implikasinya* terhadap masalah yang sedang dikaji.

Pada tahap ini, penulis juga harus mampu membangun hubungan yang koheren antara teori dan data. Teori dijadikan sebagai landasan untuk menafsirkan temuan penelitian. Semakin tepat teori yang digunakan, semakin kuat pula argumentasi yang dihasilkan. Misalnya, ketika membahas fenomena perilaku sosial, penulis dapat memilah teori mana yang paling relevan, apakah teori interaksionisme simbolik, teori peran sosial, atau teori kognitif. Pemilihan teori tidak boleh dilakukan secara sembarangan, karena setiap teori memiliki asumsi dasar yang berbeda-beda. Oleh karena itu, pembahasan harus menunjukkan kecermatan penulis dalam memilih dan mengaplikasikan teori secara proporsional terhadap konteks data atau kasus yang diteliti.

Lebih jauh lagi, pembahasan yang baik harus mampu menyajikan argumentasi secara kritis. Argumentasi dalam penelitian tidak sama dengan opini pribadi; ia harus dibangun berdasarkan bukti dan nalar yang valid. Penulis perlu menunjukkan bahwa setiap pernyataan yang disampaikan memiliki dasar logis, baik berupa teori, data penelitian sebelumnya, maupun hasil penelitian yang sedang dilakukan. Argumentasi kritis membutuhkan kemampuan untuk melihat berbagai kemungkinan, mempertimbangkan sisi-sisi berbeda dari permasalahan, dan menyajikan pandangan yang objektif. Di sinilah logika ilmiah memainkan peranan penting. Argumentasi yang tidak logis, tidak relevan, atau tidak didukung bukti akan melemahkan kualitas pembahasan dan membuat penelitian kehilangan kredibilitas.

Selain itu, pembahasan harus bersifat sistematis. Artinya, seluruh penjelasan disusun secara teratur, mulai dari gambaran umum menuju titik permasalahan yang paling spesifik. Tata urutan pembahasan harus mengikuti alur yang mudah diikuti oleh pembaca, seperti dimulai dari teori utama, dilanjutkan dengan hasil temuan, kemudian dihubungkan dengan rumusan masalah, dan diakhiri dengan interpretasi yang selaras dengan tujuan penelitian. Penulis tidak boleh melompat-lompat dari satu konsep ke konsep lain tanpa struktur yang jelas, karena hal tersebut akan membuat pembaca kesulitan memahami alur berpikir penulis.

Di samping itu, pembahasan juga memberikan ruang bagi penulis untuk membandingkan temuan penelitian dengan penelitian-penelitian sebelumnya. Proses ini dikenal sebagai *komparasi literatur*. Dengan membandingkan hasil penelitian yang sedang dilakukan dengan hasil penelitian lain, penulis dapat menunjukkan posisi penelitian dalam konteks pengetahuan yang lebih luas. Melalui perbandingan tersebut, pembahasan dapat mengungkap apakah hasil penelitian mendukung teori atau temuan yang sudah ada, atau justru menunjukkan perbedaan yang dapat memberikan perspektif baru. Perbandingan ini sangat penting untuk menunjukkan kontribusi penelitian terhadap pengembangan ilmu pengetahuan.

Selanjutnya, pembahasan juga perlu mengungkapkan faktor-faktor yang memengaruhi temuan penelitian. Penulis harus bersedia melihat kemungkinan bahwa hasil penelitian dipengaruhi oleh variabel tertentu, lingkungan, kondisi responden, atau instrumen penelitian. Dengan mengidentifikasi faktor-faktor tersebut, pembahasan akan menjadi lebih kaya dan reflektif. Penelitian bukan hanya tentang menemukan data, tetapi juga memahami *mengapa* data tersebut muncul dalam bentuk tertentu. Oleh karena itu, keberanian penulis untuk mengakui kompleksitas fenomena yang dikaji akan meningkatkan kualitas pembahasan.

Pembahasan juga menjadi ruang untuk mengungkap implikasi penelitian. Implikasi ini mencakup dampak teoretis, praktis, maupun sosial dari temuan yang diperoleh. Implikasi teoretis berkaitan dengan kontribusi penelitian terhadap perkembangan teori atau pendekatan ilmiah tertentu. Implikasi praktis menyasar kepada implementasi hasil penelitian dalam kegiatan nyata, seperti pendidikan, kebijakan, atau program-program sosial. Sementara implikasi sosial berhubungan dengan dampak temuan terhadap masyarakat secara lebih luas. Dengan menyebutkan implikasi-implikasi ini, pembahasan menjadi lebih bermakna dan tidak hanya terbatas pada analisis dalam ruang akademik.

Implikasi praktis menyasar kepada implementasi hasil penelitian dalam kegiatan nyata, seperti pendidikan, kebijakan publik, pengembangan program sosial, atau perbaikan praktik di lapangan. Dalam konteks pendidikan, misalnya, temuan penelitian dapat menjadi dasar untuk merancang metode pembelajaran yang lebih efektif, menciptakan strategi pendampingan yang lebih sesuai dengan kebutuhan peserta didik, atau menetapkan kebijakan yang berorientasi pada peningkatan mutu pendidikan. Dalam bidang kebijakan, implikasi praktis memungkinkan pihak yang berwenang untuk mengambil keputusan berbasis data (evidence-based policy). Dengan demikian, penelitian tidak berhenti pada tataran konsep, tetapi benar-benar memberi manfaat konkret bagi perbaikan sistem atau layanan tertentu.

Sementara itu, implikasi sosial berhubungan dengan dampak temuan terhadap masyarakat secara lebih luas. Penelitian yang memiliki implikasi sosial menunjukkan bahwa karya ilmiah tersebut mampu memberikan pemahaman baru tentang fenomena sosial, membantu menyelesaikan persoalan yang dihadapi masyarakat, atau mendorong perubahan positif dalam perilaku sosial, budaya, maupun moral. Misalnya, penelitian tentang perilaku remaja dapat memberikan wawasan bagi orang tua, guru, dan masyarakat untuk memahami pola perkembangan remaja yang lebih baik. Penelitian tentang kesehatan mental dapat membantu meningkatkan kesadaran masyarakat tentang pentingnya dukungan emosional dan penanganan psikologis yang tepat. Dengan menyampaikan implikasi sosial, peneliti menunjukkan bahwa karyanya tidak hanya bermanfaat dalam ranah akademik, tetapi juga dalam kehidupan sehari-hari masyarakat.

Dengan menyebutkan dan menjelaskan implikasi-implikasi tersebut, pembahasan menjadi lebih bermakna dan tidak hanya terbatas pada analisis dalam ruang akademik. Penelitian yang baik adalah penelitian yang mampu menjembatani antara teori dan praktik, antara konsep ilmiah dan kebutuhan masyarakat. Pembahasan yang luas dan mendalam mampu menunjukkan bahwa penelitian tersebut bernilai, relevan, dan memiliki kontribusi nyata.

Selain menggambarkan implikasi, pembahasan juga merupakan ruang untuk mengungkap keterbatasan penelitian. Keterbatasan bukan ditujukan untuk melemahkan hasil penelitian, melainkan menunjukkan kejujuran akademik dan kesadaran peneliti terhadap aspek-aspek yang belum terjangkau atau belum dapat dijelaskan sepenuhnya. Dengan menyadari keterbatasan ini, peneliti sekaligus memberikan peluang bagi penelitian selanjutnya untuk memperbaiki, memperluas, atau memperdalam topik yang sama. Setiap penelitian memiliki ruang kosong yang bisa dijelajahi peneliti lain, dan bagian pembahasan berperan mengungkapkan ruang tersebut secara jelas.

Lebih lanjut, pembahasan berfungsi untuk memperkuat posisi penelitian terhadap literatur terdahulu. Peneliti perlu membandingkan temuan yang diperoleh dengan hasil-hasil penelitian sebelumnya apakah selaras, berbeda, atau bahkan menawarkan perspektif baru. Dengan demikian, pembaca dapat melihat bagaimana penelitian tersebut berkontribusi pada perkembangan pengetahuan yang sudah ada. Jika terdapat perbedaan temuan, peneliti perlu menjelaskan kemungkinan penyebabnya, seperti perbedaan konteks, metode, populasi, atau pendekatan analisis. Penjelasan ini akan memperkaya kualitas pembahasan dan menunjukkan bahwa peneliti memahami dinamika ilmu secara komprehensif.

Pembahasan yang baik juga ditandai oleh kemampuan peneliti mengintegrasikan temuan dengan konteks nyata. Hal ini berarti peneliti tidak hanya berhenti pada deskripsi dan analisis, tetapi juga memahami posisi temuan dalam konteks sosial, budaya, pendidikan, atau psikologis yang melatarbelakanginya. Dengan mengaitkan hasil penelitian dengan realitas yang lebih luas, pembahasan menjadi hidup, relevan, dan mampu menampilkan nilai kebermanfaatan penelitian.

Tidak kalah penting, pembahasan juga dapat memuat keterbatasan penelitian. Keterbatasan ini tidak dimaksudkan untuk melemahkan penelitian, tetapi menunjukkan bahwa penulis memiliki sikap ilmiah yang jujur dan objektif. Tidak ada penelitian yang sepenuhnya sempurna, dan setiap penelitian pasti memiliki batas-batas tertentu. Dengan mengakui keterbatasan tersebut, pembahasan menjadi lebih matang dan mencerminkan sikap kritis penulis terhadap karyanya sendiri.

Akhirnya, pembahasan merupakan bagian yang menentukan kualitas keseluruhan karya ilmiah. Jika pendahuluan berfungsi membangun konteks dan rumusan masalah, maka pembahasan berfungsi menjawab masalah tersebut secara mendalam. Kualitas pembahasan diukur dari kelogisan alur analisis, kekuatan argumentasi, relevansi teori, ketepatan dalam menafsirkan data, serta kemampuan penulis mengaitkan hasil penelitian dengan persoalan yang lebih luas. Pembahasan yang baik akan membuat penelitian terasa utuh, solid, dan meyakinkan. Sebaliknya, pembahasan yang dangkal atau tidak sistematis akan mengurangi keutuhan karya ilmiah, meskipun data yang dikumpulkan sebenarnya kuat dan relevan.

Kualitas pembahasan diukur dari beberapa aspek penting. Pertama, kelogisan alur analisis, yaitu sejauh mana proses penalaran disusun secara terstruktur, mulai dari pemaparan temuan, interpretasi data, hingga sintesis akhir. Alur yang logis membuat pembaca mudah mengikuti perjalanan argumentasi peneliti tanpa merasa bingung atau kehilangan konteks. Pembahasan yang kuat mampu menjelaskan *mengapa* dan *bagaimana* suatu temuan muncul, bukan hanya *apa* temuan tersebut. Kedua, kekuatan argumentasi, yaitu kemampuan penulis dalam menyampaikan penjelasan yang meyakinkan, didukung oleh fakta empiris, teori yang relevan, dan penalaran yang sahih. Argumentasi yang baik tidak hanya menyampaikan pendapat, melainkan memaparkan alasan yang dapat dipertanggungjawabkan secara ilmiah.

Ketiga, kualitas pembahasan juga ditentukan oleh relevansi teori yang digunakan. Teori bukan hanya hiasan atau pelengkap dalam penelitian, tetapi pedoman yang membantu peneliti melihat data dari sudut pandang tertentu. Pembahasan yang baik akan menunjukkan keterhubungan antara temuan di lapangan dengan konsep-konsep teoritis sehingga menghasilkan analisis yang kaya dan bermakna. Ketidaktepatan dalam memilih atau menggunakan teori dapat membuat pembahasan menjadi lemah, kabur, atau kehilangan dasar ilmiah. Oleh sebab itu, peneliti perlu memastikan bahwa teori yang diterapkan benar-benar mendukung fokus masalah dan selaras dengan data yang diperoleh.

Keempat, ketepatan dalam menafsirkan data menjadi aspek yang sangat krusial. Interpretasi yang keliru atau terlalu dipaksakan dapat menyesatkan pembaca dan merusak validitas penelitian. Peneliti harus mampu membedakan antara deskripsi data dan interpretasi data, serta berhati-hati agar tidak menarik kesimpulan yang melebihi cakupan bukti yang tersedia. Interpretasi yang tepat ditandai dengan konsistensi antara data, analisis, dan teori, serta dilakukan secara objektif tanpa bias pribadi.

Kelima, pembahasan yang baik juga memperlihatkan kemampuan penulis mengaitkan hasil penelitian dengan persoalan yang lebih luas. Penelitian tidak hanya berhenti pada jawaban terhadap rumusan masalah, tetapi juga memberikan kontribusi teoretis, praktis, atau bahkan implikasi sosial dari temuan tersebut. Dengan menghubungkan temuan dengan konteks yang lebih besar, peneliti menunjukkan bahwa karyanya memiliki relevansi dan mendukung pengembangan pengetahuan di bidang yang diteliti.

Dengan demikian, pembahasan yang baik akan membuat penelitian terasa utuh, solid, dan meyakinkan. Ia menjadi bukti bahwa peneliti tidak hanya mengumpulkan data, tetapi juga memahami makna di balik data tersebut. Sebaliknya, pembahasan yang dangkal, repetitif, atau tidak sistematis akan melemahkan keseluruhan struktur karya ilmiah, meskipun data yang dikumpulkan sebenarnya kuat dan relevan. Oleh karena itu, bagian ini harus disusun dengan penuh ketelitian, pemahaman mendalam terhadap teori, serta kemampuan analisis yang matang agar penelitian benar-benar memberikan kontribusi ilmiah yang bermakna.

C. KESIMPULAN

Kesimpulan merupakan bagian akhir dari sebuah karya ilmiah yang berfungsi merangkum secara ringkas, padat, dan jelas seluruh hasil pembahasan yang telah diuraikan pada bagian sebelumnya. Bagian ini menjadi ruang bagi penulis untuk memberikan pernyataan final mengenai temuan utama yang diperoleh dari penelitian atau analisis yang telah dilakukan. Kesimpulan disusun sebagai jawaban terhadap rumusan masalah sehingga isinya tidak boleh keluar dari arah pertanyaan penelitian. Dalam konteks ilmiah, kesimpulan tidak hanya merangkum, tetapi juga menegaskan pencapaian penelitian secara sistematis dan memberikan gambaran yang utuh tentang kontribusi penelitian terhadap ilmu pengetahuan maupun praktik di lapangan.

Pada dasarnya, kesimpulan harus mampu mengikat semua pembahasan sehingga membentuk satu pemahaman yang koheren. Kesimpulan bukanlah tempat untuk memperkenalkan ide, teori, atau data yang baru, melainkan tempat untuk menyatukan apa yang telah dibahas dan menegaskan posisi penelitian. Di sinilah penulis menyampaikan inti sari dari analisis tanpa mengulangi secara panjang lebar seluruh pembahasan. Kesimpulan menyajikan poin-poin pokok dalam bentuk pernyataan singkat, namun tetap mencerminkan kedalaman berpikir dan kekuatan analisis penulis. Dengan demikian, kesimpulan harus ditulis secara tegas, fokus, dan bebas dari ambiguitas.

Dalam merumuskan kesimpulan, penulis harus kembali meninjau rumusan masalah yang telah dikemukakan di awal pendahuluan. Rumusan masalah tersebut menjadi dasar untuk menentukan apa saja yang harus dijawab dalam kesimpulan. Oleh karena itu, antara rumusan masalah, pembahasan, dan kesimpulan harus memiliki hubungan logis yang saling mengikat. Ketidaksesuaian antara kesimpulan dan rumusan masalah merupakan salah satu kelemahan fatal dalam sebuah karya ilmiah, karena menandakan bahwa penelitian tidak berhasil menjawab pertanyaannya sendiri. Oleh sebab itu, kesimpulan harus memastikan bahwa setiap pertanyaan dalam rumusan masalah memperoleh jawaban yang jelas dan tepat berdasarkan hasil pembahasan.

Selain sebagai jawaban terhadap rumusan masalah, kesimpulan juga berperan untuk menegaskan kontribusi atau temuan penting dari penelitian. Temuan ini dapat berupa pola, hubungan antarvariabel, pemahaman baru terhadap suatu fenomena, atau penjelasan yang memperkuat atau memperbarui teori tertentu. Dalam penelitian kualitatif, kesimpulan biasanya menekankan pada makna atau interpretasi fenomena, sedangkan dalam penelitian kuantitatif lebih berfokus pada implikasi statistik dari hasil analisis. Apa pun bentuknya, kesimpulan harus memberikan gambaran mengenai *apa yang ditemukan*, *bagaimana temuan tersebut muncul*, dan *apa maknanya* dalam konteks yang lebih luas.

Dengan demikian, kesimpulan merupakan bagian paling strategis dalam karya ilmiah karena memberikan pernyataan akhir yang menentukan arah pemahaman pembaca terhadap penelitian. Kesimpulan menegaskan apa yang telah dicapai oleh penulis, bagaimana hasil tersebut menjawab masalah, dan apa kontribusinya. Bagian ini sekaligus menjadi jembatan antara penelitian yang telah selesai dilakukan dan peluang penelitian lanjutan yang dapat dikembangkan oleh peneliti berikutnya. Kesimpulan yang ditulis dengan jelas, padat, dan logis akan memperkuat kualitas keseluruhan karya ilmiah, sementara kesimpulan yang lemah dapat mengurangi nilai penelitian meskipun data dan pembahasan sebelumnya sudah baik.

DAFTAR PUSTAKA

Creswell, J. W., & Creswell, J. D. (2023). *Research design: Qualitative, quantitative, and mixed methods approaches* (6th ed.). SAGE Publications.

Emzir. (2016). *Metodologi penelitian pendidikan: Kuantitatif dan kualitatif.* Rajawali Pers.

Keraf, G. (2010). *Argumentasi dan narasi.* Gramedia Pustaka Utama.

Kerlinger, F. N., & Lee, H. B. (2000). *Foundations of behavioral research* (4th ed.). Harcourt College Publishers.

Latief, M. A. (2021). *Penelitian pendidikan: Pendekatan kuantitatif, kualitatif, dan campuran.* Kencana.

Sugiyono. (2022). *Metode penelitian kuantitatif, kualitatif, dan R&D.* Alfabeta.

Suriasumantri, J. S. (2017). *Filsafat ilmu: Sebuah pengantar populer.* Pustaka Sinar Harapan.

Surajiyo. (2019). *Dasar-dasar logika.* Bumi Aksara.

Rapar, J. H. (2020). *Pengantar logika: Asas-asas penalaran sistematis.* Kanisius.

Chatfield, T. (2022). *Critical thinking: Your guide to effective argument, successful analysis and independent study.* SAGE Publications.

Wijana, I. D. P. (2021). *Berpikir kritis dan logis di era disrupsi informasi.* Gadjah Mada University Press.

Zed, M. (2018). *Metode penelitian kepustakaan.* Yayasan Obor Indonesia.

MEMETAKAN REALITAS: STRATEGI MENGGOLONGKAN INFORMASI SECARA SISTEMATIS DAN KONSISTEN

Oleh : Fitria

A. PENDAHULUAN

Kemajuan teknologi informasi pada abad ke-21 membawa manusia memasuki masa ketika data tersebar dalam jumlah sangat besar dan bergerak dengan kecepatan tinggi. Informasi hadir dalam berbagai format baik teks, gambar, suara, maupun bentuk multimedia lainnya yang dapat ditemukan di media digital, lembaga pendidikan, ruang publik, hingga interaksi sosial harian. Kondisi ini menuntut setiap individu memiliki kemampuan untuk memahami, menyeleksi, dan mengatur informasi dengan cara yang runtut. Tanpa kecakapan tersebut, seseorang mudah terperangkap dalam kekacauan informasi, kekeliruan dalam menarik kesimpulan, bahkan termanipulasi oleh maraknya misinformasi di dunia digital. Oleh karena itu, penguasaan strategi dalam menggolongkan informasi menjadi salah satu kompetensi intelektual yang semakin penting.

Salah satu metode utama dalam mengelola informasi adalah klasifikasi, yaitu proses menyusun objek atau konsep ke dalam kelompok tertentu berdasarkan kesamaan karakteristik. Dalam perspektif logika, klasifikasi berfungsi untuk menata konsep sehingga hubungan dan struktur antarkonsep dapat dipahami dengan lebih jelas. Proses ini tidak hanya berperan dalam penyusunan pengetahuan, tetapi juga sangat membantu dalam menyederhanakan kerumitan realitas yang sering tampak beragam dan tidak beraturan. Dengan demikian, klasifikasi berperan sebagai instrumen berpikir yang memungkinkan seseorang memahami suatu fenomena secara lebih kritis, terarah, dan logis.

Kemampuan mengklasifikasikan informasi secara tepat membutuhkan pemahaman terhadap prinsip-prinsip dasar logika. Asas kesamaan dasar, keterpisahan kategori, cakupan yang menyeluruh, serta konsistensi harus dipenuhi agar klasifikasi dapat dinyatakan valid. Ketidaktahuan terhadap prinsip-prinsip ini kerap menghasilkan kesalahan berpikir, seperti generalisasi berlebihan, kesalahan analogi, ataupun kategori yang saling tumpang tindih. Oleh sebab itu, mempelajari strategi klasifikasi menjadi unsur penting dalam menumbuhkan kemampuan berpikir kritis dan terstruktur.

Klasifikasi tidak hanya diterapkan dalam ilmu logika, tetapi juga digunakan secara luas di berbagai disiplin ilmu lainnya. Dalam biologi dikenal taksonomi, dalam ilmu komputer terdapat klasifikasi data dan algoritma pengelompokan, sementara dalam ilmu sosial digunakan untuk memahami struktur dan fenomena masyarakat. Di bidang pendidikan, klasifikasi membantu guru dan peserta didik mengorganisasi materi, memahami alur kompetensi, serta menyusun pengetahuan secara bertahap. Dalam kehidupan sehari-hari, keterampilan mengelompokkan informasi juga mempermudah seseorang dalam membuat keputusan, menentukan prioritas, dan memahami fenomena sosial secara lebih objektif.

Dengan demikian, memetakan realitas melalui proses klasifikasi bukan sekadar kemampuan teknis, melainkan merupakan fondasi berpikir sistematis, kritis, dan reflektif. Bab ini akan menguraikan konsep, prinsip, serta strategi klasifikasi secara mendalam agar pembaca mampu menerapkannya dalam berbagai konteks akademik maupun kehidupan nyata.

B. PEMBAHASAN

1. Hakikat Klasifikasi dalam Logika

Klasifikasi merupakan konsep mendasar dalam logika dan hampir seluruh cabang ilmu pengetahuan. Secara historis, istilah ini berasal dari kata Latin *classis* yang bermakna kelompok, serta *facere* yang berarti membuat atau menyusun. Secara sederhana, klasifikasi dapat dipahami sebagai upaya sistematis untuk menempatkan objek, fenomena, atau konsep ke dalam kelompok tertentu berdasarkan ciri atau sifat yang sama. Dalam kajian logika, proses ini tidak hanya dilihat sebagai kegiatan teknis, tetapi menjadi bagian integral dari kemampuan manusia untuk menata cara berpikir agar lebih runtut. Klasifikasi menjadikan seseorang mampu membaca pola, memahami keterhubungan antarkonsep, dan menghadapi keberagaman realitas secara lebih terstruktur.

Pada tingkatan yang paling dasar, klasifikasi berfungsi sebagai cara untuk menyederhanakan kerumitan dunia nyata. Realitas yang kita hadapi begitu luas dan dipenuhi oleh banyak konsep, objek, serta fenomena yang saling berhubungan namun sekaligus tampak beragam. Tanpa kemampuan untuk mengelompokkan informasi, manusia akan mudah kewalahan dan kesulitan membangun pemahaman yang jelas mengenai lingkungan sekitarnya. Dengan mengorganisasi berbagai hal berdasarkan kemiripan sifat atau ciri tertentu, seseorang dapat melihat keteraturan di balik keberagaman tersebut. Hal ini memungkinkan proses berpikir menjadi lebih efisien, terarah, dan terhindar dari kekacauan konsep.

Selain membantu mengurangi kerumitan, klasifikasi juga berperan penting dalam pembentukan struktur pengetahuan. Informasi yang dikumpulkan oleh manusia tidak dapat dipahami jika hanya disimpan sebagai kumpulan data terpisah. Informasi itu harus ditata, diurutkan, dan diorganisasi sehingga membentuk jaringan pengetahuan yang koheren. Sebagai contoh, dalam mempelajari hewan, seseorang tidak hanya menghafal daftar nama hewan, tetapi juga memahami bagaimana hewan-hewan tersebut dapat dikelompokkan berdasarkan ciri tertentu seperti jenis makanan, cara berkembang biak, atau struktur anatomi. Dengan pengelompokkan tersebut, seseorang dapat memahami hubungan antara konsep secara lebih mendalam sekaligus memudahkan proses penalaran ilmiah.

Lebih jauh, klasifikasi sangat membantu dalam proses analisis ilmiah. Para peneliti tidak mungkin mengolah data tanpa terlebih dahulu mengelompokkan informasi tersebut berdasarkan kategori tertentu. Data yang tidak diklasifikasikan hanya akan menjadi kumpulan informasi yang tidak bermakna. Ketika data disusun melalui sistem klasifikasi yang tepat, peneliti dapat menemukan pola, tren, atau kecenderungan yang tidak terlihat sebelumnya. Begitu pula dalam diskusi ilmiah, klasifikasi menjadi alat bagi peserta diskusi untuk merumuskan gagasan, mengatur argumen, dan memperjelas batasan konseptual sehingga pembahasan menjadi lebih efektif dan tidak melebar.

Klasifikasi tidak identik dengan sekadar mengumpulkan data. Proses ini menuntut ketepatan kriteria, tujuan yang jelas, serta pemikiran abstrak yang matang. Kriteria penggolongan harus diterapkan secara konsisten dari awal hingga akhir. Jika dasar pengelompokan berubah di tengah proses, kategori yang terbentuk akan membingungkan dan tidak lagi mencerminkan struktur konsep yang benar. Konsistensi inilah yang membedakan klasifikasi ilmiah dari pengelompokan sembarangan.

Selain konsistensi, klasifikasi juga memerlukan kemampuan untuk menilai sifat yang relevan dan membedakannya dari sifat yang tidak penting. Inilah yang disebut kemampuan berpikir abstrak kemampuan untuk melihat esensi dari suatu objek. Misalnya, ketika seseorang mengklasifikasikan hewan berdasarkan cara reproduksinya, faktor seperti warna bulu atau ukuran tubuh tidak menjadi dasar pengelompokan karena sifat-sifat tersebut tidak relevan dengan tujuan klasifikasi. Keterampilan untuk membedakan ciri esensial dari ciri tambahan ini sangat penting untuk menghasilkan kategori yang valid.

Dalam tradisi logika klasik, khususnya logika Aristotelian, klasifikasi digambarkan melalui konsep *genus* dan *diferensia spesifika*. *Genus* adalah kategori umum yang mencakup berbagai subkelas, sedangkan *diferensia spesifika* adalah ciri khusus yang membedakan satu kelas dari kelas lainnya di dalam genus yang sama. Pola ini sangat berpengaruh dalam perkembangan logika dan menjadi dasar dalam perumusan definisi yang tepat. Klasifikasi menjadi prasyarat penting dalam penyusunan definisi karena definisi yang baik harus menunjukkan kelompok asal konsep (genus) dan ciri khususnya (diferensia).

Klasifikasi juga tidak terbatas pada objek konkret, tetapi meluas pada konsep abstrak. Dalam filsafat dan ilmu sosial, konsep-konsep seperti keadilan, kebebasan, atau perilaku sosial sulit dipahami tanpa klasifikasi yang memisahkan unsur-unsur penting dari unsur pendukung. Dengan demikian, klasifikasi berfungsi sebagai alat analitis yang memungkinkan seseorang memahami fenomena kompleks dalam kategori-kategori yang dapat dipelajari secara sistematis.

Dalam perkembangan ilmu pengetahuan modern, klasifikasi telah menjadi fondasi dalam berbagai disiplin. Dalam biologi terdapat taksonomi yang mengatur makhluk hidup berdasarkan ciri-ciri tertentu. Di bidang ilmu komputer, klasifikasi menjadi dasar dari *machine learning*, di mana algoritma dilatih untuk mengenali pola dan menentukan kategori data secara otomatis. Dalam ilmu sosial, klasifikasi digunakan untuk memahami dinamika masyarakat, seperti stratifikasi sosial atau kategori budaya. Keragaman konteks penggunaan ini menunjukkan bahwa klasifikasi memiliki peran universal dalam proses ilmiah.

Di luar ruang akademik, klasifikasi juga memainkan peran penting dalam kehidupan sehari-hari. Saat seseorang menyusun jadwal berdasarkan prioritas, mengklasifikasikan pengeluaran bulanan, atau memilah informasi yang ia temui di internet, ia sedang melakukan proses klasifikasi. Tanpa kemampuan ini, seseorang akan mudah kehilangan arah dalam menyusun keputusan yang rasional. Dengan kata lain, klasifikasi tidak hanya berfungsi sebagai teknik ilmiah, tetapi juga sebagai keterampilan hidup yang memengaruhi kualitas pengambilan keputusan.

Meski demikian, klasifikasi juga memiliki potensi menimbulkan kesalahan jika dilakukan dengan cara yang keliru. Kesalahan memilih dasar penggolongan dapat menghasilkan bias dan stereotip. Misalnya, ketika seseorang mengelompokkan individu berdasarkan satu atribut saja, seperti status ekonomi atau suku, maka muncul risiko terjadinya generalisasi berlebihan yang tidak mencerminkan kenyataan secara objektif. Di sinilah pentingnya prinsip kehati-hatian dan ketepatan dalam menentukan dasar klasifikasi agar tidak jatuh pada kekeliruan berpikir.

Dalam logika modern, klasifikasi dipandang sebagai bagian dari kemampuan berpikir kritis. Klasifikasi membantu individu menyusun informasi, membedakan konsep, mengambil inti informasi, dan menghindari kesimpulan tergesa-gesa. Keterampilan ini semakin penting di era digital ketika informasi sangat berlimpah dan sering kali membingungkan. Dengan klasifikasi, seseorang dapat menyaring informasi, menilai relevansi, dan menyusun pemahaman yang lebih matang.

Berdasarkan uraian panjang ini, dapat disimpulkan bahwa klasifikasi bukan hanya sebuah teknik, melainkan fondasi intelektual yang mengatur cara manusia memahami dunia. Ia membantu kita menyederhanakan realitas, membangun pengetahuan, menganalisis fenomena, serta membuat keputusan secara rasional. Oleh sebab itu, mempelajari hakikat klasifikasi dalam logika memiliki nilai penting tidak hanya bagi kalangan akademisi, tetapi juga bagi siapapun yang ingin membangun pola pikir yang lebih kritis, sistematis, dan reflektif.(*No Title*, 2025)

2. Prinsip-Prinsip Klasifikasi dalam Logika

Klasifikasi yang dilakukan dalam konteks logika tidak dapat disusun secara sembarangan. Agar sebuah penggolongan dianggap ilmiah dan dapat dipertanggungjawabkan, prosesnya harus mengikuti sejumlah prinsip dasar yang telah menjadi pijakan dalam logika sejak masa klasik hingga era modern. Tanpa mematuhi prinsip-prinsip tersebut, klasifikasi mudah menimbulkan kesalahan berpikir berupa tumpang tindih kategori, ketidakjelasan batas konsep, atau pembagian yang tidak sesuai dengan kenyataan. Oleh karena itu, prinsip-prinsip berikut bukan sekadar aturan teknis, melainkan fondasi metodologis yang memastikan bahwa klasifikasi berjalan secara terarah dan logis.

Prinsip-prinsip tersebut mencakup Prinsip Kesamaan Dasar, Prinsip Keutuhan, Prinsip Keeksklusifan, dan Prinsip Konsistensi Logis. Keempat prinsip ini saling melengkapi dan bekerja bersama untuk menjamin bahwa proses klasifikasi benar-benar memenuhi standar penalaran ilmiah. Berikut elaborasi lengkapnya.

a) Prinsip Kesamaan Dasar (Basis of Division)

Prinsip pertama menekankan bahwa setiap proses klasifikasi harus berangkat dari satu dasar atau kriteria tertentu yang diterapkan secara konsisten sejak awal hingga akhir. Prinsip ini menyatakan bahwa objek yang dikelompokkan harus disusun menurut satu asas pembagian yang sama, bukan campuran dari berbagai dasar penggolongan yang tidak berhubungan.

Sebagai contoh, ketika seseorang ingin mengelompokkan manusia berdasarkan usia, kategori seperti "anak-anak", "remaja", "dewasa", dan "lansia" adalah bentuk klasifikasi yang tepat karena seluruhnya merujuk pada aspek umur. Namun, jika kategori "guru" atau "petani" tiba-tiba dimasukkan ke dalam klasifikasi yang sama, maka sistem tersebut menjadi tidak valid, sebab kategori tersebut berasal dari dasar yang berbeda yaitu profesi. Pencampuran dua kriteria yang tidak sejalan membuat klasifikasi kehilangan arah, sehingga maknanya menjadi kabur.

Prinsip ini berkaitan erat dengan kemampuan menentukan ciri esensial objek. Ciri esensial adalah aspek fundamental yang menjadi dasar pengelompokan, sementara ciri aksidental adalah sifat tambahan yang tidak relevan bagi tujuan klasifikasi. Dalam logika, kesalahan membedakan kedua jenis ciri ini sering menyebabkan munculnya kategori yang tidak sesuai dengan realitas. Karena itu, prinsip kesamaan dasar menjadi langkah awal yang harus diperhatikan sebelum proses penggolongan dilakukan.

b) Prinsip Keutuhan (Exhaustiveness)

Prinsip keutuhan menegaskan bahwa seluruh objek yang berada dalam lingkup kajian harus tercakup dalam kategori yang disusun. Tidak boleh ada objek yang tertinggal di luar klasifikasi. Apabila ada objek yang tidak dapat ditempatkan dalam salah satu kategori yang telah dibuat, maka sistem klasifikasi tersebut belum lengkap atau masih memiliki kekurangan.

Sebagai ilustrasi, seseorang yang mengklasifikasikan kendaraan berdasarkan sumber tenaganya dengan kategori "bensin", "solar", dan "listrik" harus memastikan bahwa tidak ada kendaraan modern yang terabaikan, seperti kendaraan hybrid atau hidrogen. Jika jenis-jenis tersebut tidak tercakup, maka klasifikasinya belum memenuhi prinsip keutuhan.

Prinsip ini menuntut pemahaman yang menyeluruh mengenai konteks objek yang dikaji. Dalam penelitian ilmiah, ketidaklengkapan kategori dapat menyebabkan bias, data tidak terhimpun secara tepat, dan hasil analisis menjadi tidak akurat. Peneliti harus memastikan bahwa seluruh variasi objek yang diteliti dapat masuk ke dalam salah satu kategori yang telah ditentukan.

Dalam kehidupan sehari-hari, prinsip keutuhan juga sering terlihat. Saat seseorang membuat daftar kebutuhan rumah tangga berdasarkan kategori, semua item harus masuk ke dalam salah satu kategori tersebut. Jika terdapat kebutuhan yang tidak terwadahi, maka klasifikasi yang dibuat belum komprehensif.

Dengan demikian, prinsip keutuhan memastikan bahwa sistem klasifikasi mencerminkan gambaran realitas secara lengkap dan tidak menyisakan celah.

c) Prinsip Keeksklusifan (Mutual Exclusivity)

Prinsip keeksklusifan menuntut bahwa setiap objek hanya dapat ditempatkan dalam **satu kategori saja** dalam satu sistem klasifikasi yang sama. Artinya, kategori yang disusun tidak boleh saling tumpang tindih. Apabila sebuah objek masuk ke dua kategori secara bersamaan, maka sistem klasifikasi tersebut tidak memenuhi prinsip eksklusifitas dan cenderung menimbulkan kekacauan konsep.

Contohnya, jika seseorang membagi buah berdasarkan rasa menjadi kategori "manis" dan "asam", maka setiap buah harus masuk hanya ke salah satu kategori saja. Namun, kenyataan menunjukkan bahwa ada buah seperti mangga atau jeruk yang memiliki rasa manis-asam. Hal ini memaksa pembuat klasifikasi untuk menyesuaikan sistemnya: menambah kategori baru atau mengubah dasar klasifikasinya. Tanpa penyesuaian tersebut, kategori yang tersusun menjadi kontradiktif.

Prinsip keeksklusifan sangat penting dalam dunia medis, sosial, dan pendidikan. Ketika dokter mengklasifikasikan penyakit berdasarkan penyebabnya, sebuah penyakit tidak boleh dimasukkan ke kategori "infeksi virus" dan "infeksi bakteri" secara bersamaan, kecuali terdapat pembagian lanjutan yang jelas. Dalam survei sosial, status ekonomi "miskin", "menengah", dan "kaya" harus memiliki batas yang tegas sehingga responden tidak terjebak pada posisi dua kategori secara bersamaan. Jika prinsip ini dilanggar, logika kategorisasi akan terdistorsi dan memicu *ambiguity fallacy*, yaitu kesalahan ketika sebuah istilah atau objek digunakan dalam dua makna dalam konteks yang sama.

d) Prinsip Konsistensi Logis

Prinsip terakhir menuntut agar seluruh proses klasifikasi mengikuti kriteria yang sama sejak awal sampai akhir. Tidak boleh ada perubahan dasar pengelompokan di tengah proses, karena perubahan tersebut akan menggagalkan struktur klasifikasi secara keseluruhan.

Misalnya, ketika seseorang mengelompokkan buku berdasarkan genre, ia harus tetap menggunakan genre sebagai kriteria klasifikasinya hingga selesai. Jika pada pertengahan proses ia beralih menggunakan ukuran buku atau warna sampul sebagai dasar pengelompokan, maka seluruh sistem tidak lagi konsisten, sehingga hasil klasifikasi tidak layak digunakan sebagai acuan ilmiah.

Konsistensi logis bukan hanya soal mempertahankan kriteria, tetapi juga soal menjaga **ketegasan berpikir**. Proses klasifikasi yang berubah-ubah menunjukkan adanya kerancuan dalam cara seseorang memahami objek kajian. Prinsip ini melindungi klasifikasi dari pengaruh subjektivitas, preferensi pribadi, atau bias evaluatif.

Dalam penelitian, konsistensi logis adalah indikator kualitas metodologis. Kategori yang stabil akan menghasilkan data yang sahih, akurat, dan dapat diuji ulang (replicable). Tanpa konsistensi, hasil penggolongan menjadi arbitrer dan sulit dipertanggung jawabkan dalam kehidupan sehari-hari, prinsip ini terlihat dalam berbagai bentuk penilaian. Misalnya, evaluasi kinerja yang baik harus menggunakan indikator yang sama dari waktu ke waktu. Jika indikator berubah, maka penilaiannya tidak adil dan tidak mencerminkan kinerja yang sebenarnya. (*No Title*, 2026)

3. Langkah-Langkah Sistematis dalam Menggolongkan Informasi

Klasifikasi yang baik tidak hanya bergantung pada pemahaman tentang prinsip-prinsip logis, tetapi juga pada kemampuan menerapkan langkah-langkah sistematis dalam proses pengelompokan informasi. Tanpa prosedur yang jelas, klasifikasi mudah menjadi tidak konsisten, tumpang tindih, atau bahkan kehilangan relevansinya karena tidak sesuai dengan objek yang dianalisis. Oleh sebab itu, tahapan klasifikasi harus dilakukan secara berurutan agar penggolongan yang dihasilkan tidak hanya benar menurut logika, tetapi juga valid secara konsep dan bermanfaat dalam konteks akademik maupun praktis.

Secara umum, proses klasifikasi melibatkan lima langkah utama: menentukan ruang lingkup, menetapkan dasar penggolongan, menyusun kategori logis, membangun hierarki informasi, dan mengevaluasi konsistensi struktur klasifikasi. Kelima langkah ini bekerja secara terpadu untuk membangun klasifikasi yang utuh dan teruji.

a) Menentukan Ruang Lingkup (Scope)

Tahap pertama dalam proses klasifikasi adalah menetapkan ruang lingkup atau batasan objek yang akan diklasifikasikan. Langkah ini sangat penting karena ruang lingkup menentukan jenis objek yang akan dipetakan serta aspek-aspek apa yang relevan untuk dianalisis. Ruang lingkup yang jelas membantu pembuat klasifikasi menghindari pembahasan yang terlalu luas atau terlalu sempit.

Ruang lingkup dapat berupa:

- objek konkret seperti tumbuhan, hewan, atau benda fisik,
- konsep abstrak seperti nilai moral, teori, atau pendekatan metodologis,
- fenomena sosial seperti perilaku masyarakat, aktivitas ekonomi, dan sebagainya.

Kesalahan dalam menentukan ruang lingkup akan menyebabkan ketidaktepatan dalam keseluruhan sistem klasifikasi. Misalnya, jika kita mengklasifikasikan jenis bacaan untuk anak-anak, tetapi menyertakan bacaan dewasa dalam kategori, maka batas ruang lingkup menjadi kabur. Sebaliknya, jika ruang lingkup terlalu sempit, hasil klasifikasi menjadi tidak berguna karena hanya mencakup sebagian kecil objek.

Penentuan ruang lingkup juga membantu memastikan bahwa objek yang diklasifikasikan memang memiliki relevansi satu sama lain. Klasifikasi yang baik adalah klasifikasi yang mengelompokkan objek-objek yang berada dalam satu payung besar (genus) sebelum dibagi menjadi subkategori. Dengan demikian, langkah pertama ini membantu mengarahkan pembuat klasifikasi agar tetap berada dalam jalur analisis yang tepat.

b) Menentukan Dasar Penggolongan (Criterion of Division)

Setelah ruang lingkup ditetapkan, langkah berikutnya adalah menentukan dasar klasifikasi atau *criterion of division.* Dasar penggolongan merupakan kriteria utama yang digunakan untuk memisahkan objek ke dalam kategori tertentu. Pemilihan dasar penggolongan tidak boleh dilakukan secara sembarangan, tetapi harus mempertimbangkan tujuan klasifikasi, karakteristik objek, serta relevansi analitis.

Dasar penggolongan harus memenuhi beberapa syarat:

1. **Relevan** – kriteria harus sesuai dengan tujuan klasifikasi.
2. **Dapat diuji** – ciri yang digunakan harus dapat diamati atau diverifikasi.
3. **Logis** – kriteria yang dipilih harus mencerminkan sifat esensial objek.

Misalnya, mengelompokkan jenis pekerjaan berdasarkan tingkat risiko merupakan dasar penggolongan yang relevan jika tujuan klasifikasi adalah analisis keselamatan kerja. Namun, menggolongkan pekerjaan berdasarkan warna seragam tentu tidak relevan karena tidak berkaitan dengan tujuan tersebut.

Dalam berbagai disiplin ilmu, pemilihan dasar klasifikasi berbeda-beda. Di biologi, dasar klasifikasi bisa berupa struktur morfologi atau cara berkembang biak. Dalam ilmu sosial, dasar klasifikasi mungkin berupa status ekonomi, pola perilaku, atau jenis interaksi sosial. Dalam ilmu komputer, data diklasifikasikan berdasarkan pola angka atau karakter yang muncul. Dasar penggolongan mencerminkan aspek penting dari objek yang diamati.

Jika dasar penggolongan tidak sesuai, maka seluruh sistem klasifikasi akan salah arah. Karena itu, pemilihan dasar klasifikasi menjadi langkah penting yang menentukan kualitas hasil klasifikasi secara keseluruhan.

c) Membuat Kategori-Kategori Logis

Setelah kriteria penggolongan ditetapkan, langkah berikutnya adalah membangun kategori-kategori yang sesuai dengan dasar klasifikasi. Kategori merupakan kerangka dasar dalam klasifikasi, sehingga penyusunannya harus mengikuti aturan logika. Kategori yang baik adalah kategori yang:

1. **Eksklusif** – tidak ada objek yang masuk ke dua kategori pada waktu yang sama.
2. **Menyeluruh** – semua objek harus dapat ditempatkan pada salah satu kategori.
3. **Tepat** – kategori harus mencerminkan ciri utama objek.

Pembuatan kategori harus merujuk pada dasar penggolongan yang telah ditentukan. Misalnya, jika dasar penggolongan adalah usia, maka kategori harus berupa tahap-tahap usia, bukan kategori profesi atau karakter. Jika dasar penggolongan adalah ukuran, maka kategori yang dibuat harus mencerminkan variasi ukuran, bukan bentuk atau warna.

Ciri penting lain dalam pembuatan kategori adalah kemampuan membedakan kategori dengan jelas. Kategori yang tumpang tindih atau tidak memiliki batas yang tegas akan menyebabkan ambiguitas. Misalnya, pembagian pendapatan menjadi kategori "rendah", "menengah", dan "tinggi" membutuhkan batas numerik yang jelas agar seseorang tidak masuk ke dua kategori sekaligus.

Dalam penelitian dan pendidikan, kategori sering digunakan untuk mempermudah pengolahan data atau menyusun kurikulum. Jika kategori tidak tepat, hasil analisis data bisa keliru dan sistem pembelajaran menjadi tidak logis. Karena itu, pembuatan kategori adalah proses penting yang sangat menentukan kualitas klasifikasi.

d) Menyusun Hierarki Informasi

Hierarki informasi adalah penyusunan kategori berdasarkan tingkat keumuman atau kekhususan. Langkah ini sangat penting karena hierarki membantu memperjelas struktur pengetahuan. Dalam sistem klasifikasi yang baik, kategori paling umum ditempatkan pada tingkat atas, kemudian diturunkan menjadi subkategori yang lebih spesifik.

Hierarki memiliki beberapa fungsi penting:

- membantu pembaca memahami hubungan antarobjek,
- memperjelas batasan konsep,
- menyederhanakan fenomena yang kompleks,
- dan memberikan struktur berlapis yang mudah dipelajari.

Misalnya, dalam klasifikasi makhluk hidup, hierarki dimulai dari kingdom, phylum, class, order, family, genus, dan species. Struktur ini memudahkan peneliti memahami hubungan antarorganisme dalam skala besar maupun kecil.

Hierarki juga digunakan dalam analisis konsep abstrak. Misalnya, konsep "keadilan" bisa ditempatkan sebagai kategori umum, kemudian diturunkan menjadi subkategori seperti keadilan distributif, keadilan prosedural, dan keadilan retributif.

Dalam ilmu sosial, hierarki tampak pada struktur masyarakat yang disusun dari kelompok besar ke kelompok kecil. Dalam pendidikan, konsep diurutkan dari materi dasar ke materi lanjutan.

e) Mengevaluasi Konsistensi

Tahap terakhir dalam proses klasifikasi adalah melakukan evaluasi menyeluruh terhadap sistem klasifikasi. Evaluasi dilakukan untuk memastikan bahwa kategori, dasar penggolongan, dan struktur hierarki telah sesuai dengan prinsip logika.

Evaluasi mencakup:

1. **Memeriksa tumpang tindih kategori**

   Jika ada objek yang masuk dua kategori sekaligus, berarti kategori belum eksklusif.

2. **Mengidentifikasi kekosongan kategori**

   Jika ada objek yang tidak bisa dimasukkan ke kategori manapun, berarti kategori belum lengkap.

3. **Meninjau kembali dasar penggolongan**

   Apakah kriteria penggolongan tetap konsisten atau mengalami perubahan di tengah proses?

4. **Memastikan relevan sikategori**

   Apakah kategori masih sesuai dengan tujuan klasifikasi?

Evaluasi ini sangat penting karena klasifikasi tidak selalu sempurna pada tahap awal. Kadang perlu dilakukan revisi agar kategori lebih akurat atau agar dasar penggolongan lebih jelas. Proses revisi ini merupakan bagian dari cara berpikir ilmiah yang selalu terbuka terhadap penyempurnaan.

Dalam dunia nyata, evaluasi konsistensi dapat diterapkan dalam banyak konteks. Misalnya, dalam membuat kurikulum, pengajar perlu memastikan bahwa materi pelajaran tidak saling tumpang tindih atau tidak menimbulkan kekosongan kompetensi. Dalam penelitian, pengelompokan data harus diperiksa ulang agar analisis yang dibangun tidak salah arah.(*Organisasi Yang Efektif*, n.d.)

4. Contoh Penerapan Klasifikasi dalam Kehidupan Akademik dan Sosial

Klasifikasi bukan hanya konsep teoretis dalam logika, tetapi merupakan keterampilan praktis yang muncul dalam berbagai kegiatan manusia, baik di lingkungan akademik, profesional, maupun kehidupan sosial sehari-hari. Dalam aktivitas sehari-hari, manusia sesungguhnya terus-menerus melakukan proses pengelompokan meskipun sering kali tidak disadari. Mulai dari cara mengorganisasi waktu, memilih sumber informasi, hingga menata data dalam penelitian semuanya mencerminkan penerapan klasifikasi. Bagian ini menjelaskan bagaimana klasifikasi diterapkan secara konkret melalui empat aspek besar: pendidikan, media dan informasi, ilmu pengetahuan, serta kehidupan praktis.

a) Penerapan Klasifikasi dalam Pendidikan

Bidang pendidikan merupakan salah satu arena utama di mana klasifikasi memegang peranan penting. Guru, dosen, dan tenaga pendidik lainnya menggunakan klasifikasi sebagai dasar dalam menyusun materi ajar agar proses pembelajaran lebih terarah.

1. Pengelompokan Materi Berdasarkan Kompetensi Dasar

Di sekolah formal, kurikulum dirancang berdasarkan kompetensi dasar yang harus dicapai oleh peserta didik. Proses ini menuntut pendidik untuk mengategorikan materi sesuai tingkat kemampuan yang seharusnya dikuasai siswa. Materi yang terlalu sulit tidak boleh diberikan di tahap awal, begitu pula materi yang terlalu sederhana tidak boleh diberikan pada tingkat akhir. Melalui klasifikasi, guru dapat menyesuaikan tahapan perkembangan kognitif siswa.

2. Pemisahan Materi Berdasarkan Tingkat Kesulitan

Materi pembelajaran sering kali dibedakan antara level dasar, menengah, dan lanjutan. Pengelompokan tersebut membantu guru menentukan strategi penyampaian, metode penilaian, serta intensitas pendampingan. Misalnya, dalam matematika, konsep operasi bilangan harus dikuasai sebelum masuk ke aljabar. Klasifikasi ini bukan hanya untuk mempermudah pengajaran, tetapi juga memastikan progres belajar berjalan logis.

3. Penyusunan Tujuan Pembelajaran

Setiap tujuan pembelajaran disusun berdasarkan domain tertentu seperti kognitif (pengetahuan), afektif (sikap), dan psikomotorik (keterampilan). Ketiga domain ini merupakan bentuk klasifikasi dalam ranah pendidikan yang membantu guru memahami jenis hasil belajar yang diharapkan. Tanpa klasifikasi tujuan, proses evaluasi menjadi tidak terukur.

4. Relevansi Klasifikasi terhadap Berpikir Kritis

Klasifikasi sering dipahami hanya sebagai teknik memetakan atau mengelompokkan informasi, namun jika ditelusuri secara mendalam, ia merupakan salah satu fondasi utama dalam pengembangan berpikir kritis. Dalam proses berpikir kritis, seseorang dituntut untuk mengidentifikasi, memilah, dan menilai informasi secara objektif. Tanpa kemampuan melakukan klasifikasi, alur berpikir akan mudah bercampur, kabur, dan bergerak tanpa arah. Oleh karena itu, klasifikasi bukan sekadar alat bantu untuk mengorganisasi informasi, tetapi merupakan struktur konseptual yang menopang cara seseorang memahami realitas secara lebih tajam.

Dalam lingkungan modern yang dipenuhi banjir data, klasifikasi berfungsi sebagai mekanisme untuk mengurai kompleksitas dan menyaring informasi yang relevan. Kemampuan ini memudahkan seseorang mengenali struktur argumen, membedakan fakta dari opini, serta menghindari kekeliruan berpikir yang dapat mengarahkan pada penarikan kesimpulan keliru. Berikut penjelasan bagaimana klasifikasi berperan secara signifikan dalam pengembangan kemampuan berpikir kritis.

a) Memahami Persamaan dan Perbedaan Secara Objektif

Salah satu keterampilan dasar dalam berpikir kritis adalah kemampuan untuk membedakan aspek yang sama dan tidak sama dari suatu objek atau konsep. Melalui klasifikasi, seseorang dilatih untuk mengidentifikasi ciri esensial yang menjadi alasan masuknya suatu objek ke dalam kategori tertentu. Dengan demikian, klasifikasi menuntut kemampuan observasi mendalam sekaligus analisis objektif.

Misalnya, dalam mengklasifikasikan jenis argumen, seseorang harus mampu melihat perbedaan antara argumen deduktif dan induktif. Perbedaan tersebut bukan hanya pada bentuk atau gaya penyampaian, tetapi pada cara hubungan antara premis dan kesimpulan dibangun. Melalui latihan klasifikasi, seseorang tidak hanya mengenali kategori, tetapi juga memahami dasar pengelompokan secara kritis.

b) Menghindari Kesalahan Generalisasi

Generalisasi berlebihan adalah salah satu kesalahan berpikir yang paling sering terjadi, terutama ketika seseorang tidak mampu membedakan kategori dengan tepat. Dengan keterampilan klasifikasi, seseorang dapat membatasi ruang lingkup pernyataan sehingga tidak melebar ke wilayah yang tidak seharusnya. Klasifikasi membantu menegaskan mana objek yang berada dalam satu kategori, mana yang tidak, dan mengapa demikian.

Dalam konteks sosial, misalnya, generalisasi bahwa "anak muda tidak disiplin" jelas merupakan kesimpulan salah, karena menyatukan semua individu dalam kategori yang tidak akurat. Dengan pemahaman klasifikasi yang benar, seseorang dapat melihat bahwa perilaku manusia tidak dapat disamaratakan begitu saja, karena dipengaruhi oleh banyak variabel seperti lingkungan, pendidikan, dan pola asuh.

Klasifikasi juga mencegah seseorang menyimpulkan sesuatu berdasarkan sampel yang tidak representatif. Ketika seseorang terbiasa membuat kategori yang lengkap dan konsisten, ia akan lebih berhati-hati dalam menarik kesimpulan.

c) Membangun Struktur Argumen yang Jelas

Berpikir kritis sangat bergantung pada kemampuan menyusun argumen secara logis dan sistematis. Klasifikasi mendukung kemampuan ini karena struktur argumen yang baik membutuhkan pembagian ide yang teratur. Ketika seseorang hendak menjelaskan gagasan yang kompleks, klasifikasi membantu memecah gagasan tersebut menjadi komponen yang lebih kecil dan mudah dipahami. Misalnya, dalam membahas masalah etika, seseorang dapat mengklasifikasikan tindakan tertentu sebagai tindakan moral, atau amoral. Pembagian kategori ini membantu memperjelas posisi argumen, sehingga pendengar atau pembaca memahami alur pemikiran secara runtut. (*No Title*, 2024)

Klasifikasi juga membantu menentukan premis mana yang relevan, mana yang tidak mendukung kesimpulan, dan mana yang perlu dieliminasi. Dengan demikian, argumen yang dibangun menjadi lebih solid, tidak berputar-putar, dan terhindar dari kekacauan logika.

d) Menyaring Informasi yang Relevan dan Tidak Relevan

Di era digital, informasi beredar sangat cepat dan sering kali tidak memiliki nilai pengetahuan yang baik. Banyak berita yang bersifat hoaks, opini tanpa data, dan informasi yang direkayasa untuk tujuan tertentu. Dalam kondisi ini, klasifikasi menjadi alat mental untuk memilah informasi yang bernilai dan layak dipertimbangkan.

Ketika mengevaluasi suatu informasi, seseorang dapat mengelompokkannya ke dalam kategori seperti:

- fakta,
- opini,
- penilaian subjektif,
- misinformasi,
- atau klaim yang perlu diverifikasi.

Kemampuan memilah berbagai jenis informasi tersebut sangat penting agar seseorang tidak terjebak dalam arus informasi yang berbahaya. Dalam konteks berpikir kritis, klasifikasi membantu seseorang menghalangi masuknya informasi tidak relevan ke dalam proses penalaran. (Amir et al., 2025)

e) Klasifikasi sebagai Filter Intelektual dalam Era Digital

Dunia digital membawa tantangan baru, seperti maraknya hoaks, propaganda, deepfake, dan teknik manipulasi informasi lainnya. Tanpa kemampuan memilah informasi secara sistematis, seseorang mudah terpengaruh oleh narasi yang tampak meyakinkan, tetapi sebenarnya tidak memiliki dasar kebenaran.

Klasifikasi berfungsi sebagai filter kognitif agar seseorang dapat membedakan:

- sumber informasi yang kredibel dan tidak kredibel,
- argumen yang sah dan argumen sesat,
- data yang valid dan data yang direkayasa,
- konten informatif dan konten manipulatif.

Kemampuan ini sangat penting untuk membentengi diri terhadap manipulasi yang sering digunakan dalam media sosial, iklan, kampanye politik, dan wacana publik. Di sinilah klasifikasi berperan bukan hanya sebagai alat berpikir, tetapi juga sebagai mekanisme perlindungan intelektual.

f) Klasifikasi Membentuk Pola Pikir Sistematis

Berpikir kritis menuntut proses berpikir yang terstruktur. Klasifikasi memberikan kerangka kerja yang memungkinkan seseorang menyusun informasi secara runtut. Seseorang yang terbiasa mengklasifikasikan informasi akan memandang setiap masalah melalui sudut pandang tertentu, menyusun data berdasarkan kategori, lalu menilai alternatif solusi secara terukur.

Dengan demikian, klasifikasi:

- menata alur berpikir,
- membantu mengorganisasi informasi,
- dan membentuk pola analisis yang konsisten.

Kemampuan berpikir terstruktur adalah inti dari berpikir kritis, karena tanpa struktur, seseorang mudah kehilangan arah ketika berhadapan dengan ide atau data yang kompleks. (Faisal et al., n.d.)

g) Memperkuat Kemampuan Evaluasi dan Penilaian Argumentatif

Klasifikasi memungkinkan seseorang mengevaluasi argumen melalui pembagian komponen yang jelas. Ketika setiap elemen argumen ditempatkan dalam kategori tertentu, maka kelemahan dan kekuatan argumen menjadi lebih mudah dikenali.

Misalnya, dalam sebuah debat, pembicara menggunakan beberapa jenis bukti: bukti empiris, pendapat ahli, asumsi pribadi, dan data statistik. Dengan klasifikasi, pendengar dapat menilai mana bukti yang paling relevan dan mana yang hanya bersifat pendukung lemah.

Hal ini menjadikan klasifikasi sebagai salah satu metode internal untuk memperkuat kemampuan evaluasi, yang merupakan inti dari berpikir kritis.(Wahyuni et al., n.d.)

C. KESIMPULAN

Klasifikasi merupakan salah satu kemampuan berpikir fundamental yang memungkinkan manusia memahami realitas secara lebih teratur, sistematis, dan rasional. Melalui proses pengelompokan, informasi yang kompleks dan berlimpah dapat disederhanakan sehingga hubungan antarobjek menjadi lebih jelas. Dalam konteks logika, klasifikasi bukan hanya teknik teknis, tetapi merupakan perangkat intelektual yang membantu penyusunan konsep-konsep, analisis argumentasi, serta pengembangan pengetahuan yang valid.

Prinsip-prinsip klasifikasi seperti asas kesamaan dasar, keutuhan, keeksklusifan, dan konsistensi logis menjadi pedoman penting agar setiap penggolongan yang dilakukan dapat dipertanggungjawabkan secara ilmiah. Demikian pula, langkah-langkah sistematis seperti menentukan ruang lingkup, memilih dasar penggolongan, menyusun kategori logis, membuat hierarki, dan melakukan evaluasi konsistensi menjadikan proses klasifikasi lebih terarah dan terukur.

Penerapan klasifikasi juga terlihat dalam berbagai bidang kehidupan, mulai dari pendidikan, media digital, ilmu pengetahuan, hingga aktivitas harian seperti pengelolaan keuangan, pengaturan waktu, dan pengambilan keputusan. Hal ini menunjukkan bahwa klasifikasi bukan hanya konsep teoritis, tetapi merupakan keterampilan praktis yang sangat dekat dengan kehidupan manusia.

Dengan demikian, kemampuan mengklasifikasikan informasi secara sistematis dan konsisten merupakan kompetensi yang perlu dikembangkan oleh setiap individu, terutama dalam lingkungan akademik. Keterampilan ini tidak hanya meningkatkan kualitas penalaran, tetapi juga memperkuat daya analisis, ketepatan berpikir, dan kemampuan memahami dunia secara lebih mendalam.

DAFTAR PUSTAKA

Amir, M., Ar, H., Rayhanun, D., & Sofyan, R. (2025). *Atestasi : Jurnal Ilmiah*

Akuntansi Peran Informasi Akuntansi dalam Pasar Modal : Tinjauan Sistematis Literatur tentang Pengambilan Keputusan Investor dan Relevansi Laba. 8(2), 146–168.

Faisal, A., Kusumastuti, S. Y., & Rahayu, D. H. (n.d.). *METODOLOGI PENELITIAN.*

No Title. (2024).

No Title. (2025).

No Title. (2026).

Organisasi yang efektif. (n.d.).

Wahyuni, R., Kuroti, A., Pattiasina, P. J., Megavitry, R., Manullang, K. R., Yuliani, A. M., Ulimaz, A., Bano, V. O., & Megavitry, R. (n.d.). *Panduan praktis metode penelitian pendidikan.*

BERPIKIR DENGAN PERBANDINGAN: MENGGUNAKAN ANALOGI UNTUK MENJELASKAN KONSEP KOMPLEKS

Oleh : Vania Putri Nabila

A. PENDAHULUAN

Dalam berbagai bentuk diskusi publik baik yang kita saksikan di televisi, ruang seminar kampus, maupun di kolom komentar media sosial kita sering melihat pembicaraan yang awalnya membahas ide atau argumen tiba-tiba berubah menjadi serangan terhadap pribadi. Situasi seperti ini sangat mudah ditemukan, misalnya pada sebuah talk show politik. Saat seorang narasumber berusaha menjelaskan analisisnya mengenai kenaikan harga kebutuhan pokok, lawan bicara justru menanggapi dengan meremehkan latar belakang pendidikan atau pengalaman hidupnya. Hal-hal tersebut sebenarnya tidak ada hubungannya dengan topik yang dibahas. Akibatnya, diskusi yang seharusnya berfokus pada pertukaran data dan gagasan malah berubah menjadi ajang saling mengejek. Ruang yang semula ditujukan untuk berdialog secara sehat pun bergeser menjadi tempat adu sindiran. Fenomena semacam ini tidak hanya muncul sekali dua kali, melainkan sudah menjadi pemandangan yang sering kita temui dalam budaya berkomunikasi sehari-hari.

Kebiasaan menyerang personal lawan bicara daripada menanggapi argumennya merupakan bentuk cara berpikir yang tidak tepat, namun sayangnya dianggap efektif oleh sebagian orang. Alih-alih menilai isi argumen, perhatian pendengar justru diarahkan pada aspek pribadi seseorang. Di era digital yang penuh perpecahan dan perdebatan cepat, taktik seperti ini semakin sering digunakan. Kita bisa melihat bagaimana komentar bernada sinis, hinaan, ataupun tuduhan yang tidak relevan lebih mudah menyebar dan mendapatkan perhatian dibandingkan penjelasan yang berbasis fakta. Serangan pribadi dianggap ampuh untuk menurunkan kredibilitas lawan bicara tanpa perlu mengkritisi argumen yang sebenarnya. Namun, cara ini justru merusak kualitas dialog karena mengalihkan fokus dari substansi pembahasan. Lebih jauh lagi, hal ini menurunkan kualitas berpikir kritis dan bahkan memperbesar potensi konflik antarindividu atau kelompok.

Dalam logika, pola serangan seperti ini disebut **Argumentum ad Hominem**, yaitu suatu kesalahan penalaran ketika seseorang menolak argumen dengan menyerang orang yang menyampaikan argumen tersebut. Serangan tersebut bisa berupa celaan terhadap kepribadian, dugaan motif tersembunyi, latar belakang keluarga, afiliasi organisasi, atau hal-hal lain yang bersifat pribadi. Padahal, dari sudut pandang logika, sebuah argumen seharusnya dinilai berdasarkan alasan dan bukti yang mendukungnya, bukan berdasarkan siapa yang mengatakannya. Meskipun demikian, ad hominem masih sering digunakan karena tampak meyakinkan di permukaan dan dapat mempengaruhi emosi pendengar, sehingga argumen yang sebenarnya tidak dibahas dengan objektif.

Bab ini disusun untuk memberikan pemahaman yang utuh mengenai kesesatan berpikir ad hominem. Pembahasan akan diawali dengan menjelaskan makna dan cara kerja kekeliruan ini. Selanjutnya, bab ini akan mengulas berbagai jenis ad hominem yang muncul dalam percakapan sehari-hari maupun dalam debat formal. Setelah itu, pembahasan akan berfokus pada dampak buruk ad hominem terhadap kualitas pemikiran dan diskusi di ruang publik. Terakhir, bab ini menyajikan langkah-langkah praktis bagi pembaca, khususnya mahasiswa, agar mampu mengenali, menghindari, dan merespons ad hominem secara tepat dan etis.

Dengan memahami materi ini, diharapkan pembaca mampu membedakan mana kritik yang menilai gagasan dan mana serangan yang tidak relevan. Selain itu, pembaca juga diharapkan dapat mengembangkan kemampuan berpikir kritis yang lebih matang dan membangun argumen secara lebih bijaksana, objektif, serta penuh penghormatan terhadap lawan bicara.

B. PEMBAHASAN

Penggunaan analogi dalam proses berpikir dan berargumen adalah salah satu cara bernalar yang sudah digunakan manusia sejak lama. Analogi membantu kita memahami gagasan atau konsep yang rumit dengan membandingkannya dengan sesuatu yang sudah kita kenal. Dalam berbagai disiplin ilmu baik filsafat, matematika, sains, bahasa, hingga ilmu sosial analogi berfungsi seperti jembatan yang menghubungkan ide-ide abstrak dengan contoh nyata di sekitar kita. Cara kerjanya mirip ketika kita memakai peta daerah yang sudah akrab untuk memahami wilayah baru yang belum kita ketahui. Dengan menunjukkan kesamaan antara dua hal yang berbeda, analogi memudahkan kita membangun pemahaman baru, membuat argumen lebih meyakinkan, dan menjelaskan ide dengan cara yang lebih mudah dimengerti.

Namun, penggunaan analogi tidak selalu berjalan mulus. Dalam logika sehari-hari, analogi bisa membantu menghasilkan argumen yang kuat, tetapi bisa juga menimbulkan sesat pikir jika kemiripannya dipaksakan atau tidak relevan. Dalam diskusi publik, debat di media sosial, atau bahkan pembelajaran di kelas, kita sering melihat orang memakai analogi bukan untuk memperjelas, tetapi justru untuk mengaburkan topik, mengalihkan perhatian, atau menyerang pribadi lawan bicara. Pada titik ini, pembahasan tentang *Argumentum ad Hominem* menjadi penting, karena jenis sesat pikir ini sering muncul dan kadang diselipkan di balik penggunaan analogi yang tidak tepat.

Oleh sebab itu, pembahasan ini akan menguraikan dua hal utama. Pertama, bagaimana analogi bekerja sebagai alat berpikir yang benar dan bermanfaat. Kedua, bagaimana kekeliruan logika seperti *Argumentum ad Hominem* dapat merusak kualitas analogi maupun keseluruhan argumen. Memahami kedua aspek ini akan membantu kita melatih kemampuan berpikir kritis serta berkomunikasi secara lebih sehat dan rasional.

B.1. Membedah Argumentum ad Hominem: Logika di Balik Kekeliruan

1. Asal-Usul dan Makna Frasa "Argumentum ad Hominem"

Istilah *Argumentum ad Hominem* berasal dari bahasa Latin yang berarti **"argumen yang diarahkan kepada orangnya"**. Artinya, ini adalah bentuk argumen yang bukan menyerang ide atau pendapat yang sedang dibicarakan, melainkan menyerang pribadi orang yang menyampaikan pendapat tersebut baik sifatnya, latar belakangnya, maupun hal-hal lain yang tidak ada hubungannya dengan argumen. Dalam tradisi logika, jenis kesalahan berpikir ini sudah lama dikenali sebagai salah satu yang paling sering terjadi dan paling menyesatkan, karena membuat perhatian beralih dari isi argumen ke hal-hal yang tidak relevan.

Aristoteles memang tidak menyebut istilah *ad hominem* secara langsung, tetapi ia sudah menyoroti praktik menyerang pribadi sebagai bentuk argumentasi yang keliru. Baru pada masa para ahli logika di abad pertengahan dan zaman modern istilah ini populer digunakan. Mereka memakainya untuk menggambarkan jenis argumen yang tidak menilai "apa yang dikatakan," tetapi "siapa yang mengatakan." Karena alasan itu, *ad hominem* kemudian digolongkan sebagai sesat pikir relevansi, yaitu kekeliruan ketika argumen tidak memiliki hubungan yang tepat dengan persoalan yang sedang dibahas.

Jadi, inti dari *Argumentum ad Hominem* adalah **mengalihkan fokus dari isi argumen ke karakter atau identitas pembicara**, sehingga penilaian terhadap argumen tidak lagi berdasarkan bukti, melainkan pada serangan pribadi.

2. Mekanisme Kekeliruan: Mengapa Serangan Pribadi Tidak Pernah Relevan

Jika dilihat dari sudut logika, *Argumentum ad Hominem* keliru karena **kebenaran suatu pernyataan tidak bergantung pada siapa yang mengucapkannya**, melainkan pada:

1. apakah struktur argumennya valid,
2. apakah premisnya kuat, dan
3. apakah bukti yang diajukan mendukung kesimpulan.

Sebagai contoh, pernyataan "Bumi mengelilingi Matahari" tetap benar meskipun orang yang menyampaikannya memiliki perilaku buruk. Fakta ilmiah tidak bergantung pada moral seseorang. Karena itu, menyerang pribadi pembicara tidak otomatis mejatuhkan pernyataan yang ia sampaikan.

Kekeliruan ad hominem biasanya muncul karena terjadi **pengalihan perhatian**. Alih-alih membahas argumen secara rasional, perhatian diarahkan ke orang yang berbicara. Akibatnya, audiens merasa argumen sudah terbantahkan padahal tidak ada bukti yang dibahas atau disangkal.

Secara garis besar, ad hominem keliru karena:

- Premisnya tidak berkaitan dengan topik utama.
- Kesimpulannya tidak muncul dari bukti logis, tetapi dari penilaian personal.
- Ia melanggar prinsip dasar logika seperti relevansi dan konsistensi.

Singkatnya, *ad hominem* menyerang arah yang salah. Masalah logis diselesaikan dengan cara emosional, sehingga tidak pernah valid dalam penalaran yang benar.

3. Daya Tarik Psikologis: Mengapa Sangat Umum dan Persuasif

Walaupun salah secara logika, *Argumentum ad Hominem* tetap banyak dipakai. Ada beberapa alasan psikologis yang membuatnya begitu menarik:

a. Bias Kognitif

Manusia cenderung menghargai argumen dari orang yang disukai dan meremehkan argumen dari orang yang tidak disukai. Ketika seseorang menonjolkan kekurangan pribadi lawannya, audiens cenderung langsung meragukan argumennya tanpa memeriksa isinya. Menilai karakter lebih cepat daripada menganalisis argumen, sehingga ini menjadi celah yang dimanfaatkan dalam debat.

b. Kemalasan Intelektual

Berpikir kritis membutuhkan usaha, sementara menyerang pribadi jauh lebih mudah. Orang tidak perlu mencari data atau mengevaluasi argumentasi secara mendalam. Cukup menunjukkan sisi negatif seseorang, lalu audiens akan menganggap argumennya tidak valid. Ini seperti jalan pintas berpikir cepat dan memuaskan, tetapi tidak berkualitas.

c. Efektivitas Retorika

Dalam debat, serangan pribadi sering membuat audiens terpengaruh secara emosional. Ia bisa memancing tawa, kemarahan, atau rasa jijik terhadap lawan bicara. Emosi yang terbangun membuat audiens lupa menilai argumen secara objektif. Selain itu, serangan personal dapat menjatuhkan mental lawan sehingga ia tidak mampu membela argumennya dengan baik.

Kesalahan ini juga sering muncul ketika seseorang mencampurkan analogi dengan serangan personal. Misalnya: "Argumenmu seperti bangunan tua yang hampir roboh pantas saja, lihat saja siapa yang membangunnya." Kalimat seperti ini terlihat seperti perbandingan logis, tetapi sebenarnya menyerang pribadi, bukan idenya. Karena mudah dilakukan dan memiliki dampak emosional, *ad hominem* sering dipakai dalam debat, terutama ketika seseorang tidak memiliki bukti kuat untuk mendukung pendapatnya.

Integrasi dengan Tema Besar: Relevansi Ad Hominem dalam Penggunaan Analogi

Dalam konteks penggunaan analogi, memahami *Argumentum ad Hominem* menjadi sangat penting. Analogi yang baik memusatkan perhatian pada kesamaan struktur atau hubungan antara dua hal. Sebaliknya, *ad hominem* menggeser fokus ke aspek personal yang tidak relevan. Ketika analogi digunakan untuk menyerang orang alih-alih menjelaskan konsep, fungsinya berubah dari alat pemahaman menjadi alat manipulasi.

Sebagai contoh, analogi tentang ekonomi seharusnya menjelaskan alur uang atau mekanisme pasar. Tetapi jika analogi tersebut diselipkan dengan serangan pribadi seperti: "Ekonomi negara kacau karena dikelola oleh orang yang bahkan tidak bisa menjaga barang pribadinya." maka analogi itu tidak lagi menjelaskan konsep ekonomi. Ia hanya menjadi sarana untuk mempermalukan individu tertentu.

Memahami cara kerja *ad hominem* membuat kita bisa lebih waspada ketika menggunakan analogi. Kita dapat memastikan bahwa analogi tetap menjadi alat berpikir yang membantu, bukan sarana manipulasi atau pengalihan isu. Setelah memahami cara kerja Argumentum ad Hominem dan bagaimana kekeliruan ini dapat merusak kualitas sebuah argumen, kita perlu melihatnya dalam gambaran yang lebih luas, yaitu dalam konteks penggunaan analogi sebagai alat berpikir. Analogi sebenarnya adalah cara untuk membantu kita memahami ide-ide yang sulit dengan membandingkannya pada sesuatu yang sudah kita kenal. Namun, efektivitas sebuah analogi sangat bergantung pada seberapa tepat hubungan antara dua hal yang dibandingkan itu. Jika analogi digunakan secara keliru, atau malah digabungkan dengan sesat pikir seperti ad hominem, maka analogi yang seharusnya membantu justru membingungkan. Karena itu, penting untuk memahami bagaimana analogi bekerja dan bagaimana kekeliruan berpikir dapat merusaknya agar kemampuan berpikir kritis kita semakin tajam.

1. Analogi sebagai Alat untuk Menyederhanakan Konsep Sulit

Dalam proses belajar atau berdiskusi, kita sering menemui konsep-konsep yang sifatnya abstrak. Misalnya, konsep limit dalam matematika, relativitas waktu dalam fisika, inflasi dalam ekonomi, atau motivasi dalam psikologi. Tanpa bantuan contoh perbandingan yang sudah dikenal, konsep-konsep tersebut bisa terasa rumit dan sulit dipahami.

Di sinilah analogi berperan. Contohnya:

- Untuk menjelaskan tentang arus listrik, guru sering membandingkannya dengan air yang mengalir di dalam pipa. Meski tidak sama persis, ada kemiripan pola yang membantu siswa memahami bagaimana tegangan dan hambatan bekerja.
- Untuk menjelaskan memori kerja, psikolog sering menggambarkannya sebagai meja kerja: ada kapasitas maksimum, tidak bisa menampung terlalu banyak hal sekaligus.

Kedua contoh itu menunjukkan bahwa analogi bekerja dengan "meminjam" struktur yang sudah kita mengerti untuk membantu menjelaskan struktur yang belum kita pahami. Karena itu, analogi sangat berguna dalam belajar, berkomunikasi, dan berargumen.

Namun, analogi yang baik harus memiliki kesamaan yang relevan. Masalah muncul ketika seseorang memaksakan analogi yang tidak sesuai atau menggunakan analogi untuk tujuan lain, seperti menyerang pribadi lawan bicara. Pada titik inilah kekeliruan berpikir sering terjadi.

2. Ketika Analogi Salah Digunakan: Munculnya Unsur Manipulatif

Kesalahan dalam membuat analogi bisa terjadi dengan berbagai cara. Bisa karena perbandingannya terlalu dangkal, tidak relevan, atau bahkan sengaja disusun untuk merendahkan seseorang. Bentuk terakhir inilah yang sering berkaitan dengan Argumentum ad Hominem.

Bayangkan dalam sebuah diskusi tentang kebijakan pendidikan. Alih-alih menilai isinya, seseorang berkata: "Kebijakan itu pasti buruk, orangnya saja selama ini tidak peduli pendidikan."

Pernyataan itu seolah-olah menyampaikan perbandingan antara sikap pribadi dan suatu kebijakan, tetapi sebenarnya itu adalah serangan terhadap karakter pembicaranya bukan evaluasi terhadap idenya. Jika dibungkus melalui analogi, bentuknya bisa lebih halus:

"Ide pendidikan yang dia ajukan seperti rumah yang dibangun oleh orang yang bahkan tidak bisa mengukur kayu." Kata-katanya terlihat seperti analogi konstruksi, tetapi yang diserang tetap orangnya. Banyak orang tidak menyadari kekeliruan ini karena cara penyampaiannya terdengar pintar. Padahal, inti argumen tidak pernah dibahas.

Contoh ini menunjukkan bahwa analogi yang salah arah bisa menjadi alat manipulasi yang efektif. Ketika analogi bercampur dengan bias pribadi, kualitas penalaran turun, dan diskusi berubah menjadi permainan emosi.

3. Dampak Negatif Ad Hominem dalam Pengambilan Keputusan

Dalam kehidupan sehari-hari, kesesatan berpikir seperti ad hominem tidak hanya memengaruhi debat kecil, tetapi juga dapat berdampak pada keputusan penting.

Misalnya:

- Dalam masyarakat, sebuah kebijakan bisa ditolak hanya karena tidak menyukai tokoh yang menyampaikannya.
- Di sekolah, siswa dapat menolak penjelasan guru karena tidak menyukai guru tersebut.
- Di tempat kerja, ide bagus bisa diabaikan hanya karena berasal dari orang yang kurang populer.

Hal ini menunjukkan bahwa serangan pribadi dapat membuat orang buta terhadap isi argumen sebenarnya. Idealnya, kita harus menilai argumen berdasarkan kekuatan bukti dan logikanya, bukan berdasarkan siapa yang menyampaikannya. Di sinilah peran analogi yang baik menjadi penting, karena analogi membantu memperjelas isi argumen tanpa bergantung pada reputasi pembicara.

4. Keterkaitan antara Analogi dan Ad Hominem dalam Pengembangan Berpikir Kritis

Untuk bisa berpikir kritis, kita perlu memahami bagaimana menyusun analogi yang benar dan bagaimana menghindari kekeliruan seperti ad hominem. Keduanya berhubungan karena keduanya termasuk dalam logika informal jenis logika yang kita gunakan dalam percakapan sehari-hari.

Beberapa prinsip penting dalam berpikir kritis adalah:

a. Perhatikan kesamaan yang mendasar, bukan sekadar permukaan

Analogi yang baik tidak hanya melihat kesamaan luar, tetapi juga hubungan struktur yang mendalam. Misalnya, membandingkan ekonomi dengan aliran air bukan karena keduanya “mengalir”, tetapi karena keduanya memiliki pola distribusi, hambatan, dan keseimbangan.

b. Pisahkan argumen dari orang yang menyampaikannya

Ketika menilai argumen, fokuskan perhatian pada:

- premis yang diajukan,
- bukti yang digunakan,
- apakah kesimpulannya mengikuti premis secara logis.

Jika ada masalah, serang argumennya bukan pembicaranya.

c. Kenali bias pribadi

Kita semua punya kecenderungan menyukai atau tidak menyukai orang tertentu. Namun, dalam berpikir kritis, bias personal harus ditekan agar tidak mempengaruhi penilaian logis.

d. Gunakan analogi untuk menjelaskan, bukan untuk menyerang Analogi yang benar membantu orang memahami, tetapi analogi yang digunakan untuk menyerang individu hanya menyesatkan dan merusak kualitas komunikasi.

5. Pentingnya Pemahaman Ini dalam Pendidikan dan Kehidupan Modern

Di era media sosial, Argumentum ad Hominem semakin mudah ditemukan. Banyak orang merespons cepat tanpa berpikir panjang, sehingga kesesatan berpikir ini makin sering terjadi dan bahkan dianggap normal. Karena itu, kemampuan menggunakan analogi yang tepat dan menghindari ad hominem sangat penting dalam pendidikan masa kini. Guru, dosen, dan mahasiswa perlu memahami bahwa:

- analogi adalah alat untuk memahami, bukan menyerang,
- serangan pribadi tidak menyelesaikan masalah,
- argumen yang baik berangkat dari logika dan bukti.

Pemahaman ini juga sangat berguna dalam bidang-bidang lain seperti hukum, politik, bisnis, kesehatan, dan teknologi. Semakin kompleks dunia yang kita hadapi, semakin penting kemampuan menjelaskan melalui analogi dan semakin berbahaya kekeliruan berpikir yang bisa mengaburkan kebenaran.

Dengan memahami bagaimana analogi berkaitan dengan kekeliruan ad hominem, kita bisa melihat bahwa berpikir kritis bukan hanya soal mencari jawaban yang benar, tetapi juga memastikan proses berpikir kita bebas dari bias dan manipulasi. Dalam hal ini, analogi yang tepat berfungsi seperti jembatan yang membantu kita menghubungkan pengetahuan yang sudah kita kenal dengan hal baru yang masih sulit dipahami. Sebaliknya, ketika analogi dipakai secara salah, ia bisa menjadi perangkap yang membuat kita menarik kesimpulan yang keliru. Karena itu, penggunaan analogi harus dilakukan dengan hati-hati dan penuh tanggung jawab.

Analogi yang baik dapat membantu orang memahami suatu masalah dari sudut pandang yang lebih sederhana. Misalnya, ketika seseorang ingin menjelaskan pentingnya evaluasi rutin dalam sebuah sistem, ia mungkin menggunakan contoh kendaraan yang harus diservis secara berkala agar tetap berjalan dengan baik. Analogi ini bekerja karena ada kesamaan dalam hal perawatan dan pemeliharaan. Namun, jika perbandingan tersebut kemudian dipakai untuk menyerang pribadi misalnya dengan mengatakan bahwa orang yang tidak melakukan evaluasi adalah seperti "pemilik kendaraan yang ceroboh" maka pembahasan sudah tidak lagi fokus pada isu utama, tetapi berubah menjadi serangan personal. Di sinilah kita perlu memahami perbedaan antara analogi yang sehat dan analogi yang sudah tercampur kekeliruan ad hominem.

Dalam kehidupan saat ini, kemampuan membedakan antara analogi yang benar dan analogi yang menyesatkan menjadi semakin penting. Informasi yang kita temui setiap hari, baik dari media sosial, tempat kerja, maupun proses belajar, sering disampaikan dalam bentuk perbandingan. Tidak semua perbandingan tersebut tepat, dan tidak semuanya bertujuan menjelaskan. Sebagian justru dibuat untuk memengaruhi perasaan atau membentuk opini tertentu. Tanpa kemampuan menganalisis dengan baik, seseorang bisa saja terkecoh oleh analogi yang terlihat logis padahal sebenarnya keliru.

Kita juga perlu memahami bahwa sesat pikir ad hominem tidak selalu muncul karena niat buruk. Kadang hal itu terjadi karena kebiasaan atau respons spontan manusia. Banyak orang secara alami lebih fokus pada siapa yang berbicara daripada apa yang sedang disampaikan. Kita cenderung mempercayai orang yang kita suka dan meragukan orang yang tidak kita sukai, meskipun kualitas argumen tidak ada hubungannya dengan karakter pembicara. Bias seperti ini membuat kita perlu melatih diri agar tetap menilai argumen berdasarkan isinya, bukan berdasarkan siapa yang mengatakannya.

Peningkatan kemampuan berpikir logis dan penggunaan analogi yang tepat juga menjadi hal penting dalam dunia pendidikan. Guru dan dosen perlu menggunakan analogi dengan bijak untuk memudahkan pemahaman, bukan untuk memperkuat stereotip atau menimbulkan salah paham. Analogi yang benar dapat membantu siswa memahami materi yang rumit; tetapi jika digunakan secara keliru, siswa bisa tumbuh menjadi individu yang mudah terpengaruh oleh retorika yang menyesatkan.

Pada akhirnya, kemampuan menghindari serangan ad hominem dan membangun analogi yang tepat adalah bagian penting dari proses berpikir yang matang. Kedua keterampilan ini membantu kita membuat keputusan yang lebih objektif, memahami masalah dengan lebih jelas, dan menyampaikan pendapat dengan lebih efektif. Di tengah arus informasi yang begitu deras seperti saat ini, kemampuan tersebut bukan hanya berguna, tetapi menjadi kebutuhan utama. Semakin kita memahami bagaimana logika bekerja baik melalui perbandingan maupun analisis argumen semakin besar peluang kita menjadi pribadi yang kritis, bijak berkomunikasi, dan lebih mampu mengambil keputusan yang bertanggung jawab.

B.2. Ragam Serangan Pribadi: Mengenali Berbagai Wajah Ad Hominem

Dalam berpikir kritis, kita perlu bisa membedakan mana argumen yang benar-benar kuat dan mana yang hanya terlihat meyakinkan tetapi sebenarnya keliru. Salah satu kekeliruan yang sangat sering muncul adalah *argumentum ad hominem*, yaitu ketika seseorang menyerang pribadi lawan bicara bukan isi argumennya. Serangan seperti ini dapat muncul dalam beragam bentuk, dengan pola dan tujuan yang berbeda-beda. Memahami setiap jenis ad hominem membantu kita lebih waspada terhadap upaya manipulasi atau bias yang dapat muncul dalam diskusi, baik di dunia politik, lingkungan akademik, maupun percakapan sehari-hari.

1. Ad Hominem Abusive (Hinaan Langsung)

Ad hominem *abusive* adalah jenis serangan pribadi paling kasar dan paling mudah dikenali. Dalam bentuk ini, seseorang menyerang karakter, kecerdasan, penampilan, gaya hidup, atau hal pribadi lainnya dari lawan bicara. Tujuannya untuk menjatuhkan lawan dengan membuatnya terlihat buruk, sehingga audiens tidak lagi memperhatikan substansi argumennya.

Kekeliruan ini muncul karena perdebatan dialihkan dari topik yang sedang dibahas menuju sifat pribadi seseorang. Biasanya, cara ini digunakan saat seseorang tidak punya argumen yang kuat atau ingin memengaruhi emosi audiens secara cepat. Walaupun terlihat jelas sebagai bentuk serangan, jenis ini masih sering muncul karena dinilai ampuh untuk merusak kredibilitas lawan tanpa harus membantah argumennya.

Contoh Ad Hominem Abusive

a. Politik

"Tidak usah dengarkan pendapatnya soal ekonomi, orang itu bahkan keluarganya saja tidak bisa diurus."

Fokus diskusi yang seharusnya pada kebijakan ekonomi malah dialihkan ke urusan pribadi.

b. Akademik

"Makalahnya tentang sejarah modern pasti jelek. Lihat saja, dia selalu terlihat bingung di kelas."

Yang diserang bukan isi makalah, melainkan anggapan tentang kemampuan orang tersebut.

c. Pergaulan sehari-hari

"Kamu mau menasihati aku tentang kedisiplinan? Lihat dirimu sendiri, pakaianmu berantakan."

Padahal kebenaran sebuah nasihat tidak bergantung pada penampilan.

Jenis serangan ini bukan hanya tidak relevan, tetapi juga menunjukkan bahwa penyerang tidak sanggup memberikan bantahan secara logis. Dalam diskusi yang sehat, hinaan pribadi seharusnya tidak mendapat tempat.

2. Ad Hominem Circumstantial (Sirkumstansial)

Berbeda dengan hinaan langsung, ad hominem circumstantial menyerang lawan bicara dengan mengaitkan argumennya pada kondisi pribadi, pekerjaan, kelompok, atau kepentingan yang dimilikinya. Seolah-olah argumen seseorang dianggap salah hanya karena latar belakangnya padahal alasan tersebut tidak berkaitan dengan validitas argumen yang disampaikan.

Kekeliruan terjadi ketika seseorang menolak argumen berdasar pada situasi pribadi pembicara, bukan pada logika atau bukti yang ada. Pola ini sering terlihat dalam perdebatan politik, konflik kepentingan organisasi, atau isu yang sensitif secara sosial.

Contoh Ad Hominem Circumstantial

a. Politik

"Tentu dia membela undang-undang lingkungan. Dia kan kerja di LSM yang dibiayai asing."

Asal-usul tempat kerja pembicara tidak membuktikan benar atau salahnya argumen tentang lingkungan.

b. Akademik

"Dia mengkritik teori itu hanya karena dosennya mengikuti aliran pemikiran yang berbeda."

Latar belakang dosen tidak otomatis memengaruhi kebenaran kritik yang disampaikan.

c. Kehidupan sosial

"Kamu membela gaya hidup minimalis karena kamu pelit dan tidak mampu beli banyak barang."

Pendapat tentang minimalisme tetap bisa objektif, meskipun pembicaranya hidup hemat.

Memahami pola ini membantu kita menghindari penilaian yang tidak adil, dan tetap menilai argumen berdasarkan bukti, bukan kondisi pribadi pembicara.

3. Tu Quoque ("Kamu Juga")

Serangan *tu quoque* terjadi ketika seseorang menolak argumen dengan cara menuduh lawan bicara tidak konsisten atau munafik. Fokusnya bukan lagi pada isi argumen, tetapi pada ketidaksesuaian antara perkataan dan tindakan orang tersebut. Meskipun menunjukkan ketidakkonsistenan bisa relevan dalam menilai karakter seseorang, itu tidak serta-merta menjadikan argumennya salah. Kekeliruan ini bekerja dengan mengalihkan perhatian audiens dari kebenaran argumen ke perilaku pribadi pembicara. Padahal meskipun pembicara tidak menerapkan nasihatnya sendiri, isi nasihat itu bisa tetap benar.

Contoh Tu Quoque

a. Keuangan pribadi

"Nasihatnya soal pentingnya menabung tidak penting, dia sendiri boros dan punya banyak utang."

Ketidakkonsistenannya tidak mengubah fakta bahwa menabung memang bermanfaat.

b. Lingkungan

"Kamu menyuruh kita mengurangi sampah plastik, tapi kamu sendiri masih beli minuman pakai gelas sekali pakai."

Ketidakkonsistenan bukan bukti bahwa saran mengurangi sampah itu salah.

c. Akademik

"Dia bilang kita harus rajin membaca, tapi dia sendiri jarang kelihatan di perpustakaan."

Perilaku pembicara tidak mempengaruhi validitas anjuran untuk rajin membaca.

Serangan *tu quoque* sering terlihat meyakinkan karena berkaitan dengan moralitas. Namun dalam logika, konsistensi pribadi bukan ukuran dari benar atau salahnya sebuah argumen.

4. Guilt by Association (Kekeliruan karena Asosiasi)

Jenis ad hominem ini muncul ketika seseorang menolak argumen dengan karena pembicara memiliki hubungan, kedekatan, atau kesamaan pandangan dengan kelompok atau tokoh yang dianggap negatif. Alih-alih mengkritik isi argumen, penyerang mencoba menimbulkan persepsi buruk dengan menghubungkan pembicara pada pihak yang tidak disukai.

Pola ini sering digunakan dalam debat ideologi, perdebatan politik, dan opini publik. Serangan ini bekerja karena memanfaatkan emosi dan stereotip, bukan logika.

Contoh Guilt by Association

a. Politik

"Kita tidak perlu percaya gagasan reformasi pendidikannya. Beberapa pandangannya mirip tokoh kontroversial itu."

Kemiripan pendapat tidak langsung membuktikan bahwa ide tersebut buruk.

b. Akademik

"Teorinya tidak bisa dipercaya, pernah dipuji oleh kelompok yang reputasinya jelek."

Validitas teori seharusnya diuji secara ilmiah, bukan dilihat dari siapa yang menyetujuinya.

c. Kehidupan sosial

"Kamu sering setuju dengan pendapat orang yang suka ribut. Pasti pendapatmu juga jelek."

Hubungan sosial tidak menentukan kualitas gagasan seseorang.

Jenis serangan ini bisa sangat berbahaya karena membuat orang berpikir berdasarkan asosiasi emosional, bukan alasan rasional.

B.3. Dampak Destruktif Ad Hominem dalam Diskursus Intelektual dan Publik

Serangan ad hominem membawa dampak yang sangat merugikan dalam berbagai bentuk diskusi, baik di lingkungan akademik, ruang debat formal, maupun percakapan santai di media sosial. Ketika seseorang mulai menyerang pribadi lawan bicaranya alih-alih membahas inti argumen, suasana diskusi langsung berubah. Percakapan yang seharusnya menjadi tempat bertukar gagasan justru berubah menjadi ajang saling menyerang. Akibatnya, orang tidak lagi memperhatikan isi pembahasan, tetapi lebih fokus pada siapa yang diserang atau bagaimana cara membalasnya. Situasi seperti ini membuat diskusi menjadi tidak produktif dan kehilangan tujuannya.

Selain merusak suasana, ad hominem juga menghalangi perkembangan ide-ide baru. Banyak gagasan yang sebenarnya bermanfaat akhirnya tidak dipertimbangkan hanya karena pembawa argumennya dianggap tidak disukai, kurang populer, atau memiliki latar belakang tertentu. Hal ini sangat merugikan, terutama dalam dunia akademik, karena ide yang baik tidak mendapatkan kesempatan untuk diuji secara objektif. Ketika orang menilai gagasan hanya berdasarkan siapa yang menyampaikan, bukan pada isi argumennya, peluang untuk menemukan solusi atau pemikiran baru menjadi hilang.

Dampak buruk ad hominem semakin terlihat jelas di media sosial. Sifat media sosial yang cepat, penuh komentar singkat, dan sering memancing emosi membuat orang lebih mudah melontarkan serangan pribadi dibanding mengajukan argumen yang logis. Serangan semacam ini memperkuat fenomena "gelembung informasi" atau *echo chamber*, di mana orang hanya berinteraksi dengan kelompok yang sepaham dan menolak pandangan dari luar. Akibatnya, masyarakat semakin terbelah. Bukan hanya gagasan yang diperdebatkan, tetapi identitas kelompok yang dipertentangkan. Jika serangan pribadi terus digunakan, jarak antar kelompok semakin lebar dan kesediaan untuk berdialog dengan terbuka pun menurun. Dengan demikian, ad hominem tidak hanya merusak kualitas percakapan, tetapi juga bisa memperburuk hubungan antar individu dan kelompok dalam masyarakat.

B.4. Strategi Bertahan: Cara Merespons dan Melawan Argumen Ad Hominem

Untuk menghadapi serangan ad hominem, mahasiswa perlu mempelajari cara-cara praktis agar tidak terjebak dalam konflik emosional. Langkah pertama adalah **mengenali dan menyebutkan langsung** bahwa serangan tersebut merupakan bentuk kesesatan berpikir. Dengan mengatakan, *"Maaf, pernyataan Anda menyerang pribadi saya, bukan argumen yang saya sampaikan,"* mahasiswa dapat memberi batas yang jelas dan mengingatkan bahwa diskusi seharusnya tetap fokus pada topik.

Langkah kedua adalah **mengabaikan serangan pribadi dan mengarahkan kembali pembicaraan** ke pokok masalah. Ad hominem biasanya bertujuan membuat lawan bicara tersulut emosi, sehingga menjaga ketenangan sangat penting. Contohnya, mahasiswa dapat menanggapi dengan, *"Terlepas dari siapa saya, bagaimana pendapat Anda mengenai data yang saya jelaskan tadi?"* Kalimat seperti ini membantu membawa diskusi kembali ke isi argumen.

Langkah ketiga adalah **menjelaskan bahwa serangan tersebut tidak relevan** dengan kebenaran argumen. Mahasiswa bisa menunjukkan bahwa hal-hal seperti latar belakang pribadi, pengalaman hidup, atau reputasi seseorang tidak menentukan apakah argumen yang dikemukakan itu benar atau salah. Penjelasan singkat semacam ini membuat orang lain melihat bahwa penilaian harus tetap berpijak pada logika dan bukti, bukan pada aspek personal.

Dengan menerapkan strategi-strategi di atas, mahasiswa dapat menjaga agar diskusi tetap sehat, fokus, dan produktif. Selain itu, kemampuan ini membantu membangun budaya berpikir yang lebih kritis dan dewasa, di mana argumen dinilai berdasarkan isinya, bukan berdasarkan siapa yang mengatakannya.

C. KESIMPULAN

Dari seluruh pembahasan, dapat disimpulkan bahwa *argumentum ad hominem* adalah jenis kesalahan dalam berpikir yang terjadi ketika seseorang menolak argumen dengan menyerang pribadi orang yang berbicara, bukan isi pendapatnya. Serangan ini bisa muncul dalam beberapa bentuk, seperti hinaan langsung (*ad hominem abusive*), menyinggung kondisi atau kepentingan pribadi seseorang (*ad hominem circumstantial*), tuduhan bahwa lawan bicara tidak konsisten (*tu quoque*), atau menghubungkan seseorang dengan kelompok atau tokoh yang dinilai buruk (*guilt by association*).

Semua bentuk ad hominem memiliki kesamaan: diskusi dialihkan dari pokok masalah ke hal-hal pribadi yang sebenarnya tidak berkaitan. Hal ini merusak cara berpikir yang sehat karena membuat orang lebih fokus pada aspek emosional daripada logika. Pengaruhnya bisa terlihat dalam perdebatan akademik, percakapan sehari-hari, hingga komentar di media sosial, yang sering kali berubah menjadi saling serang secara emosional daripada bertukar ide dengan baik.

Keseluruhan kajian ini menekankan bahwa menjaga disiplin berpikir sangat penting untuk melatih kemampuan berpikir kritis. Ketika menilai sebuah argumen, kita harus bisa memisahkan antara siapa yang menyampaikan dan apa yang disampaikan. Penilaian kita seharusnya berdasar pada bukti, cara berpikir, dan hubungan logis antaride, bukan pada karakter, latar belakang, atau identitas pembicara. Jika aspek personal ini ikut tercampur, penilaian kita bisa bias oleh emosi dan prasangka. Karena itu, kebiasaan berpikir secara objektif dan relevan menjadi fondasi penting untuk menghasilkan penalaran yang sehat dan dapat dipertanggungjawabkan.

Dengan memahami macam-macam bentuk ad hominem dan dampak negatifnya, pembaca diharapkan dapat mengevaluasi cara mereka berargumentasi selama ini baik di kelas, lingkungan sekitar, maupun dalam interaksi di media sosial. Kita perlu menanyakan pada diri sendiri apakah selama ini kita sudah menilai argumen secara adil, atau tanpa sadar pernah menggunakan serangan pribadi dalam berdiskusi.

Pemahaman ini seharusnya mendorong kita untuk berubah menjadi pribadi yang lebih bijak dalam berkomunikasi. Kita diajak untuk membangun budaya berdiskusi yang lebih sehat, menghargai perbedaan, dan berfokus pada gagasan, bukan pada orangnya. Menjadi pemikir kritis berarti berani menilai ide berdasarkan ketepatan logikanya dan tetap menjaga sikap yang etis. Jika setiap orang berusaha melakukan hal ini, maka ruang diskusi baik formal maupun informal akan menjadi lebih konstruktif, terbuka, dan membantu kita mendekati kebenaran dengan lebih jernih.

DAFTAR PUSTAKA

Rahayu, Silvia, Aulya Putri, and Deassy Arestya Saksitha. "Analogi Sebagai Metode Berpikir Dan Kreatif Pada Pembelajaran Pendidikan Agama Islam." *Al-Mizan* 1.2 (2025): 1-10.

Sari, Diah Prawitha. "Berpikir Matematis dengan Metode Induktif, Deduktif, Analogi, Integratif dan Abstrak." *Delta-Pi: Jurnal Matematika Dan Pendidikan Matematika* 5.1 (2017): 79-89.

Wijayanti, Tutik Fitri. "Potensi model pembelajaran problem solving disertai argument mapping untuk memberdayakan berpikir kritis." *Prosiding Seminar Nasional Pendidikan.* Vol. 1. No. 1. 2016.

Sadieda, Lisanul Uswah. "Kemampuan argumentasi mahasiswa melalui model berpikir induktif dengan metode probing-prompting learning." *PYTHAGORAS: Jurnal Matematika dan Pendidikan Matematika* 14.1 (2019): 23-32.

Rachmantika, Arfika Riestyan, and Wardono Wardono. "Peran kemampuan berpikir kritis siswa pada pembelajaran matematika dengan pemecahan masalah." *PRISMA, Prosiding Seminar Nasional Matematika.* Vol. 2. 2019.

BAGIAN 2

DARI PERNYATAAN KE ARGUMEN: MENGANALISIS STRUKTUR PROPOSISI KATEGORIS (A, E, I, O)

Oleh : Eka Putriana

A. PENDAHULUAN

Logika sebagai disiplin ilmu memiliki tujuan utama untuk menuntun manusia berpikir secara runtut, jelas, dan konsisten(El et al., 2025). Di dalam proses penalaran, manusia kerap menggunakan berbagai bentuk pernyataan untuk menyampaikan gagasan, menilai suatu situasi, atau menarik kesimpulan. Agar rangkaian pemikiran tersebut dapat dianalisis secara sistematis, logika menyediakan perangkat dasar berupa proposisi kategoris. Proposisi ini menjadi batu pijakan awal sebelum seseorang membangun argumen yang valid dan dapat dipertanggungjawabkan.

Proposisi kategoris memuat hubungan fundamental antara dua konsep, yaitu subjek (S) dan predikat (P). Melalui hubungan ini, sebuah pernyataan dapat dikategorikan berdasarkan kualitas serta kuantitasnya. Empat bentuk utama A (universal afirmatif), E (universal negatif), I (partikular afirmatif), dan O (partikular negatif) memberikan kerangka dasar untuk memahami bagaimana informasi dikemas dan bagaimana konsekuensi logisnya dapat ditarik. Dengan mengenali struktur ini, pembaca dapat menguraikan pola penalaran yang terdapat dalam wacana sehari-hari maupun dalam kajian ilmiah.

Masing-masing jenis proposisi membawa implikasi logis yang berbeda. Proposisi A dan E, misalnya, berfungsi sebagai pernyataan universal yang cakupannya luas, mencakup seluruh anggota kategori tertentu. Sementara itu, proposisi I dan O bersifat partikular, hanya merujuk pada sebagian anggota. Perbedaan ini tidak hanya memengaruhi arti pernyataan, tetapi juga menentukan kesimpulan apa yang dapat diambil ketika proposisi tersebut dipadukan dalam bentuk silogisme atau argumentasi lainnya.

Dalam proses berpikir kritis, kemampuan mengenali jenis proposisi menjadi sangat penting. Banyak kekeliruan dalam perdebatan publik atau penulisan akademik muncul karena ketidakmampuan membedakan pernyataan universal dan partikular. Contohnya, generalisasi berlebihan sering terjadi ketika pernyataan partikular diperlakukan seolah-olah universal. Analisis proposisi kategoris membantu mencegah kesalahan semacam itu dengan memberikan batasan yang jelas pada cakupan klaim.

Selain fungsi analitis, pemahaman terhadap struktur proposisi juga berperan dalam konstruksi argumentasi. Sebelum seseorang mengajukan premis dan kesimpulan, ia harus memastikan bahwa setiap premis telah dirumuskan dengan jelas dan konsisten berdasarkan kategori proposisi. Dengan demikian, kesimpulan yang dihasilkan tidak hanya tampak logis, tetapi juga benar secara formal. Inilah mengapa studi tentang proposisi kategoris penting bagi mahasiswa, peneliti, maupun siapa pun yang ingin mengembangkan kemampuan penalaran yang kuat.

Dalam konteks sejarah logika, proposisi kategoris telah dibahas sejak era Aristoteles dan terus menjadi dasar dalam studi inferensi deduktif. Meskipun berbagai sistem logika modern telah berkembang seperti logika proposisional dan logika predikat proposisi kategoris tetap relevan sebagai alat pembelajaran fundamental. Struktur yang sederhana namun sistematis membuatnya ideal untuk memperkenalkan prinsip-prinsip penalaran formal kepada pemula dalam bidang logika.

Pembahasan proposisi A, E, I, dan O juga membuka jalan untuk memahami hubungan-hubungan logis lain, seperti kontradiksi, kontrari, subkontrari, dan subalternasi dalam diagram kuadrat oposisi. Melalui pemahaman hubungan ini, seseorang dapat menguji apakah dua pernyataan dapat benar secara bersamaan, salah secara bersamaan, atau saling meniadakan. Analisis semacam ini sangat berguna untuk mengevaluasi koherensi sebuah argumen.

Tidak hanya dalam konteks filosofis, proposisi kategoris memiliki aplikasi dalam berbagai bidang, mulai dari linguistik, hukum, komunikasi, hingga kecerdasan buatan. Di era informasi, ketika interpretasi terhadap pernyataan publik sering kali menentukan keputusan sosial maupun politik, kemampuan menguraikan struktur proposisi menjadi semakin penting. Pemahaman ini memungkinkan seseorang menilai validitas klaim, mendeteksi ambiguitas, dan memisahkan

B. PEMBAHASAN

Proposisi sebagai Dasar Penalaran Logis

Dalam sejarah cara manusia menggunakan bahasa untuk memahami dunia, proposisi memegang peranan yang sangat mendasar. Setiap kali manusia mencoba menjelaskan sesuatu apakah tentang alam, perilaku sosial, atau gagasan abstrak mereka menggunakan kalimat yang dapat dinilai benar atau salah. Kalimat seperti inilah yang disebut proposisi. Proposisi menjadi bahan utama dalam pembentukan argumen, karena tidak akan ada kesimpulan logis tanpa adanya premis, dan premis pada dasarnya adalah proposisi. Ketika seseorang mengatakan bahwa semua logam akan memuai ketika dipanaskan, atau sebagian makhluk hidup mampu beradaptasi dengan lingkungannya, ia sedang menyampaikan hubungan antara kategori-kategori tertentu. Hubungan inilah yang dipetakan oleh logika melalui apa yang disebut proposisi kategoris.

Proposisi Kategoris dalam Tradisi Logika Klasik

Proposisi kategoris merupakan jenis proposisi yang paling tua dan paling banyak dibahas dalam tradisi logika klasik. Aristoteles menjadi salah satu tokoh utama yang mengembangkan bentuk ini, dan pemikir Islam pada masa klasik seperti al-Farabi, Ibn Sina, dan al-Ghazali juga memberikan kontribusi signifikan dalam penyempurnaannya. Proposisi kategoris pada intinya adalah kalimat yang menghubungkan suatu subjek dengan suatu predikat melalui kopula. Kopula ini biasanya berupa kata seperti "adalah" atau "bukan". Hubungan tersebut dapat bersifat mengafirmasi atau menegasi, dan dapat berlaku untuk seluruh anggota kelompok atau hanya sebagian. Dari kombinasi dua aspek inilah kualitas (afirmatif/negatif) dan kuantitas (universal/partikular) muncul empat bentuk proposisi yang kita kenal sebagai A, E, I, dan O.

Empat Bentuk Proposisi Kategoris (A,E,I,O)

Proposisi A menyatakan hubungan universal afirmatif, misalnya "Semua tumbuhan memerlukan cahaya matahari." Proposisi A mengklaim bahwa keseluruhan anggota subjek termasuk dalam predikat. Proposisi E, kebalikannya, merupakan universal negatif, seperti pernyataan "Tidak satu pun burung adalah mamalia." Pada proposisi ini, subjek dipisahkan sepenuhnya dari predikat. Proposisi I hanya membicarakan sebagian dari subjek, bukan seluruhnya, dan bersifat afirmatif. Contohnya: "Sebagian siswa merasa senang belajar logika." Sementara proposisi O menyatakan sebagian anggota subjek yang tidak memiliki sifat tertentu, misalnya "Sebagian tanaman tidak tahan terhadap suhu ekstrem."

Distribusi Term dan Validitas Argumen

Meskipun tampak sederhana, keempat jenis proposisi ini adalah perangkat dasar untuk menganalisis struktur argumen. Di dalam setiap proposisi, term-term (subjek dan predikat) tidak hanya saling dihubungkan, tetapi juga memiliki status distribusi tertentu. Distribusi ini menunjukkan apakah suatu term mencakup seluruh anggotanya atau tidak dalam proposisi tersebut. Misalnya, dalam proposisi universal afirmatif, subjek selalu terdistribusi karena semua anggotanya dibicarakan, tetapi predikat tidak selalu terdistribusi. Dalam universal negatif, kedua term terdistribusi karena proposisi itu memisahkan kedua kelas secara menyeluruh. Sebaliknya, dalam partikular afirmatif, tidak ada term yang terdistribusi karena hanya sebagian kecil hubungan yang diklaim. Hal-hal seperti ini sangat berpengaruh terhadap validitas argumen(Ilmu, 2020).

Silogisme dan Kesalahan Penalaran

Ketika seseorang menyusun argumen, ia sedang menggabungkan beberapa proposisi secara runut. Ambil contoh silogisme klasik: "Semua manusia akan mati; Ali adalah manusia; maka Ali akan mati." Premis-premisnya (dua proposisi A) secara struktur sudah tepat, sehingga kesimpulannya valid. Namun tidak semua argumen yang terdengar masuk akal ternyata valid secara logis. Misalnya: "Semua orang yang pandai membaca buku; semua guru membaca buku; maka semua guru adalah orang pandai." Argumen ini tampak benar, tetapi sebenarnya memiliki cacat logis karena predikatnya ("membaca buku") tidak terdistribusi. Inilah salah satu bentuk kekeliruan yang dikenal sebagai kesalahan pada term tengah yang tidak terdistribusi(Zendrato et al., 2024).

Interpretasi Bahasa Natural ke dalam Bentuk Logis

Dengan memahami cara kerja distribusi term dan cara proposisi dikonversi ke dalam bentuk logis, kita dapat menilai apakah suatu argumen sah atau tidak. Namun, proses ini membutuhkan kemampuan mengidentifikasi struktur logis dari bahasa sehari-hari yang sering kali ambigu. Banyak kalimat yang kita jumpai dalam komunikasi tidak langsung dapat dikategorikan sebagai A, E, I, atau O tanpa interpretasi. Misalnya, kalimat "Tidak semua pedagang jujur" pada dasarnya setara dengan proposisi O, "Sebagian pedagang tidak jujur." Atau kalimat "Hanya mahasiswa yang boleh mengikuti seminar" secara logika berarti "Semua peserta seminar adalah mahasiswa," yang merupakan proposisi A.

Bujur Sangkar Oposisi dan Relasi Logis

Keempat proposisi kategoris tersebut kemudian ditempatkan dalam bujur sangkar oposisi. Dari sini tampak hubungan logis antara A, E, I, dan O. Hubungan yang paling kuat adalah kontradiksi, yaitu antara A dan O, serta antara E dan I. Jika proposisi A benar, maka proposisi O otomatis salah dan sebaliknya. Hal serupa berlaku antara E dan I. Di atas itu ada hubungan kontrari, yaitu antara A dan E, yang tidak bisa sama-sama benar tetapi bisa sama-sama salah. Hubungan sub-kontrari, sebaliknya, menghubungkan I dan O yang tidak mungkin sama-sama salah tetapi bisa sama-sama benar. Relasi terakhir adalah subalternasi, yakni hubungan antara universal dan partikular. Kebenaran universal menurunkan kebenaran partikular, tetapi tidak sebaliknya.

Relevansi Proposisi Kategoris dalam Tradisi Islam dan Ilmu Modern

Struktur ini bukan sekadar teori abstrak tetapi menjadi kerangka kerja untuk memahami bagaimana klaim saling berkaitan. Proposisi kategoris digunakan untuk membaca argumentasi formal, menilai konsekuensi logis, dan memahami apakah suatu pernyataan dapat dijadikan dasar penarikan kesimpulan(Ilmu, 2020). Pada masa klasik, terutama dalam tradisi intelektual Islam, logika kategoris sangat dihargai karena menjadi alat untuk mencegah kesalahan dalam penafsiran dan penyampaian hujjah. Dalam hukum Islam, misalnya, banyak keputusan yang menggunakan pola deduktif yang mirip dengan silogisme kategoris, seperti "Segala yang memabukkan adalah haram; minuman X memabukkan; maka minuman X haram."Walaupun logika formal modern saat ini telah berkembang dengan konsep yang jauh lebih kompleks, keempat proposisi kategoris ini masih digunakan karena sifatnya yang fundamental. Bahkan dalam bahasa ilmiah modern, kita masih menemukan struktur universal seperti "Semua mamalia menyusui anaknya", atau struktur partikular seperti "Sebagian spesies memiliki kemampuan regenerasi." Proposisi A, E, I, dan O tetap menjadi cara paling dasar manusia memetakan pola pikirnya tentang dunia.

Keterbatasan Proposisi Kategoris

Namun tidak berarti bentuk ini tidak memiliki keterbatasan. Proposisi kategoris bekerja dalam bingkai biner benar atau salah. Ia tidak dapat menjelaskan hubungan sebab-akibat secara rinci ataupun gagasan probabilitas seperti yang biasa digunakan dalam ilmu modern. Meski demikian, sebagai fondasi analisis logis, proposisi kategoris sangat penting untuk melatih cara berpikir sistematis dan kritis(Epstein, 2013).

Proposisi Kategoris dalam Kehidupan Sehari-hari

Dalam praktik kehidupan sehari-hari, kemampuan memetakan pernyataan ke dalam bentuk proposisi kategoris membantu kita membedakan klaim yang valid dari klaim yang hanya tampak meyakinkan. Dalam percakapan biasa, sering ditemukan pernyataan yang bersifat generalisasi berlebihan seperti "Semua remaja keras kepala" atau "Semua pegawai pemerintah lambat bekerja." Jika kita mengkaji pernyataan ini sebagai proposisi A, maka segera terlihat bahwa klaim tersebut terlalu luas dan tidak memiliki bukti memadai. Dengan logika kategoris, seseorang dapat menyadari bahwa proposisi universal memerlukan dasar yang sangat kuat.

Kesalahan dalam Kategorisasi Konsep

Begitu juga kesalahan kategorisasi sering terjadi pada kalimat yang membingungkan antara ciri-ciri atau kelompok yang berbeda. Misalnya, pernyataan "Semua hewan yang terbang adalah burung" mengabaikan fakta bahwa kelelawar bukan burung meskipun dapat terbang. Kesalahan semacam ini menunjukkan bahwa keakuratan kategorisasi subjek dan predikat sama pentingnya dengan keakuratan struktur logis proposisinya.

Kontribusi Proposisi Kategoris bagi Pengembangan Penalaran

Akhirnya, memahami struktur proposisi kategoris membantu kita menyusun argumen yang runtut, menghindari kesalahan penalaran, dan mampu mempertahankan sebuah kesimpulan dengan cara yang dapat diuji secara rasional. Proses berpikir dari pernyataan menuju argumen bukan hanya persoalan menyusun kata, melainkan kegiatan menata relasi konsep dalam pikiran. Dengan menguasai bentuk-bentuk A, E, I, dan O, kita memperoleh alat yang efektif untuk membaca pernyataan, mengenali bentuk klaim, menilai validitas logis, serta menyusun argumentasi yang memiliki dasar yang kuat.

Dengan demikian, proposisi kategoris bukan sekadar teori lama yang tidak relevan. Ia tetap menjadi kerangka awal yang kokoh dalam pembinaan kemampuan berpikir kritis. Dari pemahaman terhadap bentuk pernyataan sederhana, kita dapat membangun kemampuan untuk menelaah argumen yang lebih kompleks dan memahami bagaimana bahasa digunakan untuk menangkap serta menjelaskan berbagai fenomena dunia. Perjalanan dari pernyataan ke argumen adalah perjalanan intelektual yang menunjukkan bagaimana manusia berusaha menghubungkan konsep, menyusun pengetahuan, serta mencari kebenaran melalui bahasa dan logika.

C. KESIMPULAN

Dari Pernyataan ke Argumen Menganalisis Struktur Proposisi Kategoris (A, E, I, O).

Pemahaman terhadap proposisi kategoris merupakan fondasi penting dalam logika tradisional maupun logika modern. Bentuk-bentuk proposisi A, E, I, dan O bukan hanya sekadar jenis kalimat yang menyatakan kebenaran atau kesalahan, tetapi merupakan pola penalaran yang menjadi dasar penyusunan argumen yang dapat diuji secara sistematis. Dengan memahami ciri, relasi, dan peran setiap proposisi, seseorang tidak hanya dapat menilai keabsahan sebuah argumentasi, tetapi juga mampu membangun pemikiran kritis yang lebih jernih, lebih akurat, dan lebih tertata.

Kajian yang telah dibahas menegaskan bahwa analisis proposisi kategoris tidak berdiri sendiri sebagai alat linguistik semata. Ia menjadi kerangka konseptual dalam cara manusia mengorganisir pengalaman, memaparkan pengetahuan, dan merumuskan hubungan antara gagasan. Oleh karena itu, kesimpulan ini bertujuan merangkum inti pokok bahasan sekaligus menunjukkan nilai strategis proposisi kategoris dalam kehidupan intelektual, akademik, maupun dalam praktik sehari-hari.

Kejelasan dalam Membedakan Pernyataan dan Argumen

Hal pertama yang dapat ditegaskan ialah kemampuan membedakan pernyataan dari argumen merupakan syarat dasar dalam penalaran sehat. Sebuah kalimat yang hanya memberi informasi tidak dapat disamakan dengan argumen, yang memerlukan hubungan jelas antara premis dan kesimpulan. Proposisi kategoris dengan struktur baku A, E, I, dan O berfungsi sebagai unit terkecil dalam analisis tersebut.

Namun, proposisi saja belum membentuk argumen. Argumen muncul ketika beberapa proposisi digabungkan secara logis. Kesimpulannya, proposisi kategoris berfungsi seperti bahan baku dalam konstruksi argumen: kokohnya argumen sangat bergantung pada ketepatan bentuk proposisi yang menyusunnya.

- Struktur Proposisi Kategoris sebagai Kerangka Penalaran
- Proposisi kategoris memberikan pola tetap dalam membuat pernyataan:
- Proposisi A menunjukkan relasi universal yang mengafirmasi
- Proposisi E menunjukkan universal yang menegasi
- Proposisi I mengungkap afirmasi bentuk partikular
- Proposisi O menyatakan negasi partikular

Struktur ini memungkinkan seseorang memahami apakah suatu klaim mencakup seluruh anggota kategori atau hanya sebagian, serta apakah klaim tersebut bersifat afirmatif atau negatif. Melalui struktur ini, ketidakjelasan dalam pernyataan dapat dihilangkan, sehingga penalaran menjadi lebih mudah ditelaah secara logis.

Dari pemahaman tersebut dapat disimpulkan bahwa struktur proposisi kategoris membimbing manusia dalam menghindari ambiguitas dan memastikan kejelasan makna dalam proses berpikir maupun berkomunikasi.

Relasi Logis sebagai Penjaga Konsistensi Berpikir

Kuadran oposisi yang memperlihatkan hubungan antara proposisi A, E, I, dan O merupakan bagian paling penting dalam menjaga konsistensi logis. Hubungan kontradiktori, kontrer, sub-kontrer, dan subalternasi membantu mengetahui apakah dua proposisi dapat sama-sama benar, sama-sama salah, atau saling menegasikan.

Pemahaman relasi ini membuat seseorang tidak mudah jatuh pada kesalahan berpikir seperti menerima dua pernyataan yang mustahil benar dalam waktu bersamaan. Artinya, relasi antarproposisi tidak hanya menjelaskan hubungan bentuk kalimat, tetapi juga mengarahkan penalaran agar tetap lurus, tidak saling bertentangan, dan dapat dipertanggungjawabkan.

Peranan Proposisi Kategoris dalam Argumen Deduktif

Silogisme, sebagai bentuk utama argumen deduktif, tidak dapat dilepaskan dari proposisi kategoris. Validitas sebuah silogisme bergantung pada bentuk proposisi yang menjadi premisnya. Bila salah satu premis berubah bentuk, maka perubahan itu dapat mengacaukan inferensi yang dihasilkan.

Dengan kata lain, proposisi kategoris tidak hanya mendeskripsikan realitas, tetapi juga menentukan jalur penarikan kesimpulan yang sah menurut aturan logika. Proposisi tersebut menjadi kerangka formal yang membuat argumen deduktif dapat dianalisis, diuji, dan diverifikasi secara objektif.

Sumbangan Proposisi Kategoris terhadap Berpikir Kritis

Kemampuan berpikir kritis tidak dapat dipisahkan dari kemampuan memahami struktur proposisi. Melalui proposisi kategoris, seseorang dapat:

a. menilai apakah sebuah klaim terlalu luas atau terlalu sempit
b. melihat apakah pernyataan tersebut konsisten dengan pernyataan lainnya
c. menghindari generalisasi keliru
d. menyusun argumen secara runtut dan relevan

Karena itu, menguasai proposisi kategoris berarti melatih diri untuk menganalisis klaim dengan objektif dan menarik kesimpulan berdasarkan pola penalaran yang benar, bukan sekadar intuisi atau persepsi.

Mengurangi Ambiguitas Bahasa Natural

Bahasa keseharian sering mengandung kebingungan makna. Proposisi kategoris berfungsi membantu mengorganisir kalimat menjadi struktur yang jelas dan bebas dari ambiguitas. Ketika suatu pernyataan dipetakan ke dalam bentuk A, E, I, atau O, makna kalimat itu menjadi lebih terdefinisi, sehingga argumen yang dibangun menjadi lebih kuat.

Dengan demikian, proposisi kategoris berperan sebagai alat untuk menertibkan bahasa natural agar mampu dipakai dalam analisis logis.

Kemutakhiran Proposisi Kategoris dalam Era Modern

Meski konsep ini berasal dari logika Aristotelian, relevansinya tetap terlihat dalam berbagai bidang:

a. dalam hukum, ketika menilai cakupan aturan
b. dalam ilmu sosial, ketika menganalisis generalisasi tentang kelompok
c. dalam teknologi dan logika komputer
d. dalam pendidikan, terutama pembelajaran filsafat dan logika
e. dalam penalaran ilmiah secara umum.

Ini menunjukkan bahwa proposisi kategoris masih menjadi kerangka berpikir yang digunakan untuk memahami hubungan antarobjek, menyusun klaim, dan mengevaluasi kesimpulan.

Relasi Logis sebagai Pencegah Kekeliruan

Banyak kesalahan dalam penalaran muncul ketika seseorang tidak memahami hubungan antarproposisi. Misalnya:mengira menolak proposisi universal berarti menerima proposisi partikularnya,menyangka bahwa salah satu bentuk proposisi otomatis membenarkan bentuk lainnya,menarik kesimpulan umum dari contoh terbatas.

Dengan memahami kuadran oposisi, kesalahan-kesalahan tersebut dapat dihindari. Artinya, proposisi kategoris bukan hanya alat analisis, tetapi juga pelindung dari kekeliruan berpikir.

Dampaknya terhadap Kualitas Wacana Publik

Dalam diskusi, debat, maupun penyusunan kebijakan, sering kali konflik muncul karena kesalahan memahami bentuk klaim. Dengan memahami proposisi kategoris, seseorang dapat menyajikan argumen yang lebih terarah, menilai klaim berdasarkan struktur logisnya, dan memperbaiki kualitas dialog dalam masyarakat.

Orang yang mampu membedakan klaim universal dan partikular tidak akan mudah terjebak dalam manipulasi retorika atau misinformasi. Dengan kata lain, literasi logika berbasis proposisi adalah modal penting dalam membangun budaya berpikir yang sehat dan objektif.

Penghubung antara Bahasa, Logika, dan Dunia Nyata

Proposisi kategoris membantu manusia menggambarkan dunia dengan lebih teratur. Setiap proposisi merepresentasikan cara tertentu dalam melihat hubungan antarobjek:

a. bentuk A menggambarkan relasi menyeluruh
b. bentuk I mencerminkan relasi sebagian
c. bentuk E menunjukkan pemisahan total
d. bentuk O menegaskan adanya pengecualian.

Struktur ini memungkinkan fakta-fakta yang terpisah menjadi satu kesatuan pengetahuan yang bisa dianalisis secara logis.

11. Kesimpulan Inti

Dari keseluruhan bahasan, dapat ditegaskan bahwa proposisi kategoris merupakan komponen yang sangat fundamental dalam berpikir rasional. Beberapa poin penting dapat dirangkum sebagai berikut:

a. Proposisi kategoris menjadi dasar dalam penyusunan argumen deduktif.
b. Struktur proposisi membantu membedakan berbagai bentuk klaim dengan jelas.
c. Relasi logis mengarahkan penalaran agar tetap konsisten.
d. Penguasaan proposisi meningkatkan sikap kritis terhadap informasi.
e. Konsep ini tetap relevan di berbagai bidang ilmiah dan praktis.
f. Proposisi kategoris memperbaiki kualitas komunikasi dan penalaran publik.

Dengan demikian, belajar mengenai proposisi kategoris berarti memperkuat kemampuan berpikir secara benar, teratur, dan bebas dari kekeliruan logis.

DAFTAR PUSTAKA

El, D., Jurnal, I., & E-issn, P. H. P. (2025). *SILOGISME ARISTOTELES : FONDASI LOGIKA FORMAL DALAM PEMIKIRAN FILSAFAT. 12*(1), 55–68.

Epstein, R. L. (2013). *Critical Thinking.*

Ilmu, K. (2020). *Jurnal Silogisme. 5*(2), 84–94.

Zendrato, N., Lase, S., & Lawalata, M. (2024). *Kontribusi Logika Dalam Perspektif Humanistik Yang Holistik. 2*(3).

DUA JALAN MENUJU KESIMPULAN: MEMBEDAKAN DAN MENERAPKAN PENALARAN INDUKTIF DAN DEDUKTIF

Oleh : Iftitah Hidayati

A. PENDAHULUAN

Dalam realitas kehidupan modern, manusia tidak pernah lepas dari arus informasi, peristiwa, dan persoalan yang menuntut kemampuan berpikir secara matang sebelum mengambil keputusan. Setiap hari, seseorang harus menafsirkan gejala-gejala yang terjadi di sekitarnya, menimbang argumen, serta menentukan sikap berdasarkan pemahaman yang ia miliki. Tantangan ini semakin kompleks seiring berkembangnya teknologi informasi yang membuat data mengalir tanpa batas. Media sosial, portal berita digital, platform diskusi, hingga kecerdasan buatan menghasilkan begitu banyak materi yang harus diperiksa secara kritis. Kondisi tersebut menuntut masyarakat untuk memiliki kemampuan bernalar secara lebih cermat agar tidak mudah termakan sensasi, provokasi, berita palsu, atau kesimpulan yang menyesatkan.

Untuk menjaga kualitas berpikir, logika hadir sebagai alat bantu yang membantu individu memahami cara membangun dan mengevaluasi penalaran. Logika bukan sekadar teori abstrak, tetapi merupakan pedoman yang mengarahkan seseorang agar berpikir secara runtut, konsisten, terarah, dan dapat dipertanggungjawabkan. Melalui logika, seseorang belajar mengenali struktur argumen, memahami hubungan antarpernyataan, serta menilai apakah sebuah kesimpulan benar-benar mengikuti premis yang diajukan. Dengan demikian, logika berfungsi sebagai fondasi bagi setiap proses analisis yang baik, baik dalam konteks akademik, sosial, maupun personal.

Di antara berbagai bentuk penalaran dalam logika, terdapat dua model yang paling fundamental, yaitu penalaran deduktif dan penalaran induktif. Kedua model ini sering digunakan dalam kehidupan sehari-hari meskipun seseorang tidak selalu menyadarinya. Penalaran deduktif bergerak dari konsep atau prinsip umum menuju kesimpulan yang sifatnya lebih spesifik. Dengan kata lain, jika premis-premis umum yang menjadi dasar argumen benar, maka kesimpulan yang dihasilkan hampir pasti benar pula. Model deduktif biasanya digunakan ketika kita ingin memastikan kebenaran suatu pernyataan atau membuktikan validitas sebuah klaim. Dalam bidang matematika, hukum, dan filsafat formal, metode deduktif menjadi pendekatan yang sangat dominan.

Sebaliknya, penalaran induktif bekerja dengan cara mengamati fakta-fakta atau contoh-contoh khusus, lalu menyimpulkan suatu pola atau generalisasi yang lebih luas. Berbeda dari deduksi yang menawarkan kepastian, induksi menghasilkan kesimpulan yang bersifat probabilistik artinya kesimpulan tersebut mungkin benar, tetapi tidak dijamin seratus persen. Meskipun begitu, penalaran induktif sangat penting dalam bidang ilmiah karena melalui metode inilah para peneliti dapat menemukan hubungan, mengembangkan teori, dan membangun pengetahuan baru berdasarkan data empiris. Setiap hipotesis ilmiah pada dasarnya merupakan hasil dari proses induktif yang diperoleh melalui observasi berulang.

Dua model penalaran ini deduktif dan induktif tidak dapat dipisahkan dari aktivitas berpikir manusia. Keduanya saling melengkapi dan memberikan perspektif berbeda mengenai cara memahami kenyataan. Seseorang membutuhkan deduksi ketika ia hendak melakukan analisis yang menuntut ketegasan logis, tetapi ia memerlukan induksi ketika sedang mengevaluasi fenomena yang memerlukan pengumpulan data. Memahami sifat, fungsi, dan tujuan kedua penalaran ini menjadi keterampilan penting terutama bagi mahasiswa, karena dunia akademik menuntut kemampuan mengolah informasi secara kritis dan menyusun argumen yang dapat dipertanggungjawabkan.

Dalam konteks pendidikan tinggi, mahasiswa dituntut tidak hanya menerima informasi secara pasif, tetapi juga menguji, membandingkan, dan merumuskan kembali informasi tersebut melalui proses berpikir yang sistematis. Untuk itu, pengetahuan tentang cara kerja induksi dan deduksi akan membantu mereka dalam menulis karya ilmiah, menganalisis teori, membuat kesimpulan penelitian, serta memberikan argumen yang logis dalam diskusi kelas. Dengan memahami penalaran induktif, mahasiswa dapat belajar bagaimana menarik generalisasi dari hasil observasi atau data penelitian. Sementara itu, pemahaman tentang penalaran deduktif membantu mahasiswa dalam menyusun kerangka teori, merumuskan argumentasi, dan memeriksa validitas suatu proposisi.

Selain relevan dalam dunia akademik, kemampuan menggunakan induksi dan deduksi juga diperlukan dalam kehidupan sehari-hari. Misalnya, saat seseorang menilai apakah suatu informasi layak dipercaya, ia menggunakan deduksi untuk menilai hubungan logis dalam argumen tersebut, dan menggunakan induksi ketika mengamati pola dalam informasi yang tersedia. Dalam menghadapi berita-berita di media sosial, seseorang membutuhkan kemampuan untuk membedakan antara bukti yang kuat dan klaim yang tidak memiliki dasar yang jelas. Kemampuan ini hanya dapat berkembang jika seseorang memahami prinsip-prinsip berpikir yang benar.

Oleh karena itu, memahami dua jalur penalaran ini bukan hanya aspek teoretis semata, tetapi merupakan keterampilan hidup yang sangat penting pada era keterbukaan informasi seperti sekarang. Kemampuan untuk mengidentifikasi pola melalui induksi serta memeriksa kesesuaian premis melalui deduksi akan membuat seseorang lebih waspada, lebih kritis, dan tidak mudah terjebak dalam pemikiran sesat (fallacy). Pemikiran yang terbentuk melalui latihan logika yang konsisten juga cenderung lebih teratur, lebih terarah, dan lebih mampu menghasilkan keputusan yang matang.

Bab ini disusun untuk memberikan penjelasan yang komprehensif mengenai prinsip, struktur, serta contoh penerapan kedua model penalaran tersebut. Setiap bagian akan menguraikan karakteristik penalaran deduktif maupun induktif, membandingkan kelebihan dan kelemahannya, serta menjelaskan bagaimana keduanya digunakan dalam menganalisis kasus akademik dan fenomena sosial. Dengan pemahaman yang mendalam, mahasiswa diharapkan mampu membedakan dengan jelas kapan menggunakan deduksi untuk memperoleh kepastian logis, dan kapan menggunakan induksi untuk menemukan pola atau kesimpulan umum dari data yang tersedia.

Pada akhirnya, kemampuan mengenali dan menerapkan kedua metode penalaran ini akan memperkaya proses berpikir mahasiswa dan membantu mereka menjadi individu yang lebih kritis, rasional, dan mampu menghadapi kompleksitas dunia modern dengan lebih bijak. Bab ini menjadi pintu masuk penting untuk membekali mahasiswa agar dapat memahami realitas secara lebih luas, tidak hanya berdasarkan intuisi atau asumsi, tetapi melalui proses berpikir yang sistematis, logis, dan dapat dipertanggungjawabkan.(Kemampuan et al., 2024)

B. PEMBAHASAN

LANDASAN TEORETIS PENALARAN INDUKTIF DAN DEDUKTIF

Pengertian Penalaran Deduktif

Penalaran deduktif merupakan suatu proses bernalar yang dimulai dari prinsip atau pernyataan yang bersifat umum, kemudian diturunkan menjadi kesimpulan yang lebih spesifik. Pada model ini, hubungan antara premis dan kesimpulan bersifat sangat ketat. Selama premis-premis yang digunakan benar dan susunan logisnya valid, maka kesimpulan yang dihasilkan tidak dapat salah. Deduksi dengan demikian memberikan tingkat kepastian yang sangat tinggi, sebab struktur penalarannya mengikuti aturan logika formal yang baku.

Dalam tradisi filsafat klasik, metode deduktif sering dikaitkan dengan karya Aristoteles mengenai silogisme, yakni bentuk argumentasi dengan dua premis yang menghasilkan sebuah kesimpulan. Model penalaran ini kemudian berkembang dan diadopsi dalam berbagai disiplin ilmu yang menuntut kepastian logis, seperti matematika, filsafat, hukum, bahkan teologi. Pada bidang matematika misalnya, teorema-teorema tidak dapat dinyatakan benar tanpa proses deduktif yang memadai. Demikian pula dalam hukum, hakim sering menggunakan kaidah umum untuk menilai kasus-kasus spesifik.

Contoh sederhana penalaran deduktif dapat dilihat pada argumentasi berikut:

1. Semua manusia akan mati.
2. Ali adalah manusia.
3. Kesimpulan: Ali akan mati.

Contoh tersebut menunjukkan bahwa ketika dua premis awal diterima sebagai benar, maka kesimpulannya tidak dapat diperdebatkan lagi. Argumen deduktif bersifat *valid* apabila kesimpulannya mengikuti premis secara logis; namun selain validitas, argumentasi deduktif juga harus mengandung premis yang benar agar disebut *sound* atau sahih. Sebuah argumen bisa saja valid tetapi tidak sahih jika premis awalnya salah.

Meskipun menawarkan kepastian, penalaran deduktif tetap memiliki batasan. Deduksi tidak dapat menghasilkan informasi baru, karena kesimpulan sudah terkandung di dalam premis. Jika premis yang menjadi dasar argumentasi tidak akurat, maka sekalipun struktur argumennya valid, kesimpulannya tetap keliru. Dengan kata lain, kekuatan deduksi sepenuhnya bergantung pada kualitas premis yang digunakan.

Dalam kehidupan sehari-hari, deduksi sering digunakan tanpa disadari. Misalnya ketika seseorang menyimpulkan bahwa "obat ini harus diminum tiga kali sehari karena petunjuk kemasan menyatakannya demikian," ia sebenarnya menggunakan prinsip umum (aturan obat) untuk kasus yang lebih spesifik (konsumsi pribadi). Hal ini menunjukkan bahwa deduksi bukan hanya domain akademik, tetapi juga bagian dari cara manusia memahami aturan dan menerapkannya pada situasi konkret.

Model deduktif juga penting untuk memeriksa konsistensi argumen. Dengan struktur logis yang jelas, seseorang dapat mengetahui apakah sebuah kesimpulan benar-benar mengikuti premis. Inilah sebabnya deduksi menjadi alat penting dalam analisis argumen, debat, penyusunan logika hukum, dan kajian filsafat. Tanpa kemampuan deduktif, seseorang akan kesulitan membedakan antara argumen yang valid dan yang sekadar tampak meyakinkan namun sesungguhnya keliru.

Pengertian Penalaran Induktif

Berbeda dari deduksi, penalaran induktif adalah metode berpikir yang bertolak dari berbagai pengamatan khusus untuk menghasilkan simpulan yang bersifat umum. Dalam induksi, kesimpulan tidak dijamin benar secara absolut, namun memiliki tingkat kemungkinan benar berdasarkan kekuatan data yang dikumpulkan. Karena sifatnya yang bersandar pada observasi empiris, induksi menjadi dasar bagi ilmu pengetahuan modern yang bertujuan menemukan pola atau hukum alam.

Induksi banyak digunakan oleh para peneliti ketika mereka mengumpulkan data melalui survei, eksperimen, atau observasi lapangan. Dari data-data yang diperoleh, mereka mencoba menarik generalisasi atau dugaan yang lebih luas. Hasil generalisasi inilah yang kemudian dapat diuji lebih lanjut untuk memperkuat atau melemahkan kesimpulan tersebut. Dalam konteks sosial, induksi digunakan untuk memahami kecenderungan perilaku, fenomena budaya, dan pola interaksi masyarakat.

Contoh penalaran induktif sederhana adalah sebagai berikut:

1. Burung elang bisa terbang.
2. Burung merpati bisa terbang.
3. Burung gereja bisa terbang.

Kesimpulan: Semua burung dapat terbang.

Kesimpulan ini tampak logis, tetapi tidak selalu benar karena ada burung yang tidak bisa terbang seperti penguin atau burung unta. Hal ini menunjukkan bahwa induksi tidak menawarkan kepastian, tetapi memberikan *probabilitas* kebenaran. Artinya, semakin banyak dan semakin representatif data yang diamati, semakin kuat pula kesimpulan induktif tersebut.

Kelebihan utama induksi adalah kemampuannya menemukan pola baru yang sebelumnya tidak diketahui. Melalui pengamatan yang berulang, seseorang dapat melihat adanya hubungan atau kecenderungan yang dapat dijadikan dasar teori. Metode ini sangat relevan dalam dunia ilmiah, karena seluruh proses penelitian ilmiah pada dasarnya bertumpu pada induksi. Para ilmuwan mengamati fenomena alam, mencatat data, lalu menyusun teori yang kembali diuji melalui observasi lanjutan.

Namun, induksi memiliki kelemahan besar yaitu potensi terjadinya *overgeneralisasi*. Dalam beberapa kasus, seseorang bisa menarik kesimpulan umum hanya berdasarkan beberapa contoh yang terbatas sehingga kesimpulan tersebut menjadi bias. Misalnya, seseorang yang bertemu tiga orang teman dari kota tertentu dan menganggap semua penduduk kota itu memiliki sifat yang sama. Generalisasi semacam ini tidak hanya menyesatkan, tetapi dapat menimbulkan prasangka.

Keterbatasan lain dari induksi adalah pengaruh subjektivitas pengamat. Dua orang yang mengamati data yang sama bisa saja menghasilkan generalisasi yang berbeda, bergantung pada pengalaman, keyakinan, dan sudut pandang masing-masing. Oleh sebab itu, induksi yang baik memerlukan data yang luas dan beragam agar kesimpulannya tidak terlalu sempit atau berat sebelah.

Dalam keseharian, induksi juga digunakan oleh setiap individu untuk memperkirakan kemungkinan suatu kejadian. Misalnya, jika setiap pagi langit mendung selalu diikuti hujan, seseorang akan menyimpulkan bahwa hari mendung biasanya menandakan hujan akan turun. Ini bukan kesimpulan pasti, tetapi membantu dalam membuat keputusan praktis seperti membawa payung. Hal ini membuktikan bahwa meskipun induksi tidak memberikan kepastian, ia tetap sangat berguna untuk memprediksi dan memahami berbagai pola dalam kehidupan.

Kesimpulan Bagian Teoretis

Penalaran deduktif dan induktif masing-masing memiliki karakteristik unik. Deduksi memberikan kepastian logis, tetapi tidak menghasilkan pengetahuan baru. Induksi memungkinkan kita menemukan pola dari data empiris, meskipun kesimpulannya tidak mutlak benar. Pemahaman mendalam tentang kedua metode ini sangat penting bagi mahasiswa, karena keduanya merupakan fondasi dalam membangun kemampuan berpikir kritis, menilai argumen, serta menyusun analisis akademik yang kuat.(Sidiq et al., n.d.)

PERBEDAAN PRINSIP DAN STRUKTUR PENALARAN

Penalaran deduktif dan induktif merupakan dua pendekatan utama dalam proses berpikir logis. Meskipun keduanya sama-sama digunakan untuk menarik kesimpulan, cara kerja, arah alur pikir, kekuatan kesimpulan, hingga fungsi masing-masing sangat berbeda. Memahami perbedaannya bukan hanya penting dari sisi teoretis, tetapi juga praktis, karena pilihan metode penalaran yang tepat akan memengaruhi kualitas kesimpulan yang dihasilkan ketika seseorang sedang menganalisis suatu persoalan.

Secara umum, perbedaan antara keduanya dapat dilihat dari beberapa aspek mendasar, seperti arah berpikir, tingkat kepastian kesimpulan, fungsi utama penalaran, dan potensi kelemahannya. Namun, perbedaan tersebut tidak hanya sebatas pada definisi tabel, melainkan mencerminkan cara manusia memahami realitas, membangun argumen, dan membuat keputusan.

Perbedaan Dasar

A. Arah Penalaran

Salah satu aspek paling mendasar yang membedakan deduksi dan induksi adalah arah logika yang digunakan.

Dalam penalaran deduktif, proses berpikir bergerak dari pernyataan umum menuju kesimpulan yang lebih spesifik. Premis-premis yang bersifat menyeluruh menjadi dasar untuk menilai kasus tertentu. Ibaratnya seperti menggunakan peta besar untuk menunjukkan arah menuju lokasi yang lebih kecil.

Contohnya:

"Semua makhluk hidup membutuhkan oksigen → ikan adalah makhluk hidup → ikan membutuhkan oksigen."

Prosesnya jelas, terarah, dan mengikuti alur top-down. Deduksi sangat cocok digunakan ketika seseorang ingin memastikan penerapan aturan umum pada suatu peristiwa tertentu.

Sebaliknya, penalaran induktif bergerak dari berbagai fakta yang bersifat khusus menuju kesimpulan umum. Prosesnya mirip menyusun puzzle: seseorang mengamati bagian-bagian kecil terlebih dahulu, lalu menyimpulkan gambaran besarnya.

Contoh sederhana:
Jika seseorang melihat bahwa tiga jenis apel yang ia coba semuanya manis, ia mungkin menyimpulkan bahwa "apel pada umumnya memiliki rasa manis."

Arah berpikir ini bersifat bottom-up, sehingga generalisasi yang dihasilkan sangat bergantung pada data khusus yang diamati.

B. Kepastian Kesimpulan

Kepastian kesimpulan juga menjadi pembeda kuat antara deduksi dan induksi.

Dalam penalaran deduktif, kesimpulan bersifat *pasti* selama premis-premis yang digunakan benar. Kesimpulan deduktif disebut *meniscaya* (necessary) karena secara logis tidak mungkin salah jika struktur argumennya valid. Deduksi ini mirip dengan matematika: jika rumus dasar benar, maka hasil akhirnya tidak mungkin keliru.

Misalnya:

"Semua logam memuai ketika dipanaskan → besi adalah logam → besi memuai ketika dipanaskan."

Tidak ada ruang untuk keraguan selama premis-premis yang digunakan sahih.

Berbeda dengan deduksi, penalaran induktif menghasilkan kesimpulan yang bersifat kemungkinan (probabilistik). Kebenaran kesimpulan induktif bergantung pada banyaknya data, keragaman sampel, kualitas observasi, serta objektivitas peneliti. Semakin luas data, semakin besar probabilitas kebenarannya. Namun tetap saja, induksi tidak dapat memberikan jaminan mutlak.

Contoh:

"Setiap angkatan siswa yang diteliti selama 5 tahun terakhir mengalami peningkatan nilai setelah menggunakan metode diskusi → kemungkinan besar metode diskusi efektif."

Kata "kemungkinan" menunjukkan bahwa induksi tidak menawarkan kepastian, tetapi hanya tingkat keyakinan yang tinggi berdasarkan bukti.

C. FUNGSI UTAMA PENALARAN

Fungsi atau tujuan penggunaan kedua penalaran ini pun sangat berbeda.

Pada penalaran deduktif, tujuan utama adalah membuktikan atau memverifikasi. Deduksi digunakan untuk memastikan bahwa kesimpulan benar-benar mengikuti premis. Dalam konteks akademik, deduksi membantu menemukan apakah suatu argumentasi valid, konsisten, dan bebas dari kontradiksi.

Deduksi sering dipakai untuk:

- membuktikan teorema,
- menguji keabsahan argumen,
- menegaskan hubungan logis,
- menerapkan aturan umum pada kasus khusus.

Dengan demikian, deduksi berfungsi menjaga ketegasan dan ketepatan berpikir.

Berbeda dengan deduksi, penalaran induktif berfungsi untuk menemukan pola, kecenderungan, atau generalisasi dari data-data empiris. Induksi membantu menjelaskan fenomena yang diamati secara berulang sehingga seseorang dapat menyusun dugaan umum atau hipotesis.

Induksi banyak digunakan dalam:

- penelitian ilmiah,
- observasi fenomena sosial,
- prediksi tren,

- analisis statistik,
- pengembangan teori baru.

Dengan induksi, seseorang dapat memahami pola di balik berbagai kejadian dan menggunakannya untuk memprediksi kemungkinan di masa depan.

D. KELEMAHAN DAN BATASAN MASING-MASING

Meski sama-sama penting, deduksi dan induksi memiliki keterbatasan yang perlu dipahami. Kelemahan deduktif terletak pada premisnya. Karena kesimpulan deduktif terikat sepenuhnya pada premis, jika premisnya salah maka kesimpulan yang valid sekalipun akan keliru. Deduksi juga tidak memberi pengetahuan baru; ia hanya menjabarkan apa yang sudah termuat dalam premis.

Contoh masalah deduktif:

"Semua burung adalah hewan air → penguin adalah burung → penguin adalah hewan air."

Struktur argumennya valid, tetapi premisnya salah, sehingga kesimpulannya salah.

Sebaliknya, kelemahan induktif berakar pada kecenderungan *overgeneralisasi* menarik kesimpulan besar hanya dari sedikit data. Induksi juga rentan terhadap bias pengamat, kesalahan pengukuran, atau data yang tidak representatif.

Contoh kesalahan induktif:

Jika seseorang bertemu tiga wisatawan Bali yang ramah lalu menyimpulkan bahwa "semua orang Bali pasti ramah," maka ia telah melakukan generalisasi berlebihan.

Selain itu, karena tidak menawarkan kepastian mutlak, induksi kadang tidak cukup untuk menjawab persoalan yang membutuhkan kepastian logis.

E.Penjelasan Perbandingan Secara Mendalam

Perbedaan antara deduksi dan induksi bukan hanya soal arah atau kepastian logis, melainkan menyentuh cara manusia memaknai realitas. Deduksi merepresentasikan cara berpikir yang sangat teratur, terstruktur, dan berbasis aturan. Induksi, di sisi lain, mencerminkan cara manusia berinteraksi dengan dunia melalui pengalaman dan observasi.

Dalam konteks penelitian ilmiah, induksi sering digunakan untuk merumuskan hipotesis berdasarkan data awal, sementara deduksi digunakan untuk menguji hipotesis tersebut melalui eksperimen atau analisis lanjutan. Dengan kata lain, induksi menghasilkan teori, dan deduksi menguji ketepatan teori tersebut. Keduanya saling melengkapi, bukan saling meniadakan.

Di bidang sosial, induksi membantu memahami perilaku masyarakat, sedangkan deduksi membantu menilai validitas suatu argumen kebijakan. Dalam pendidikan, induksi digunakan untuk menarik pola belajar siswa, sedangkan deduksi digunakan untuk menilai kebenaran aturan atau konsep.

Maka, memahami perbedaan mendalam antara keduanya membuat mahasiswa mampu menentukan metode berpikir yang tepat untuk setiap situasi, sehingga analisis yang dihasilkan lebih kuat, lebih sistematis, dan lebih dapat dipertanggung jawabkan(Tinggi et al., 2016)

3. PENERAPAN PENALARAN INDUKTIF

Penalaran inductive memegang peranan yang sangat penting dalam berbagai konteks kehidupan, terutama ketika seseorang harus memahami fenomena yang kompleks, melakukan pengamatan empiris, atau mengambil keputusan berdasarkan informasi yang tersedia. Cara berpikir induktif memungkinkan manusia melihat pola, mengenali kecenderungan, dan menyusun generalisasi dari sejumlah fakta khusus. Karena sifatnya yang bertumpu pada data dan pengalaman, penalaran induktif banyak dimanfaatkan dalam berbagai bidang mulai dari riset ilmiah, observasi sosial, analisis kebijakan, hingga jurnalistik investigatif.

Dalam praktiknya, induksi digunakan untuk membantu seseorang memahami bagaimana berbagai peristiwa khusus saling berkaitan. Model penalaran ini sangat berguna ketika seseorang menghadapi berbagai informasi yang tersebar dan perlu disatukan menjadi suatu pola umum. Induksi bukan hanya sekadar penalaran yang menghasilkan dugaan, tetapi juga merupakan dasar untuk menghasilkan teori, menyusun hipotesis, dan memprediksi kemungkinan yang akan terjadi di masa mendatang.

Berikut ini adalah uraian yang lebih luas mengenai penerapan penalaran induktif dalam beberapa bidang utama.

A. Riset Ilmiah

Dalam dunia penelitian ilmiah, penalaran induktif merupakan fondasi yang menopang berbagai temuan dan teori ilmiah. Para peneliti memulai proses ilmiah dengan melakukan pengamatan terhadap fenomena tertentu, lalu mengumpulkan data yang relevan melalui berbagai metode seperti eksperimen, wawancara, survei, atau studi lapangan. Dari data tersebut, mereka mencari pola, kecenderungan, atau hubungan antarvariabel, kemudian menarik kesimpulan umum.

Misalnya, dalam penelitian pendidikan, peneliti mungkin mengamati bahwa beberapa kelas yang menerapkan metode diskusi kelompok menunjukkan peningkatan nilai siswa. Setelah mencatat temuan tersebut secara berulang di berbagai kelas, peneliti kemudian menyimpulkan bahwa metode diskusi memiliki potensi untuk meningkatkan hasil belajar siswa secara umum. Kesimpulan tersebut bersifat probabilistik, tetapi sangat berguna sebagai dasar untuk mengembangkan metode pengajaran.

Induksi juga digunakan dalam ilmu alam. Para ilmuwan yang meneliti reaksi kimia tertentu akan melakukan percobaan berkali-kali untuk melihat apakah hasilnya konsisten. Jika hasilnya selalu menunjukkan pola yang sama, mereka dapat menyimpulkan bahwa pola tersebut merupakan hukum atau prinsip ilmiah yang berlaku secara umum. Dengan demikian, induksi membantu membangun dasar teori yang menjadi pijakan penelitian pada tahap selanjutnya.

B. Observasi Sosial

Selain dalam ilmu alam, penalaran induktif juga sangat penting dalam kajian sosial. Fenomena sosial sering kali tidak dapat dijelaskan hanya dengan satu atau dua peristiwa, sehingga diperlukan pengamatan terhadap banyak kasus untuk melihat pola yang lebih luas. Sosiolog, antropolog, psikolog sosial, dan ilmuwan politik menggunakan induksi untuk memahami perilaku individu maupun masyarakat.

Sebagai contoh, seorang peneliti yang ingin memahami pola interaksi remaja di media sosial dapat melakukan pengamatan terhadap berbagai kelompok remaja, mencatat kecenderungan mereka dalam mengunggah konten, berkomentar, atau berinteraksi. Dari berbagai data yang terkumpul, peneliti dapat menyimpulkan pola tertentu, misalnya kecenderungan remaja untuk mengikuti tren tertentu atau pengaruh kelompok teman sebaya terhadap gaya komunikasi mereka.

Observasi sosial yang dilakukan pada komunitas tertentu juga dapat membantu mengungkap fenomena lain, seperti pola konsumsi, pilihan politik, persepsi masyarakat terhadap kebijakan pemerintah, atau perubahan budaya dalam suatu wilayah. Dengan demikian, induksi dalam bidang sosial memberikan pemahaman mendalam mengenai bagaimana individu dan kelompok bertindak serta bagaimana pola tersebut berkembang dari waktu ke waktu.

C. Pengambilan Keputusan Berbasis Data

Dalam era modern yang ditandai oleh kemunculan big data dan kecanggihan teknologi informasi, penalaran induktif menjadi bagian penting dalam proses pengambilan keputusan. Data yang dikumpulkan dari berbagai sumber mulai dari transaksi digital, perilaku konsumen, analisis pasar, hingga aktivitas media sosial menjadi dasar untuk membuat prediksi dan menetapkan strategi.

Induksi membantu para pembuat kebijakan, pemimpin organisasi, atau pelaku bisnis untuk memahami kecenderungan sehingga dapat mengambil keputusan yang lebih tepat dan akurat. Contohnya, perusahaan dapat mengamati pola pembelian konsumen dan menyimpulkan jenis produk apa yang paling diminati, kapan puncak penjualan terjadi, atau faktor apa yang mempengaruhi minat konsumen. Berdasarkan data tersebut, mereka dapat menentukan strategi pemasaran, penjadwalan produksi, atau penentuan harga.

Di tingkat pemerintahan, data kependudukan, kesehatan, dan ekonomi dianalisis untuk membuat kebijakan publik yang lebih responsif. Misalnya, jika dalam beberapa tahun terdapat peningkatan jumlah warga yang mengakses fasilitas kesehatan karena penyakit tertentu, pemerintah dapat menyimpulkan bahwa diperlukan peningkatan fasilitas, edukasi kesehatan, atau intervensi kebijakan yang lebih tepat sasaran.

Dengan kata lain, pengambilan keputusan berbasis data pada dasarnya merupakan aplikasi penalaran induktif yang memetakan pola dari informasi khusus menjadi strategi umum.

D. Jurnalistik Investigatif

Dalam dunia jurnalisme, khususnya jurnalistik investigatif, induksi digunakan untuk mengolah informasi dari berbagai narasumber atau dokumen hingga akhirnya dapat menemukan kebenaran suatu kasus. Jurnalis investigatif sering kali memulai pekerjaannya dengan mengumpulkan potongan informasi kecil dari saksi, laporan publik, wawancara, atau dokumen yang tersebar. Dari berbagai data tersebut, mereka menyusun pola yang dapat mengungkap fakta yang lebih besar.

Sebagai contoh, jurnalis yang menyelidiki dugaan korupsi mungkin mengumpulkan data mengenai aliran dana, keterangan saksi, laporan anggaran, serta bukti transaksi. Masing-masing data mungkin tampak tidak signifikan jika dilihat terpisah, tetapi melalui proses induktif, jurnalis dapat menemukan pola penyimpangan yang mengarah pada kesimpulan bahwa terdapat pelanggaran dalam pengelolaan dana.

Begitu pula dalam pemberitaan sosial, jurnalis dapat memantau beberapa kasus serupa dalam masyarakat lalu menyimpulkan bahwa telah terjadi tren tertentu, seperti peningkatan kasus perundungan, munculnya gerakan sosial baru, atau perubahan perilaku generasi tertentu. Dengan melakukan induksi, jurnalis tidak hanya memberitakan fakta, tetapi juga memberikan perspektif yang lebih luas kepada publik.

Contoh Kasus

Salah satu contoh sederhana penerapan induksi dapat dilihat dalam penelitian pendidikan. Jika peneliti menemukan bahwa sebagian besar siswa dalam beberapa kelas mengalami peningkatan hasil belajar setelah diterapkan metode diskusi, maka peneliti dapat menyimpulkan bahwa metode diskusi tersebut memiliki efektivitas dalam meningkatkan capaian belajar. Kesimpulan ini tidak bersifat mutlak, tetapi cukup kuat untuk dijadikan dasar penelitian lanjutan atau rekomendasi kebijakan pendidikan.(Redaksi, 2015)

4. KELEBIHAN DAN KETERBATASAN DUA MODEL PENALARAN

Penalaran deduktif dan induktif merupakan dua pendekatan fundamental dalam logika yang membantu manusia memahami realitas, menilai argumen, serta mengambil keputusan. Masing-masing model penalaran memiliki kelebihan yang dapat dimanfaatkan sesuai kebutuhan analisis, sekaligus keterbatasan yang harus disadari agar tidak menimbulkan kesalahan dalam menarik kesimpulan. Pemahaman mendalam mengenai keunggulan dan kelemahan kedua metode ini sangat penting bagi mahasiswa dan peneliti, khususnya dalam konteks berpikir ilmiah dan evaluasi argumen.

Di bawah ini merupakan penjelasan yang lebih luas mengenai kekuatan dan keterbatasan kedua model penalaran tersebut.

4.1 Kelebihan Penalaran Deduktif

1. Memberikan Kepastian Logis yang Tinggi

Salah satu keunggulan terbesar dari penalaran deduktif adalah kemampuannya menghasilkan kesimpulan yang memiliki tingkat kepastian tinggi. Hal ini terjadi karena kesimpulan deduktif merupakan konsekuensi langsung dari premis-premis yang sudah disepakati sebagai benar. Jika premis yang digunakan benar dan hubungan logisnya valid, maka kesimpulan yang dihasilkan pasti benar. Tidak ada ruang keraguan dalam kesimpulan deduktif, sehingga metode ini sangat dihargai dalam disiplin ilmu yang membutuhkan kepastian mutlak.

Logika formal menggunakan deduksi sebagai tulang punggung untuk memastikan kebenaran struktur argumen. Dengan deduksi, seseorang dapat memastikan apakah suatu kesimpulan benar-benar mengikuti premis atau hanya terlihat meyakinkan padahal sebenarnya keliru.

2. Cocok untuk Menguji Validitas Argumen

Penalaran deduktif juga sangat efektif untuk memvalidasi argumen atau klaim. Melalui pendekatan ini, seseorang dapat mengecek apakah struktur argumen konsisten dan apakah kesimpulan benar-benar diturunkan dari premis dengan cara yang sah. Deduksi membantu menghindari kesalahan berpikir (fallacies) yang mungkin muncul dalam penyusunan argumen, terutama dalam debat akademik, diskusi ilmiah, maupun penalaran hukum.

Dalam diskursus formal, seorang analis dapat menggunakan deduksi untuk mengkritisi argumen lawan dengan cara mengidentifikasi premis yang tidak konsisten atau hubungan logis yang salah. Dengan demikian, deduksi membentuk pondasi berpikir yang kuat dan sistematis.

3. Banyak Digunakan dalam Matematika, Hukum, dan Filsafat Formal

Penalaran deduktif merupakan alat utama dalam bidang matematika, hukum, dan filsafat formal karena sifatnya yang menekankan kepastian. Dalam matematika, seluruh teorema dibuktikan melalui deduksi dari aksioma dan definisi dasar. Dalam hukum, aturan umum digunakan untuk menilai suatu kasus tertentu, sehingga memastikan bahwa keputusan diambil berdasarkan prinsip yang telah disepakati.

Begitu pula dalam filsafat formal, deduksi digunakan untuk mengevaluasi argumen metafisik, etika, atau logika sehingga pemikiran yang dibangun tidak hanya berdasarkan asumsi tetapi mengikuti struktur logis yang ketat.

4.2 Keterbatasan Penalaran Deduktif

1. Kesimpulan Sangat Bergantung pada Kebenaran Premis

Kelemahan paling mendasar dari penalaran deduktif adalah ketergantungannya yang total pada premis awal. Jika premis yang digunakan ternyata salah, maka meskipun hubungan logisnya valid, kesimpulan yang dihasilkan tetap salah. Struktur deduksi hanya menjamin *validitas*, bukan kebenaran isi. Dengan kata lain, validitas logis tidak otomatis membuat kesimpulan menjadi benar secara faktual.

Misalnya, premis yang tidak sesuai realitas dapat menggiring seseorang pada kesimpulan yang tampak benar tetapi sesungguhnya keliru. Hal ini menunjukkan bahwa deduksi tidak bisa berdiri sendiri; ia memerlukan premis yang kuat dan dapat diverifikasi.

2. Tidak Mampu Menghasilkan Pengetahuan Baru

Keterbatasan lain adalah bahwa deduksi tidak dapat menciptakan pengetahuan baru. Kesimpulan yang muncul dari deduksi sebenarnya hanya penjabaran dari premis yang telah diketahui sebelumnya. Dalam istilah logika, kesimpulan deduktif bersifat analitik informasi yang terkandung dalam kesimpulan sebenarnya sudah ada dalam premis.

Deduksi tidak membantu seseorang menemukan pola baru, melainkan hanya memperjelas konsekuensi dari apa yang telah diketahui. Karena itu, untuk penelitian ilmiah yang bertujuan menemukan hal baru, deduksi tidak cukup tanpa dukungan induksi atau metode empiris lainnya.

4.3 Kelebihan Penalaran Induktif

1. Membantu Menemukan Pola dan Hubungan Baru

Salah satu kekuatan utama induksi adalah kemampuannya menemukan pola baru dari serangkaian fakta yang diamati. Melalui pengumpulan data dan observasi berulang, seseorang dapat melihat kecenderungan yang tidak tampak pada pengamatan tunggal. Induksi memungkinkan ilmuwan dan peneliti menemukan teori baru yang pada mulanya hanya berupa data mentah.

Dengan demikian, induksi lebih bersifat eksploratif dan kreatif dibandingkan deduksi. Proses pengamatan yang berkelanjutan dapat membuka peluang untuk menemukan fenomena baru yang belum pernah diketahui.

2. Digunakan dalam Penelitian Empiris

Penalaran induktif merupakan dasar dari penelitian empiris yang dilakukan dalam berbagai bidang ilmu, baik ilmu alam maupun ilmu sosial. Melalui pendekatan ini, peneliti mengumpulkan data secara sistematis dan menggunakannya untuk membangun generalisasi. Banyak teori ilmiah yang lahir dari proses induktif, seperti teori evolusi Darwin yang disusun berdasarkan observasi hewan dan tumbuhan dalam berbagai habitat.

Dalam ilmu sosial, induksi digunakan untuk memahami perilaku manusia, budaya masyarakat, dan perubahan sosial dari waktu ke waktu. Setiap kali peneliti menemukan pola tertentu dalam data, mereka menggunakan induksi untuk membuat kesimpulan umum yang dapat diuji lebih lanjut.

3. Lebih Fleksibel Menghadapi Fenomena Sosial yang Kompleks

Dibandingkan deduksi yang cenderung kaku, induksi lebih fleksibel dan adaptif, khususnya ketika berhadapan dengan realitas sosial yang dinamis dan kompleks. Fenomena sosial sering kali tidak bisa dijelaskan hanya melalui aturan umum, melainkan membutuhkan pemahaman terhadap berbagai peristiwa khusus yang terjadi di lapangan.

Induksi memudahkan peneliti untuk memahami fenomena sosial dalam konteks yang lebih luas karena memungkinkan kesimpulan yang berkembang seiring penambahan data baru. Pendekatan ini sangat cocok digunakan untuk memahami perilaku manusia yang penuh variasi dan tidak dapat diprediksi secara absolut.

4.4 Keterbatasan Penalaran Induktif

1. Kesimpulan Tidak Pernah Memberikan Kepastian 100%

Keterbatasan utama induksi adalah bahwa kesimpulan yang dihasilkan bersifat probabilistik, bukan mutlak. Tidak peduli seberapa banyak data yang dikumpulkan, selalu ada kemungkinan bahwa kesimpulan induktif keliru. Hal ini karena induksi bergantung pada pola yang diamati, sedangkan realitas tidak selalu berjalan sesuai pola.

Sebagai contoh, meskipun seseorang telah melihat ribuan burung yang dapat terbang, ia tetap bisa salah jika menyimpulkan bahwa semua burung pasti memiliki kemampuan terbang. Kehadiran satu data baru yang berbeda dapat meruntuhkan generalisasi tersebut.

2. Data yang Terbatas Dapat Menghasilkan Kesimpulan yang Menyesatkan

Induksi sangat sensitif terhadap jumlah dan kualitas data. Jika data yang digunakan terlalu sedikit, tidak representatif, atau bias, maka generalisasi yang dihasilkan bisa menyesatkan. Kesalahan ini dikenal sebagai *hasty generalization* (generalisasi tergesa-gesa), salah satu bentuk kesesatan berpikir yang sering muncul dalam argumen sosial.

Seseorang yang bertemu beberapa individu dari kelompok tertentu dan langsung menyimpulkan bahwa semua anggota kelompok tersebut sama, telah melakukan kesalahan induktif. Data yang sempit dapat menghasilkan kesimpulan yang keliru dan bahkan merugikan pihak lain.

Selain itu, bias pribadi peneliti juga dapat memengaruhi proses induksi. Dua orang yang mengamati fenomena yang sama bisa saja menarik generalisasi yang berbeda, tergantung pada perspektif dan pengalaman masing-masing.(Ilmiah & Pendidikan, 2025)

5. KASUS INDUKTIF: TREN PERILAKU KONSUMEN

Penalaran induktif sering digunakan dalam bidang ekonomi dan pemasaran untuk memahami perilaku konsumen. Industri ritel, e-commerce, perusahaan jasa, dan lembaga survei mengandalkan pendekatan induktif untuk memetakan kecenderungan masyarakat dalam membeli, memilih, atau menggunakan suatu produk. Dengan mempelajari berbagai sampel dan perilaku individu, analis dapat menarik kesimpulan lebih luas tentang pola konsumsi.

A. Ilustrasi Kasus

Seorang peneliti melakukan survei terhadap 100 responden di area perkotaan untuk mengetahui preferensi pembelian. Dari hasil survei tersebut, diperoleh bahwa sebagian besar responden lebih memilih berbelanja secara online dibandingkan pergi langsung ke toko fisik. Berdasarkan data tersebut, sang analis menyimpulkan bahwa masyarakat urban cenderung mengutamakan belanja daring.

Kesimpulan tersebut bersifat umum dan ditarik dari data-data khusus mengenai preferensi 100 orang. Dengan kata lain, proses berpikir analis bergerak dari hal khusus → menuju generalisasi → kemudian membangun dugaan pola konsumsi masyarakat secara keseluruhan.

B. Proses Induksi dalam Kasus Ini

Untuk memahami bagaimana penalaran induktif bekerja dalam contoh ini, dapat dilihat melalui tiga tahap utama:

1. **Pengamatan Empiris (Data Khusus):**

Setiap responden memberikan informasi mengenai preferensi belanja mereka. Data individual ini mencerminkan perilaku khusus yang perlu dikumpulkan secara akurat.

2. **Identifikasi Pola:**

Setelah data dikumpulkan, analis mengamati kecenderungan umum. Dalam hal ini, ditemukan bahwa mayoritas responden memilih belanja online daripada belanja offline.

3. **Generalisasi Kesimpulan:**

Dari pola tersebut, analis menyimpulkan bahwa masyarakat urban secara umum menunjukkan kecenderungan serupa.

Meski kesimpulan ini logis berdasarkan data, namun sifatnya probabilistik artinya kesimpulan mungkin benar, tetapi tidak dapat dipastikan 100%.

C. Kekuatan Analisis Induktif dalam Kasus Konsumen

Penerapan induksi dalam situasi seperti ini memiliki beberapa keunggulan:

- **Mampu mengungkap kecenderungan baru** dalam perilaku belanja masyarakat.
- **Bermanfaat untuk strategi bisnis**, seperti menentukan target pasar atau merancang strategi pemasaran.

- **Mendorong pengambilan keputusan berbasis data**, bukan sekadar asumsi atau intuisi.

Induksi memberikan dasar bagi pelaku usaha untuk memahami tren yang berubah dari waktu ke waktu.

D. Potensi Kelemahan dalam Generalisasi

Namun, analisis induktif tetap memiliki potensi kelemahan, antara lain:

- Jumlah responden terbatas dapat menciptakan bias.
- Tidak semua masyarakat urban terwakili dalam sampel.
- Ada faktor lain (misalnya pendapatan, usia, akses teknologi) yang mungkin memengaruhi tren tersebut tetapi tidak diperhitungkan.

Oleh karena itu, meski induksi sangat berguna, kesimpulan yang ditarik tetap harus diuji lebih lanjut dengan data tambahan agar lebih akurat dan representatif.

5.1 Kasus Deduktif: Etika Kebijakan

Penalaran deduktif banyak dipakai dalam ranah etika, hukum, dan kebijakan publik karena memberikan kepastian logis berdasarkan prinsip-prinsip umum. Deduksi membantu memastikan apakah suatu tindakan, kebijakan, atau keputusan sesuai dengan norma atau aturan yang berlaku. Dengan menggunakan deduksi, seorang analis dapat menilai apakah sebuah kebijakan layak diterima atau perlu dikritisi.

A. Ilustrasi Kasus Deduktif

Kasus berikut menggambarkan cara kerja penalaran deduktif dalam konteks etika politik dan kebijakan:

- Premis umum: "Setiap kebijakan yang mengurangi hak warga negara adalah kebijakan yang tidak adil."
- Premis khusus: "Kebijakan X mengurangi hak warga negara."
- Kesimpulan: "Kebijakan X tidak adil."

Dari contoh ini terlihat bahwa kesimpulan ditarik dari dua premis yang tersusun secara logis. Jika kedua premis benar, maka kesimpulan tidak mungkin salah.

B. Struktur Penalaran Deduktif

Argumen deduktif ini mengikuti pola silogisme klasik yang terdiri dari:

1. **Premis Mayor (Pernyataan Umum):**

Kebijakan yang mengurangi hak warga negara dikategorikan sebagai kebijakan yang tidak adil.

2. **Premis Minor (Kasus Khusus):**

Kebijakan X terbukti mengurangi hak warga negara.

3. **Kesimpulan (Konsekuensi Logis):**

Kebijakan X tergolong tidak adil.

Struktur ini memastikan bahwa kesimpulan merupakan implikasi logis dari premis-premis yang disusun sebelumnya.

C. Kelebihan Analisis Deduktif dalam Kasus Kebijakan

Deduksi memberikan beberapa keuntungan dalam menilai kebijakan publik:

- **Kesimpulan bersifat pasti** selama premis-premisnya benar.
- **Membantu menjaga konsistensi moral**, terutama dalam menentukan apakah sebuah tindakan selaras dengan prinsip etika tertentu.
- **Menghindari bias emosional**, karena deduksi mengikuti pola pikir rasional.
- **Memudahkan proses penilaian kebijakan**, terutama dalam sistem hukum dan pemerintahan.

Dengan deduksi, analis dapat mengevaluasi kebijakan secara objektif berdasarkan aturan umum yang telah disepakati.

D. Keterbatasan Pendekatan Deduktif

Namun, pendekatan deduktif dalam analisis kebijakan juga memiliki batasan:

- Jika premis tidak sepenuhnya benar atau dipahami secara keliru, maka kesimpulan otomatis menjadi salah.
- Deduksi tidak dapat menjelaskan *mengapa* kebijakan tertentu mengurangi hak warga negara; bagian tersebut memerlukan data empiris atau observasi (yang merupakan wilayah induksi).
- Deduksi hanya memeriksa konsistensi logis, bukan efektivitas kebijakan dalam praktik.

Karena itu, dalam banyak situasi, deduksi perlu dikombinasikan dengan induksi untuk membangun analisis yang utuh dan menyeluruh.

E. Perbandingan Singkat antara Dua Kasus

Contoh di atas menunjukkan perbedaan utama antara induksi dan deduksi dalam penerapan nyata:

- **Kasus Induktif** berangkat dari data khusus (preferensi belanja 100 responden) untuk menarik kesimpulan umum (tren masyarakat urban).
- **Kasus Deduktif** dimulai dari prinsip universal (setiap kebijakan yang mengurangi hak warga tidak adil) kemudian diterapkan pada kasus spesifik (Kebijakan X).

Dengan demikian, induksi berguna untuk menemukan pola, sementara deduksi berfungsi memeriksa kebenaran logis berdasarkan prinsip yang sudah ada.(Wibowo, n.d.)

C. KESIMPULAN

Penalaran deduktif dan induktif merupakan dua pendekatan utama dalam logika yang berperan besar dalam membantu manusia memahami persoalan, menilai informasi, serta menarik kesimpulan secara teratur dan rasional. Walaupun keduanya memiliki tujuan serupa, cara kerja dan tingkat kepastian yang dihasilkan berbeda sehingga penggunaannya harus disesuaikan dengan kebutuhan analisis.

Penalaran **deduktif** bekerja dengan mengaplikasikan prinsip atau aturan yang bersifat umum untuk menilai suatu kasus yang lebih spesifik. Keunggulan terbesarnya adalah kemampuannya menghasilkan kesimpulan yang pasti selama premis-premis awal benar dan hubungan logisnya valid. Karena sifatnya yang menuntut konsistensi logis, deduksi banyak digunakan pada bidang seperti matematika, hukum, dan filsafat. Namun, deduksi tidak dapat menghasilkan pengetahuan baru; seluruh kesimpulan yang diperoleh sebenarnya hanya merupakan penjabaran dari premis-premis yang telah ditetapkan sebelumnya.

Berbeda dengan deduksi, penalaran **induktif** bergerak dari pengamatan-pengamatan khusus untuk menyusun pernyataan yang bersifat lebih umum. Model ini bermanfaat dalam penelitian empiris dan dalam memahami fenomena sosial yang dinamis karena mampu menyingkap pola, tren, dan kecenderungan berdasarkan data lapangan. Meski demikian, kesimpulan induktif tidak dapat memberikan kepastian sepenuhnya hasilnya hanya bersifat mungkin benar, tergantung seberapa kuat dan representatif data yang digunakan.

Contoh-contoh kasus menunjukkan bahwa induksi efektif untuk menemukan kecenderungan perilaku atau pola empiris, sedangkan deduksi lebih tepat digunakan untuk menilai apakah suatu argumen atau kebijakan sesuai dengan prinsip logis atau etika yang berlaku. Hal ini menegaskan bahwa keduanya memiliki fungsi yang berbeda namun sama-sama diperlukan.

Secara keseluruhan, induksi dan deduksi bukanlah dua pendekatan yang bertentangan, melainkan dua metode berpikir yang saling melengkapi. Induksi membantu membangun dugaan atau teori berdasarkan fakta empiris, sementara deduksi digunakan untuk menguji koherensi teori tersebut dalam kerangka logika formal. Penguasaan kedua metode ini penting untuk membentuk cara berpikir yang kritis, sistematis, dan bertanggung jawab hal yang sangat dibutuhkan dalam menghadapi kompleksitas informasi pada masa kini. Dengan memahami keduanya, mahasiswa dapat menghasilkan analisis yang lebih tajam, argumen yang lebih kuat, serta keputusan yang lebih matang.

DAFTAR PUSTAKA

Ilmiah, J., & Pendidikan, W. (2025). *Logika Deduktif Dan Induktif Dalam Analisis Kasus Penggelapan Dana: Studi Kasus Tiko Aryawhardhana Levi Christopher Ilyas 1 , Suprima 2 Universitas Pembangunan Nasional Veteran Jakarta. 11*(June), 162–175.

Kemampuan, A., Metafora, B., Dari, D., Penalaran, K., Dan, D., Siswa, I. M., Studi, P., Matematika, T., & Tarbiyah, F. (2024). *Analisis kemampuan berpikir metafora siswa ditinjau dari kemampuan penalaran deduktif dan induktif matematis siswa.*

Redaksi, D. (2015). *Daftar Isi. 1*(2).

Sidiq, U., Choiri, M., & Mujahidin, A. (n.d.). *No Title.*

Tinggi, S., Islam, A., & Surabaya, Y. (2016). *Jendela Logika dalam Berfikir : Deduksi dan Induksi sebagai Dasar Penalaran Ilmiah Imron Mustofa. 6.*

Wibowo, A. (n.d.). *(Deductive reasoning skills).*

SENI MENYIMPULKAN: MENGUASAI TEKNIK PENYIMPULAN LANGSUNG MELALUI OPOSISI DAN KONVERSI

Oleh : Tanti Verawaty Nailis

A. PENDAHULUAN

Dalam kehidupan sehari-hari, manusia berhadapan dengan beragam informasi, pernyataan, dan argumen yang muncul dari berbagai konteks, seperti percakapan informal, diskusi kelas, perdebatan publik, hingga interaksi di media sosial. Dalam situasi seperti ini, kemampuan untuk menarik kesimpulan secara cepat sering kali digunakan secara spontan. Misalnya, ketika seseorang mengatakan, Semua siswa kelas X belajar logika, sebagian pendengar secara otomatis menyimpulkan bahwa Sebagian siswa kelas X belajar logika.Proses ini menggambarkan bagaimana mekanisme penyimpulan langsung (immediate inference) bekerja secara intuitif dalam aktivitas berpikir manusia, sekalipun tanpa pemahaman mendalam tentang struktur logisnya.

Akan tetapi, kesimpulan yang ditarik secara cepat tidak selalu benar menurut kaidah logika. Kesalahan dalam melakukan penyimpulan dapat berdampak luas, terutama apabila kesimpulan tersebut dijadikan dasar dalam membentuk opini, mengambil keputusan penting, atau menyusun argumen akademik. Pada titik ini, logika formal hadir sebagai disiplin yang menyediakan seperangkat aturan baku untuk menilai apakah suatu kesimpulan sahih atau tidak. Dalam tradisi logika Aristotelian, terdapat dua teknik penting dalam penyimpulan langsung, yaitu oposisi dan konversi. Keduanya memungkinkan seseorang menurunkan proposisi baru dari suatu proposisi tunggal melalui hubungan kuantitas, kualitas, dan distribusi term.

Fenomena penyimpulan yang tidak sesuai aturan sering ditemukan dalam percakapan publik. Sebagai contoh, dari pernyataan Tidak ada mahasiswa yang malas, sebagian orang menyimpulkan bahwa Beberapa mahasiswa tidak malas. Meskipun tampak masuk akal, kesimpulan tersebut tidak sahih apabila diuji menggunakan aturan oposisi. Kekeliruan jenis ini berpotensi menimbulkan kesalahpahaman, memperlebar perbedaan pendapat, serta menciptakan bias yang merugikan dalam proses berpikir, terutama ketika seseorang tidak memahami prinsip dasar logika yang mengatur hubungan antarpola proposisi.

Selain itu, di era banjir informasi seperti saat ini, kemampuan untuk menyaring dan menilai kebenaran suatu pernyataan menjadi semakin penting. Media digital memungkinkan penyebaran pernyataan yang mengandung kesimpulan keliru secara cepat dan masif. Tanpa bekal logika yang memadai, seseorang rentan terjebak dalam generalisasi berlebihan, kesalahan interpretasi, ataupun manipulasi argumentatif yang disengaja. Oleh karena itu, teknik penyimpulan langsung menjadi salah satu instrumen intelektual yang harus dikuasai oleh mahasiswa dan peneliti.

Penguasaan teknik oposisi dan konversi tidak hanya membantu dalam menyusun argumen yang kuat dan dapat dipertanggungjawabkan, tetapi juga melatih kemampuan berpikir kritis, ketelitian, dan kepekaan terhadap struktur logis suatu pernyataan. Keterampilan ini sangat relevan dalam aktivitas akademik seperti analisis teks, penyusunan makalah, debat ilmiah, dan penelitian. Bab ini disusun untuk memberikan pemahaman komprehensif mengenai seni menyimpulkan secara logis melalui kedua teknik tersebut, dengan penjelasan yang sistematis, contoh konkret, serta bahasa yang mudah dipahami tanpa mengurangi kedalaman akademiknya.

B. PEMBAHASAN

Hakikat Penyimpulan Langsung dalam Logika Tradisional

Penyimpulan langsung (immediate inference) merupakan salah satu cabang penting dalam logika tradisional yang berfokus pada proses penarikan kesimpulan dari satu proposisi tunggal tanpa melibatkan premis tambahan. Dalam konteks logika Aristotelian, penyimpulan langsung memiliki kedudukan fundamental karena menjadi dasar bagi kemampuan manusia untuk menilai hubungan antarproposisi sebelum memasuki analisis yang lebih kompleks seperti silogisme. Hakikat dari penyimpulan langsung terletak pada struktur internal suatu proposisi, yakni kuantitas, kualitas, serta distribusi term di dalamnya. Dengan memahami struktur ini, seseorang dapat menurunkan proposisi baru yang memiliki hubungan logis dengan proposisi asal secara sahih.

Secara konseptual, penyimpulan langsung berkaitan erat dengan cara manusia memahami realitas melalui bahasa. Setiap pernyataan yang diungkapkan dalam bentuk proposisi selalu membawa informasi tentang subjek (*S*), predikat (*P*), serta hubungan keduanya yang dinyatakan melalui kopula. Ketika seseorang melakukan penyimpulan tanpa menghadirkan data baru, ia sesungguhnya sedang memanipulasi bentuk internal proposisi tersebut. Dalam tradisi logika, manipulasi ini dilakukan melalui aturan-aturan formal seperti pemahaman tentang kontradiksi, kontrari, subkontrari, dan subalternasi, yang kesemuanya berada dalam wilayah oposisi; serta aturan konversi yang mengatur penukaran posisi subjek dan predikat dalam proposisi tertentu.

Pentingnya penyimpulan langsung juga terlihat dari peranannya dalam kehidupan intelektual. Mahasiswa, akademisi, dan peneliti sangat membutuhkan kemampuan ini untuk membaca argumen, mengkritisi pernyataan, serta menghindari kekeliruan berpikir. Kesalahan dalam penyimpulan, seperti menganggap bahwa Semua A adalah B dapat disimpulkan menjadi Semua B adalah A, merupakan bentuk miskonsepsi umum yang sering muncul. Padahal, dalam logika tradisional, hanya proposisi tertentu yang sah untuk dikonversi, dan itupun dengan syarat tertentu yang harus dipenuhi.

Dengan demikian, hakikat penyimpulan langsung tidak hanya berada pada proses menurunkan proposisi baru, tetapi juga pada kemampuan memahami struktur internal bahasa yang digunakan untuk menyatakan realitas. Ketika seseorang dapat mengidentifikasi bentuk proposisi dengan benar, ia akan mampu melakukan penyimpulan secara tepat sesuai kaidah logika formal. Oleh sebab itu, penyimpulan langsung merupakan kemampuan dasar yang mempersiapkan seseorang untuk memahami bentuk penalaran yang lebih kompleks dan membantu mengembangkan keterampilan analitis dalam membaca dan menyusun argumen.

Teknik Oposisi dan Konversi dalam Penyimpulan Langsung

1. Teknik Oposisi

Oposisi merupakan hubungan logis antara dua proposisi yang memiliki subjek dan predikat yang sama, tetapi berbeda dari segi kuantitas dan kualitas. Dalam logika tradisional, hubungan oposisi digambarkan dalam kerangka *Square of Opposition* (kuadran oposisi), yang terdiri atas empat jenis proposisi:

A: Universal Afirmatif – "Semua S adalah P"

E: Universal Negatif – "Tidak ada S yang P"

I: Partikular Afirmatif – "Sebagian S adalah P"

O: Partikular Negatif – "Sebagian S bukan P"

Keempat proposisi ini saling berhubungan melalui pola-pola oposisi berikut:

a. Kontradiktif

Hubungan kontradiktif muncul antara proposisi A–O dan E–I. Keduanya tidak dapat sama-sama benar dan tidak dapat sama-sama salah. Jika A benar, O pasti salah; begitu pula sebaliknya.

Contoh:

A: "Semua siswa hadir."

O: "Sebagian siswa tidak hadir."

Jika pernyataan pertama benar, pernyataan kedua pasti salah. Hubungan ini absolut dan tidak memiliki pengecualian.

b. Kontrari

Hubungan kontrari terjadi antara A dan E, yaitu dua proposisi universal yang sama-sama tidak mungkin benar tetapi mungkin sama-sama salah.

Contoh:

A: "Semua dosen ramah."

E: "Tidak ada dosen yang ramah."

Keduanya bisa salah pada saat yang sama ketika kenyataannya ada dosen yang ramah dan ada yang tidak.

c. Subkontrari

Hubungan ini terdapat antara I dan O. Keduanya tidak dapat sama-sama salah, tetapi mungkin sama-sama benar.

Contoh:

I: "Sebagian siswa rajin."

O: "Sebagian siswa tidak rajin."

Kedua pernyataan ini dapat benar pada saat yang sama karena tidak harus saling meniadakan.

d. Subalternasi

Hubungan ini menghubungkan proposisi universal dengan proposisi partikular yang sejenis dalam kualitas. A menjadi induk bagi I, dan E menjadi induk bagi O.

Jika A benar, maka I pasti benar. Jika E benar, maka O pasti benar. Namun hubungan ini tidak berlaku sebaliknya.

Sebagai contoh:

A:"semuamahasiswamemenuhiaturan."

Jika benar, maka benar pula proposisi:

I: "Sebagian mahasiswa mematuhi aturan."

Namun, jika I benar, belum tentu A benar.

Signifikansi Oposisi

Teknik oposisi bukan sekadar pola hubungan logis, tetapi alat analitis untuk menguji validitas suatu kesimpulan. Banyak orang melakukan generalisasi atau simplifikasi berlebihan karena gagal memahami struktur oposisi. Misalnya, seseorang mendengar proposisi O ("Sebagian siswa tidak hadir") dan menyimpulkan E ("Tidak ada siswa yang hadir"). Ini jelas tidak sahih, sebab tidak ada hubungan valid dari O ke E.

2. Teknik Konversi

Konversi merupakan proses menukar posisi subjek (S) dan predikat (P) dalam suatu proposisi. Namun, tidak semua proposisi dapat dikonversi secara sahih. Aturan konversi adalah sebagai berikut:

a. Konversi Murni (Simple Conversion)

Dapat diterapkan pada proposisi E dan I.

Contoh:

E: "Tidak ada S yang P." → "Tidak ada P yang S."

I: "Sebagian S adalah P." →"Sebagian P adalah S."

Kedua bentuk konversi ini sah karena tidak mengubah nilai kebenaran pernyataan.

b. Konversi Terbatas (Conversion per Accidens)

Diberlakukan pada proposisi A (universal afirmatif).

Contoh:

A:"Sebagian S adalah P."

Hasil konversinya menjadi:

I: "Sebagian P adalah S."

Mengapa hanya sebagian? Karena konversi universal afirmatif menjadi universal afirmatif tidak sah secara logika.

c. Proposisi O tidak dapat dikonversi

Proposisi O ("Sebagian S bukan P") tidak dapat dikonversi karena akan menghasilkan bentuk yang tidak bermakna secara logis.

Signifikansi Konversi dalam Analisis Logis

Konversi menjadi alat penting untuk:

Mengidentifikasi kesalahan generalisasi.

Memvalidasi hubungan terbalik antara dua konsep.

Mengkritisi argumen yang mempertukarkan kedudukan subjek dan predikat secara keliru.

Misalnya, banyak yang keliru menganggap bahwa "Semua guru adalah pendidik" dapat dikonversi menjadi "Semua pendidik adalah guru". Padahal, ini adalah kesalahan mendasar dalam logika.

Dengan demikian, pemahaman mendalam tentang oposisi dan konversi memberikan landasan kuat bagi mahasiswa untuk mengembangkan kemampuan analitis tingkat tinggi dan menghindari kekeliruan penalaran.

Penerapan Penyimpulan Langsung dalam Analisis Argumen

Penyimpulan langsung memiliki peran signifikan dalam proses membaca, memahami, dan mengkritisi argumen. Dalam praktiknya, mahasiswa sering berhadapan dengan pernyataan-pernyataan yang tampak meyakinkan tetapi sebenarnya keliru jika diuji melalui kaidah logika tradisional. Dengan memahami teknik oposisi dan konversi, mahasiswa dapat menilai apakah suatu argumen konsisten dengan struktur proposisinya atau tidak.

Pertama, mahasiswa dapat menggunakan oposisi untuk melihat hubungan proposisi yang saling bertentangan. Misalnya, dalam debat mengenai isu pendidikan, seseorang mengatakan, "Tidak ada siswa yang malas belajar." Mahasiswa yang memahami logika dapat langsung mengetahui bahwa kesimpulan "Sebagian siswa tidak malas belajar" bukanlah turunan yang sahih dari proposisi itu, karena hubungan dari E ke I bukanlah bentuk penyimpulan yang valid.

Kedua, mahasiswa dapat menerapkan konversi untuk menguji logika dari pernyataan yang menukar subjek dan predikat. Dalam diskusi mengenai profesi, apabila seseorang berkata, "Semua dokter adalah tenaga kesehatan," maka konversinya tidak dapat menjadi "Semua tenaga kesehatan adalah dokter." Identifikasi kesalahan seperti ini mencegah munculnya generalisasi berlebihan.

Ketiga, penyimpulan langsung juga membantu dalam mengenali bias dan asumsi yang tersembunyi dalam argumen. Seseorang mungkin mengambil kesimpulan berdasarkan proposisi O dan secara salah menggeneralisasi ke proposisi E. Mahasiswa perlu memahami bahwa proposisi partikular negatif tidak dapat menjadi dasar bagi kesimpulan universal negatif.

Dengan demikian, kemampuan menerapkan penyimpulan langsung secara tepat merupakan fondasi bagi keterampilan berpikir kritis dalam dunia akademik. Hal ini tidak hanya relevan dalam mata kuliah logika, tetapi juga dalam penelitian, penulisan akademik, dan diskusi ilmiah.

Strategi Analitis dalam Menilai Kesahihan Penyimpulan: Identifikasi, Pengalihan, dan Penunjukan Ketidakrelevanan

Dalam proses penyimpulan langsung, sering muncul argumen-argumen yang tidak sesuai dengan struktur logis sehingga memerlukan penanganan analitis untuk meluruskannya. Tiga strategi utama yang digunakan dalam logika untuk menilai dan memperbaiki argumen tersebut adalah (1) identifikasi dan namai, (2) abaikan dan arahkan kembali, dan (3) tunjukkan ketidakrelevanan. Ketiganya merupakan metode penting untuk menjaga konsistensi penalaran dan menghindari kesalahan interpretasi.

Pertama, identifikasi dan namai. Langkah ini dilakukan dengan mengenali jenis kekeliruan yang tampak dalam argumen, kemudian menyebutkannya secara jelas agar analisis dapat diarahkan secara tepat. Misalnya, dalam penyimpulan langsung, seseorang mungkin melakukan *kesalahan konversi* atau *pelanggaran hukum oposisi*. Dengan menamai kekeliruan tersebut, mahasiswa dapat mengklasifikasi kesalahan berdasarkan teori logika dan menentukan teknik koreksi yang sesuai.

Kedua, abaikan dan arahkan kembali. Strategi ini digunakan ketika argumen lawan cenderung bergerak keluar dari struktur proposisi yang sedang dianalisis. Dalam situasi ini, penalar harus mengabaikan pernyataan yang menyimpang itu dan mengembalikan pembahasan pada bentuk proposisi awal (A, E, I, O). Teknik ini sangat penting terutama ketika seseorang mencoba memberikan generalisasi baru yang tidak relevan dengan proposisi sumber.

Ketiga, tunjukkan ketidakrelevanan. Langkah ini dilakukan dengan menunjukkan bahwa argumen yang diajukan tidak memiliki hubungan logis dengan proposisi yang menjadi dasar penyimpulan langsung. Contohnya, ketika seseorang mengambil kesimpulan universal dari proposisi partikular, penalar perlu menegaskan bahwa penarikan tersebut tidak relevan secara logis karena tidak sesuai dengan aturan subalternasi.

Ketiga strategi ini memperkuat kemampuan mahasiswa dalam mengkritisi dan menyusun argumen. Penggunaan teknik tersebut memastikan bahwa proses penyimpulan berlangsung secara sahih, objektif, dan sesuai dengan kerangka logika formal.

C. KESIMPULAN

Bab ini menegaskan bahwa penyimpulan langsung merupakan salah satu elemen fundamental dalam logika tradisional yang memberikan dasar berpikir yang sistematis, terstruktur, dan konsisten. Penyimpulan langsung memungkinkan seseorang menarik konsekuensi logis dari satu proposisi tunggal melalui pemahaman terhadap struktur internal proposisi tersebut, khususnya terkait kuantitas, kualitas, serta distribusi term. Keberadaan teknik-teknik formal seperti oposisi dan konversi menunjukkan bahwa meskipun penyimpulan langsung tidak melibatkan dua premis sebagaimana silogisme, ia tetap memiliki kekuatan argumentatif yang sahih apabila dilakukan berdasarkan aturan-aturan logika yang baku.

Teknik oposisi menyediakan kerangka analitis untuk memahami hubungan antarproposisi yang memiliki subjek dan predikat sama tetapi berbeda dari segi kuantitas dan kualitas. Melalui relasi kontradiksi, kontrari, subkontrari, dan subalternasi, seseorang dapat menentukan kemungkinan nilai kebenaran suatu proposisi tanpa harus menelusuri isi materiilnya. Sementara itu, teknik konversi membantu memeriksa kesahihan penukaran posisi subjek dan predikat dalam suatu proposisi, sekaligus mencegah munculnya kekeliruan umum seperti generalisasi terbalik yang tidak memenuhi syarat distribusi term. Kedua teknik ini bekerja sama membentuk perangkat analisis yang tidak hanya teoretis, tetapi juga aplikatif dalam membaca, menilai, dan membangun sebuah argumen.

Penguasaan terhadap penyimpulan langsung memiliki signifikansi yang besar dalam dunia akademik. Mahasiswa yang memahami teknik ini mampu menelaah pernyataan secara kritis, mengidentifikasi kekeliruan penalaran yang muncul dalam wacana ilmiah, serta menyusun argumen yang lebih terarah dan valid. Lebih dari itu, kemampuan ini memperkaya kapasitas intelektual seseorang dalam memahami hubungan logis di balik setiap pernyataan, sehingga ia dapat terhindar dari bias, asumsi keliru, dan kesalahan berpikir yang kerap menyesatkan proses analisis.

Di luar ranah akademik, penyimpulan langsung juga memiliki relevansi praktis. Dalam kehidupan sehari-hari, seseorang sering dihadapkan pada berbagai informasi, opini, atau pernyataan yang menuntut penilaian cepat namun tepat. Kemampuan menerapkan oposisi dan konversi membantu individu mengolah informasi secara kritis, objektif, dan rasional. Hal ini menjadikan penyimpulan langsung bukan hanya sekadar konsep logis, tetapi juga kompetensi berpikir yang mendukung pengambilan keputusan dalam berbagai konteks personal maupun sosial.

Dengan demikian, pemahaman terhadap penyimpulan langsung tidak hanya membentuk dasar argumentasi ilmiah, tetapi juga memperkuat disiplin intelektual seseorang dalam berpikir. Logika tradisional melalui penyimpulan langsung menyediakan fondasi bagi pengembangan nalar kritis yang dapat digunakan dalam dunia akademik, penelitian, maupun interaksi sehari-hari yang menuntut ketepatan dan kehati-hatian dalam menilai informasi.

DAFTAR PUSTAKA

Al-Attas, S. M. N. (1991). *The Concept of Education in Islam: A Framework for an Islamic Philosophy of Education.* Kuala Lumpur: ISTAC.

Al-Ghazali. (2008). *Al-Mustashfa min 'Ilm al-Ushul.* Beirut: Dar al-Kutub al-'Ilmiyyah.

Aristotle. (1984). *The Complete Works of Aristotle* (J. Barnes, Ed.). Princeton University Press.

Copleston, F. (1994). *A History of Philosophy: Greece and Rome.* New York: Image Books.

Hadi, A. (2012). *Logika Formal.* Yogyakarta: Liberty.

Hodges, W. (2001). *Logic: An Introduction to Elementary Logic.* Penguin Books.

Hurley, P. J. (2015). *A Concise Introduction to Logic* (12th ed.). Boston: Cengage Learning.

Ibn Sina. (1952). *Al-Isharat wa al-Tanbihat.* Beirut: Dar al-Ma'rifah.

Keraf, G. (2010). *Argumentasi dan Narasi.* Jakarta: Gramedia Pustaka Utama.

Moleong, L. (2017). *Metodologi Penelitian Kualitatif.* Bandung: PT Remaja Rosdakarya.

Muslich, M. (2018). *Logika: Ilmu dan Seni Berpikir Kritis.* Jakarta: Bumi Aksara.

Slamet, A. (2015). *Pengantar Logika Tradisional.* Bandung: Humaniora.

Suriasumantri, J. S. (2013). *Filsafat Ilmu: Sebuah Pengantar Populer.* Jakarta: Pustaka Sinar Harapan.

Sutrisno, M. (2005). *Filsafat Logika.* Jakarta: Rajawali Pers.

Tafsir, A. (2012). *Ilmu Pendidikan dalam Perspektif Islam.* Bandung: Remaja Rosdakarya.

JANTUNG LOGIKA DEDUKTIF: MEMBANGUN ARGUMEN YANG RUNTUT DENGAN SILOGISME KATEGORIS

Oleh: Marum Dasuki

A. PENDAHULUAN

Kemampuan bernalar secara logis merupakan ciri khas manusia sebagai makhluk yang memiliki rasionalitas, yaitu kemampuan untuk memahami, menilai, dan memproduksi pengetahuan. Sejak era filsafat klasik, para pemikir menempatkan logika sebagai seni sekaligus ilmu yang mengajarkan cara berpikir yang benar. Logika bukan hanya menjelaskan bagaimana proses berpikir berlangsung, tetapi juga mengarahkan bagaimana pikiran seharusnya bekerja agar menghasilkan kesimpulan yang sahih. Dalam kerangka tersebut, logika deduktif memiliki peran fundamental karena menyediakan pola penalaran yang bersifat niscaya, di mana kesimpulan harus mengikuti premis-premis yang telah disusun. Apabila premis-premis itu benar dan hubungan antarelemen dibentuk secara tepat, maka hasil penalarannya tidak mungkin meleset. Sifat keniscayaan inilah yang menjadikan logika deduktif sebagai dasar bagi penyusunan argumen yang tersusun, konsisten, dan rasional.

Di antara ragam logika deduktif, silogisme kategoris merupakan model tertua sekaligus paling mendasar. Silogisme kategoris diperkenalkan oleh Aristoteles sebagai usaha untuk merumuskan bentuk penalaran deduktif secara sistematis. Bentuk ini terdiri dari dua premis dan satu kesimpulan, di mana setiap proposisi memuat istilah kategori yang saling berkaitan. Keterkaitan antar kategori tersebut menciptakan pola relasional yang menjadi dasar bagi penarikan kesimpulan. Meskipun tampak sederhana, silogisme mengajarkan bahwa argumen bukan sekadar kumpulan pernyataan, tetapi bangunan struktur makna dengan relasi yang teratur. Oleh sebab itu, silogisme sering disebut sebagai inti dari logika deduktif karena membantu manusia menyusun gagasan secara terarah dari abstraksi menuju kesimpulan yang dapat dianalisis.

Dalam sejarah intelektual, silogisme bukan hanya fenomena teoritis, tetapi juga instrumen metodologis dalam pengembangan ilmu pengetahuan. Dalam kajian ilmiah, struktur deduktif membantu peneliti menurunkan implikasi logis dari teori dan memverifikasi kebenaran asumsi. Di bidang hukum, silogisme menjadi fondasi penalaran ketika aturan hukum diterapkan pada kasus tertentu. Dalam ranah pendidikan, silogisme berperan dalam pembentukan kemampuan berpikir kritis sehingga peserta didik mampu menyaring informasi, mengevaluasi argumen, dan menyampaikan pandangan secara bertanggung jawab. Bahkan dalam keseharian, manusia sering menggunakan pola silogistik secara implisit ketika menyimpulkan sesuatu, membuat keputusan, ataupun menilai suatu pernyataan.

Meski demikian, kemampuan merancang argumen deduktif yang valid bukan hal yang otomatis dimiliki. Banyak orang mampu menyampaikan pendapat, tetapi tidak semuanya dapat menyusun argumen yang terstruktur. Argumen sering kali dibangun secara emosional atau intuitif, bukan berdasarkan aturan logika formal, sehingga tampak meyakinkan secara retoris, tetapi sesungguhnya rapuh. Kelemahan ini berdampak besar dalam komunikasi publik, pengambilan keputusan, hingga penyusunan kebijakan. Kekeliruan logis seperti overgeneralization, ad hominem, atau post hoc fallacy kerap muncul karena penyusunan argumen tidak mempertimbangkan validitas logis. Hal ini memperlihatkan bahwa penguasaan logika deduktif, khususnya silogisme kategoris, memiliki nilai penting baik dari sisi teori maupun praktik.

Dalam dunia pendidikan, logika deduktif menjadi bagian esensial dalam mengembangkan kemampuan berpikir kritis. Pembelajaran kontemporer menuntut peserta didik untuk mampu menganalisis dan mengevaluasi informasi, bukan sekadar mengingat fakta. Namun keterampilan ini bergantung pada pemahaman mengenai cara mengonstruksi dan menilai argumen. Silogisme kategoris menyediakan perangkat formal untuk menilai relevansi premis, konsistensi relasi, dan kekuatan kesimpulan. Melalui latihan silogisme, peserta didik memahami bahwa argumen harus dibangun atas dasar premis yang jelas, relasi logis yang terjaga, serta kesimpulan yang tidak melampaui batas premis. Dengan demikian, silogisme bukan hanya alat abstrak, tetapi media pedagogis untuk membentuk kedisiplinan berpikir.

Selain tantangan pedagogis, perkembangan teknologi informasi menghadirkan persoalan baru dalam praktik penalaran. Arus informasi yang cepat, budaya komunikasi digital, serta dominasi opini sering menghasilkan penilaian yang emotif dan persuasif, tetapi tidak selalu berdasar argumen yang kuat. Sebuah pernyataan di ruang publik kerap diterima bukan karena validitasnya, tetapi karena popularitas atau daya tarik emosinya. Dalam kondisi ini, kemampuan membedakan argumen yang sahih dengan yang keliru menjadi sangat krusial. Silogisme kategoris dapat digunakan untuk mengurai struktur argumen dan mendeteksi kekeliruan nalar, misalnya argumen yang menggeneralisasi, menyeleksi data secara bias, atau melampaui kapasitas premis.

Selain berperan dalam menguji argumentasi, silogisme juga membantu membangun argumen yang komunikatif. Argumen yang runtut tidak hanya valid secara logis, tetapi juga mudah diikuti sehingga efektif dalam menyampaikan gagasan. Pola "premis mayor,premis minor, kesimpulan" menyediakan kerangka retorika yang memandu alur pikiran secara sistematis. Karena itu, silogisme menjadi bagian penting dalam penulisan akademik, penyusunan esai, maupun penelitian ilmiah.

Namun demikian, pembelajaran silogisme sering dianggap sulit karena dianggap abstrak dan terlalu teknis. Banyak pelajar mengalami kesulitan memahami konsep distribusi term, bentuk proposisi, atau aturan inferensi. Hambatan ini sering menimbulkan kesan bahwa silogisme tidak relevan dengan realitas. Padahal, kesulitan tersebut lebih disebabkan metode pengajaran yang kurang mengaitkan silogisme dengan kehidupan praktis. Ketika silogisme dipahami sebagai alat untuk memecah problem, mengevaluasi pendapat, dan merumuskan keputusan, maka kegunaannya menjadi lebih nyata.

Pada saat yang sama, silogisme mengajarkan perbedaan antara kebenaran substansial dan validitas struktural. Argumen yang valid belum tentu benar jika premisnya salah, sedangkan argumen yang secara faktual benar belum tentu valid jika strukturnya cacat. Pemahaman ini membantu individu menilai argumen tidak hanya berdasarkan isi, tetapi juga cara membangunnya.

Dari uraian tersebut dapat disimpulkan bahwa silogisme kategoris berperan signifikan dalam membangun argumentasi yang runtut, logis, dan dapat dipertanggungjawabkan. Mengkaji silogisme berarti mempelajari bukan hanya warisan intelektual klasik, tetapi strategi berpikir untuk menghadapi tantangan penalaran kontemporer. Melalui penguasaan logika deduktif, individu dapat meningkatkan kapasitas kritis, menghindari sesat pikir, dan merumuskan argumen yang kukuh dalam berbagai konteks.

Dengan demikian, tulisan ini bertujuan mendalami konsep logika deduktif, prinsip silogisme kategoris, struktur dan aturan validitasnya, serta manfaatnya dalam membangun argumen yang tertata. Harapannya, kajian ini tidak hanya memberikan landasan teoretis, tetapi juga solusi praktis untuk membangun kebiasaan berpikir yang logis, kritis, dan reflektif. Pada akhirnya, logika bukan sekadar sarana memenangkan perdebatan, tetapi sarana untuk menemukan kebenaran dan membuat keputusan yang bijaksana.

B. PEMBAHASAN

Hakikat Logika Deduktif dalam Penalaran

Logika deduktif menempati posisi penting dalam struktur penalaran manusia karena memberikan perangkat sistematis untuk mencapai kesimpulan yang dapat dipertanggungjawabkan secara rasional. Sejak zaman klasik, deduksi dipahami sebagai model berpikir yang berorientasi pada prinsip kepastian, di mana kebenaran kesimpulan dijamin oleh hubungan logis dengan premis-premis yang mendahuluinya. Berbeda dengan induksi yang bersandar pada generalisasi dari kasus-kasus empiris, deduksi dimulai dari prinsip umum untuk kemudian diterapkan pada kasus khusus. Dengan cara ini, deduksi membantu manusia membangun pengetahuan yang teratur dan terhindar dari kemungkinan kesalahan akibat intuisi, insting, atau penyimpulan yang tergesa-gesa(*E-ISSN: 3031-6960*, 2025).

Silogisme Kategoris sebagai Fondasi Deduksi

Salah satu perangkat paling berpengaruh dalam penalaran deduktif adalah silogisme kategoris, sebuah model argumentasi yang terdiri dari dua premis dan satu kesimpulan yang terangkai melalui relasi antar-kategori(*Kata Kunci: Berpikir Mantik, Deduktif, Induktif, Dan Belajar Bermakna*, n.d.). Silogisme pertama kali disusun secara sistematis oleh Aristoteles sebagai upaya untuk merumuskan pola berpikir yang dapat diuji secara formal. Sejak saat itu, silogisme menjadi paradigma yang mendominasi kajian logika selama berabad-abad dan mewariskan kerangka berpikir yang sangat mempengaruhi perkembangan epistemologi dan ilmu pengetahuan. Meskipun berasal dari tradisi filsafat kuno, silogisme tetap relevan dalam pembacaan argumen modern karena menekankan ketelitian struktur dan koherensi logis dalam membentuk kesimpulan.

Struktur Mekanisme Silogisme

Silogisme kategoris bertumpu pada keyakinan bahwa realitas dapat diorganisasi melalui konsep-konsep yang saling berkaitan. Premis mayor berisi pernyataan umum tentang suatu kelas objek, sementara premis minor menegaskan status suatu individu sebagai anggota kelas tersebut, dan kesimpulan menggabungkan kedua informasi menjadi proposisi baru. Misalnya:

(1) Semua manusia akan mati.

(2) Socrates adalah manusia.

(3) Maka Socrates akan mati.

Contoh klasik ini menunjukkan bagaimana kesimpulan bukan sekadar pernyataan tambahan, tetapi merupakan implikasi yang tidak dapat dihindari jika kedua premis diterima. Struktur ini membuktikan bahwa kekuatan deduksi bukan terletak pada keindahan bahasa, tetapi pada keteraturan hubungan antar-proposisi.

Silogisme dan Pengembangan Berpikir Kritis

Dalam perspektif pendidikan dan pengembangan berpikir, kemampuan menyusun argumen berbasis silogisme menjadi keterampilan penting untuk membangun kecerdasan kritis(Pascasarjana & Islam, 2021). Masyarakat kontemporer hidup dalam lingkungan yang dipenuhi opini, klaim, dan argumentasi yang bersaing. Situasi ini menuntut individu untuk memiliki kemampuan menilai argumen secara objektif, bukan hanya berdasarkan daya tarik retoriknya. Namun, dalam praktiknya, banyak orang memiliki pendapat tetapi gagal mengonstruksi argumen yang koheren. Akibatnya, argumen sering kali bersifat intuitif, emosional, atau retoris, padahal tidak memiliki struktur logis yang kokoh. Kondisi ini menjadi penyebab munculnya banyak miskomunikasi, manipulasi, serta penyebaran informasi yang menyesatkan dalam wacana publik(Ishak, 2023).

Validitas, Kebenaran, dan Kesalahan Berpikir

Konsep kunci dalam kajian silogisme kategoris adalah validitas, yakni pertimbangan mengenai apakah kesimpulan benar-benar mengikuti premis. Validitas memeriksa struktur, bukan kebenaran empiris. Sebuah argumen dapat valid tetapi seluruh premisnya salah secara faktual. Misalnya:

(1) Semua makhluk hidup adalah robot.

(2) Kucing adalah makhluk hidup.

(3) Maka kucing adalah robot.

Meskipun premis pertama jelas keliru, hubungan antara premis dan kesimpulan tetap valid secara logis. Ini menunjukkan bahwa logika membedakan antara validitas dan kebenaran, dua konsep yang sering dicampuradukkan dalam kehidupan sehari-hari. Ketidakmampuan membedakan keduanya menyebabkan banyak argumen dianggap salah hanya karena tidak sejalan dengan keyakinan, padahal masalahnya mungkin terletak pada struktur, bukan isi.

Distribusi Term dan Kekeliruan Silogistik

Selain validitas, silogisme kategoris mengatur penggunaan istilah melalui prinsip distribusi term, yaitu aturan mengenai sejauh mana suatu kategori mencakup anggotanya dalam proposisi tertentu. Jika aturan distribusi dilanggar, kesimpulan menjadi tidak sah. Kesalahan seperti ini sering kali tidak terlihat, terutama dalam argumen yang disampaikan dengan bahasa persuasive. Misalnya:

(1) Semua A adalah B.

(2) Semua C adalah B.

(3) Maka C adalah A.

Di permukaan, pernyataan ini tampak logis, tetapi sebenarnya tidak valid karena kesimpulan mengambil klaim yang tidak dijamin oleh premis. Kesalahan seperti ini sering muncul dalam diskursus politik, media, atau percakapan sehari-hari, dan menjadi sumber kekacauan berpikir karena kesimpulan direduksi menjadi sekadar analogi atau asumsi.

Silogisme juga membantu menganalisis bentuk proposisi, yang terdiri dari empat jenis: universal afirmatif, universal negatif, partikular afirmatif, dan partikular negatif. Kombinasi antar-bentuk menentukan kemungkinan validitas argumentasi. Dengan memahami bentuk proposisi, seseorang dapat menilai apakah sebuah kesimpulan diperoleh melalui proses deduksi yang sah ataukah melalui intuisi yang mengabaikan batasan-batasan logika. Kemampuan ini tidak hanya relevan dalam studi formal, tetapi juga dalam komunikasi, pengambilan keputusan, dan manajemen konflik(Marlia et al., 2024).

Dalam ranah hukum, logika deduktif menjadi perangkat utama dalam proses penalaran yuridis. Ketika norma hukum diterapkan pada kasus konkret, struktur silogisme menjadi dasar pertimbangan:

(1) Setiap tindakan yang memenuhi unsur pasal tertentu adalah tindak pidana.

(2) Perbuatan terdakwa memenuhi unsur pasal tersebut.

(3) Maka terdakwa bersalah.

Tanpa kerangka ini, sistem peradilan akan kehilangan objektivitas karena setiap keputusan dapat dipengaruhi opini pribadi. Dalam ilmu pengetahuan, deduksi digunakan untuk menurunkan konsekuensi logis dari teori. Jika suatu teori benar, implikasi yang muncul harus konsisten. Ketika implikasi tidak cocok dengan fakta, teori diperbaiki atau ditolak. Ini menunjukkan bahwa deduksi bukan hanya alat berpikir, tetapi juga alat validasi pengetahuan.

Meskipun demikian, silogisme kerap dipandang rumit dan jauh dari pengalaman praktis. Banyak pelajar melihatnya sebagai latihan formal yang tidak relevan dengan kehidupan nyata. Pandangan ini muncul karena pembelajaran logika sering menekankan analisis simbolis tanpa menghubungkannya dengan permasalahan sosial, moral, dan epistemologis. Padahal, silogisme justru memberikan kemampuan untuk menyusun argumen persuasif yang berlandaskan logika, sehingga pesan yang disampaikan jelas, terarah, dan dapat diterima oleh akal sehat.

Dalam penyusunan argumen deduktif, langkah penting sebelum membangun premis adalah memperjelas konsep. Setiap kategori harus dirumuskan secara tepat agar hubungan antar-premis tidak menghasilkan kesimpulan yang ambigu. Definisi yang kabur akan melahirkan argumen yang rancu dan menyesatkan. Dengan demikian, silogisme tidak hanya menguji hubungan antar-proposisi, tetapi juga menuntut ketelitian dalam menentukan batasan konseptual.

Walaupun deduksi adalah cara berpikir yang kuat, ia memiliki keterbatasan: kebenaran kesimpulan bergantung pada kebenaran premis. Jika premis salah, deduksi tetap valid tetapi kesimpulan salah. Karena itu, deduksi sebaiknya disandingkan dengan verifikasi empiris agar argumentasi tidak terjebak dalam apa yang disebut "kebenaran formal" yang tidak memiliki korespondensi dengan fakta. Dalam wacana akademik, deduksi dipakai untuk membangun struktur berpikir, sementara induksi dipakai untuk menguji kebenarannya.

Dalam budaya digital, kemampuan membangun argumentasi deduktif menjadi semakin relevan. Ruang publik dipenuhi pernyataan yang lebih menekankan popularitas, emosi, atau framing, daripada validitas logis. Silogisme dapat berperan sebagai alat analisis untuk mendeteksi manipulasi informasi dan melindungi masyarakat dari pola berpikir yang menyesatkan. Kemampuan mengekstrak premis tersembunyi dari suatu klaim merupakan langkah penting dalam menjaga integritas pengetahuan dan dialog.

Penerapan Deduksi dalam Ilmu dan Kehidupan

Selain fungsi diagnostik, silogisme juga menciptakan model komunikasi yang efektif. Susunan premis mayor–premis minor–kesimpulan memberikan alur berpikir yang mudah diikuti oleh pembaca atau pendengar. Tanpa struktur semacam ini, argumentasi rawan menjadi tidak terarah dan sulit dipahami. Dalam konteks sosial, pola ini membantu menciptakan wacana yang logis dan beradab, berbeda dengan debat yang hanya bertumpu pada opini.

Pada akhirnya, silogisme kategoris menegaskan bahwa argumen yang baik tidak hanya benar secara substantif, tetapi juga teratur secara struktural. Melalui silogisme, manusia diajak untuk memahami bahwa berpikir adalah aktivitas yang menuntut kedisiplinan, bukan sekadar spontanitas. Secara filosofis, silogisme menegaskan bahwa kebenaran lahir melalui alasan, bukan asumsi. Secara etis, silogisme mengajarkan bahwa argumen harus dibangun dengan integritas, bukan manipulasi.

Dengan demikian, kajian terhadap silogisme kategoris bukan hanya penting dalam membentuk kemampuan berpikir deduktif, tetapi juga dalam membangun budaya intelektual yang menghargai rasionalitas, kesadaran kritis, dan kejujuran. Di tengah dunia yang semakin kompleks dan penuh ketidakpastian, silogisme menjadi perangkat untuk menjaga kejernihan berpikir,menemukan kebenaran, dan menyusun keputusan yang dapat dipertanggungjawabkan.

C. KESIMPULAN

Pembahasan mengenai inti dari logika deduktif melalui perspektif silogisme kategoris menunjukkan bahwa kemampuan manusia dalam membangun argumen yang logis, konsisten, dan dapat dipertanggungjawabkan bukan hanya bergantung pada kemampuan berbahasa atau retorika, melainkan terutama pada pemahaman mengenai pola berpikir formal. Silogisme kategoris menghadirkan sebuah model sistematis untuk mengaitkan premis mayor, premis minor, dan konklusi dalam relasi yang teratur, sehingga menghasilkan pernyataan akhir yang memiliki dasar penalaran kuat serta terbebas dari kekeliruan struktural. Dalam kerangka ini, logika deduktif berperan sebagai perangkat pengetahuan untuk menuntun proses berpikir dari premis umum menuju kesimpulan khusus secara konsisten dan terarah, bukan sekadar berdasarkan intuisi atau opini pribadi.

Walaupun demikian, penguasaan teori silogisme saja tidak menjamin lahirnya argumen deduktif yang berkualitas. Penyusunan argumen yang baik membutuhkan kemampuan merumuskan konsep secara tegas, menyusun proposisi dengan jelas, dan memahami hubungan antar istilah secara tepat. Kekeliruan dalam mendefinisikan term, pemakaian premis yang kabur, atau ketidakpatuhan terhadap aturan distribusi akan menjatuhkan argumen pada ketidakvalidan, meskipun tampak meyakinkan secara bahasa. Dengan demikian, logika deduktif mengharuskan latihan berpikir yang lebih dalam: memahami bentuk formal, menelaah isi proposisi, dan mempertautkan keduanya ke dalam argumentasi yang kokoh.

Dari pembahasan yang luas, dapat disimpulkan bahwa silogisme kategoris tidak sekadar bentuk permainan konseptual, tetapi menjadi sarana penting bagi pengembangan nalar kritis, reflektif, dan rasional. Silogisme memberikan alat untuk menilai klaim, memeriksa fondasi argumentatif suatu pernyataan, serta menentukan apakah kesimpulan benar-benar mengikuti premis atau hanya dipaksakan. Keterampilan ini menjadi vital dalam konteks kehidupan modern yang dipenuhi arus informasi, perbedaan pandangan, dan seringnya praktik penalaran keliru dalam berbagai ruang publik.

Penerapan silogisme dalam dunia pendidikan maupun penelitian memiliki peran strategis untuk memperkuat pola berpikir rasional. Pembelajaran logika bukan sekadar latihan mental abstrak, tetapi proses pembiasaan untuk berpikir jernih dalam menghadapi persoalan nyata. Individu yang memahami cara kerja silogisme akan mampu mengidentifikasi kesalahan logis, membangun argumentasi yang terstruktur, serta mempertahankan pandangan dengan alasan yang bisa diuji, bukan bersandar pada retorika emosional. Kemampuan ini mendukung terciptanya kultur akademik yang sehat dan masyarakat yang lebih matang secara intelektual.

Namun, tantangan praktis masih muncul dalam proses penerapan logika deduktif. Banyak argumen gagal mencapai validitas karena lemahnya pemahaman terhadap penyusunan premis, kesalahan linguistik, atau pelanggaran aturan formal silogisme. Tidak jarang juga ditemui argumentasi formal yang seolah-olah logis, tetapi menyembunyikan asumsi yang tidak dapat dibenarkan. Hal tersebut menunjukkan bahwa pembelajaran logika perlu dibarengi dengan kemampuan analisis kritis, refleksi filosofis, serta sikap etis dalam menyampaikan pendapat.

Oleh karena itu, dapat ditegaskan bahwa inti kekuatan logika deduktif terletak pada kemampuannya menghasilkan kesimpulan yang niscaya melalui struktur yang teratur. Silogisme kategoris tetap menjadi model yang relevan untuk memandu proses tersebut, karena menyediakan rangka kerja formal yang jelas dan dapat diuji. Namun pemahaman atasnya harus dipadukan dengan kemampuan analitis dan kepekaan konseptual agar argumen yang lahir tidak hanya valid secara teknis, tetapi juga bermakna secara substansif.

Secara keseluruhan, kajian ini menempatkan silogisme kategoris sebagai alat intelektual yang masih sangat relevan dalam membangun budaya berpikir kritis, penyusunan wacana akademik, serta pengambilan keputusan rasional. Penguasaan logika deduktif bukan sekadar tuntutan keilmuan, tetapi merupakan investasi intelektual untuk menata cara berpikir manusia agar lebih sistematis, rasional, dan bertanggung jawab.

DAFTAR PUSTAKA

e-ISSN: 3031-6960. (2025). *3*(6), 140–148.

Ishak, S. (2023). *Logika dan Penalaran Dalam Ilmu Hukum dan Ilmu Hukum Islam*. *6468*, 1–2.

Kata kunci: Berpikir mantik, deduktif, induktif, dan belajar bermakna. (n.d.). *06*(2), 1–15.

Marlia, R., Deduktif, P., & Dan, I. (2024). *Penalaran deduktif, induktif dan bahasa dalam penulisan ilmiah*. *7*, 16818–16824.

Pascasarjana, S., & Islam, U. (2021). *Jurnal Dirosah Islamiyah Jurnal Dirosah Islamiyah*. *3*, 41–62. https://doi.org/10.17467/jdi.v3i1.300

MENAVIGASI SKENARIO "JIKA-MAKA": APLIKASI LOGIKA HIPOTETIS DALAM PENGAMBILAN KEPUTUSAN

Oleh : Samsul Huda

A. PENDAHULUAN

Bayangkan Anda sedang mempertimbangkan untuk mengambil pekerjaan paruh waktu di luar kampus. Seorang teman memperingatkan, *"Jika kamu mengambil kerja ini, maka nilai kuliahmu bisa turun."* Di saat yang sama, seorang mentor memberikan pandangan sebaliknya, *"Jika kamu tidak mengambil pengalaman kerja sekarang, maka CV-mu akan kurang kompetitif di dunia kerja nanti."* Dua nasihat ini tampak sederhana, tetapi sebenarnya mencerminkan bentuk penalaran yang sangat fundamental dalam kehidupan: logika hipotetis. Kita berhadapan dengan skenario "jika-maka" hampir setiap hari ketika mempertimbangkan pilihan akademik, membuat rencana masa depan, atau bahkan sekadar menimbang konsekuensi dari keputusan sederhana dalam kehidupan sehari-hari. Dalam dunia yang penuh dinamika dan ketidakpastian, kemampuan memahami dan mengelola argumen kondisional bukan hanya keterampilan intelektual, melainkan kompetensi kritis yang menentukan kualitas keputusan seseorang.

Namun, kenyataannya banyak orang menggunakan pola pikir "jika-maka" tanpa memahami struktur logis yang mendasarinya. Akibatnya, keputusan yang diambil sering kali dipengaruhi oleh penalaran yang keliru, emosi, asumsi yang tidak berdasar, atau generalisasi yang lemah. Misalnya, seseorang mungkin menyimpulkan bahwa *"Jika satu kali gagal presentasi, maka saya tidak cocok bekerja di bidang apa pun yang berbasis komunikasi."* Pernyataan seperti ini tampak logis di permukaan, tetapi sesungguhnya bermasalah karena tidak didukung oleh hubungan sebab-akibat yang valid. Kesalahan dalam memahami argumen kondisional yang dalam logika dikenal sebagai *fallacy* dapat membawa dampak serius, baik dalam skala kecil maupun besar. Dalam konteks pendidikan, kesalahan berpikir dapat membuat mahasiswa memilih strategi belajar yang salah. Dalam konteks pekerjaan, kekeliruan logis dapat mengarahkan seseorang pada keputusan karir yang merugikan. Bahkan dalam pengambilan keputusan finansial, kesalahan dalam membaca skenario hipotetis dapat menyebabkan kerugian jangka panjang.

Untuk itu, penting bagi pembaca memahami bahwa logika hipotetis bukan sekadar formula "P $\rightarrow$ Q" yang bersifat abstrak, tetapi sebuah alat berpikir sistematis yang memengaruhi cara manusia menalar hubungan antara sebab dan akibat. Logika hipotetis mempelajari bagaimana dua pernyataan anteseden (P) dan konsekuen (Q) diikat dalam suatu relasi yang memiliki nilai kebenaran yang dapat diuji. Relasi ini menjadi dasar dari berbagai bentuk penalaran yang kita gunakan dalam menilai risiko, membuat prediksi, merancang strategi, serta mengevaluasi kemungkinan-kemungkinan yang muncul dari sebuah tindakan atau kejadian. Dengan kata lain, logika hipotetis berperan besar dalam membantu manusia memahami konsekuensi dari sebuah pilihan sebelum pilihan itu benar-benar dilakukan.

Untuk dapat menalar secara benar, seseorang tidak cukup hanya memahami bentuk permukaannya saja. Ia perlu mengenal struktur internal dan prinsip validitas dari argumen kondisional. Misalnya, bahwa dari premis "Jika belajar dengan konsisten (P), maka nilai akan meningkat (Q)", kita tidak boleh langsung menyimpulkan bahwa jika nilai tidak meningkat, maka pasti tidak belajar dengan konsisten. Kesalahan ini disebut *fallacy of denying the antecedent*, salah satu kekeliruan logika kondisional yang paling sering terjadi dalam kehidupan sehari-hari. Banyak bentuk kesalahan lain yang tampaknya logis, tetapi sebenarnya cacat secara struktural dan dapat mengarah pada keputusan yang keliru.

Untuk membantu pembaca memahami dan menguasai konsep-konsep tersebut, bab ini disusun dengan tiga tujuan utama. Pertama, membahas struktur dasar logika hipotetis serta kaidah-kaidah validitas argumen kondisional secara jelas dan sistematis. Kedua, menerapkan konsep tersebut dalam berbagai situasi nyata, terutama dalam konteks pengambilan keputusan akademik, profesional, maupun personal. Dengan pendekatan aplikatif, pembaca diharapkan mampu melihat langsung bagaimana logika hipotetis bekerja dalam kehidupan sehari-hari. Ketiga, bab ini akan mengidentifikasi berbagai bentuk kesalahan umum dalam penalaran "jika-maka" sehingga pembaca dapat menghindarinya dan membangun argumen yang lebih kuat, kritis, dan logis.

Dengan pemahaman yang mendalam tentang logika hipotetis, pembaca tidak hanya akan mampu menganalisis argumen secara lebih tajam, tetapi juga menyusun penalaran kondisional yang akurat, relevan, dan efektif dalam mendukung keputusan-keputusan penting dalam kehidupan. Bab ini menjadi landasan untuk membangun kecakapan berpikir yang lebih matang dan terarah kompetensi yang semakin dibutuhkan di tengah kompleksitas persoalan di era modern ini.

B. PEMBAHASAN

Fondasi Logika Hipotetis: Struktur dan Kaidah Validitas

Logika hipotetis merupakan salah satu komponen paling fundamental dalam studi logika formal. Ia berfungsi sebagai dasar bagi penalaran sebab-akibat, analisis risiko, pembuatan prediksi, serta pengambilan keputusan yang terstruktur. Pada bagian ini, pembahasan akan difokuskan pada tiga aspek utama: bentuk dasar pernyataan kondisional, variasi dari pernyataan "jika-maka", dan kaidah-kaidah validitas yang digunakan untuk menilai kebenaran suatu argumen. Dengan memahami fondasi ini, pembaca diharapkan mampu menilai apakah sebuah argumen kondisional memiliki struktur yang valid atau justru mengandung kekeliruan logis (fallacy).

1. Bentuk Dasar "Jika - Maka" (P → Q)

Pernyataan kondisional atau pernyataan "jika-maka" merupakan bentuk logika dasar yang menyatakan hubungan antara dua proposisi. Struktur umum ini dapat ditulis sebagai:

Jika P, maka Q (P → Q).

Dalam struktur tersebut terdapat dua unsur penting:

a. **Anteseden (P)**: bagian yang menyatakan kondisi atau syarat. Contoh: *Jika kamu belajar dengan konsisten* (P).

b. **Konsekuen (Q)**: bagian yang menyatakan hasil atau akibat yang terjadi apabila kondisi terpenuhi.

Contoh: *maka nilai ujianmu akan meningkat* (Q).

Pernyataan kondisional tidak selalu menyatakan sebab-akibat secara empiris, tetapi lebih menggambarkan hubungan logis antara dua proposisi. Untuk menentukan benar atau tidaknya suatu pernyataan kondisional, logika formal menggunakan **tabel kebenaran**. Tabel ini menunjukkan nilai kebenaran P → Q dari berbagai kombinasi P dan Q.

P	Q	P → Q
B	B	B
B	S	S
S	B	B
S	S	B

B : BENAR **S: SALAH**

2. Jenis-jenis Pernyataan Kondisional

Selain bentuk kondisional dasar, logika hipotetis juga mengenal beberapa bentuk turunan yang sering digunakan untuk memeriksa validitas argumen. Pemahaman terhadap variasi ini membantu membedakan struktur yang valid dari struktur yang keliru.

a. Biconditional (↔)

Biconditional menyatakan hubungan dua arah: ***P jika dan hanya jika Q (P ↔** Q).*

Artinya, P benar *ketika dan hanya ketika* Q benar. Dua proposisi memiliki hubungan yang saling mengharuskan.

Contoh:

Seseorang disebut bujangan jika dan hanya jika ia laki-laki yang belum menikah.

Di sini, kedua pernyataan mengikat secara mutual:

- Jika seseorang bujangan → ia laki-laki belum menikah.
- Jika seseorang laki-laki belum menikah →ia bujangan.

b. Negasi (¬P)

Negasi adalah bentuk penyangkalan terhadap suatu proposisi. Jika P menyatakan "hari ini hujan", maka negasinya adalah "hari ini tidak hujan". Negasi sering digunakan dalam kontraposisi atau analisis kesalahan logis.

c. Invers

Invers adalah negasi dari kedua sisi pernyataan kondisional:

Jika bukan P, maka bukan Q (¬P → ¬Q).

Meskipun tampak mirip dengan pernyataan asal, invers ***tidak ekuivalen*** dengan P → Q.

Contoh:

P →Q: *Jika air dipanaskan, maka suhu meningkat.*

¬P →¬Q: *Jika air tidak dipanaskan, maka suhunya tidak meningkat.*

Pernyataan kedua jelas tidak selalu benar.

d. Konvers

Konvers adalah pembalikan posisi antara P dan Q:

Jika Q, maka P (Q → P).

Konvers juga tidak ekuivalen dengan P →Q.

Contoh:

P → Q: *Jika seseorang adalah dokter, maka dia pernah belajar kedokteran.* Q → P (konvers): *Jika seseorang pernah belajar kedokteran, maka dia adalah dokter.* Konvers tersebut tidak selalu benar.

e. Kontraposisi

Kontraposisi adalah bentuk paling penting karena ***ekuivalen logis*** dengan pernyataan asal:

Jika bukan Q, maka bukan P (¬Q → ¬P).

Contoh:

P → Q: *Jika logam dipanaskan, maka logam memuai.*

¬Q → ¬P: *Jika logam tidak memuai, maka logam tidak dipanaskan.*

Keduanya memiliki nilai kebenaran yang sama. Kontraposisi akan menjadi dasar bagi salah satu kaidah validitas, yaitu *Modus Tollens.*

3. Kaidah Validitas dalam Argumen Kondisional

Kaidah validitas adalah aturan yang digunakan untuk menentukan apakah suatu argumen kondisional logis dan sah. Bagian ini akan membahas dua kaidah validitas utama dan dua kesalahan (fallacy) yang sering terjadi.

a. Modus Ponens (MP)

Merupakan bentuk penalaran paling dasar dan valid:

1. Jika P maka Q
2. P benar
3. Maka Q benar

Contoh:

1. Jika belajar dengan konsisten, maka nilai meningkat.
2. Saya belajar dengan konsisten.
3. Maka nilai saya meningkat.

Modus Ponens adalah pola deduksi yang paling sering digunakan dalam kehidupan sehari-hari.

b. Modus Tollens (MT)

Kaidah valid lain yang menggunakan kontraposisi:

1. Jika P maka Q
2. Q tidak benar

3. Maka P tidak benar

Contoh:

1. Jika lampu menyala, maka listrik mengalir.
2. Listrik tidak mengalir.
3. Maka lampu tidak menyala.

Modus Tollens membantu mendeteksi kondisi ketika akibat tidak terjadi, sehingga sebab juga tidak terjadi.

1. Kesalahan dalam Penalaran Kondisional (Fallacy)

a. Denying the Antecedent

Kekeliruan ini terjadi ketika orang menyimpulkan bahwa jika P tidak terjadi, maka Q juga tidak terjadi.

Struktur keliru:

1. Jika P maka Q
2. Tidak P
3. Maka tidak Q (SALAH)

Contoh salah:

Jika hujan, maka jalanan basah.

Tidak hujan. Maka jalanan tidak basah. (SALAH)

Faktanya, jalan bisa basah karena alasan lain.

b. Affirming the Consequent

Kesalahan ini terjadi ketika seseorang menyimpulkan P dari kebenaran Q.

Struktur keliru:

1. Jika P maka Q
2. Q benar
3. Maka P benar (SALAH)

Contoh: Jika kamu rajin belajar, maka kamu lulus ujian.Kamu lulus ujian.Maka kamu rajin belajar. (Tidak selalu benar) Fallacy ini sering menipu karena tampak logis, namun secara struktural keliru. Pemahaman terhadap struktur dasar, variasi, dan kaidah validitas dari logika hipotetis merupakan fondasi penting bagi penalaran kritis. Dengan memahami bentuk "jika-maka" secara tepat, seseorang dapat membangun argumen yang kuat, menghindari kesalahan logis, serta membuat keputusan yang lebih akurat dan rasional. Dalam konteks akademik maupun kehidupan sehari-hari, kemampuan menilai validitas argumen kondisional menjadi keterampilan esensial yang tidak dapat diabaikan.

Aplikasi dalam Pengambilan Keputusan: Studi Kasus Nyata

Logika hipotetis tidak hanya berfungsi sebagai konsep abstrak dalam kajian filsafat atau matematika, tetapi juga merupakan alat yang sangat penting dalam pengambilan keputusan sehari-hari. Setiap pilihan yang dihadapi seseorang dalam kehidupan akademik, karir, finansial, maupun kesehatan sebenarnya adalah rangkaian dari pertimbangan "jika-maka". Pada bagian ini, penerapan logika kondisional akan dianalisis melalui beberapa studi kasus nyata untuk menunjukkan bagaimana struktur logika dapat membantu membedakan antara keputusan yang berbasis penalaran valid dan keputusan yang hanya didorong asumsi. Dengan memahami cara kerja logika dalam konteks praktis, pembaca akan mampu mengidentifikasi pola pikir yang lebih rasional dan menghindari kekeliruan dalam menilai risiko atau konsekuensi dari sebuah tindakan.

1. **Penerapan dalam Dunia Akademik**

Studi Kasus: *"Jika saya mengambil mata kuliah ini, maka saya akan lulus tepat waktu."*

Pernyataan ini tampaknya logis dan sederhana, tetapi penting untuk menganalisis apakah struktur logisnya valid dan apakah asumsi yang mendasarinya bisa dipertanggungjawabkan. Secara formal, pernyataan tersebut berbentuk kondisional dasar:

- **P**: Saya mengambil mata kuliah ini.
- **Q**: Saya akan lulus tepat waktu.
- **P → Q**: Jika P, maka Q.

Walaupun bentuk ini secara logis sah, pertanyaan yang perlu diajukan adalah: *Apakah hubungan antara P dan Q benar-benar valid secara kausal?*

Untuk menentukan validitasnya, ada beberapa aspek yang harus diperhatikan.

a) Analisis Struktur Logis

Secara simbolis, pernyataan ini dapat diuji menggunakan prinsip Modus Ponens:

1.Jika saya mengambil mata kuliah ini, maka saya akan lulus tepat waktu.

2.Saya mengambil mata kuliah ini.

3.Maka saya akan lulus tepat waktu. (Kesimpulan)

Namun, Modus Ponens **hanya valid** jika premis pertama benar. Pertanyaannya: apakah premis tersebut didukung bukti yang kuat, atau hanya asumsi?

b) Analisis Risiko dan Faktor Eksternal

Mengambil mata kuliah tertentu memang dapat menjadi salah satu syarat untuk lulus tepat waktu. Akan tetapi, ada faktor-faktor tambahan yang juga memengaruhi:

a. ***Jumlah beban SKS*** dalam semester tersebut.

b. ***Kesulitan mata kuliah*** dan kemungkinan tidak lulus.

c. ***Komitmen waktu*** terhadap tugas lain atau pekerjaan.

d. ***Kesehatan dan kondisi pribadi.***

e. ***Kesiapan akademik*** (apakah prasyarat sudah dipenuhi).

f. Jika salah satu faktor tersebut bermasalah, hubungan antara P dan Q tidak lagi dapat dianggap pasti. Dalam konteks ini, P → Q sebenarnya adalah hubungan kausal yang bersyarat, bukan hubungan logis yang mutlak sebagaimana dalam logika formal.

a. Evaluasi Kebenaran Empiris

Pertanyaan penting berikutnya adalah:

Apakah ada data atau pengalaman masa lalu yang mendukung pernyataan tersebut?

Jika mahasiswa sebelum-sebelumnya yang mengambil mata kuliah tersebut memang lulus tepat waktu, maka ada korelasi kuat. Tetapi korelasi tidak selalu berarti kausalitas. Tidak mengambil mata kuliah itu dapat menyebabkan keterlambatan lulus (***necessary condition***), tetapi mengambilnya tidak otomatis menjamin kelulusan tepat waktu (***insufficient condition***).

Pernyataan "Jika saya mengambil mata kuliah ini, maka saya akan lulus tepat waktu" merupakan contoh pernyataan yang ***logis secara struktur***, tetapi ***belum valid secara empiris***. Keputusan berdasarkan pernyataan kondisional seperti ini harus mempertimbangkan risiko, faktor eksternal, dan keandalan data. Logika hipotetis membantu menata pemikiran, tetapi keputusan akhir membutuhkan informasi tambahan.

2. Penerapan dalam Perencanaan Karir & Finansial

Studi Kasus: *"Jika saya investasi di saham A, maka return-nya akan tinggi."*

Pernyataan ini merupakan contoh sempurna bagaimana logika kondisional sering disalahgunakan dalam konteks finansial. Banyak orang memiliki keyakinan bahwa tindakan tertentu *pasti* menghasilkan keuntungan padahal investasi selalu disertai risiko.

(a) Struktur Logis dan Kesalahpahaman Umum

Secara formal, struktur P →Q tampak sederhana:

- **P**: Saya investasi di saham A.
- **Q**: Return akan tinggi.

Namun, kesalahan umum yang muncul adalah anggapan bahwa hubungan tersebut bersifat deterministik, padahal dalam dunia investasi hubungan kondisional bersifat probabilistik.

P → Q di sini tidak valid jika didasarkan pada asumsi atau prediksi pribadi tanpa dukungan data.

(b) Analisis Berdasarkan Data vs. Asumsi

Untuk menilai kebenaran premis, perlu dipertimbangkan:

1. **Data historis saham A**

- Apakah saham tersebut konsisten menunjukkan return tinggi?
- Bagaimana performanya dalam berbagai kondisi pasar?

2. **Volatilitas dan risiko**

Saham dengan return tinggi biasanya memiliki risiko tinggi pula.

3. **Faktor eksternal**

- Kondisi ekonomi global
- Sentimen pasar
- Kinerja perusahaan

4. **Asumsi tidak berdasar**

Banyak investor pemula jatuh ke dalam kesalahan *affirming the consequent*:

- Jika saham bagus maka harga naik.
- Harga naik.
- Maka saham bagus. (Ini keliru)

Kenaikan harga bisa terjadi karena spekulasi, rumor pasar, atau manipulasi harga jangka pendek.

(c) Evaluasi Validitas Empiris

Dalam dunia finansial, tidak ada hubungan kondisional yang bersifat absolut. Pernyataan "Jika investasi di saham A, maka return tinggi" adalah bentuk kausalitas yang memerlukan bukti kuat dan harus diuji secara probabilistik, bukan secara deterministik.

Hubungan yang lebih tepat:

Jika saya investasi di saham A dengan analisis fundamental dan teknikal yang tepat, maka probabilitas return tinggi meningkat.

Penalaran seperti ini lebih sesuai dengan kaidah logika induktif dan pengambilan keputusan strategis.

3. Penerapan dalam Kehidupan Sosial & Kesehatan

Studi Kasus: *"Jika saya tidur larut, maka produktivitas besok akan turun."*

Ini merupakan pernyataan yang sering digunakan dalam keseharian. Tetapi apakah pernyataan ini secara logis dan ilmiah valid?

(a) Analisis Logis & Psikologis

Secara umum, penelitian di bidang kesehatan dan psikologi menunjukkan adanya **korelasi kuat** antara kualitas tidur dan performa kognitif. Tetapi penting untuk membedakan antara:

- **korelasi**: dua hal saling terkait
- **kausalitas**: satu hal menyebabkan hal lain

(b) Faktor Moderasi

Tidak semua orang mengalami penurunan produktivitas setelah tidur larut. Faktor faktor berikut dapat memengaruhi hubungan P → Q:

a. **Durasi tidur total**

Tidur larut tetapi tetap cukup waktu tidur tidak selalu menurunkan produktivitas.

b. **Kondisi fisik dan kesehatan**

Orang dengan ritme sirkadian malam mungkin tetap produktif.

c. **Kualitas tidur**

Tidur larut tetapi nyenyak bisa lebih bermanfaat dibanding tidur cepat tetapi gelisah.

d. **Jenis pekerjaan yang dilakukan**

Tugas ringan berbeda dengan tugas yang membutuhkan konsentrasi tinggi.

e. **Kondisi mental dan stres**

Faktor psikologis sering lebih berpengaruh dibanding waktu tidur.

(c) Apakah P → Q Selalu Benar?

Secara ilmiah, hubungan "tidur larut → produktivitas turun" adalah **hubungan kausal probabilistik**. Artinya:

- *Kecenderungan* produktivitas turun meningkat
- Tetapi tidak berarti *selalu* turun
- Contohnya:
- Mahasiswa dapat tidur larut sebelum ujian dan tetap tampil optimal berkat adrenalin.
- Seorang pekerja kreatif mungkin justru paling produktif di malam hari.

Dengan kata lain, P → Q dalam konteks ini harus dibaca secara fleksibel, tidak seperti logika formal.

Dari ketiga studi kasus di atas, dapat disimpulkan bahwa logika hipotetis merupakan alat penting dalam pengambilan keputusan, namun tetap harus dipahami dengan benar. Struktur logis saja tidak cukup, karena setiap premis perlu diuji secara empiris atau berdasarkan data yang valid. Selain itu, hubungan kondisional tidak selalu menunjukkan hubungan kausal, sehingga penting untuk membedakan apakah hubungan tersebut bersifat deterministik atau probabilistik. Kesalahan dalam penalaran juga dapat membawa dampak besar, terutama ketika muncul kekeliruan seperti *affirming the consequent* atau *denying the antecedent* dalam pengambilan keputusan akademik, finansial, maupun kesehatan. Oleh karena itu, analisis harus mempertimbangkan risiko dan berbagai variabel lain agar hasilnya lebih akurat. Dengan menggunakan logika hipotetis secara tepat, seseorang dapat membuat keputusan yang lebih rasional, sistematis, dan dapat dipertanggungjawabkan dalam berbagai konteks, baik akademik, karir, finansial, maupun kehidupan pribadi.

Mengidentifikasi Kesalahan Umum dalam Argumen Kondisional

Dalam praktik pengambilan keputusan dan penyusunan argumen, banyak orang tanpa disadari terjebak dalam berbagai bentuk kesalahan logis (fallacy). Kesalahan ini sering muncul ketika seseorang menggunakan struktur "jika-maka" secara tidak tepat atau ketika hubungan antara kondisi dan akibat tidak memiliki dasar logis maupun empiris. Bagian ini akan membahas tiga jenis kesalahan umum dalam argumen kondisional: *Fallacy of the Undistributed Middle*, *Post Hoc Ergo Propter Hoc*, dan kesalahan kondisional yang banyak ditemukan dalam media sosial dan iklan.

1. Fallacy of the Undistributed Middle

Fallacy of the Undistributed Middle adalah kesalahan logika yang terjadi ketika seseorang menyimpulkan bahwa dua hal memiliki hubungan sebab-akibat atau kesetaraan hanya karena keduanya memiliki karakteristik yang sama. Dalam konteks argumen kondisional, fallacy ini muncul ketika seseorang menganggap hubungan "jika-maka" bersifat **reversibel** atau dapat berlaku dua arah, padahal secara logis tidak demikian.

Secara sederhana, struktur fallacy ini adalah:

1. Semua A adalah B
2. C adalah B
3. Maka C adalah A (Salah)

Contoh klasik:

- Semua dokter adalah lulusan pendidikan kedokteran.
- Andi lulusan pendidikan kedokteran.
- Maka Andi adalah dokter. (Kesimpulan ini tidak selalu benar)

Dalam konteks argumen kondisional "jika-maka", fallacy ini biasanya terjadi ketika seseorang menganggap konvers (Q → P) setara dengan pernyataan asli (P → Q). Padahal, secara logika, P → Q **tidak ekuivalen** dengan Q → P kecuali pada pernyataan bikondisional.

Contoh dalam kehidupan sehari-hari:

Pernyataan:

"Jika seseorang rajin belajar, maka ia lulus ujian."

Namun kemudian disimpulkan:

"Jika seseorang lulus ujian, maka ia pasti rajin belajar."

Logika ini keliru, karena seseorang bisa lulus ujian karena faktor lain seperti keberuntungan, kemudahan soal, atau bantuan bimbingan belajar.

Kesalahan ini berbahaya karena memberikan ilusi kepastian palsu. Dalam konteks akademik, karir, atau keputusan personal, fallacy ini dapat membuat seseorang mengambil kesimpulan yang tidak akurat dari data yang terbatas.

2. Post Hoc Ergo Propter Hoc

Post Hoc Ergo Propter Hoc adalah fallacy yang terjadi ketika seseorang menyimpulkan hubungan sebab-akibat hanya karena dua peristiwa terjadi secara berurutan. Secara harfiah, istilah Latin ini berarti "setelah ini, maka karena ini". Kesalahan ini merupakan jebakan umum bagi banyak orang dalam membuat keputusan, terutama ketika mereka mengandalkan pengalaman pribadi, data terbatas, atau korelasi tanpa bukti kausal.

Struktur fallacy ini:

1. Peristiwa A terjadi sebelum peristiwa B
2. Maka A menyebabkan B (Salah)

Contoh umum:

- "Saya minum jamu semalam, lalu pagi ini sembuh dari flu. Artinya, jamu itu menyembuhkan saya." Padahal bisa jadi sistem imun tubuh sudah bekerja sejak beberapa hari sebelumnya.

- “Setelah sekolah menerapkan kebijakan baru, nilai rata-rata siswa naik. Artinya kebijakan itu efektif.” Padahal kenaikan nilai bisa dipengaruhi faktor lain seperti perubahan kurikulum, tambahan jam belajar, atau materi ujian yang lebih mudah.

Dalam konteks argumen kondisional, fallacy ini sangat merusak karena memberikan kesan bahwa hubungan P → Q selalu bermakna kausal, padahal bisa jadi hanya kebetulan atau korelasi lemah. Dalam penelitian ilmiah maupun pengambilan keputusan penting, mengandalkan hubungan temporal seperti ini dapat berakibat fatal, misalnya dalam analisis ekonomi, evaluasi kebijakan, atau penilaian efektivitas suatu metode pembelajaran.

3. Manipulasi Logika dalam Media Sosial & Iklan

Media sosial dan iklan merupakan ladang subur bagi munculnya argumen kondisional yang menyesatkan. Banyak pesan persuasif yang sengaja menggunakan struktur “jika-maka” untuk membangun asosiasi emosional, bukan hubungan logis. Contohnya:

“Jika kamu memakai produk ini, maka hidupmu akan sukses.”

“Jika kamu ikut program ini, maka kamu akan langsung kaya.”

“Jika kamu beli skincare ini, maka kamu akan lebih percaya diri dan disukai semua orang.”

Pernyataan seperti ini secara sekilas tampak meyakinkan, tetapi mengandung beberapa kekeliruan:

a. Overgeneralization (Generalisasi berlebihan)

Menganggap bahwa satu tindakan tertentu akan menghasilkan efek yang sama pada semua orang.Padahal, hasil yang dijanjikan sangat dipengaruhi faktor lain seperti kondisi ekonomi, lingkungan sosial, dan kemampuan masing-masing individu.

b. False Causation (Kausalitas palsu)

Membentuk hubungan sebab-akibat padahal tidak ada bukti yang mendukung. Contoh: memakai parfum tidak otomatis membuat seseorang sukses sosial; yang terjadi adalah meningkatnya kepercayaan diri yang kemudian memengaruhi perilaku.

c. Emotional Hooking (Mengait emosi)

Iklan tidak selalu menyajikan bukti logis; yang disasar adalah kebutuhan psikologis seperti keinginan diakui, terlihat menarik, atau merasa “lebih baik” dibanding orang lain.

Pada titik ini, "jika-maka" bukan lagi argumen logis, tetapi alat retorika yang memanipulasi persepsi.

d. Fallacy of False Hope

Pernyataan yang memanfaatkan harapan masyarakat untuk mencapai sesuatu dengan cepat atau instan kaya mendadak, langsing dalam seminggu, atau sukses tanpa usaha.

Kesalahan dalam argumen kondisional dapat ditemukan di berbagai aspek kehidupan, mulai dari akademik, sosial, finansial, hingga konsumsi media. *Fallacy of the Undistributed Middle* mengajarkan kita untuk berhati-hati dalam menganggap hubungan "jika-maka" bersifat dua arah. *Post Hoc Ergo Propter Hoc* mengingatkan bahwa urutan waktu tidak cukup untuk membuktikan sebab-akibat. Sementara itu, manipulasi logika dalam media sosial dan iklan memperlihatkan bagaimana struktur kondisional sering digunakan untuk membangun asosiasi emosional yang tidak memiliki dasar empiris.

Dengan memahami kesalahan-kesalahan logis ini, pembaca dapat mengembangkan pola pikir yang lebih kritis, skeptis, dan rasional sebuah keterampilan penting dalam menghadapi informasi yang semakin kompleks dan mudah dimanipulasi.

Strategi Penyusunan Argumen "Jika-Maka" yang Logis

Dalam berbagai konteks pengambilan keputusan baik akademik, profesional, maupun kehidupan sehari-hari kemampuan menyusun argumen kondisional yang logis merupakan keterampilan fundamental. Argumen "jika-maka" bukan sekadar rangkaian kalimat yang menghubungkan dua peristiwa, tetapi sebuah struktur penalaran yang menuntut ketelitian dalam menyusun premis, mengevaluasi hubungan kausal, serta mengantisipasi kemungkinan penyimpangan logis. Bagian ini membahas strategi konkret untuk membangun argumen kondisional yang valid dan tahan uji.

1. Langkah Verifikasi Premis: Memastikan Anteseden Benar dan Relevan

Penyusunan argumen kondisional selalu dimulai dari anteseden (P), yaitu kondisi yang dianggap sebagai pemicu bagi konsekuen (Q). Kesalahan umum yang sering terjadi adalah menerima anteseden tanpa verifikasi, sehingga argumen dibangun di atas fondasi yang lemah. Dalam konteks logika, premis yang tidak benar atau tidak relevan membuat seluruh argumen tidak valid, meskipun struktur "jika-maka" tampak rapi.

Verifikasi premis mencakup dua tahap:

1. **Uji Kebenaran Faktual:**

Menilai apakah P benar secara empiris. Misalnya, pernyataan "Jika saya belajar hanya satu jam seminggu, saya pasti mendapat nilai A" mengandung premis yang keliru, sebab secara empiris belajar minimal tidak menjamin hasil maksimal.

2. **Uji Relevansi Logis:**

Tidak semua hubungan yang terlihat terhubung secara naratif memiliki keterkaitan logis. Contohnya, "Jika saya memakai baju warna biru saat ujian, maka saya lebih percaya diri." Warna baju tidak memiliki hubungan logis dengan performa akademik; yang relevan adalah kesiapan belajar.

Dengan demikian, verifikasi premis merupakan benteng pertama agar argumen kondisional tidak terjebak dalam hubungan pseudokausal atau asumsi yang tidak berdasar.

2. Uji Kontraposisi: Memastikan Validitas Melalui Bentuk Negatif

Kontraposisi adalah transformasi logis dari pernyataan kondisional:

Jika $P \rightarrow Q$, maka **$\neg Q \rightarrow \neg P$** juga harus benar.

Strategi ini sangat efektif untuk menguji validitas argumen, karena kontraposisi mempertahankan nilai kebenaran dari pernyataan asli.

Contoh:

"Jika seseorang rajin berlatih, maka kemampuan musiknya meningkat." Kontraposisi: "Jika kemampuan musik tidak meningkat, maka orang tersebut tidak berlatih dengan rajin."

Dengan menguji pernyataan dari sisi sebaliknya, kita dapat menilai apakah hubungan antara P dan Q benar-benar bersifat kausal. Bila kontraposisinya tampak tidak masuk akal, maka hubungan awal perlu dipertanyakan. Teknik ini juga membantu mendeteksi generalisasi berlebihan atau asumsi yang terlalu mutlak.

3. Kerangka "What-If Analysis": Menguji Argumen Melalui Skenario Alternatif

"What-If Analysis" adalah pendekatan berpikir yang mengeksplorasi berbagai kemungkinan ketika P berubah, gagal terjadi, atau tergantikan oleh kondisi lain. Pendekatan ini sangat penting terutama dalam pengambilan keputusan berbasis risiko.

Strategi ini membantu menjawab pertanyaan seperti:

- *Apa yang terjadi jika P tidak terjadi?*
- *Apa yang terjadi jika P terjadi secara berlebihan?*
- *Apa konsekuensi jika faktor lain lebih dominan daripada P?*
- *Apakah ada skenario di mana Q terjadi tanpa P?*

Contoh penerapan:

"Jika saya mengambil kerja paruh waktu, maka nilai kuliah saya akan turun." Dengan What-If Analysis, kita dapat mengevaluasi:

- Apa jika jadwal kerja fleksibel?
- Apa jika kemampuan manajemen waktu meningkat?
- Apa jika stres justru berkurang karena kondisi finansial lebih stabil?

Dengan demikian, argumen kondisional menjadi lebih berdasar pada analisis multi-skenario, bukan asumsi tunggal yang kaku.

Penyusunan argumen "jika-maka" yang logis memerlukan kombinasi antara ketelitian faktual, pemahaman struktur logis, dan kemampuan berpikir antisipatif. Verifikasi premis memastikan fondasi argumen kokoh, uji kontraposisi memeriksa validitas, dan What-If Analysis memperkaya pertimbangan dengan berbagai kemungkinan. Jika ketiga strategi ini diterapkan secara konsisten, maka argumen kondisional tidak hanya menjadi alat penalaran yang kuat, tetapi juga panduan praktis dalam menghadapi kompleksitas pilihan hidup dan pengambilan keputusan yang rasional.

C. KESIMPULAN

Rangkuman Poin - Poin Kunci: Logika hipotetis adalah alat penting untuk mengevaluasi hubungan kondisional dalam pengambilan keputusan. Dengan memahami struktur $P \rightarrow Q$, kaidah validitas, dan kesalahan umum, kita dapat terhindar dari jebakan penalaran yang keliru.

Penegasan Ulang Tesis: Kemampuan menganalisis dan menyusun argumen "jika-maka" yang logis bukan hanya mendukung kesuksesan akademik, tetapi juga meningkatkan kualitas keputusan hidup sehari-hari.

Refleksi dan Ajakan Bertindak: Mulailah melatih diri dengan menguji pernyataan kondisional di sekitar Anda dari iklan hingga nasihat mentor. Jadilah pembuat keputusan yang tidak hanya intuitif, tetapi juga logis dan terbukti.

DAFTAR PUSTAKA

Baronett, S. (2022). *Logic: Argument and Critical Thinking* (4th ed.). Oxford University Press.

Copi, I. M., Cohen, C., & McMahon, K. (2020). *Introduction to Logic* (15th ed.). Pearson.

Hurley, P. J. (2021). *A Concise Introduction to Logic* (13th ed.). Cengage Learning.

Walton, D. (2008). *Informal Logic: A Pragmatic Approach* (2nd ed.). Cambridge University Press.

Kahneman, D. (2011). *Thinking, Fast and Slow*. Farrar, Straus and Giroux.

Halpern, D. F. (2014). *Thought and Knowledge: An Introduction to Critical Thinking* (5th ed.). Psychology Press.

Johnson, R. H., & Blair, J. A. (2006). *Logical Self-Defense*. IDEA.

Weston, A. (2018). *A Rulebook for Arguments* (5th ed.). Hackett Publishing.

Surajiyo. (2019). *Dasar-Dasar Logika*. Bumi Aksara.

Rapar, J. H. (2020). *Pengantar Logika: Asas-Asas Penalaran Sistematis*. Kanisius.

Wijana, I. D. P. (2021). *Berpikir Kritis dan Logis di Era Disrupsi Informasi*. Gadjah Mada University Press.

Tim Dosen Logika UGM. (2019). *Logika: Penalaran dan Argumentasi*. UGM Press.

Damer, T. E. (2009). *Attacking Faulty Reasoning: A Practical Guide to Fallacy-Free Arguments* (6th ed.). Wadsworth Cengage Learning.

Paul, R., & Elder, L. (2019). *The Miniature Guide to Critical Thinking Concepts and Tools* (8th ed.). Rowman & Littlefield.

Tarski, A. (1995). *Introduction to Logic and to the Methodology of Deductive Sciences*. Dover Publications.

MENGURAI PILIHAN "ATAU-ATAU": TEKNIK PENALARAN MENGGUNAKAN SILOGISME DISJUNGTIF DAN KONJUNGTIF

Oleh : Habibatul Fitria

A. PENDAHULUAN

Kemampuan bernalar secara logis merupakan salah satu fondasi utama dalam proses berpikir kritis, terutama ketika seseorang dihadapkan pada berbagai pilihan atau alternatif keputusan. Dalam konteks tersebut, teknik penalaran berbasis logika formal memainkan peran penting untuk membantu individu menyusun argumen secara sistematis, menghindari kekeliruan berpikir, serta menghasilkan kesimpulan yang sahih. Di antara bentuk penalaran yang sering digunakan dalam mengurai pilihan adalah silogisme disjungtif dan silogisme konjungtif, yang masing-masing memberikan struktur deduktif berbeda dalam proses penyimpulan. Kedua pendekatan ini tidak hanya memperjelas hubungan antarpremis, tetapi juga memperkuat validitas argumen sehingga keputusan yang diambil lebih rasional, terukur, dan dapat dipertanggungjawabkan secara ilmiah.

Silogisme disjungtif dan konjungtif banyak digunakan dalam berbagai bidang seperti pendidikan, penelitian, argumentasi ilmiah, hingga pengambilan keputusan sehari-hari, pemahaman mengenai penerapannya sering kali masih terbatas. Tidak sedikit mahasiswa atau peneliti yang keliru dalam mengidentifikasi premis, melihat hubungan antarpernyataan, atau menentukan kesimpulan yang tepat. Akibatnya, argumen yang dibangun menjadi lemah, tidak koheren, atau mengandung sesat pikir (fallacy). Permasalahan ini menunjukkan perlunya penjelasan yang lebih sistematis mengenai struktur, fungsi, serta teknik analisis kedua jenis silogisme tersebut agar kemampuan bernalar dapat ditingkatkan dan pemahaman terhadap logika deduktif berkembang lebih mendalam serta aplikatif dalam berbagai konteks akademik maupun praktis.

Secara umum, silogisme disjungtif adalah bentuk penalaran deduktif yang berangkat dari premis pilihan (A atau B), yang kemudian diikuti dengan penegasian salah satu alternatif sehingga menghasilkan kesimpulan pada alternatif lainnya. Sementara itu, silogisme konjungtif bertumpu pada premis yang menggabungkan dua pernyataan (A dan B), dan kesimpulan yang ditarik berasal dari kebenaran hubungan kedua pernyataan tersebut. Kedua jenis penalaran ini menjadi alat penting dalam mengurai pilihan, menilai validitas argumen, serta menentukan keputusan yang paling rasional berdasarkan premis-premis yang tersedia. Melalui pemahaman mendalam terhadap struktur dan mekanismenya, individu dapat membangun argumentasi yang lebih akurat, terarah, dan sesuai dengan prinsip-prinsip logika deduktif yang benar.

Bab ini disusun dalam beberapa bagian. Pertama, dibahas landasan teoritis mengenai logika deduktif dan posisi silogisme dalam kerangka penalaran ilmiah. Kedua, dipaparkan secara rinci konsep, struktur, dan ciri khas silogisme disjungtif serta berbagai contohnya. Ketiga, dibahas silogisme konjungtif, mencakup pola dasar, bentuk argumen, serta aplikasinya dalam menganalisis masalah. Keempat, disajikan perbandingan antara keduanya untuk menunjukkan titik persamaan, perbedaan, dan konteks penggunaan yang tepat. Terakhir, bab ditutup dengan analisis penerapan teknik penalaran tersebut dalam mengurai pilihan nyata, seperti dalam studi kasus atau pengambilan keputusan berbasis logika, sehingga pembahasan menjadi lebih komprehensif dan aplikatif, serta memberikan gambaran menyeluruh mengenai peran logika dalam membangun argumentasi yang valid dan sistematis.

B. PEMBAHASAN

Teknik Penalaran Mengurai Pilihan Menggunakan Silogisme Disjungtif dan Konjungtif

A. Konsep Dasar Penalaran Deduktif dalam Mengurai Pilihan

Penalaran deduktif merupakan proses berpikir yang berangkat dari premis umum menuju kesimpulan yang lebih khusus dan pasti. Dalam konteks mengurai pilihan, penalaran deduktif digunakan untuk menilai validitas hubungan antarpernyataan, memilih alternatif yang paling logis, serta menyusun argumen berdasarkan struktur formal yang telah ditetapkan. Penggunaan silogisme disjungtif dan konjungtif menjadi penting karena kedua bentuk penalaran tersebut memberikan kerangka berpikir yang membantu individu menentukan keputusan secara sistematis dan bebas dari kesesatan logika. Lebih lanjut, penalaran deduktif memungkinkan seseorang untuk menguji konsistensi logis suatu argumen dengan menelaah kebenaran premis-premis yang digunakan. Dengan memahami struktur deduktif, individu dapat mengidentifikasi apakah suatu kesimpulan benar-benar mengikuti premis atau hanya terlihat logis secara permukaan. Hal ini sangat penting dalam konteks akademik, di mana ketepatan analisis dan ketelitian berpikir menjadi standar utama dalam menghasilkan pengetahuan ilmiah. Selain itu, kemampuan melakukan penalaran deduktif yang baik juga membantu seseorang untuk memilah informasi yang relevan dan menyingkirkan hal-hal yang bersifat manipulatif atau tidak berdasar. Dalam praktiknya, penalaran deduktif tidak hanya digunakan dalam kajian ilmiah, tetapi juga dalam pengambilan keputusan sehari-hari, seperti menimbang risiko, memilih strategi terbaik, atau menganalisis akibat dari suatu tindakan. Dengan menguasai teknik deduktif, termasuk silogisme disjungtif dan konjungtif, individu dapat berpikir lebih runtut, objektif, dan terarah sehingga keputusan yang diambil menjadi lebih rasional dan dapat dipertanggungjawabkan.

Selain itu, kemampuan menerapkan silogisme disjungtif dan konjungtif dalam proses penalaran memberikan landasan metodologis yang kuat bagi individu ketika berhadapan dengan persoalan yang menuntut ketepatan analisis. Melalui silogisme disjungtif, seseorang dapat mengevaluasi berbagai kemungkinan yang saling meniadakan, sehingga pilihan yang diambil benar-benar merupakan hasil eliminasi logis dari alternatif yang tidak memenuhi syarat. Sementara itu, silogisme konjungtif memungkinkan individu memahami keterkaitan antarkondisi yang harus dipenuhi secara bersamaan agar suatu kesimpulan dapat diterima. Kedua bentuk silogisme ini berfungsi sebagai alat bantu kognitif untuk menstrukturkan informasi, mengurangi ambiguitas, serta mengarahkan proses berpikir pada pola yang lebih teratur. Dalam konteks pembelajaran dan penelitian, penguasaan terhadap teknik penalaran ini menjadi sangat penting karena mampu meningkatkan kualitas argumentasi ilmiah. Mahasiswa, peneliti, maupun praktisi dapat menggunakan kerangka silogistik sebagai sarana untuk memeriksa konsistensi internal dari suatu argumen serta mengidentifikasi celah logis yang mungkin muncul. Dengan demikian, proses analisis tidak hanya menjadi lebih mendalam, tetapi juga lebih transparan dan dapat ditelusuri. Pada akhirnya, pemahaman yang baik terhadap struktur penalaran formal memberikan kontribusi signifikan terhadap pembentukan pola pikir yang kritis, sistematis, dan mampu menghasilkan keputusan yang logis serta berdasar pada penalaran yang sahih.

B. Silogisme Disjungtif: Mengurai Pilihan Berdasarkan Alternatif

Dalam penerapannya, silogisme disjungtif berfungsi sebagai alat untuk menyeleksi alternatif berdasarkan hubungan logis antaropsi yang tersedia. Ketika sebuah premis menyatakan dua pilihan yang saling meniadakan, maka penalaran dilakukan dengan cara menolak salah satu alternatif untuk memastikan alternatif lainnya benar. Struktur ini membantu memperjelas batasan logis, terutama ketika seseorang harus menentukan pilihan yang sifatnya tegas dan tidak dapat digabungkan. Misalnya, dalam konteks pendidikan, keputusan antara menggunakan model pembelajaran kolaboratif atau individual tidak dapat dijalankan secara bersamaan dalam satu sesi pembelajaran tertentu, sehingga diperlukan pertimbangan logis berbasis disjungsi untuk menentukan pilihan yang paling tepat. Selain itu, silogisme disjungtif juga berguna dalam proses penelitian ketika peneliti harus mengeliminasi kemungkinan yang tidak sesuai dengan teori atau data empiris. Dengan mengidentifikasi faktor yang tidak relevan atau bertentangan, peneliti dapat mempersempit fokus analisis sehingga kesimpulan akhir menjadi lebih akurat dan dapat diuji kembali secara sistematis. Dalam kehidupan sehari-hari, struktur ini sering muncul dalam pengambilan keputusan yang membutuhkan ketegasan, seperti menentukan prioritas antara dua kegiatan penting yang waktunya berbarengan. Dengan demikian, silogisme disjungtif tidak hanya menjadi konsep teoritis dalam logika formal, tetapi juga menjadi bagian dari praktik berpikir rasional yang membantu individu mengambil keputusan secara lebih jelas, terarah, dan dapat dipertanggungjawabkan.

1. Struktur Dasar Silogisme Disjungtif

Struktur dasar silogisme disjungtif pada prinsipnya terdiri atas premis pilihan serta premis yang menegasikan salah satu alternatif. Secara umum, pola penalaran ini dapat dinyatakan melalui bentuk "A atau B", diikuti dengan premis "Tidak A", sehingga menghasilkan kesimpulan "Maka B". Pola tersebut juga dapat berlaku sebaliknya, yaitu dimulai dengan pernyataan "A atau B", kemudian disertai premis "Tidak B", yang pada akhirnya mengarah pada kesimpulan "Maka A". Dalam setiap bentuknya, premis pertama berfungsi menyediakan dua pilihan yang saling meniadakan, sementara premis kedua berperan penting untuk menolak salah satu alternatif sehingga mendorong tercapainya kesimpulan yang logis dan pasti.Premis pertama menyediakan pilihan, sedangkan premis kedua menegasi salah satu pilihan sehingga mengarah pada kesimpulan yang pasti.

2. Fungsi Silogisme Disjungtif

Silogisme disjungtif digunakan sebagai alat penalaran untuk mengurai berbagai alternatif keputusan secara sistematis. Melalui struktur pilihan yang saling meniadakan, silogisme ini membantu menentukan opsi yang paling mungkin atau paling benar berdasarkan premis yang tersedia. Selain itu, silogisme disjungtif berfungsi menegaskan pilihan yang tersisa setelah salah satu alternatif terbukti keliru, sehingga kesimpulan yang diambil menjadi lebih jelas dan terarah. Penggunaannya juga memungkinkan individu menghindari kerancuan dalam situasi yang hanya menyediakan dua kemungkinan, sehingga proses berpikir tetap konsisten dan bebas dari kesalahan logika. Lebih jauh lagi, penerapan silogisme disjungtif memberikan kontribusi penting dalam membangun pola pikir analitis yang terstruktur, terutama ketika seseorang berhadapan dengan persoalan yang mengandung ketidakpastian atau memerlukan pengambilan keputusan yang cepat. Dengan memahami hubungan antarpremis secara tepat, individu dapat menilai validitas setiap pilihan tanpa terpengaruh oleh bias emosional atau asumsi yang tidak berdasar. Teknik penalaran ini juga mempermudah proses evaluasi argumen dalam konteks akademik maupun praktis, seperti menentukan strategi pembelajaran, memilih metode penelitian, atau mempertimbangkan tindakan yang paling efektif dalam situasi tertentu. Selain itu, silogisme disjungtif membantu mengidentifikasi premis mana yang lemah atau tidak relevan, sehingga kesimpulan yang diperoleh benar-benar sesuai dengan prinsip logika deduktif. Dengan demikian, penggunaan silogisme disjungtif tidak hanya memperkuat kemampuan berpikir kritis, tetapi juga meningkatkan ketepatan dalam menyusun argumen yang logis dan dapat dipertanggung jawabkan.

3. Contoh Penerapan

Lebih jauh lagi, contoh-contoh tersebut menegaskan bahwa silogisme disjungtif bukan hanya sekadar alat untuk menyusun argumen, tetapi juga berfungsi sebagai mekanisme verifikasi terhadap pilihan-pilihan yang tersedia. Dengan menguji setiap alternatif melalui premis-premis yang telah ditetapkan, seseorang dapat memastikan bahwa keputusan yang diambil didasarkan pada alasan yang kuat dan bebas dari kontradiksi. Dalam konteks akademik, teknik ini sangat membantu ketika peneliti harus memilih pendekatan, teori, atau metode analisis yang paling relevan dengan fokus penelitiannya. Melalui proses eliminasi logis, peneliti dapat menghindari penggunaan metode yang tidak sesuai atau tidak mendukung tujuan penelitian. Selain itu, pemahaman yang mendalam mengenai silogisme disjungtif melatih individu untuk berpikir lebih kritis dalam menghadapi situasi yang mengharuskan pemilihan satu di antara dua atau lebih opsi yang tidak dapat berlangsung bersamaan. Dengan membiasakan diri menggunakan pola penalaran ini, seseorang akan lebih terampil dalam mencermati hubungan logis antarpernyataan, sekaligus lebih cermat dalam menilai konsekuensi dari setiap pilihan. Pada akhirnya, kemampuan menerapkan silogisme disjungtif secara tepat memberikan kontribusi besar dalam meningkatkan ketepatan analisis, memperkuat argumentasi, serta mendorong proses pengambilan keputusan yang lebih rasional dan terstruktur.

C. SILOGISME KONJUNGTIF: MENGURAI PILIHAN BERDASARKAN KETERKAITAN DUA PREMIS

Berbeda dengan silogisme disjungtif yang berfokus pada pilihan, silogisme konjungtif bertumpu pada hubungan dua pernyataan yang berjalan secara bersamaan. Struktur utamanya berbentuk "A dan B".

1. Struktur Dasar Silogisme Konjungtif

Struktur dasar silogisme konjungtif umumnya dibangun dari dua pernyataan yang saling berkaitan, yakni premis "A dan B", yang kemudian diikuti dengan hubungan logis berupa pernyataan "Jika A benar, maka B juga benar", atau sebaliknya. Dari hubungan tersebut, kesimpulan ditarik berdasarkan konsistensi antara kedua premis. Namun, bentuk dasar silogisme konjungtif juga sering dinyatakan melalui pola yang menekankan ketidakmungkinan dua kondisi terjadi bersamaan, yaitu premis "Tidak mungkin A dan B terjadi bersamaan", kemudian dilanjutkan dengan premis "A terjadi", sehingga menghasilkan kesimpulan "Maka B tidak terjadi", atau berlaku sebaliknya. Bentuk ini mempertegas fungsi silogisme konjungtif dalam menilai keterkaitan dan kemungkinan logis antara dua pernyataan.

2. Fungsi Silogisme Konjungtif

Dengan memahami mekanisme kerja silogisme konjungtif, individu dapat meningkatkan ketelitian dalam membangun argumen yang memerlukan kejelasan syarat dan konsekuensi. Silogisme ini memungkinkan seseorang menguji apakah dua pernyataan benar-benar dapat dipadukan tanpa menimbulkan kontradiksi, atau justru saling meniadakan. Dalam praktiknya, kemampuan ini sangat penting ketika harus menilai kesesuaian antara teori dan data, menentukan validitas asumsi, maupun mengevaluasi kelayakan suatu keputusan berdasarkan kriteria tertentu. Misalnya, dalam penelitian ilmiah, seorang peneliti dapat menggunakan pola konjungtif untuk memastikan bahwa variabel atau kondisi yang dianalisis tidak memiliki pertentangan internal yang dapat melemahkan hasil penelitian. Selain itu, penerapan silogisme konjungtif mendorong proses berpikir yang lebih sistematis karena setiap langkah penalaran harus dibangun dengan mempertimbangkan hubungan timbal balik antarunsur argumen. Hal ini mengajarkan pentingnya konsistensi logis sebagai dasar dalam menyusun kesimpulan yang dapat dipertanggungjawabkan. Di lingkungan akademik maupun profesional, kemampuan ini menjadi modal intelektual yang berharga untuk menghindari kekeliruan berpikir, seperti kontradiksi atau generalisasi yang tidak berdasar. Dengan demikian, pemahaman yang baik terhadap silogisme konjungtif tidak hanya memperkuat keterampilan analitis, tetapi juga meningkatkan kualitas keputusan serta ketepatan interpretasi terhadap berbagai situasi kompleks yang membutuhkan ketelitian logis.

3. Contoh Penerapan

Contoh penerapan silogisme konjungtif dapat dilihat pada dua ilustrasi berikut. Pada contoh pertama, premis menyatakan bahwa tidak mungkin seseorang bersikap malas dan sekaligus berprestasi tinggi, kemudian premis kedua menyebutkan bahwa seseorang tersebut memiliki prestasi tinggi, sehingga kesimpulannya adalah bahwa ia tidak malas. Pada contoh kedua, premis menegaskan bahwa penelitian tidak mungkin bersifat objektif dan sangat bias pada waktu yang sama, diikuti premis bahwa penelitian tersebut objektif, sehingga dapat disimpulkan bahwa penelitian itu tidak bias. Kedua contoh ini menunjukkan bahwa silogisme konjungtif sangat berguna ketika sebuah pilihan atau kesimpulan bergantung pada ada atau tidaknya suatu kondisi tertentu.

D. Mengurai Pilihan: Perbandingan Disjungtif dan Konjungtif

Dalam proses pengambilan keputusan, baik disjungtif maupun konjungtif memiliki fungsi masing-masing. Silogisme disjungtif lebih cocok ketika seseorang harus menentukan satu pilihan terbaik dari dua atau lebih alternatif. Sementara itu, silogisme konjungtif relevan ketika seseorang perlu memahami keterkaitan logis antara dua kondisi yang tidak mungkin terjadi secara bersamaan atau justru saling mempengaruhi.

1. Titik Persamaan

Melalui struktur tersebut, kedua jenis silogisme ini memungkinkan proses penalaran dilakukan secara lebih terarah dan bebas dari kesalahan berpikir yang bersifat kontradiktif. Ketika premis-premis disusun secara tepat, kesimpulan yang diperoleh tidak hanya logis, tetapi juga dapat dipertanggungjawabkan secara ilmiah. Hal ini membuat silogisme menjadi alat analisis yang sangat penting dalam berbagai bidang, mulai dari pendidikan, penelitian, hingga pengambilan keputusan sehari-hari. Dengan demikian, pemahaman yang baik terhadap silogisme membantu individu meningkatkan kemampuan berpikir kritis dan menyusun argumen yang kokoh. Selain itu, penguasaan terhadap pola-pola silogisme memberikan kesempatan bagi individu untuk menilai keabsahan suatu argumen secara sistematis. Dalam konteks pendidikan, misalnya, guru dapat menggunakan silogisme untuk melatih peserta didik dalam menyusun penalaran yang runtut, sehingga mereka mampu membedakan antara argumen yang valid dan tidak valid. Demikian pula dalam dunia penelitian, silogisme menjadi dasar dalam merumuskan hipotesis, menguji konsistensi teori, serta menarik kesimpulan berdasarkan data empiris. Bahkan dalam kehidupan sehari-hari, kemampuan menggunakan silogisme sangat membantu ketika seseorang harus mengambil keputusan di tengah berbagai pilihan yang membingungkan. Dengan menerapkan logika formal, individu dapat menghindari bias, mengurangi kesalahan persepsi, dan membuat keputusan yang lebih matang. Pemahaman ini pada akhirnya memperkuat kualitas penalaran dan meningkatkan kemampuan untuk berpikir secara analitis serta terstruktur.

2. Titik Perbedaan

Perbedaan antara silogisme disjungtif dan silogisme konjungtif dapat dilihat dari beberapa aspek utama. Dari segi fokus, silogisme disjungtif berorientasi pada pilihan antaralternatif, sedangkan silogisme konjungtif menitikberatkan pada hubungan antara dua kondisi. Struktur silogisme disjungtif biasanya berbentuk "A atau B", sementara silogisme konjungtif menggunakan pola "A dan B" atau "Tidak mungkin A dan B". Proses penalarannya pun berbeda; silogisme disjungtif bekerja dengan menegasikan salah satu pilihan, sedangkan silogisme konjungtif berfungsi untuk menegasikan atau menilai hubungan antara dua kondisi yang mungkin atau tidak mungkin terjadi bersamaan. Akhirnya, hasil keduanya juga berbeda: silogisme disjungtif menetapkan satu pilihan yang benar, sementara silogisme konjungtif menegaskan hubungan logis tertentu atau menolak kemungkinan yang tidak konsisten.

E. Aplikasi Praktis dalam Pengambilan Keputusan

Selain itu, penerapan kedua bentuk silogisme tersebut juga berfungsi sebagai alat evaluasi untuk menguji konsistensi internal sebuah argumen. Dalam proses pengambilan keputusan strategis, misalnya dalam manajemen lembaga pendidikan, silogisme disjungtif dapat digunakan untuk mengelompokkan alternatif tindakan berdasarkan kemungkinan yang paling rasional, sedangkan silogisme konjungtif berperan dalam memastikan bahwa dua kebijakan yang saling bertentangan tidak diterapkan secara bersamaan. Pemanfaatan ini tidak hanya meningkatkan ketepatan keputusan, tetapi juga meminimalkan potensi konflik kebijakan. Dalam penyusunan karya ilmiah, silogisme memungkinkan peneliti menyaring informasi yang relevan, menghindari tumpang tindih konsep, dan memastikan bahwa argumentasi yang dibangun memiliki dasar yang kuat. Hal ini sangat penting terutama ketika peneliti harus menghubungkan beberapa teori yang berbeda atau ketika hasil penelitian menunjukkan temuan yang tampak kontradiktif. Dengan memahami hubungan logis antarvariabel, peneliti dapat menafsirkan data secara lebih objektif dan menghasilkan kesimpulan yang valid. Di sisi lain, dalam konteks pembelajaran, guru dapat melatih peserta didik menggunakan silogisme untuk meningkatkan kemampuan berpikir kritis mereka. Peserta didik yang terbiasa memahami struktur logika akan lebih mudah dalam menganalisis permasalahan, melakukan evaluasi argumen, dan membuat keputusan yang didasarkan pada pertimbangan rasional. Dengan demikian, penggunaan silogisme tidak hanya penting dalam ranah akademik, tetapi juga dalam membentuk pola pikir sistematis dalam berbagai aspek kehidupan.

C. KESIMPULAN

Kemampuan bernalar secara logis merupakan fondasi penting dalam proses berpikir kritis, terutama ketika seseorang harus menentukan pilihan atau menimbang berbagai alternatif keputusan. Pembahasan mengenai silogisme disjungtif dan konjungtif menunjukkan bahwa kedua bentuk penalaran deduktif ini memberikan kerangka berpikir yang jelas, terstruktur, serta dapat diandalkan untuk menghasilkan kesimpulan yang valid. Secara garis besar, silogisme disjungtif bekerja dengan mengurai dua atau lebih alternatif yang saling meniadakan untuk menetapkan satu pilihan yang paling logis, sedangkan silogisme konjungtif menilai hubungan antara dua kondisi yang mungkin atau tidak mungkin terjadi bersamaan. Melalui struktur dan mekanisme yang berbeda, keduanya membantu memperjelas hubungan antarpremis, menghindari sesat pikir, serta memperkuat validitas argumen.

Dari uraian dalam bab ini, terdapat beberapa poin kunci yang dapat dirangkum. Pertama, penalaran deduktif memberikan fondasi metodologis yang kuat untuk menguji validitas argumen secara sistematis. Kedua, silogisme disjungtif efektif digunakan dalam situasi yang memerlukan pemilihan satu alternatif berdasarkan penegasian pilihan yang lain. Ketiga, silogisme konjungtif berperan penting ketika hubungan antara dua kondisi perlu diuji, terutama ketika keduanya memiliki keterkaitan logis atau bahkan saling meniadakan. Keempat, pemahaman terhadap struktur dan fungsi kedua bentuk silogisme ini sangat penting untuk menghindari kekeliruan analisis dalam konteks akademik, penelitian, maupun pengambilan keputusan sehari-hari.

Dengan demikian, tesis utama bahwa silogisme disjungtif dan konjungtif merupakan alat penting dalam mengurai pilihan dan menilai hubungan logis antar pernyataan dapat ditegaskan kembali. Kedua bentuk penalaran ini tidak hanya memperkuat kemampuan berpikir kritis, tetapi juga meningkatkan kualitas argumen serta membantu individu membuat keputusan yang lebih rasional, terukur, dan konsisten dengan prinsip-prinsip logika deduktif.

Secara reflektif, pembahasan ini menegaskan bahwa kemampuan bernalar bukan sekadar keterampilan akademik, tetapi merupakan kebutuhan dalam menghadapi situasi nyata yang menuntut analisis mendalam dan keputusan objektif. Di tengah kompleksitas informasi dan beragam pilihan yang tersedia, struktur berpikir yang logis menjadi pegangan penting untuk menjaga kualitas pertimbangan. Oleh karena itu, individu dituntut untuk mampu mengelola informasi secara kritis, memeriksa hubungan antarpernyataan, serta menilai setiap kemungkinan dengan ketelitian yang memadai. Kemampuan ini tidak hanya membantu dalam proses pengambilan keputusan pribadi, tetapi juga meningkatkan kualitas dialog, kerja sama, dan pemecahan masalah dalam konteks sosial yang lebih luas. Dengan demikian, penguatan kemampuan bernalar perlu terus diupayakan melalui latihan, pembiasaan, dan pendidikan yang terarah.

Sebagai ajakan bertindak, pembaca diharapkan tidak hanya memahami konsep dan struktur kedua jenis silogisme ini, tetapi juga melatih penerapannya dalam berbagai konteks. Latihan yang konsisten akan membantu meningkatkan ketelitian berpikir, menghindari kesalahan penalaran, dan membangun argumen yang lebih kuat baik dalam diskusi ilmiah maupun dalam pengambilan keputusan sehari-hari. Dengan menguasai teknik penalaran ini, kualitas berpikir kritis dan kemampuan analitis dapat berkembang secara optimal.

DAFTAR PUSTAKA

Arifin, Z. (2021). Logika: Teori dan praktik penalaran deduktif dalam pendidikan. Kencana.

Hidayat, S. (2022). Logika dan berpikir kritis dalam penelitian pendidikan. Rajawali Press.

Kurniawan, A. (2020). Pengantar logika formal. Prenadamedia.

Rosyidi, A. (2021). Berpikir kritis dan argumentasi ilmiah. Pustaka Pelajar.

Syamsuddin, M. (2023). Dasar-dasar logika dan penalaran ilmiah. UIN Press.

MENJEBAK LAWAN BICARA: MENERAPKAN ARGUMEN DILEMA UNTUK MENGUJI POSISI SESEORANG

Oleh : Siti Maimunah

A. PENDAHULUAN

Dalam sebuah talk show politik yang disiarkan langsung di televisi nasional, seorang pakar kebijakan energi tengah memaparkan analisis mendalam mengenai kebutuhan transisi menuju energi bersih. Ia menyajikan data konsumsi energi nasional, proyeksi krisis sumber daya fosil, serta argumen ilmiah yang menekankan pentingnya diversifikasi energi demi ketahanan jangka panjang. Penjelasan tersebut seharusnya menjadi landasan diskusi yang konstruktif. Namun, sebelum pemaparannya selesai, seorang politisi yang menjadi lawan debatnya justru menyela dengan komentar sinis: "Ah, jangan dengarkan dia. Dia itu aktivis yang hidup dari dana asing." Seketika suasana studio berubah. Diskusi yang awalnya berfokus pada substansi berubah menjadi keributan penuh cemoohan. Alih-alih memperhatikan data dan analisis, publik justru teralihkan untuk menilai pribadi sang pakar.

Fenomena semacam ini tidak hanya muncul di televisi, tetapi juga marak di media sosial. Di ruang digital, serangan personal bahkan telah menjadi bagian dari "budaya debat" yang dianggap lumrah. Banyak pengguna lebih cepat menyerang reputasi, latar belakang, atau identitas lawan bicara ketimbang menanggapi argumennya secara rasional. Kemudahan akses informasi, kecepatan interaksi, serta anonimitas yang ditawarkan platform digital memperparah kecenderungan tersebut. Alhasil, ruang diskusi yang seharusnya menjadi tempat bertukar gagasan berubah menjadi arena kompetisi ejekan pribadi tanpa arah intelektual yang jelas.

Kasus-kasus tersebut menunjukkan sebuah masalah mendasar: serangan pribadi telah menjadi jalan pintas berpikir yang sangat efektif untuk membungkam lawan bicara. Taktik ini memungkinkan seseorang menghindari upaya intelektual untuk memeriksa data, logika, atau alasan yang disampaikan. Cukup menyerang figur pembawa pesan, maka isi pesannya dianggap tidak layak dipercaya. Dalam era polarisasi politik dan sosial yang semakin menguat, strategi seperti ini menjadi senjata yang kerap digunakan untuk mendelegitimasi kelompok lain tanpa perlu bersusah payah membangun argumen tandingan.

Dalam tradisi logika, praktik tersebut dikenal sebagai *Argumentum ad Hominem*. Istilah ini merujuk pada kesesatan berpikir yang terjadi ketika seseorang menyerang karakter, motif, atau atribut pribadi lawan untuk melemahkan argumen yang dibawa. Serangan seperti ini sering tampak meyakinkan karena menargetkan emosi audiens, padahal secara logis tidak ada kaitannya dengan kebenaran klaim yang sedang dibahas.

Bab ini akan membahas secara mendalam apa itu ad hominem, mengapa ia menyesatkan, bagaimana mekanismenya bekerja, serta bentuk-bentuk umum yang sering muncul. Selain itu, pembaca akan diperkenalkan pada strategi praktis untuk mengidentifikasi dan menolak serangan personal, sehingga mampu bersikap lebih kritis dalam menghadapi berbagai bentuk argumen di ruang publik maupun dalam konteks akademik.

B. PEMBAHASAN

1. Membedah Argumentum ad Hominem: Logika di Balik Kekeliruan

Istilah *Argumentum ad Hominem* berasal dari bahasa Latin yang secara harfiah berarti "argumen kepada orangnya". Sejak awal kemunculannya dalam tradisi retorika dan logika, istilah ini digunakan untuk menggambarkan pola penalaran yang keliru. Alih-alih menilai validitas suatu argumen berdasarkan kekuatan premis, koherensi logika, atau bukti yang menyertainya, seseorang justru mengalihkan fokus pada karakter, sifat, atau keadaan pribadi dari orang yang menyampaikan pendapat tersebut. Dalam logika formal, argumen idealnya bersifat impersonal: nilai kebenaran sebuah klaim tidak berubah hanya karena siapa yang mengucapkannya. Dengan kata lain, kualitas argumen tidak ditentukan oleh popularitas, moralitas, atau latar belakang pembicara.

Kekeliruan ad hominem muncul karena ia menyerang aspek yang sama sekali tidak relevan dengan substansi argumen. Jika seseorang menyatakan bahwa sebuah kebijakan publik tidak efisien, bantahan yang sah seharusnya ditujukan pada data, metode, atau kajian yang mendukung klaim tersebut. Menyerang kehidupan pribadi, penampilan, masa lalu, atau motivasi subjektif pembicara tidak memberi kontribusi apa pun bagi analisis rasional. Serangan personal hanya mengalihkan perhatian dari inti persoalan, melemahkan kualitas diskusi, dan pada akhirnya merusak proses pencarian kebenaran. Oleh sebab itu, dalam kerangka logika, ad hominem tidak pernah dapat dianggap sebagai argumen yang valid.

Namun demikian, meski keliru secara intelektual, ad hominem sangat umum ditemukan dalam kehidupan sehari-hari. Ada sejumlah alasan psikologis dan sosial yang membuat sesat pikir ini begitu populer. Pertama, manusia pada dasarnya lebih mudah menilai orang daripada gagasan abstrak. Mengkritik karakter seseorang terasa lebih intuitif dan emosional ketimbang membongkar struktur argumen yang kompleks. Kedua, banyak orang terjebak dalam bias kognitif seperti *halo effect* atau *confirmation bias*, yang membuat mereka cenderung mempercayai atau menolak argumen berdasarkan persepsi terhadap pembicaranya, bukan berdasarkan isi argumennya. Ketiga, dalam komunikasi publik, terutama dalam konteks persuasif, ad hominem sering digunakan karena efektif secara retorika. Serangan personal mampu memicu emosi audiens secara cepat, sehingga dapat menggoyahkan citra lawan tanpa perlu membuktikan kesalahan argumennya.

Dalam dunia politik, pola serangan ini sering dijadikan alat propaganda. Politisi yang tidak mampu menjawab kritik substantif kerap beralih menyerang moral, latar belakang keluarga, atau kehidupan pribadi pihak yang mengkritik. Taktik ini digunakan untuk mendiskreditkan lawan sekaligus membangun citra positif secara artifisial. Di lingkungan akademik, ad hominem biasanya muncul saat seseorang kehabisan data atau merasa tidak mampu menandingi argumen lawannya secara intelektual, sehingga ia berganti strategi dengan menyerang pribadi. Sementara itu, di media sosial, pola diskusi semacam ini semakin mengakar. Budaya digital yang cepat, emosional, dan cenderung impulsif membuat banyak orang menyamakan serangan pribadi dengan debat yang sah. Komentar-komentar berbasis emosi sering kali dianggap lebih "memuaskan" dibanding analisis yang tenang dan obyektif.

Namun, meskipun lazim dan tampak efektif, ad hominem tetap merupakan sesat pikir yang merusak kualitas dialog publik. Untuk membangun masyarakat yang kritis dan rasional, setiap individu perlu menyadari bahaya pola pikir ini dan berusaha menghindarinya. Argumen harus dinilai dari isinya, bukan dari siapa yang mengucapkannya. Dengan demikian, diskursus publik dapat kembali berfokus pada pencarian kebenaran, bukan pada saling menjatuhkan secara personal.

2. Ragam Serangan Pribadi: Mengenali Berbagai Wajah Ad Hominem

1. Ad Hominem Abusive (Hinaan Langsung)

Ad hominem abusive adalah bentuk yang paling kasar dan mudah dikenali. Dalam jenis ini, seseorang menyerang identitas atau karakter lawan bicara untuk melemahkan argumennya. Serangan tersebut bisa berupa hinaan terhadap kecerdasan, penampilan, kebiasaan, atau sifat pribadi.

Sebagai contoh dalam konteks politik, seseorang berkata, *"Tidak usah dengarkan analisisnya, dia bahkan belum menikah."* Dalam dunia akademik, seorang mahasiswa menyerang temannya dengan, *"Makanya argumenmu tidak jelas, kamu memang malas belajar."* Dalam kehidupan sehari-hari, seseorang meremehkan pendapat tentang nutrisi dengan berkata, *"Kamu gemuk begitu, mana mungkin tahu soal makan sehat."* Semua contoh ini menunjukkan pola yang sama: fokus pada penghinaan, bukan argumen.

2. Ad Hominem Circumstantial (Sirkumstansial)

Berbeda dari abusive, ad hominem circumstantial lebih halus. Serangan tidak diberikan dalam bentuk hinaan, melainkan insinuasi mengenai motivasi dan latar belakang lawan bicara. Tujuannya adalah menciptakan kesan bahwa argumen lawan tidak objektif atau bias.

Misalnya, *"Tentu saja dia mendukung undang-undang lingkungan itu, dia bekerja untuk LSM asing."* Dalam konteks akademik, ada yang berkata, *"Profesor itu menolak kurikulum baru karena dia sudah nyaman dengan kurikulum lama."* Dalam pergaulan, seseorang mengatakan, *"Kamu bilang begitu karena kamu anak tunggal."* Serangan jenis ini tidak kasar tetapi tetap keliru karena menilai argumen berdasarkan asal-usul argumen, bukan substansinya.

3. Tu Quoque ("Kamu Juga")

Jenis ini mengalihkan pembahasan dari argumen ke inkonsistensi pribadi lawan bicara. Alih-alih membahas klaim, penyerang memfokuskan pada perilaku lawan yang tidak sesuai dengan argumennya. Serangan ini menuduh munafik, walaupun ketidakkonsistenan personal tidak membuktikan bahwa argumen seseorang salah.

Contohnya, *"Nasihatnya tentang pentingnya menabung tidak relevan, karena dia sendiri boros."* Dalam isu kesehatan, seseorang bisa berkata, *"Dia bicara tentang bahaya merokok, tapi dia sendiri merokok."* Sikap tidak konsisten memang bermasalah secara etis, tetapi argumen tetap harus dinilai berdasarkan validitasnya, bukan perilaku pembicara.

4. Guilt by Association (Kekeliruan karena Asosiasi)

Dalam jenis ini, seseorang menolak argumen karena orang yang menyampaikannya memiliki kedekatan dengan kelompok atau figur tertentu yang dianggap negatif. Serangan ini tidak mempersoalkan argumen, tetapi menyamakan reputasi pembicara dengan reputasi pihak lain.

Misalnya, *"Jangan percaya gagasannya tentang reformasi pendidikan, pandangannya mirip tokoh kontroversial itu."* Dalam media sosial, seseorang berkata, *"Dia follow akun tertentu, berarti argumennya pasti salah."* Dalam lingkungan kerja, orang berkata, *"Dia berteman dengan manajer yang bermasalah, jadi idenya tidak bisa dipercaya."* Sekali lagi, yang diserang bukan argumen, tetapi asosiasi personal.

3. **Dampak Destruktif Ad Hominem terhadap Diskursus Intelektual dan Publik**

Serangan ad hominem merupakan salah satu kesesatan berpikir yang paling sering muncul dalam percakapan sehari-hari, debat politik, maupun diskursus akademik. Meskipun tampaknya sepele atau "lumrah" dalam konteks perdebatan panas, ad hominem sesungguhnya memiliki efek destruktif yang jauh lebih besar dari sekadar merusak suasana. Ia menggerogoti fondasi diskusi rasional, memperburuk kualitas dialog publik, dan secara tidak langsung menghambat perkembangan masyarakat. Untuk memahami bahaya tersebut, kita perlu menelaah dampaknya secara lebih mendalam.

Pertama, **ad hominem meracuni iklim diskusi** dengan mengalihkan fokus dari substansi ke aspek personal. Dalam diskursus konstruktif, tujuan utama adalah mencari kebenaran, memeriksa keandalan argumen, serta menguji asumsi di balik suatu klaim. Namun, serangan ad hominem mengubah arena diskusi menjadi panggung konflik interpersonal. Alih-alih membantah argumen lawan menggunakan data, logika, atau penalaran kritis, pelaku ad hominem berusaha meruntuhkan kredibilitas pribadi lawan bicara.

Ketika perdebatan bergeser menjadi serangan terhadap karakter, latar belakang, atau identitas seseorang, kualitas argumentasi pun menurun drastis. Diskusi berubah menjadi "pertunjukan emosional" yang hanya menegangkan suasana tanpa memberikan pencerahan intelektual. Dalam iklim seperti itu, peserta diskusi dapat kehilangan motivasi untuk berpartisipasi secara jujur dan terbuka. Mereka menjadi ragu mengutarakan pendapat karena khawatir akan diserang secara pribadi. Akibatnya, ruang untuk berpikir kritis dan bertukar ide secara bebas menjadi menyempit.

Selain itu, keadaan diskursif yang telah tercemar oleh ad hominem biasanya menimbulkan spiral penurunan kualitas komunikasi. Satu serangan personal akan memicu serangan personal lainnya, menciptakan pola komunikasi yang semakin kasar dan jauh dari rasionalitas. Dalam jangka panjang, kebiasaan ini dapat melemahkan budaya berdiskusi dalam masyarakat, sebab orang terbiasa mengaitkan kemenangan debat bukan dengan kekuatan argumen, melainkan dengan keberhasilan menjatuhkan lawan melalui hinaan atau pembunuhan karakter.

Kedua, **ad hominem menghambat kemajuan intelektual dan sosial**. Sejarah pemikiran manusia penuh dengan contoh gagasan besar yang pada awalnya ditolak atau diserang bukan karena argumennya keliru, tetapi karena identitas penggagasnya dianggap bermasalah. Beberapa filsuf, ilmuwan, dan tokoh pembaru pernah mengalami penolakan bukan karena gagasan mereka tidak masuk akal, melainkan karena lingkungan sekitar lebih fokus menyerang karakter atau asal-usul mereka.

Fenomena ini menyingkap salah satu bahaya terbesar ad hominem: ia menghambat proses evaluasi ide secara objektif. Ketika suatu gagasan dinilai berdasarkan siapa yang mengemukakannya, bukan berdasarkan kualitas isinya, maka masyarakat kehilangan peluang untuk belajar dari perspektif baru. Banyak inovasi terhambat, reformasi sosial tertunda, atau penelitian ilmiah terabaikan karena publik lebih terpancing pada serangan personal terhadap pembawanya.

Dalam konteks modern, ad hominem juga dapat menghambat diskursus kebijakan publik. Misalnya, seorang peneliti yang menyampaikan data tentang perubahan sosial atau ekonomi dapat diabaikan hanya karena preferensi politiknya diserang. Demikian pula dalam dunia akademik, mahasiswa atau peneliti muda mungkin ragu untuk mengajukan ide karena takut menjadi sasaran penilaian personal daripada penilaian ilmiah. Bila kondisi ini berlangsung lama, kemajuan kolektif menjadi stagnan; masyarakat kehilangan kesempatan untuk berkembang karena ide-ide segar tidak diuji atau tidak pernah muncul ke permukaan.

Ketiga, **ad hominem memperdalam polarisasi masyarakat**, terutama di era digital yang sangat cepat dalam menyebarkan informasi emosional. Media sosial sering kali memperkuat kecenderungan manusia untuk bereaksi impulsif. Dalam situasi yang penuh tekanan atau konflik, serangan personal tampak sebagai cara mudah "menang" dalam pertengkaran. Namun, efek jangka panjangnya jauh lebih berbahaya.

Ketika seseorang diserang secara pribadi, respons emosional yang muncul biasanya berupa defensif atau balas menyerang. Hal ini menciptakan siklus permusuhan yang semakin tajam. Pengguna media sosial cenderung mengelompokkan diri dengan orang-orang yang berpandangan sama untuk mendapatkan rasa aman dan dukungan emosional. Echo chamber pun terbentuk lingkungan digital yang hanya memperkuat keyakinan dan bias masing-masing kelompok. Dalam ruang seperti ini, keberagaman pandangan tidak dihargai; pandangan berbeda dianggap sebagai ancaman.

Ad hominem kemudian menjadi "senjata" retoris yang mempertebal batas antara "kita" dan "mereka". Perbedaan pendapat yang seharusnya menjadi bagian sah dan produktif dalam masyarakat demokratis berubah menjadi perang identitas. Polarisasi meningkat, dan kemampuan masyarakat untuk membangun konsensus menurun drastis. Ketika komunikasi antarkelompok memburuk, kerja sama sosial dalam isu penting seperti kebijakan publik, kesehatan, pendidikan, dan lingkungan menjadi semakin sulit dicapai.

Selain memperkuat polarisasi, ad hominem juga merusak kepercayaan terhadap institusi publik dan otoritas moral. Ketika tokoh tertentu diserang bukan karena kebijakan atau argumennya, tetapi karena aspek-aspek pribadi yang tidak relevan, masyarakat dapat kehilangan kemampuan untuk menilai isu secara proporsional. Debat publik berubah menjadi medan perang opini yang dipenuhi bias dan emosi, bukan pemikiran kritis.

Lebih jauh lagi, serangan ad hominem yang terus-menerus dapat menormalkan budaya "karakter sebagai senjata". Di lingkungan politik, misalnya, pembunuhan karakter sering dijadikan strategi untuk meraih dukungan. Jika publik terbiasa menilai figur publik berdasarkan serangan personal alih-alih rekam jejak kebijakan, maka kualitas pemimpin yang terpilih pun akan menurun. Demokrasi menjadi lebih mudah dimanipulasi oleh retorika dangkal daripada pertimbangan substantif.

Secara keseluruhan, dampak destruktif ad hominem tidak hanya dirasakan oleh individu yang menjadi sasaran, tetapi juga oleh masyarakat secara keseluruhan. Ia melemahkan kualitas diskusi, merusak etika komunikasi, dan menghambat perkembangan intelektual. Dalam jangka panjang, ad hominem dapat merusak tatanan sosial dan budaya dialog, sehingga masyarakat kehilangan kemampuan untuk menyelesaikan masalah secara rasional dan kolektif.

Untuk memperbaiki kondisi ini, diperlukan komitmen bersama untuk menegakkan standar diskusi yang sehat. Setiap peserta diskursus perlu membiasakan diri memisahkan antara argumen dan pembawanya. Kritik harus diarahkan pada logika, data, dan asumsi, bukan pada identitas personal. Pendidikan literasi digital dan literasi logika juga penting agar masyarakat mampu mengenali dan menolak serangan ad hominem.

Dengan membangun budaya diskusi yang menghargai substansi, masyarakat dapat kembali menjadikan ruang publik sebagai tempat pertukaran gagasan yang produktif dan beradab. Tanpa upaya sadar untuk menghindari ad hominem, perdebatan hanya akan menjadi ajang perselisihan tanpa makna, dan potensi intelektual masyarakat tidak akan berkembang secara optimal.

4. Strategi Bertahan: Cara Merespons Ad Hominem

Untuk mempertahankan kualitas diskusi akademik maupun percakapan sehari-hari, mahasiswa perlu menguasai strategi berpikir kritis dalam menghadapi berbagai bentuk kesesatan logika, termasuk ad hominem. Serangan ad hominem biasanya dilakukan ketika seseorang tidak mampu atau tidak mau menanggapi substansi argumen, sehingga ia beralih menyerang karakter, latar belakang, atau atribut pribadi lawan bicara. Bila tidak direspons dengan tepat, serangan seperti ini dapat mengalihkan fokus diskusi, memicu emosi, dan merusak proses pencarian kebenaran. Karena itu, penting untuk memahami langkah-langkah strategis dalam meresponsnya.

Langkah pertama adalah mengidentifikasi dan menamai kesesatan tersebut. Dengan secara eksplisit menyebut bahwa lawan bicara telah melakukan ad hominem, kita menegaskan bahwa serangan itu tidak relevan dengan pokok persoalan. Identifikasi semacam ini membantu menjaga kejelasan struktur argumentasi serta menunjukkan bahwa kita memahami logika dasar dalam diskusi. Misalnya, pernyataan seperti, *"Argumen Anda menyerang pribadi saya, bukan gagasan yang saya sampaikan,"* dapat digunakan untuk mengingatkan lawan bicara bahwa arah diskusi telah menyimpang. Menamai kesesatan juga berfungsi sebagai ajakan halus agar lawan bicara kembali fokus pada isu yang sedang dibahas.

Langkah kedua adalah mengabaikan serangan personal dan mengarahkan kembali percakapan ke topik utama. Menghadapi ad hominem dengan membalas serangan personal hanya akan memperburuk situasi dan menjauhkan diskusi dari objektivitas. Dengan mengabaikannya, kita menunjukkan kedewasaan intelektual dan kemampuan mengendalikan emosi. Pernyataan seperti, *"Terlepas dari siapa saya, mari kita bahas data yang ada,"* dapat menjadi jembatan untuk mengembalikan diskusi ke aspek rasional. Strategi ini juga membantu menciptakan suasana percakapan yang lebih sehat, apalagi ketika diskusi melibatkan banyak peserta yang dapat terpengaruh oleh perubahan suasana.

Langkah ketiga adalah menjelaskan ketidakrelevanan serangan tersebut terhadap validitas argumen. Banyak orang melakukan ad hominem karena mengira bahwa kualitas atau latar belakang seseorang sangat memengaruhi kebenaran pernyataannya. Padahal, dalam logika, kebenaran suatu argumen tidak bergantung pada siapa yang mengucapkannya, melainkan pada konsistensi logis dan dukungan bukti. Dengan mengatakan, *"Komentar tentang latar belakang saya tidak berkaitan dengan kebenaran data yang disampaikan,"* kita menegaskan kembali prinsip penting bahwa argumen harus dinilai berdasarkan isinya, bukan berdasarkan identitas pembicaranya. Penjelasan seperti ini bukan hanya meredam serangan, tetapi juga memberi edukasi kepada lawan bicara maupun pendengar lain tentang cara menilai argumen secara tepat.

Selain tiga langkah utama tersebut, ada strategi tambahan yang tidak kalah penting, yaitu menjaga ketenangan. Tetap tenang di tengah serangan personal menunjukkan bahwa kita berada pada posisi argumentatif yang kuat. Ketenangan juga membuat kita lebih mampu memilih respons yang bijak, sehingga tujuan diskusi tetap terjaga.

Dengan menerapkan langkah-langkah ini, mahasiswa dapat mempertahankan kualitas diskusi, menjaga objektivitas, serta mendorong terciptanya dialog yang lebih sehat dan berbasis rasionalitas. Strategi ini tidak hanya bermanfaat dalam konteks akademik, tetapi juga dalam interaksi sosial dan profesional yang membutuhkan kemampuan berpikir kritis dan komunikasi efektif.

C. KESIMPULAN

Argumentum ad hominem merupakan salah satu bentuk kesesatan berpikir yang paling mudah dikenali tetapi tetap menjadi yang paling sering muncul dalam percakapan sehari-hari, debat publik, maupun diskusi akademik. Kesalahan berpikir ini terjadi ketika seseorang menyerang karakter, motif, atau kondisi pribadi lawan bicara alih-alih menanggapi substansi argumen yang diajukan. Ad hominem hadir dalam berbagai bentuk, seperti *abusive* yang berupa hinaan langsung, *circumstantial* yang menyerang kondisi atau kepentingan pribadi, *tu quoque* yang menuduh lawan bicara munafik, serta *guilt by association* yang menghubungkan seseorang dengan kelompok atau pandangan yang dianggap buruk. Meskipun sering terdengar meyakinkan dan efektif menggugah emosi audiens, serangan semacam ini tidak pernah dapat dijadikan bukti bahwa suatu argumen salah, tidak valid, atau tidak logis.

Dalam berpikir kritis, penting untuk memisahkan antara pembicara dan argumennya. Sebuah argumen dinilai berdasarkan kekuatan premis, koherensi logis, dan bukti yang mendukungnya, bukan berdasarkan simpati atau antipati terhadap orang yang menyampaikannya. Prinsip objektivitas ini merupakan fondasi utama dalam logika, filsafat, dan etika berdiskusi. Ketika prinsip tersebut diabaikan, diskusi mudah berubah menjadi arena saling menyerang yang penuh emosi, sementara isu inti tidak lagi dibahas secara rasional. Akibatnya, kualitas pemikiran menurun dan ruang dialog berubah menjadi medan konflik personal yang tidak produktif.

Bab ini juga menekankan pentingnya melakukan refleksi diri sebagai bentuk pengembangan kapasitas berpikir kritis. Kita perlu bertanya secara jujur kepada diri sendiri: apakah kita cenderung menyerang pribadi lawan bicara ketika argumen kita mulai melemah? Apakah kita mudah terpengaruh ketika seseorang menyerang karakter pembicara, seolah-olah serangan tersebut otomatis meruntuhkan argumen yang disampaikan? Dengan kesadaran semacam ini, kita dapat mengendalikan bias, menghindari manipulasi emosional, dan berusaha membangun komunikasi yang lebih etis.

Pada akhirnya, tujuan utama mempelajari kesesatan berpikir seperti ad hominem bukan sekadar untuk mengenalinya, tetapi juga untuk membangun budaya diskusi yang lebih sehat, matang, dan berorientasi pada kebenaran. Setiap individu dapat menjadi agen perubahan dengan menilai gagasan berdasarkan isinya, bukan berdasarkan identitas penyampainya. Sikap ini tidak hanya meningkatkan kualitas argumentasi pribadi, tetapi juga berkontribusi pada dunia sosial dan akademik yang lebih dewasa, adil, dan inklusif. Dengan menjunjung rasionalitas dan integritas dalam berdiskusi, kita menciptakan ruang dialog yang memungkinkan pertukaran gagasan terjadi secara terbuka dan bermakna.

DAFTAR PUSTAKA

Copi, I. M., & Cohen, C. (2005). *Introduction to Logic* (14th ed.). Pearson.

Govier, T. (2010). *A Practical Study of Argument* (7th ed.). Wadsworth.

Hurley, P. J. (2014). *A Concise Introduction to Logic* (12th ed.). Cengage Learning.

Walton, D. (2008). *Informal Logic: A Pragmatic Approach* (2nd ed.). Cambridge University Press.

Bowell, T., & Kemp, G. (2010). *Critical Thinking: A Concise Guide* (3rd ed.). Routledge.

Kahneman, D. (2011). *Thinking, Fast and Slow*. Farrar, Straus and Giroux.

Mercier, H., & Sperber, D. (2017). *The Enigma of Reason*. Harvard University Press.

BAGIAN 3

BENTENG AKAL SEHAT: PENGANTAR MENGIDENTIFIKASI SESAT PIKIR (FALLACY) DALAM KESEHARIAN

Oleh : Irfan Ali

A. PENDAHULUAN

Di tengah riuhnya perbincangan di warung kopi, debat di media sosial, atau bahkan diskusi keluarga, seringkali kita mendengar pernyataan seperti, "Jangan percaya omongan dia, dia kan dulu pernah gagal!" atau "Semua orang sudah pakai produk ini, pasti bagus!". Ungkapan-ungkapan tersebut terdengar lumrah, namun sebenarnya mengandung sesat pikir (fallacy) kesalahan penalaran yang mengaburkan logika dan menjebak pikiran. Dalam kehidupan sehari-hari, fallacy tidak hanya menjadi kesalahan sederhana, tetapi juga alat manipulasi yang halus, menggerogoti kemampuan kita dalam menalar secara jernih dan mengambil keputusan yang tepat.

Sesat pikir telah menjadi bagian tak terpisahkan dari komunikasi manusia, terlebih di era digital yang membanjiri kita dengan informasi instan dan narasi yang kerap dipolitisasi. Bahaya utamanya terletak pada kemampuannya menyamar sebagai argumen yang logis, sehingga tanpa disadari kita menerima klaim yang keliru, terperangkap dalam opini yang bias, atau bahkan menyebarkan misinformasi. Jika dibiarkan, fallacy tidak hanya merusak integritas berpikir individu, tetapi juga meracuni iklim diskusi publik, menghambat kemajuan intelektual, dan memperdalam polarisasi sosial.

Secara definisi, sesat pikir (logical fallacy) adalah kekeliruan dalam penalaran yang membuat suatu argumen menjadi tidak valid atau lemah, meskipun terlihat meyakinkan secara permukaan. Fallacy dapat bersifat formal (kesalahan dalam struktur logika) atau informal (kesalahan dalam materi dan konteks argumen). Dalam konteks keseharian, kita lebih sering berhadapan dengan fallacy informal seperti ad hominem, straw man, atau false cause, yang memanfaatkan bias kognitif, emosi, dan ketidakjelasan bahasa.

Bab ini disusun untuk memberikan pemahaman mendasar tentang sesat pikir dan dampaknya terhadap integritas intelektual. Pertama, kita akan membedah konsep fallacy, mekanisme, dan mengapa manusia rentan terjebak di dalamnya. Kedua, kita akan mengklasifikasikan jenis-jenis fallacy yang paling sering muncul dalam kehidupan sehari-hari beserta contoh konkret. Ketiga, kita akan menganalisis dampak destruktif fallacy terhadap diskursus publik dan integritas berpikir. Terakhir, kita akan membahas strategi praktis untuk mengidentifikasi dan menangkal fallacy, sehingga pembaca dapat membentengi diri dari jebakan penalaran yang menyesatkan.

B. PEMBAHASAN

Membedah Konsep Kesesatan Berpikir: Definisi, Asal-usul, dan Mekanisme

Kesesatan berpikir telah dipelajari sejak zaman Yunani kuno, ketika Aristoteles dalam Sophistical Refutations mengklasifikasikan berbagai bentuk kesalahan dalam berargumentasi. Secara umum, fallacy adalah cacat dalam argumen yang menyebabkan kesimpulan menjadi tidak sah. Fallacy formal terkait dengan pelanggaran aturan logika deduktif (misalnya: affirming the consequent), sementara fallacy informal muncul dari kesalahan dalam isi, konteks, atau bahasa argumen.

Mekanisme fallacy seringkali memanfaatkan bias kognitif (seperti confirmation bias atau availability heuristic) dan daya tarik emosional. Misalnya, fallacy ad misericordiam menarik simpati tanpa menyentuh substansi argumen, sementara ad populum memanfaatkan keinginan manusia untuk diakui oleh kelompok. Dengan memahami mekanisme psikologis dan logika di balik fallacy, kita dapat mulai mengidentifikasi kelemahan tersembunyi dalam berbagai pernyataan yang kita temui sehari-hari.

Ragam Sesat Pikir dalam Kehidupan Sehari-hari: Klasifikasi dan Contoh

Berikut adalah beberapa jenis fallacy yang paling sering muncul dalam percakapan sehari-hari, lengkap dengan contoh dan analisis singkat:

1. Ad Hominem: Menyerang karakter pribadi lawan bicara, bukan argumennya.
2. Contoh: "Jangan dengarkan saran investasinya, dia sendiri hutangnya menumpuk."
3. Straw Man: Mendistorsi atau menyederhanakan argumen lawan agar mudah diserang.
4. Contoh: "Katanya dia ingin kurangi penggunaan plastik, berarti dia anti-kemajuan industri."
5. Slippery Slope: Mengklaim bahwa suatu tindakan akan mengakibatkan rangkaian konsekuensi buruk tanpa bukti yang memadai.
6. Contoh: "Jika kita izinkan LGBT, nantinya pernikahan dengan hewan akan dilegalkan."

7. False Dilemma (Biner Palsu): Menyajikan hanya dua pilihan ekstrem padahal ada banyak opsi di antaranya.

8. Contoh: "Kalau tidak mendukung pemerintah, berarti kamu pengkhianat."

9. Post Hoc Ergo Propter Hoc: Menganggap bahwa karena A terjadi sebelum B, maka A pasti penyebab B.

10. Contoh: "Setelah pakai jimat, usaha saya lancar. Berarti jimat itu ampuh."

11. Appeal to Authority: Menggunakan figur otoritas (yang belum tentu kompeten) sebagai dasar kebenaran.

12. Contoh: "Produk ini direkomendasikan artis ternama, pasti berkualitas."

13. Bandwagon (Argumentum ad Populum): Menganggap sesuatu benar hanya karena banyak orang mempercayainya.

14. Contoh: "Semua teman saya beli saham itu, pasti aman."

15. Red Herring: Mengalihkan pembicaraan dengan topik lain yang tidak relevan.

16. Contoh: Saat ditanya soal korupsi, politikus menjawab, "Yang penting pembangunan jalan tetap berjalan."

17. Hasty Generalization: Menarik kesimpulan umum berdasarkan sampel yang terlalu kecil atau tidak representatif.

18. Contoh: "Saya ketemu dua orang dari suku X yang kasar, berarti semua orang suku X kasar."

19. Tu Quoque ('Kamu Juga'): Menuduh lawan bicara hipokrit sebagai alasan untuk menolak argumennya.

20. Contoh: "Kamu ngomongin hidup sehat, tapi kamu sendiri merokok."

21. Appeal to Emotion: Memanipulasi perasaan (takut, marah, sedih) untuk memenangkan argumen.

22. Contoh: "Kalau kamu tidak setuju kebijakan ini, berarti kamu tidak peduli pada rakyat kecil."

23. Circular Reasoning (Begging the Question): Menggunakan kesimpulan sebagai premis untuk membuktikan kesimpulan itu sendiri.

Contoh: "Alkitab benar karena Oleh orang suci, dan kita tahu itu karena Alkitab mengatakannya."

Dampak Kesesatan Berpikir terhadap Integritas Intelektual dan Diskursus Publik

Fallacy tidak hanya merusak kualitas argumen individu, tetapi juga menggerogoti fondasi diskursus publik yang sehat. Dalam jangka panjang, kebiasaan menggunakan atau menerima fallacy dapat:

- Mengikis integritas intelektual, yaitu komitmen untuk mencari kebenaran melalui penalaran yang jujur, terbuka, dan berdasar bukti.
- Memperdalam polarisasi dengan menciptakan dikotomi palsu (kita vs mereka) dan menghambat dialog konstruktif.
- Menyuburkan misinformasi di media sosial, di mana fallacy sering digunakan untuk menyebarkan narasi provokatif tanpa verifikasi.
- Menghambat kemajuan ilmiah dan sosial, karena argumen yang cacat logika dapat menggagalkan kebijakan publik yang rasional.

Dalam dunia akademik, mahasiswa yang tidak peka terhadap fallacy berisiko menghasilkan karya ilmiah yang lemah, mudah termanipulasi oleh sumber tidak terpercaya, dan kesulitan dalam berpikir kritis.

Strategi Mengidentifikasi dan Menangkal Sesat Pikir

Untuk membentengi diri dari fallacy, kita dapat mengadopsi beberapa strategi praktis:

1. Kenali Polanya: Pelajari jenis-jenis fallacy beserta contohnya. Semakin familiar, semakin cepat kita mendeteksi.
2. Ajukan Pertanyaan Kritis: Selalu tanyakan: "Apa buktinya?", "Apakah ada hubungan logis antara premis dan kesimpulan?", "Apakah ada alternatif penjelasan?"
3. Pisahkan Emosi dari Logika: Waspadai argumen yang terlalu mengandalkan sentiment atau tekanan sosial.
4. Gunakan Prinsip Parsimony (Ockham's Razor): Pilih penjelasan yang paling sederhana dan paling sedikit asumsinya.
5. Latih Skeptisisme Sehat: Tidak langsung menerima klaim, bahkan dari sumber yang dianggap otoritatif, tanpa verifikasi mandiri.

Dengan melatih diri secara konsisten, kita dapat mengasah "radar fallacy" dan berkontribusi pada budaya berpikir yang lebih jernih dan etis.

C. KESIMPULAN

Rangkuman Poin-Poin Kunci: Bab ini telah membahas konsep dasar sesat pikir (fallacy), ragam jenisnya dalam kehidupan sehari-hari, dampak merusaknya terhadap integritas intelektual, serta strategi untuk mengidentifikasi dan menangkalnya. Fallacy bukan hanya kesalahan teknis dalam berargumen, tetapi juga ancaman terhadap kemampuan kita dalam berpikir mandiri dan objektif.

Kemampuan mendefinisikan dan memahami bahaya fallacy merupakan fondasi dari integritas intelektual. Tanpa kemampuan ini, akal sehat mudah dikepung oleh retorika kosong, manipulasi, dan bias yang menggerogoti kebenaran.

Mari kita mulai melatih kepekaan terhadap fallacy dalam setiap percakapan, tulisan, atau konten media yang kita konsumsi. Jadilah agen perubahan dengan mendorong diskusi yang rasional, menolak narasi yang penuh jebakan logika, dan menyebarkan kesadaran akan pentingnya berpikir kritis. Ingat, benteng akal sehat dimulai dari kesadaran akan cara kita berpikir.

DAFTAR PUSTAKA

1Aristotle. (350 SM). Sophistical Refutations. (Terjemahan).

Copi, I. M., Cohen, C., & McMahon, K. (2020). Introduction to Logic (15th ed.). Pearson.

Hurley, P. J. (2021). A Concise Introduction to Logic (13th ed.). Cengage Learning.

Walton, D. (2008). Informal Logic: A Pragmatic Approach (2nd ed.). Cambridge University Press.

Tindale, C. W. (2007). Fallacies and Argument Appraisal. Cambridge University Press.

Damer, T. E. (2009). Attacking Faulty Reasoning: A Practical Guide to Fallacy-Free Arguments (6th ed.). Wadsworth.

Paul, R., & Elder, L. (2019). The Miniature Guide to Critical Thinking Concepts and Tools (8th ed.). Rowman & Littlefield.

Bowell, T., & Kemp, G. (2014). Critical Thinking: A Concise Guide (4th ed.). Routledge.

Engel, S. M. (1999). With Good Reason: An Introduction to Informal Fallacies (6th ed.). St. Martin's Press.

Hansen, H. V., & Pinto, R. C. (Eds.). (1995). Fallacies: Classical and Contemporary Readings. Pennsylvania State University Press.

Kahane, H., & Cavender, N. (2006). Logic and Contemporary Rhetoric: The Use of Reason in Everyday Life (10th ed.). Wadsworth.

Surajiyo. (2019). Dasar-Dasar Logika. Bumi Aksara.

Rapar, J. H. (2020). Pengantar Logika: Asas-Asas Penalaran Sistematis. Kanisius.

Wijana, I. D. P. (2021). Berpikir Kritis dan Logis di Era Disrupsi Informasi. Gadjah Mada University Press.

Tim Dosen Logika UGM. (2019). Logika: Penalaran dan Argumentasi. UGM Press.

MAHASISWA MAMPU MENDETEKSI DAN MENOLAK ARGUMEN YANG MENYERANG PRIBADI, BUKAN GAGASAN

Oleh : *Luluk Mukarromah*

A. PENDAHULUAN

Kemampuan berpikir kritis (critical thinking) tidak hanya menjadi kompetensi kognitif esensial, tetapi merupakan fondasi epistemologis yang harus dimiliki mahasiswa sebagai agen pencari dan penguji kebenaran ilmiah. Di tengah arus informasi yang masif dan dinamika komunikasi kontemporer, mahasiswa dituntut untuk mampu menavigasi diskursus akademik maupun publik yang sering kali ditandai oleh polaritas dan irasionalitas. Fenomena yang mendesak untuk disoroti adalah pergeseran fokus argumentasi dari validitas substansi (logos) menuju penyerangan karakter personal lawan bicara (ethos atau pathos). Kekeliruan logis ini, yang dikenal sebagai ad hominem fallacy, didefinisikan sebagai upaya penolakan atau delegitimasi sebuah proposisi melalui serangan yang ditujukan pada pribadi, motivasi, atau keadaan orang yang mengemukakan argumen tersebut, alih-alih pada premis dan kesimpulan argumen itu sendiri. Pembekalan kemampuan untuk mengidentifikasi kekeliruan ini menjadi imperatif dalam membentuk integritas intelektual mahasiswa.

Serangan terhadap pribadi (ad hominem) termanifestasi dalam spektrum bentuk yang luas dan seringkali terselubung. Secara klasikal, kekeliruan ini mencakup ad hominem abusive (penyerangan langsung terhadap karakter), ad hominem circumstantial (penyerangan berdasarkan keadaan atau kepentingan), dan tu quoque (menuduh balik bahwa lawan bicara juga melakukan hal yang sama). Dalam ranah akademik dan diskusi ilmiah, kehadiran serangan semacam ini tidak hanya merusak iklim dialog tetapi juga secara fundamental menghambat proses pencarian kebenaran (truth-seeking). Ketika dialog beralih menjadi kompetisi personal, hal itu dapat menciptakan bias konfirmasi dan distorsi kognitif yang mencegah penilaian objektif terhadap validitas argumen. Akibatnya, mahasiswa yang belum terliterasi logika dapat secara tidak sengaja menerima proposisi yang logisnya cacat atau bahkan mereproduksi pola argumentasi yang tidak rasional, yang menegaskan perlunya intervensi pedagogis berupa pelatihan literasi logika.

Kemampuan mendeteksi ad hominem fallacy memiliki korelasi erat dengan dimensi yang lebih luas, yaitu pendidikan karakter dan etika komunikasi ilmiah. Bab ini berargumen bahwa pemahaman terhadap kesesatan berpikir bukan sekadar pengetahuan teoritis, tetapi sebuah kompetensi praksis yang harus diinternalisasi dalam interaksi multidimensi dari forum kelas, organisasi kampus, hingga jejaring sosial digital. Prinsip rasionalitas etis dalam berdiskusi menuntut bahwa sebuah argumen harus dievaluasi berdasarkan kekuatan logisnya, independen dari identitas, status, atau latar belakang sosial individu yang mengajukannya. Oleh karena itu, mahasiswa harus dikondisikan untuk mengembangkan kesadaran reflektif dan disiplin intelektual yang memungkinkan mereka melakukan pemisahan yang ketat (strict separation) antara ethos (kredibilitas penyampai) dan logos (logika argumen) untuk menjamin objektivitas penilaian.

Selain kemampuan deteksi, urgensi lain terletak pada pengembangan kecakapan merespons dan menolak argumen ad hominem dengan cara yang konstruktif dan elegan. Penolakan yang efektif melampaui sekadar identifikasi kekeliruan; ia bertindak sebagai intervensi metakomunikatif yang secara tegas mengalihkan fokus diskusi kembali kepada substansi isu yang diperdebatkan. Kecakapan ini merupakan manifestasi dari kedewasaan intelektual (intellectual maturity) dan integritas akademik, yang menunjukkan bahwa mahasiswa menghargai dan memprioritaskan prinsip validitas logis di atas kepentingan emosional atau personal. Strategi penolakan yang tepat menjadi penting untuk mempertahankan kualitas epistemik dari setiap dialog dan memastikan bahwa lingkungan akademik tetap menjadi ruang yang kondusif bagi pertukaran ide yang rasional.

Dengan demikian, penguasaan kapabilitas untuk menganalisis, mendeteksi, dan menolak argumen yang menyerang pribadi merupakan pilar fundamental dalam pembangunan pemikiran kritis yang tangguh pada diri mahasiswa. Kompetensi ini memiliki nilai transferabilitas yang tinggi, tidak hanya relevan dalam ranah akademik tetapi juga dalam menghadapi dinamika sosial-politik dan profesional, di mana manipulasi argumentatif sering digunakan sebagai taktik persuasif. Oleh karena itu, bab buku ini bertujuan untuk memberikan kerangka kerja analitis dan strategis bagi mahasiswa. Secara spesifik, pembahasan akan mencakup (1) Tinjauan Konseptual terhadap Ad Hominem Fallacy dan varian-variannya, (2) Analisis Dampak kekeliruan ini terhadap koherensi komunikasi, dan (3) Implementasi Strategi Praktis untuk mendeteksi dan secara efektif menolak serangan personal, sembari mengarahkan ulang diskusi ke substansi gagasan. Chapter ini diharapkan dapat menjadi kontribusi signifikan dalam menumbuhkan budaya dialog yang rasional, etis, dan berbasis bukti di lingkungan pendidikan tinggi.

B. PEMBAHASAN

i) Fondasi : Mengapa Kita Perlu Memahami Ad Hominem dalam Berargumentasi

Sebelum membahas bagaimana mahasiswa dapat menolak serangan pribadi dalam diskusi, hal pertama yang harus kita pahami ialah: apa sebenarnya yang dimaksud dengan ad hominem dan mengapa ia begitu berbahaya? Dalam logika, ad hominem adalah salah satu kesesatan berpikir (logical fallacy) yang paling sering muncul, baik dalam debat politik, diskusi akademik, maupun percakapan sehari-hari. Serangan ini tampak meyakinkan, bahkan sering memancing emosi, tetapi sebenarnya tidak pernah menjawab inti persoalan. Banyak orang menganggap serangan semacam ini wajar dalam perdebatan, padahal ia justru merusak kualitas penalaran. Maka, memahami ad hominem bukan sekadar urusan teori logika, tetapi kebutuhan praktis agar mahasiswa mampu menjaga kejernihan berpikir di tengah derasnya informasi dan opini.

b) Ad Hominem : Ketika Argumen Menyimpang dari Pokok Masalah

Secara sederhana, ad hominem terjadi ketika seseorang tidak menanggapi gagasan lawannya, tetapi menyerang pribadinya karakternya, latar belakangnya, kebiasaannya, bahkan situasi hidupnya. Di permukaan, serangan itu terlihat kuat karena menyentuh emosi; namun dari sudut pandang logika, ia tidak memiliki relevansi terhadap benar atau tidaknya sebuah ide. Misalnya, ketika seorang mahasiswa menyampaikan kritik akademik tentang suatu metode pembelajaran, lalu dijawab dengan, "Kamu bicara saja masih belepotan, kok mengkritik kurikulum?" Jawaban seperti ini tidak menyinggung isi argumen sama sekali. Inilah mengapa ad hominem disebut sebagai kekeliruan: ia memindahkan fokus dari ide ke individu.

Kesalahan ini muncul karena naluri manusia lebih cepat merespons personalitas daripada substansi. Kita sering terjebak menilai orang sebelum menilai argumennya. Ketika preferensi pribadi lagi berperan, argumen rasional sering dikalahkan oleh bias. Maka, memahami ad hominem adalah upaya untuk menyadarkan kembali: dalam diskusi, yang diuji adalah gagasan, bukan pengucapnya.

c) Kerangka Mengapa Identifikasi : Bagaimana Ad Hominem Terjadi

Untuk bisa mendeteksi ad hominem, kita perlu memahami struktur dasar terjadinya kesesatan ini. Biasanya, ada pola yang berulang:

4. Ada Argumen atau Pendapat yang di Ajukan Misalnya,''Model Pembelajaran ini Perlu di Evaluasi ''

5. Alih-alih menanggapi isi argumen, pihak lawan mengalihkan fokus ke pribadi si pengemuka pendapat. Contohnya, "Kamu itu siapa berani bicara begitu? Tugas saja sering telat."

6. Serangan pribadi dianggap sebagai bantahan terhadap argumen, padahal secara logika tidak relevan.

Dalam logika klasik, kesalahan ini terjadi karena landasan hubungan antara premis dan kesimpulan tidak memenuhi prinsip relevansi. Premis yang menyerang pribadi tidak memiliki hubungan dengan kebenaran atau ketepatan isi argumen. Karena itu, meskipun seseorang mungkin memiliki kelemahan pribadi, hal itu tidak otomatis membuat argumennya salah.

d)Fungsi Menguasai Konsep ini : Penopang Diskusi yang Sehat

Memahami ad hominem sebagai sekadar "serangan pribadi" sering kali tidak cukup untuk membekali mahasiswa dalam membedah argumen. Dalam praktiknya, serangan jenis ini memiliki bentuk yang lebih variatif dan kadang terselubung, sehingga mudah luput dari perhatian. Dengan mengenali variasinya, mahasiswa dapat lebih cepat mendeteksi manipulasi yang mengalihkan fokus dari substansi argumen kepada hal-hal yang bersifat emosional atau personal.

o Tidak terkecoh oleh argument yang tampak meyakinkan tetapi sebenarnya sesat.

o Mampu mengoreksi arah diskusi agar Kembali ke substansi.

o Dan yang penting , menempatkan gagasan sebagai pusat pembahasan , bukan identitas orang.

Di tengah lingkungan informasi yang penuh polarisasi dan emosi, kemampuan ini menjadi kebutuhan utama bagi mahasiswa yang ingin berpikir jernih dan bertanggung jawab.

1. Abusive Ad Hominem : Serangan Langsung terhadap Karakter

Abusive ad hominem merupakan bentuk serangan pribadi yang paling eksplisit. Fokus utama serangan ini adalah melemahkan argumen dengan cara merendahkan, mengejek, atau menyerang karakter seseorang secara terbuka. Ciri paling menonjol adalah adanya ungkapan-ungkapan yang bersifat menghina atau meremehkan yang diarahkan langsung kepada kepribadian, kecerdasan, atau identitas lawan bicara. Dalam konteks kampus, bentuk serangan ini sering muncul saat emosi meningkat atau ketika pelaku merasa tidak mampu menghadapi argumen secara rasional. Misalnya, ketika seseorang mengkritik kebijakan organisasi, lalu dijawab dengan, "Pendapatmu tidak masuk akal. Kamu itu memang bodoh dari dulu." Serangan seperti ini membuat diskusi berhenti pada persoalan personal, bukan pada penyelesaian masalah.

Secara logis, abusive ad hominem adalah kesesatan karena kualitas argumen tidak memiliki hubungan dengan kualitas pribadi pengucapnya. Seorang mahasiswa yang pendiam, ceroboh, atau kurang terampil berbicara pun tetap bisa memberikan argumen yang benar. Ketika seseorang menjatuhkan karakter lawan alih-alih menjawab substansi, berarti ia sedang mencoba mengalihkan fokus orang lain dari isu sebenarnya. Meski mudah dikenali, bentuk ini sering dianggap sebagai "ketegasan" atau "keberanian berkata jujur". Padahal, keberanian sejati bukanlah menyerang pribadi, melainkan menghadapi gagasan secara jernih dan terukur. Karena itu, mahasiswa perlu mampu membedakan antara kritik argumentatif dan penghinaan emosional yang dibungkus gaya tegas.

2. Circumstantial Ad Hominem : Menyerang Kondisi atau Kepentingan Pribadi

Circumstantial ad hominem lebih halus dan lebih berbahaya dibanding bentuk yang pertama, karena ia tampak seperti argumen yang relevan padahal sebenarnya tidak. Dalam jenis ini, serangan diarahkan kepada situasi, posisi, afiliasi, atau kepentingan pribadi seseorang. Premis dari serangan ini berbunyi kurang lebih demikian: "Kamu mengatakan hal itu karena kamu memiliki kepentingan tertentu." Dengan begitu, argumen lawan dibuat seolah-olah tidak valid hanya karena diduga memiliki motivasi tertentu. Contoh yang umum di lingkungan mahasiswa adalah: "Tentu saja kamu membela aturan ini. Kamu kan pengurus organisasi yang diuntungkan." Kalimat ini tidak menjawab isi argumen, tetapi menyerang motivasi pribadi pengucapnya.

Kesesatan berpikir terletak pada asumsi bahwa kepentingan pribadi otomatis membuat argumen seseorang salah. Padahal, seseorang bisa saja memiliki kepentingan tertentu dan tetap benar. Misalnya, seorang mahasiswa yang mengusulkan transparansi keuangan organisasi mungkin saja memiliki kepentingan sebagai bendahara, tetapi argumennya tetap perlu diuji berdasarkan logikanya, bukan asal ditolak karena motivasinya. Bahaya circumstantial ad hominem adalah ia dapat membuat diskusi terperangkap dalam curiga-mencurigai, bukan pada pembuktian objektif. Mahasiswa yang tidak mengenali bentuk ini akan mudah terseret dalam perdebatan tentang motif, bukan kebenaran gagasan.

3. Tu Quoque : ''Kamu Juga Begitu''!''

Jenis ad hominem ini sering muncul di lingkungan akademik, terutama ketika seseorang disudutkan oleh kritik yang valid. Tu quoque berarti "kamu juga", yakni bentuk pembelaan yang tidak menjawab argumen, melainkan menyerang balik dengan menunjukkan bahwa lawan bicara tidak konsisten. Misalnya, ketika seseorang mengatakan, "Kita harus disiplin waktu," lalu dibalas dengan, "Kamu sendiri sering terlambat!" Di permukaan, serangan balik ini terasa logis, bahkan memuaskan secara emosional, karena ia berhasil membongkar ketidaksesuaian antara perkataan dan perbuatan. Namun secara logis, serangan ini sama sekali tidak membantah kebenaran argumen yang disampaikan.

Inkonsistensi pribadi memang dapat menjadi bahan evaluasi moral atau etis, tetapi tidak pernah otomatis membatalkan validitas argumen. Seorang perokok berat bisa saja benar ketika ia mengatakan bahwa merokok berbahaya. Seorang mahasiswa yang kurang disiplin tetap benar ketika ia mengingatkan pentingnya ketepatan waktu. Tu quoque mengalihkan pembicaraan dari gagasan yang sedang diperdebatkan ke persoalan personal yang tidak relevan. Jika dibiarkan, pola ini dapat menciptakan budaya debat yang defensif, penuh pembenaran diri, dan tidak pernah menyentuh inti masalah. Karena itu, kemampuan mengenali tu quoque menjadi penting agar mahasiswa tidak ikut terseret ke dalam permainan psikologis yang tidak rasional.

7. Guilt by Association: Mengaitkan Seseorang dengan Kelompok yang Dicela

Guilt by association adalah bentuk serangan yang memanfaatkan rasa takut, stigma sosial, atau citra negatif suatu kelompok. Dalam jenis ini, seseorang tidak diserang secara langsung, tetapi dikaitkan dengan kelompok atau individu yang dianggap buruk, lalu argumennya ditolak karena asosiasi tersebut. Misalnya, ketika seorang mahasiswa mengemukakan ide tertentu lalu dijawab dengan, "Ide kamu itu mirip kelompok X yang radikal. Kamu pasti sama saja dengan mereka." Serangan ini tampak kuat karena memanfaatkan persepsi negatif yang sudah dikenal luas, sehingga pendengar cenderung menghakimi tanpa menelaah argumen sebenarnya.

Kesesatan berpikir dari guilt by association terletak pada asumsi bahwa kesamaan pandangan otomatis berarti kesamaan karakter atau ideologi. Padahal, dua pihak bisa saja memiliki argumentasi yang mirip tanpa adanya hubungan langsung atau kesamaan identitas. Misalnya, penggunaan rumus matematika yang sama tidak membuat dua orang berada dalam kelompok yang sama. Dalam debat akademik, bentuk kesesatan ini sangat berbahaya karena dapat membunuh gagasan sebelum diperiksa. Mahasiswa yang tidak menyadari hal ini akan mudah menolak ide hanya karena asosiasi emosional, bukan analisis rasional.

C. KESIMPULAN

Setelah menguraikan berbagai bentuk ad hominem serta urgensi mahasiswa dalam mendeteksi dan menolak serangan yang tidak relevan terhadap gagasan, bab ini mengarah pada pemahaman yang lebih matang mengenai pentingnya integritas argumentasi. Seluruh pembahasan sebelumnya menegaskan bahwa kualitas diskursus tidak hanya bergantung pada kekuatan data atau logika, tetapi juga pada kemampuan peserta diskusi menjaga fokus pada substansi, bukan personalitas. Oleh karena itu, bagian kesimpulan berikut dirancang untuk merangkum landasan teori, implikasi praktis, dan kontribusi akademik yang dihasilkan dari pembahasan dalam bab ini, sekaligus menegaskan kompetensi yang diharapkan terbentuk pada mahasiswa.

Bab ini menegaskan bahwa kemampuan berpikir kritis adalah unsur fundamental yang harus dimiliki mahasiswa untuk mempertahankan kualitas dialog dalam lingkungan akademik maupun sosial yang semakin kompleks. Kemampuan ini tidak hanya berfungsi sebagai alat analisis, tetapi juga sebagai mekanisme pertahanan intelektual agar mahasiswa tidak mudah terpengaruh oleh bias emosional maupun manipulasi retorika. Pemahaman terhadap ad hominem sebagai salah satu kesesatan berpikir yang paling sering muncul menjadi elemen penting dalam membangun kecermatan tersebut. Dengan memahami perbedaan antara serangan yang diarahkan kepada ide dan serangan terhadap pribadi, mahasiswa dapat menjaga objektivitas dan integritas dalam proses penalaran.

Pembahasan dalam bab ini juga memperlihatkan bahwa ad hominem hadir dalam beberapa bentuk yang berbeda, seperti abusive, circumstantial, tu quoque, dan guilt by association. Variasi ini menunjukkan bahwa manipulasi argumentatif sering kali muncul dengan performa yang halus maupun agresif, tetapi tetap memiliki pola umum: mengalihkan fokus dari argumentasi inti. Melalui pemahaman struktur dan karakter dari tiap jenis ad hominem, mahasiswa dapat mendeteksi kesalahan berpikir dengan lebih cepat, sehingga tidak terjebak dalam perdebatan yang bersifat destruktif maupun tidak produktif. Pengetahuan ini memberikan landasan konseptual yang kuat untuk menganalisis kualitas argumen secara sistematis.

Namun, deteksi saja tidak cukup; kemampuan menolak ad hominem dengan strategi komunikasi yang tepat menjadi keterampilan lanjutan yang harus dikuasai. Respons yang proporsional, elegan, dan berorientasi pada substansi menunjukkan kedewasaan berpikir serta profesionalitas dalam berargumentasi. Kemampuan ini juga memperbaiki alur diskusi dengan mengembalikan fokus kepada pokok persoalan. Dengan demikian, mahasiswa tidak hanya menolak kesesatan berpikir, tetapi juga secara aktif membangun kultur diskusi yang sehat, rasional, dan berbasis pada pertimbangan logis.

Pada akhirnya, bab ini berkontribusi dalam memperkaya literatur mengenai literasi berpikir kritis dan etika berargumentasi. Pengetahuan mengenai ad hominem tidak hanya penting bagi mahasiswa dalam konteks akademik, tetapi juga dalam kehidupan sosial, organisasi, dunia kerja, bahkan ruang digital yang rentan terhadap polarisasi. Kompetensi mendeteksi dan menolak serangan personal memberikan fondasi penting bagi terbentuknya generasi intelektual yang mampu berpikir jernih, bertindak objektif, serta berpartisipasi dalam dialog publik secara santun dan bertanggung jawab. Dengan pemahaman yang kuat mengenai kesesatan berpikir ini, mahasiswa diharapkan dapat menjadi agen perubahan yang menjaga kualitas wacana dan memperkuat tradisi ilmiah yang berkeadaban.

DAFTAR PUSTAKA

- Kanisius Kami & Antonius Nesi. "Wujud Argumen Ad Hominem sebagai Strategi Komunikasi para Advokat dalam Program Kontroversi Metro TV: Sebuah Kajian Kritis." Jurnal Simbolika, Vol. 9, No. 1, 2023.
- Yoga Tri Adhi. "Sesat Pikir dalam Tuturan Warganet di Facebook (Logical Fallacies in Internet Citizen Speech on Facebook)." Jurnal Bahasa, Sastra, dan Pembelajarannya (JBSP), Universitas Lambung Mangkurat.
- Yuliana Setyaningsih, R. Kunjana Rahardi, Wahyudi Rahmat. "Unpacking Argumentative Fallacies in Indonesia's 2024 Presidential Debates: A Cognitif-Pragmatik Analysis." Jurnal Gramatika, Vol. 11, No. 1, 2025.
- Maria Ulfah, Elma, Sucitra Nur Safitri, Nurul Wardatul Jannah. "Kontribusi Ilmu Mantiq dalam Membedah Kekeliruan Berpikir (Fallacy) di Media Sosial." Jurnal Penelitian Nusantara, Vol. 1, No. 6, Juni 2025.
- Dimas Indianto S. "Beberapa Logical Fallacy tentang Pesantren." Opini di situs Kemenag (Kementerian Agama).

"KATA PAKAR" BELUM TENTU BENAR: MENGEVALUASI ARGUMEN BERBASIS OTORITAS (ARGUMENTUM AUCTORITATIS)

Oleh : M. Arjuna Umar Faruq

A. PENDAHULUAN

Pernahkah Anda terjebak dalam perdebatan sengit di grup WhatsApp keluarga yang tiba-tiba terhenti seketika hanya karena salah satu anggota membagikan tautan berita dengan judul bombastis: "Menurut Profesor X, Cara Ini Terbukti Ampuh"? Atau mungkin Anda sering melihat iklan televisi di mana seseorang mengenakan jas putih laboratorium lengkap dengan stetoskop yang melingkar di leher merekomendasikan pasta gigi tertentu, seolah-olah itu adalah resep medis mutlak? Dalam kedua skenario tersebut, terjadi fenomena psikologis yang menarik: diskusi rasional sering kali mati bukan karena argumen lawan telah dipatahkan oleh data, melainkan karena kita merasa "sungkan" atau takut untuk membantah sosok yang dianggap memiliki posisi lebih tinggi. Nama besar, deretan gelar akademik yang panjang, atau sekadar seragam yang tampak meyakinkan, sering kali menyilaukan mata kita, membuat kita langsung percaya tanpa merasa perlu memeriksa apakah isi argumen yang disampaikan benar-benar logis dan valid.

Kecenderungan untuk patuh pada otoritas sejatinya adalah insting sosial yang wajar dan telah tertanam sejak lama dalam evolusi manusia untuk menjaga keteraturan. Namun, dalam konteks logika dan penalaran kritis, insting ini menjadi "jalan pintas" yang berbahaya ketika ia menggantikan peran bukti empiris. Di era digital saat ini, kita menghadapi paradoks yang membingungkan. Di satu sisi, kita mengalami fenomena "matinya kepakaran" (*the death of expertise*), di mana saran ahli yang sesungguhnya sering diabaikan demi opini populer. Namun, di sisi lain, muncul wabah "pakar dadakan" di media sosial; kutipan-kutipan tokoh yang tidak relevan atau bahkan palsu sering kali dijadikan senjata pamungkas untuk membenarkan hoaks dan membungkam keraguan. Kita menjadi lebih peduli pada *siapa* yang berbicara, daripada *apa* yang sebenarnya dibicarakan.

Dalam studi logika, pola pikir yang keliru ini dikenal dengan nama teknis **Argumentum Auctoritatis** atau sering juga disebut *Argumentum ad Verecundiam* (argumen yang berlindung di balik rasa segan). Ini adalah sebuah kesesatan berpikir di mana validitas atau kebenaran suatu klaim didasarkan semata-mata pada kewibawaan, jabatan, popularitas, atau gelar orang yang menyatakannya, bukan pada kekuatan bukti atau alasan rasional yang mendukungnya. Ketika seseorang berkata, "Ini pasti benar karena Pakar A yang mengatakannya," tanpa memeriksa apakah Pakar A memiliki kompetensi yang relevan atau apakah datanya akurat, maka ia telah jatuh ke dalam lubang kesesatan ini.

Bab ini bertujuan untuk membedah secara mendalam fenomena tersebut. Kita tidak akan menafikan peran ahli karena kita tetap membutuhkan panduan mereka dalam bidang yang tidak kita kuasai namun kita akan belajar membedakan antara referensi ahli yang sah (*legitimate authority*) dan penggunaan otoritas yang sesat. Melalui pembahasan ini, pembaca akan diajak untuk mengenali ciri-ciri otoritas yang tidak relevan atau bias, serta dibekali dengan pisau analisis untuk memverifikasi klaim para "pakar". Pada akhirnya, tujuannya adalah agar Anda mampu menilai sebuah gagasan berdasarkan bobot kebenarannya sendiri, bukan sekadar terpesona oleh siapa yang menyampaikannya.

B. PEMBAHASAN

a) Membedah Argumentum Auctoritatis: Logika Kepatuhan

Asal-Usul dan Makna: Melampaui Rasa Segan Secara etimologis, istilah *Argumentum Auctoritatis* berakar dari kata Latin *auctoritas* yang berarti pengaruh, kekuasaan, atau wibawa. Dalam literatur logika tradisional, kesesatan ini sering juga diidentifikasi sebagai *Argumentum ad Verecundiam*. Kata *verecundiam* sendiri bermakna "kesopanan" atau "rasa malu". Penamaan ini menyiratkan sejarah awal penggunaannya: sebuah argumen dianggap benar karena lawan bicara merasa terlalu "malu" atau segan untuk membantah otoritas yang dikutip, karena hal itu akan dianggap sebagai bentuk ketidaksopanan atau arogansi intelektual .

Namun, prinsip dasar dalam berpikir kritis dan sains modern justru menolak mentalitas ini. Kebenaran sebuah klaim bersifat objektif; ia tidak bergantung pada siapa yang mengucapkannya. Sebuah pernyataan tidak menjadi lebih benar hanya karena diucapkan oleh seorang raja, profesor, atau ulama, dan tidak menjadi salah hanya karena diucapkan oleh orang biasa. Semangat ini terangkum sempurna dalam semboyan *Royal Society*, lembaga ilmiah tertua di dunia: **"Nullius in verba"**. Frasa ini secara harfiah berarti "jangan percaya begitu saja pada kata-kata siapa pun." Ini adalah pengingat abadi bahwa dalam pencarian kebenaran, otoritas harus tunduk pada bukti, bukan sebaliknya.

Mekanisme Kekeliruan: Otoritas sebagai Penunjuk Jalan, Bukan Bukti Mengapa mengandalkan otoritas dianggap sebagai kecacatan logika? Mari kita bedah struktur logisnya. Kesesatan ini terjadi ketika seseorang membangun premis seperti berikut:

1. Tokoh A mengatakan bahwa X adalah benar.

2. Tokoh A adalah orang yang pintar/berkuasa/terkenal.
3. Kesimpulan: Maka, X pasti benar.

Struktur di atas cacat karena *validitas* sebuah argumen bergantung pada premis dan fakta yang mendukungnya, bukan pada atribut personal penyampainya . Dalam logika yang sehat, pendapat seorang ahli (otoritas) seharusnya hanya berfungsi sebagai **heuristik** atau penunjuk jalan. Otoritas membantu kita menemukan bukti lebih cepat, tetapi otoritas itu sendiri bukanlah bukti. Jika seorang dokter mendiagnosis penyakit, diagnosis itu benar bukan karena dia seorang dokter, melainkan karena diagnosis tersebut didukung oleh gejala klinis dan hasil laboratorium yang dapat diverifikasi. Ketika kita menghilangkan bukti dan hanya menyisakan "kata dokter", kita telah menukar rasionalitas dengan kepatuhan buta .

Daya Tarik Psikologis: Efek Halo dan Kemalasan Kognitif Jika secara logika argumen ini lemah, mengapa ia begitu efektif dan sering kita temui? Jawabannya terletak pada psikologi manusia. Kita memiliki kerentanan alami terhadap apa yang disebut **Halo Effect** (Efek Halo). Ini adalah bias kognitif di mana kesan positif kita terhadap seseorang di satu area "meluber" ke area lain yang tidak berhubungan . Misalnya, karena kita mengagumi seorang pengusaha sukses yang jenius dalam bisnis teknologi, alam bawah sadar kita cenderung menganggap pendapatnya tentang politik atau kesehatan juga jenius, padahal itu bukan bidang keahliannya.

Selain itu, faktor **kemalasan intelektual** atau upaya penghematan energi mental juga bermain peran besar. Memverifikasi fakta, membaca jurnal medis, atau menganalisis data statistik membutuhkan usaha kognitif yang berat dan melelahkan. Jauh lebih mudah dan nyaman bagi otak kita untuk sekadar "percaya kata pakar" atau mengikuti figur otoritas. Dalam situasi yang penuh ketidakpastian, otak kita mencari jalan pintas (*shortcut*), dan mengikuti seseorang yang tampak yakin dan bergelar adalah jalan pintas yang paling menggoda, meskipun sering kali menyesatkan .

b) Ragam Otoritas Semu: Mengenali Jenis-Jenis Pelanggaran

Untuk dapat mengevaluasi argumen secara kritis, kita tidak cukup hanya mengetahui bahwa "mengandalkan otoritas itu berisiko". Kita perlu kemampuan bedah yang lebih presisi untuk mengidentifikasi *bagaimana* otoritas tersebut disalahgunakan. Kesesatan berpikir dalam kategori *Argumentum Auctoritatis* tidak selalu muncul dalam bentuk yang kasar; sering kali ia hadir dengan wajah yang meyakinkan, halus, dan manipulatif. Bagian ini akan menguraikan empat varian utama penyalahgunaan otoritas yang paling sering mencemari diskursus publik dan akademik.

1. Otoritas yang Tidak Relevan (*Irrelevant Authority*)

Ini adalah bentuk pelanggaran yang paling klasik namun sering kali menjebak karena bias "Efek Halo" yang telah kita bahas sebelumnya. Kesesatan ini terjadi ketika kita mengutip pendapat seorang ahli yang memiliki kredibilitas tinggi di bidang A, untuk memvalidasi argumen di bidang B, di mana bidang A dan B tidak memiliki keterkaitan keahlian yang signifikan.

Logika di balik kesalahan ini sederhana: keahlian itu bersifat spesifik, bukan universal. Seorang jenius di satu bidang bisa menjadi orang awam yang tidak tahu apa-apa di bidang lain.

- **Analisis Kasus:** Sering kali kita melihat tokoh agama diminta pendapatnya tentang kebijakan tata kota atau rekayasa genetika, atau sebaliknya, seorang ilmuwan alam diminta berkomentar tentang etika teologi. Meskipun mereka cerdas, pendapat mereka di luar bidang keahliannya hanyalah opini pribadi (*layman opinion*), bukan fakta ahli (*expert testimony*). Mengandalkan ucapan mereka sebagai bukti kebenaran adalah sebuah cacat logika.
- **Contoh Konkret:**
  - **Fisikawan vs Teologi/Politik:** Mengutip Albert Einstein atau fisikawan peraih Nobel lainnya untuk membenarkan argumen tentang keberadaan Tuhan atau pilihan ideologi politik tertentu. Meskipun kejeniusan mereka dalam fisika kuantum tidak diragukan, pandangan teologis atau politik mereka tidak memiliki bobot pembuktian ilmiah yang sama dengan rumus fisika yang mereka temukan.
  - **Pebisnis vs Pendidikan:** Seorang pengusaha sukses yang kaya raya sering dikutip pendapatnya mengenai bagaimana kurikulum sekolah dasar harus disusun. Argumennya sering kali diterima mentah-mentah hanya karena ia sukses mencari uang ("Dia kaya, pasti dia tahu segalanya"), padahal pedagogi dan psikologi perkembangan anak adalah disiplin ilmu yang sama sekali berbeda dengan manajemen bisnis.

2. Otoritas yang Bias (*Biased Authority*)

Jenis kesesatan ini lebih sulit dideteksi karena otoritas yang dikutip *memang* memiliki keahlian yang relevan. Masalahnya bukan pada kompetensinya, melainkan pada objektivitasnya. *Biased Authority* terjadi ketika ahli yang dikutip memiliki kepentingan tersembunyi baik finansial, politis, maupun institusional yang sangat mungkin memengaruhi hasil analisis atau pernyataannya.

Dalam logika, ini menciptakan konflik kepentingan (*conflict of interest*). Meskipun pendapat mereka mungkin benar, kita tidak bisa menjadikannya landasan argumen yang kokoh tanpa verifikasi independen karena motivasi mereka tercemar.

- **Analisis Kasus:** Skeptisisme sangat diperlukan di sini. Pertanyaan kuncinya bukan "Apakah dia pintar?", melainkan "Siapa yang membayarnya?" atau "Apa untungnya bagi dia?". Jika seorang ahli mendapatkan keuntungan langsung dari klaim yang ia buat, maka otoritasnya sebagai penunjuk kebenaran menjadi batal demi hukum logika.
- **Contoh Konkret:**
  - **Riset Gula dan Industri Makanan:** Sebuah studi ilmiah menyimpulkan bahwa konsumsi gula tinggi tidak berhubungan langsung dengan obesitas. Studi ini dilakukan oleh profesor gizi bergelar PhD (relevan). Namun, jika ditelusuri, penelitian tersebut didanai sepenuhnya oleh asosiasi perusahaan minuman bersoda. Di sini, otoritas gelar profesor tersebut gugur oleh bias kepentingan donatur.
  - **Ahli Strategi Perang:** Seorang purnawirawan jenderal diundang ke televisi untuk menganalisis perlunya negara membeli sistem persenjataan baru. Analisisnya tampak masuk akal, namun belakangan diketahui bahwa sang jenderal kini bekerja sebagai konsultan untuk pabrik senjata yang akan dibeli tersebut.

3. Otoritas yang Tidak Teridentifikasi (*Anonymous Authority*)

Ini adalah taktik retorika yang paling sering digunakan untuk menyebarkan desas-desus atau *hoaks*. Penutur menggunakan frasa samar untuk menciptakan ilusi bahwa ada konsensus ilmiah atau dukungan ahli, padahal sumber aslinya tidak ada atau tidak dapat dilacak.

Dalam bahasa Inggris, teknik ini sering disebut menggunakan *weasel words* kata-kata licin yang memungkinkan pembicara menyangkal tanggung jawab jika dikonfrontasi.

- **Analisis Kasus:** Penggunaan otoritas anonim membuat klaim tersebut menjadi kebal kritik (*unfalsifiable*). Bagaimana kita bisa memverifikasi kredibilitas "para ahli" jika nama mereka tidak pernah disebut? Jika tidak ada nama, tidak ada afiliasi institusi, dan tidak ada referensi dokumen, maka argumen tersebut bernilai nol.
- **Contoh Konkret:**
  - **"Para Ahli Sepakat...":** Dalam sebuah artikel opini, penulis menyatakan, "Para ahli sepakat bahwa metode pengasuhan kuno lebih baik daripada metode modern,"

tanpa menyertakan satu pun nama ahli atau kutipan jurnal. Frasa "para ahli" di sini hanyalah boneka jerami untuk memaksakan pendapat penulis sendiri.

- **Pesan Berantai (Broadcast) Medis:** Pesan WhatsApp yang berbunyi: "Info dari dokter senior di rumah sakit pusat, minum air panas jam 12 siang bisa membunuh virus X." Tidak ada nama dokter, tidak ada nama rumah sakit. Ini adalah eksploitasi otoritas (kata "dokter") tanpa subjek yang nyata.
- **"Studi Menunjukkan...":** Sering dipakai dalam iklan produk herbal: "Studi terbaru menunjukkan ramuan ini menyembuhkan kanker." Tanpa menyebutkan judul studi, tahun terbit, atau lembaga penerbitnya, klaim ini adalah manipulasi otoritas sains.

4. Otoritas Palsu/Selebritas (*Celebrity Endorsement*)

Di era media sosial, batas antara "terkenal" dan "ahli" menjadi sangat kabur. *Celebrity Endorsement* adalah bentuk *Argumentum Auctoritatis* di mana ketenaran (*fame*) seseorang digunakan sebagai pengganti kompetensi (*competence*). Ini adalah eksploitasi terhadap hubungan parasosial rasa dekat dan percaya yang kita rasakan terhadap figur publik yang sering kita lihat di layar kaca.

- **Analisis Kasus:** Mekanisme ini bekerja dengan mentransfer rasa suka kita terhadap *persona* selebritas tersebut kepada produk atau gagasan yang mereka jual. Jika kita menyukai penyanyi A, dan penyanyi A mengatakan vaksin itu berbahaya, kita cenderung percaya bukan karena argumen medisnya, tapi karena kita menyukai penyanyi A.
- **Contoh Konkret:**
  - **Influencer dan Kesehatan:** Seorang *beauty influencer* atau selebgram dengan jutaan pengikut mempromosikan pil diet ekstrem atau metode detoksifikasi yang belum teruji medis. Ia memberikan klaim-klaim medis ("ini membersihkan darah kotor", "menyeimbangkan hormon") tanpa memiliki latar belakang pendidikan gizi atau kedokteran sedikit pun. Pengikutnya percaya karena ia cantik dan terkenal, bukan karena ia benar.
  - **Aktor sebagai Dokter:** Iklan obat batuk yang menampilkan aktor mengenakan jas dokter. Meskipun ada tulisan kecil "model iklan", alam bawah sadar penonton menangkap citra otoritas medis. Argumen efektivitas obat tersebut disandarkan pada visual otoritas palsu.

c) Dampak Destruktif Kepercayaan Buta pada Otoritas

Mengapa kita harus begitu peduli jika seseorang percaya begitu saja pada perkataan seorang tokoh? Bukankah itu bentuk penghormatan? Masalahnya, ketika penghormatan pada otoritas berubah menjadi kepatuhan tanpa syarat, dampaknya tidak hanya merugikan individu, tetapi juga merusak tatanan intelektual masyarakat secara luas. *Argumentum Auctoritatis* bukan sekadar kesalahan logika di atas kertas; ia adalah racun yang melumpuhkan daya kritis kita. Berikut adalah tiga dampak destruktif utama dari mentalitas ini .

1. Penyebaran Pseudosains dan Teori Konspirasi Salah satu dampak paling berbahaya dari kepercayaan buta pada otoritas adalah suburnya ladang bagi pseudosains. Gerakan-gerakan yang menolak fakta ilmiah, seperti kelompok anti-vaksin atau penganut teori bumi datar, jarang berdiri tanpa "sandaran" otoritas. Mereka sering kali menunggangi satu atau dua ilmuwan yang berseberangan dengan konsensus ilmiah global (*rogue scientists*) untuk memberikan legitimasi semu pada klaim mereka.

Dengan teknik *cherry-picking* (tebang pilih), mereka mengabaikan ribuan studi yang valid dan hanya menonjolkan satu suara sumbang dari seseorang bergelar doktor untuk berkata, "Lihat, ilmuwan pun mendukung kami!" Publik yang tidak kritis akan terjebak karena mereka melihat "siapa" yang bicara (seorang doktor), bukan "apa" bukti yang disajikan. Akibatnya, informasi kesehatan yang menyesatkan dapat menyebar dengan jubah "kebenaran ilmiah", membahayakan nyawa banyak orang.

2. Stagnasi Intelektual dan Matinya Inovasi Dalam dunia pendidikan dan akademik, mentalitas "guru selalu benar" adalah resep ampuh untuk mematikan kemajuan ilmu pengetahuan . Jika mahasiswa atau peneliti muda dididik untuk menerima perkataan dosen, profesor, atau kitab rujukan sebagai kebenaran mutlak yang haram digugat, maka proses dialektika akan terhenti.

Sejarah sains membuktikan bahwa terobosan besar justru terjadi ketika seseorang berani menantang otoritas zamannya seperti Galileo yang menantang pandangan geosentris yang didukung otoritas gereja dan akademisi masa itu. Jika kita terus memelihara budaya di mana argumen dinilai berdasarkan jabatan penyampainya, kita akan menciptakan generasi "pembeo" yang hanya mampu mengulang hafalan, bukan inovator yang mampu memperbaiki kesalahan masa lalu. Ilmu pengetahuan hanya bisa berkembang melalui skeptisisme yang sehat, bukan kepatuhan buta.

3. Kerentanan terhadap Manipulasi Publik Di ranah sosial-politik dan ekonomi, kebiasaan tunduk pada simbol otoritas membuka celah lebar bagi manipulasi. Politisi, pemasar, dan propagandis sangat memahami psikologi ini. Itulah sebabnya iklan produk kesehatan sering menampilkan aktor yang mengenakan jas laboratorium putih, dan politisi sering berpidato di balik podium megah dengan deretan gelar akademik yang panjang.

Simbol-simbol otoritas ini jas lab, podium, gelar, seragam berfungsi sebagai alat untuk mematikan mekanisme pertahanan kritis audiens. Ketika seseorang melihat simbol tersebut, otak cenderung berasumsi bahwa pembicara memiliki integritas dan pengetahuan, sehingga pesan yang disampaikan (entah itu ajakan memilih kandidat korup atau membeli produk tidak berguna) ditelan mentah-mentah. Masyarakat yang tidak terlatih memisahkan simbol otoritas dari substansi argumen akan sangat mudah digiring opininya dan dimobilisasi untuk kepentingan pihak tertentu.

d) Strategi Bertahan: Uji Kelayakan Otoritas

Setelah memahami mekanisme dan bahaya dari *Argumentum Auctoritatis*, langkah terpenting adalah membekali diri dengan alat pertahanan intelektual. Kita tidak harus menjadi sinis dan menolak semua pendapat ahli itu adalah bentuk anti-intelektualisme yang sama bahayanya. Kuncinya adalah menerapkan prinsip "percaya namun verifikasi" (*trust but verify*).

Berikut adalah daftar periksa (*checklist*) sederhana yang dapat digunakan mahasiswa sebagai "saringan" setiap kali berhadapan dengan argumen yang bersandar pada sosok otoritas :

1. Uji Kompetensi (*Competence Test*) Pertanyaan Kunci: *Apakah orang ini memiliki keahlian spesifik di topik yang sedang dibahas?* Jangan silau oleh gelar akademik yang panjang. Pastikan kualifikasi mereka relevan dengan isu tersebut. Seorang profesor hukum tata negara adalah otoritas yang sah untuk bicara konstitusi, namun ia adalah orang awam ketika bicara tentang epidemiologi virus. Jika bidang keahlian tidak cocok dengan topik pembicaraan, otoritasnya batal.

2. Uji Konsensus (*Consensus Test*) Pertanyaan Kunci: *Apakah pendapatnya sejalan dengan mayoritas ahli lain di bidang tersebut?* Sains bekerja berdasarkan konsensus data, bukan pendapat tunggal. Jika seorang ilmuwan membuat klaim kontroversial yang bertentangan dengan 99% rekan sejawatnya, Anda patut curiga. Klaim luar biasa membutuhkan bukti yang luar biasa. Jangan biarkan satu suara sumbang (meskipun dari orang pintar) menenggelamkan ribuan studi yang valid.

3. Uji Bukti (*Evidence Test*) Pertanyaan Kunci: *Apakah dia menyertakan data/bukti, atau hanya mengandalkan posisinya?* Ingat prinsip dasar logika: otoritas bukanlah bukti.

Perhatikan cara mereka berargumen. Apakah mereka berkata, "Ini benar karena data menunjukkan X dan Y," atau hanya, "Percayalah pada saya, saya ahlinya"? Jika argumen mereka tidak bisa berdiri sendiri tanpa wibawa jabatan mereka, maka argumen itu rapuh .

4. Uji Bebas Kepentingan (*Bias Test*) Pertanyaan Kunci: *Apakah ada motif keuntungan di balik pernyataannya?* Terapkan prinsip *Cui Bono* (siapa yang diuntungkan?). Selidiki apakah ahli tersebut didanai oleh industri tertentu, memiliki afiliasi politik, atau sedang menjual produk yang berkaitan dengan klaimnya. Konflik kepentingan tidak selalu membuat pernyataan salah, namun mewajibkan kita untuk melakukan verifikasi ganda sebelum mempercayainya.

C. KESIMPULAN

1. Rangkuman Poin-Poin Kunci Menutup pembahasan mengenai *Argumentum Auctoritatis*, mari kita luruskan satu hal mendasar: menggunakan referensi atau pendapat ahli dalam sebuah argumen bukanlah tindakan yang salah. Sebaliknya, dalam dunia ilmu pengetahuan yang semakin kompleks, kita sangat membutuhkan panduan dari mereka yang telah mendedikasikan hidupnya untuk mendalami bidang tertentu. Kekeliruan logika tidak terletak pada tindakan mengutip, melainkan pada sikap mental yang menganggap ucapan ahli sebagai kebenaran mutlak yang final dan tidak dapat digugat.

Kita telah membedah bagaimana logika kepatuhan bekerja, di mana rasa segan (*verecundiam*) sering kali membungkam nalar kritis. Kita juga telah mengenali berbagai wajah otoritas semu mulai dari tokoh yang bicara di luar keahliannya, ahli yang memiliki konflik kepentingan, hingga ilusi otoritas yang diciptakan oleh selebritas dan influencer. Semua ini menegaskan bahwa posisi, jabatan, atau popularitas seseorang tidak pernah setara dengan bukti empiris.

2. Penegasan Ulang Tesis Inti dari bab ini adalah sebuah penegasan bahwa skeptisisme yang sehat terhadap otoritas bukanlah bentuk pembangkangan atau ketidaksopanan, melainkan tanda kedewasaan intelektual. Kita harus menanamkan pemahaman bahwa gelar akademik, seberapa pun panjangnya, tidak memberikan "kekebalan diplomatik" terhadap kesalahan logika. Seorang profesor bisa keliru, seorang jenderal bisa bias, dan seorang tokoh agama bisa salah mengutip data.

Kebenaran memiliki kakinya sendiri; ia berdiri di atas metodologi yang ketat, data yang valid, dan pengujian yang berulang, bukan di atas pundak seorang tokoh. Menyerahkan otoritas kebenaran sepenuhnya kepada orang lain, tanpa mau memeriksa dasarnya, adalah bentuk pengkhianatan terhadap akal budi kita sendiri.

3. Refleksi dan Ajakan Bertindak Sebagai penutup, mari kita refleksikan posisi kita dalam era banjir informasi ini. Tantangan terbesar kita saat ini adalah menemukan keseimbangan. Kita tidak ingin menjadi "pengikut buta" (*blind follower*) yang menelan mentah-mentah setiap kata yang keluar dari mulut tokoh idola. Namun, kita juga harus berhati-hati agar tidak tergelincir menjadi "penolak buta" (*denialist*) yang anti-sains dan menolak semua pendapat ahli hanya karena merasa paling tahu.

Jadilah pemikir yang merdeka namun rendah hati. Hormati keahlian orang lain, tetapi tetaplah memegang kendali atas nalar Anda sendiri. Mulai hari ini, mari kita ubah kebiasaan berdiskusi kita. Ketika disuguhkan sebuah klaim yang terdengar meyakinkan, jangan lagi bertanya, "Siapa yang mengatakannya?" untuk menentukan sikap. Sebaliknya, ajukanlah pertanyaan yang jauh lebih esensial dan bertenaga: **"Apa buktinya?"**

DAFTAR PUSTAKA

- Copi, I. M., Cohen, C., & Rodych, V. (2019). *Introduction to Logic* (15th ed.). New York: Routledge. (Referensi utama untuk definisi formal *Argumentum ad Verecundiam*).
- Hurley, P. J., & Watson, L. (2018). *A Concise Introduction to Logic* (13th ed.). Boston: Cengage Learning.
- Poespoprodjo, W., & Gilarso, T. (2011). *Logika Ilmu Menalar: Dasar-Dasar Berpikir Tertib, Logis, Kritis, Analitis, Dialektis*. Bandung: Pustaka Grafika. (Referensi lokal yang standar digunakan di Indonesia).
- Walton, D. N. (1997). *Appeal to Expert Opinion: Arguments from Authority*. University Park: Penn State University Press. (Buku yang secara spesifik membahas *Argumentum Auctoritatis* secara mendalam).
- Cialdini, R. B. (2021). *Influence, New and Expanded: The Psychology of Persuasion*. New York: Harper Business. (Membahas prinsip "Otoritas" sebagai alat persuasi dan manipulasi pemasaran).
- Kahneman, D. (2011). *Thinking, Fast and Slow*. New York: Farrar, Straus and Giroux. (Sumber utama untuk pembahasan *Heuristik*, *Halo Effect*, dan kemalasan kognitif).

- Nichols, T. (2017). *The Death of Expertise: The Campaign Against Established Knowledge and Why It Matters*. New York: Oxford University Press. (Referensi kunci untuk bagian "Matinya Kepakaran" dan "Pakar Dadakan").
- Sagan, C. (1996). *The Demon-Haunted World: Science as a Candle in the Dark*. New York: Ballantine Books. (Sumber inspirasi untuk semangat *Nullius in verba*, skeptisisme sains, dan deteksi *pseudoscience*).
- Cummings, L. (2014). "The 'Trust' Heuristic: Arguments from Authority in Public Health". *Health Communication*, 29(10), 1043-1056. (Relevan untuk contoh kasus kesehatan/dokter).
- Goodwin, J. (1998). "Forms of Authority and the Real Ad Verecundiam". *Argumentation*, 12, 267–280.

LOGIKA ANCAMAN DAN BELAS KASIH: MEWASPADAI SESAT PIKIR AD BACULUM DAN AD MISERICORDIAM.

Oleh : Nurwahid

A. PENDAHULUAN

Di sebuah sidang skripsi virtual, seorang mahasiswa mendapat pertanyaan kritis dari penguji tentang kelemahan metodologi penelitiannya. Alih-alih menjawab dengan data dan argumen, sang mahasiswa berkata dengan suara bergetar, "Saya mohon maklum, Pak. Saya berasal dari keluarga kurang mampu dan harus bekerja sambil kuliah. Saya sudah berusaha maksimal." Dalam waktu bersamaan, di ruang diskusi media sosial, seorang politisi mengancam, "Jika Anda tidak mendukung kebijakan ini, siap-siap saja dampaknya bagi stabilitas ekonomi Anda." Dua skenario ini, meski tampak berbeda, memiliki benang merah yang sama: keduanya menggantikan penalaran logis dengan tekanan emosional entah melalui belas kasihan atau ancaman.

Dalam dinamika komunikasi kontemporer, terutama di era digital yang sarat dengan polarisasi dan kecepatan informasi, seringkali kejelasan logika dikalahkan oleh efektivitas retorika emosional. Fenomena penggunaan ancaman (*ad baculum*) dan banding kepada belas kasihan (*ad misericordiam*) sebagai "senjata" argumentasi bukanlah hal baru, namun dampaknya semakin masif dan berbahaya. Kedua bentuk sesat pikir ini tidak hanya meracuni iklim diskusi sehat, tetapi juga menggerus kemampuan publik untuk membuat keputusan rasional, baik dalam konteks akademik, politik, bisnis, hingga kehidupan sehari-hari. Problem mendasarnya adalah: ketika emosi (takut atau kasihan) menjadi dasar penerimaan sebuah klaim, kebenaran objektif dan proses penalaran yang sah menjadi terabaikan.

Argumentum ad Baculum (sesat pikir ancaman atau banding kepada kekuatan) dan *Argumentum ad Misericordiam* (sesat pikir banding kepada belas kasihan) adalah dua jenis *fallacy* informal yang termasuk dalam kategori *fallacies of relevance*. *Ad baculum* terjadi ketika seseorang berusaha memenangkan argumen dengan mengancam lawan bicara, baik secara eksplisit maupun implisit, sehingga kebenaran klaim diukur dari konsekuensi yang menakutkan, bukan dari kekuatan premis. Sementara itu, *ad misericordiam* terjadi ketika validitas argumen digantikan oleh permohonan simpati atau belas kasihan atas keadaan pihak yang menyampaikan argumen. Keduanya sama-sama mengalihkan fokus dari substansi logis menuju respons emosional audiens.

Bab ini akan membedah secara mendasar kedua jenis sesat pikir tersebut. Pertama, kita akan menelusuri akar konseptual dan mekanisme logika di balik kekeliruan *ad baculum* dan *ad misericordiam.* Kedua, bab ini akan memaparkan berbagai ragam dan contoh aplikasinya dalam konteks yang beragam dari ruang kelas hingga ruang publik. Ketiga, kita akan menganalisis dampak destruktif yang ditimbulkan terhadap kualitas diskursus intelektual dan sosial. Keempat, bab ini akan melengkapi pembaca dengan seperangkat strategi praktis untuk mengidentifikasi, merespons, dan melawan penggunaan kedua *fallacy* tersebut. Pada akhirnya, diharapkan pembaca tidak hanya mampu mengenali, tetapi juga menjadi agen yang mampu menjaga rasionalitas dalam setiap pertukaran gagasan.

B. PEMBAHASAN

Fondasi: Mengurai *Ad Baculum* dan *Ad Misericordiam* dalam Kerangka Logika

Secara etimologis, *argumentum ad baculum* berasal dari bahasa Latin yang berarti "argumen dengan tongkat" (appeal to the stick), merujuk pada penggunaan kekuatan atau ancaman sebagai pengganti alasan. Sementara *argumentum ad misericordiam* berarti "argumen kepada belas kasihan" (appeal to pity). Dalam logika informal, kedua *fallacy* ini dikategorikan sebagai kesesatan relevansi karena alasan yang diberikan (ancaman atau belas kasihan) tidak relevan secara logis dengan kebenaran atau kesalahan dari klaim yang diperdebatkan.

Mekanisme kekeliruan pada *ad baculum* terletak pada pengalihan perhatian dari pertanyaan "Apakah klaim ini benar?" menjadi "Apakah Anda berani menolak klaim ini?". Ancaman yang digunakan bisa bersifat fisik, sosial, finansial, psikologis, atau bahkan simbolik. Misalnya, dalam konteks bisnis, ancaman pemutusan kerja jika tidak setuju dengan kebijakan perusahaan. Logika yang sehat seharusnya menilai kebijakan tersebut berdasarkan data dan dampaknya, bukan karena takut kehilangan pekerjaan.

Sementara itu, *ad misericordiam* bekerja dengan memanfaatkan rasa simpati dan empati manusia sebagai pengganti penilaian rasional. Mekanismenya adalah dengan membuat audiens merasa kasihan atau bersalah sehingga menerima klaim tanpa menguji validitasnya. Contoh klasik adalah seorang terdakwa di pengadilan yang memohon belas kasihan juri dengan menceritakan latar belakang hidupnya yang sulit, alih-alih menyajikan bukti yang membantah dakwaan.

Dari perspektif psikologis, daya tarik kedua *fallacy* ini sangat kuat karena manusia secara alamiah responsif terhadap ancaman (insting bertahan hidup) dan cerita emosional (kapasitas empati). Namun, logika ilmiah mengajarkan bahwa kebenaran sebuah proposisi harus dinilai berdasarkan kesesuaiannya dengan realitas dan koherensi penalaran, bukan berdasarkan emosi yang dihasilkan.

Ragam dan Contoh dalam Konteks yang Berbeda

Ad Baculum: Bentuk dan Contoh

1. Ancaman Fisik Langsung: "Setuju dengan usulan saya, atau Anda akan saya laporkan kepada preman di luar."

   o Konteks: sering terjadi dalam intimidasi langsung, meski jarang dalam diskusi formal.

2. Ancaman Sosial atau Reputasi: "Jika Anda tidak mendukung gerakan ini, Anda akan dikucilkan dari komunitas akademik ini."

   o Konteks: banyak terjadi dalam dinamika kelompok atau organisasi, di mana tekanan kelompok digunakan untuk memaksa kesepakatan.

3. Ancaman Finansial atau Ekonomi: "Kami akan menarik investasi jika regulasi ini tidak diubah."

   o Konteks: lobi bisnis dan politik, di mana kekuatan ekonomi digunakan untuk memengaruhi kebijakan tanpa melalui argumentasi substansial.

4. Ancaman Hukum atau Administratif: "Surat izin penelitian Anda bisa dicabut jika tidak memasukkan temuan yang mendukung program pemerintah."

   o Konteks: penyalahgunaan wewenang dalam birokrasi atau institusi.

5. Ancaman Implisit atau Psikologis: "Pikirkan konsekuensinya bagi karier akademik Anda jika menentang teori ini."

   o Konteks: sering terjadi dalam hubungan hierarkis, seperti antara dosen dan mahasiswa, atau atasan dan bawahan.

***Ad Misericordiam*: Bentuk dan Contoh**

1. Banding pada Penderitaan Pribadi: "Saya sudah bekerja lembur tanpa henti untuk laporan ini, jadi mohon jangan dikritik terlalu keras."

   a. Konteks: presentasi tugas atau pekerjaan, di mana usaha dikedepankan sebagai pengganti kualitas hasil.

2. Banding pada Kesulitan Ekonomi atau Sosial: "Perusahaan kami harus diselamatkan karena kami mempekerjakan ratusan karyawan dari keluarga kurang mampu."

a. Konteks: debat kebijakan bailout atau bantuan usaha, di mana simpati pada karyawan digunakan untuk menutupi kinerja buruk perusahaan.

3. Bandal pada Tanggung Jawab Keluarga atau Moral: "Saya harus menafkahi tiga anak, jadi tolong berikan saya nilai yang baik."

a. Konteks: pendidikan, di mana tanggung jawab personal dijadikan alasan untuk mendapatkan perlakuan khusus.

4. Bandal pada Trauma atau Pengalaman Buruk: "Karena saya pernah menjadi korban, maka pendapat saya tentang kebijakan ini harus diterima tanpa reserve."

a. Konteks: diskusi kebijakan sosial, di mana pengalaman pribadi (yang sah) digunakan untuk menutup ruang kritik terhadap validitas argumen.

5. Bandal pada Niat Baik atau Motivasi: "Niat saya tulus ingin membantu, jadi metode yang saya gunakan tidak perlu diverifikasi terlalu ketat."

a. Konteks: sering ditemui dalam penggalangan dana atau program sosial, di mana niat baik dianggap cukup menggantikan akuntabilitas.

Contoh-contoh di atas menunjukkan bahwa kedua *fallacy* ini dapat muncul dalam berbagai tingkat kecanggihan, dari yang sangat kasar hingga halus dan sulit dikenali.

Dampak Destruktif terhadap Diskursus dan Pengambilan Keputusan (± 400 Kata)

Penggunaan *ad baculum* dan *ad misericordiam* membawa dampak sistemik yang merusak, baik dalam ranah akademik maupun publik:

1. Erosi Rasionalitas dan Objektivitas: Diskusi yang seharusnya berjalan berdasarkan pertukaran gagasan dan bukti berubah menjadi ajang saling menekan atau memanipulasi emosi. Kebenaran menjadi relatif terhadap siapa yang lebih kuat atau lebih menyedihkan.

2. Penghambatan Inovasi dan Kemajuan Ilmiah: Dalam lingkungan akademik, ancaman atau permohonan belas kasihan dapat menghentikan kritik konstruktif yang penting untuk penyempurnaan teori atau metode. Ide-ide baru mungkin ditolak bukan karena lemah secara logis, tetapi karena penentangnya memiliki kuasa untuk mengancam atau karena pembawanya dianggap "layak dikasihani" sehingga tidak layak dikritik.

3. Polarisasi dan Degradasi Kepercayaan Sosial: Di ruang publik, politisi atau pemimpin yang sering menggunakan ancaman atau narasi permohonan belas kasihan dapat menciptakan masyarakat yang terbelah antara yang takut dan yang simpatik, tanpa pernah

menyentuh substansi kebijakan. Ini memperdalam ketidakpercayaan terhadap institusi dan proses demokrasi.

4. Pengambilan Keputusan yang Tidak Optimal: Baik dalam bisnis, kebijakan publik, maupun kehidupan pribadi, keputusan yang diambil berdasarkan tekanan atau belas kasihan seringkali mengabaikan analisis risiko-manfaat yang rasional, berpotensi menimbulkan kerugian jangka panjang.

Strategi Identifikasi dan Respons: Melindungi Diri dari Manipulasi Emosional

Agar tidak terjebak dalam penggunaan maupun menjadi korban dari *ad baculum* dan *ad misericordiam*, mahasiswa dapat mengembangkan keterampilan berikut:

1. Kewaspadaan Kognitif (Cognitive Vigilance): Latih diri untuk segera curiga ketika dalam sebuah argumen muncul ancaman atau cerita emosional yang terlalu dominan. Tanyakan pada diri sendiri: "Apakah alasan yang diberikan relevan dengan kebenaran klaim?"

2. Pisahkan antara Orang dan Argumen (Separate the Person from the Argument): Ingat prinsip dasar logika: validitas argumen tidak tergantung pada keadaan pribadi pembicara atau konsekuensi yang ditakutkan. Fokus pada struktur logika dan bukti yang disajikan.

3. Teknik Respons Langsung:

o Untuk *ad baculum*: "Saya memahami bahwa ada konsekuensi yang Anda sampaikan, namun saya ingin kita membahas apakah klaim ini didukung oleh data dan logika yang kuat. Mari kita evaluasi premis-premisnya terlebih dahulu."

o Untuk *ad misericordiam*: "Saya turut bersimpati dengan keadaan yang Anda alami, namun saya percaya kita dapat menjaga objektivitas diskusi dengan tetap berfokus pada bukti dan argumen yang relevan dengan topik."

4. Bangun Budaya Diskusi yang Berbasis Norma Logika: Dalam kelompok studi atau organisasi, tetapkan norma bahwa ancaman dan banding emosional yang tidak relevan tidak diterima. Dorong setiap anggota untuk saling mengingatkan dengan santun jika terjadi penyimpangan.

5. Latihan Analisis Kasus: Perbanyak membaca atau mengamati debat publik, lalu identifikasi apakah ada unsur *ad baculum* atau *ad misericordiam*. Tuliskan analisis mengapa itu tidak relevan dan bagaimana seharusnya argumen dibangun.

C. KESIMPULAN

Setelah menelusuri konsep, contoh, dampak, dan strategi terkait *argumentum ad baculum* dan *argumentum ad misericordiam*, kita tiba pada beberapa poin kunci refleksi. Pertama, kedua bentuk sesat pikir ini, meski memanfaatkan aspek psikologis manusia yang wajar, tetaplah merupakan penyimpangan dari standar penalaran yang sehat. Mereka menggerogoti fondasi diskursus rasional dengan menggantikan logika dengan emosi baik ketakutan maupun belas kasihan. Kedua, dalam konteks dunia yang semakin kompleks dan sarat dengan kepentingan, kemampuan untuk mendeteksi dan menolak manipulasi semacam ini bukan lagi sekadar keterampilan akademik, melainkan kompetensi hidup yang kritis.

Penegasan ulang tesis bab ini adalah: membedakan antara argumen logis dan manipulasi emosional merupakan inti dari kemandirian berpikir. Seorang mahasiswa yang terlatih logikanya tidak akan mudah ditakut-takuti oleh ancaman terselubung atau terbuai oleh cerita sedih yang tidak relevan. Ia akan tetap berpegang pada prinsip bahwa kebenaran suatu klaim harus diuji melalui premis dan bukti, bukan melalui intensitas emosi yang menyertainya.

Oleh karena itu, bab ini menutup dengan ajakan untuk mengambil peran aktif dalam menciptakan ekosistem berpikir yang lebih sehat. Mulailah dari diri sendiri dengan terus melatih kepekaan terhadap fallacy, baik dalam membaca, menulis, maupun berdiskusi. Beranilah menyuarakan ketidakrelevanan ancaman atau banding belas kasihan ketika muncul dalam percakapan akademik atau publik tentu saja dengan cara yang santun dan konstruktif. Akhirnya, ingatlah bahwa integritas intelektual terletak pada kesetiaan pada logika, bahkan ketika tekanan emosional mencoba mengalihkan kita. Dengan demikian, kita tidak hanya menjadi mahasiswa yang cerdas, tetapi juga warga negara yang rasional dan empatik sebuah kombinasi yang sangat dibutuhkan di tengah riuh rendah era digital ini.

DAFTAR PUSTAKA

Copi, I. M., Cohen, C., & McMahon, K. (2016). *Introduction to Logic* (14th ed.). Pearson.

Walton, D. N. (2000). *Scare Tactics: Arguments that Appeal to Fear and Threats.* Kluwer Academic Publishers.

Walton, D. N. (1997). *Appeal to Pity: Argumentum ad Misericordiam.* State University of New York Press.

Hurley, P. J. (2017). *A Concise Introduction to Logic* (12th ed.). Cengage Learning.

Tindale, C. W. (2007). *Fallacies and Argument Appraisal.* Cambridge University Press.

van Eemeren, F. H., & Grootendorst, R. (2004). *A Systematic Theory of Argumentation: The Pragma-Dialectical Approach.* Cambridge University Press.

Damer, T. E. (2013). *Attacking Faulty Reasoning* (7th ed.). Wadsworth Cengage Learning.

Bowell, T., & Kemp, G. (2014). *Critical Thinking: A Concise Guide* (4th ed.). Routledge.

Engel, S. M. (1994). *With Good Reason: An Introduction to Informal Fallacies* (5th ed.). St. Martin's Press.

Govier, T. (2013). *A Practical Study of Argument* (7th ed.). Wadsworth Cengage Learning.

Paul, R., & Elder, L. (2019). *The Miniature Guide to Critical Thinking Concepts and Tools* (8th ed.). Foundation for Critical Thinking.

Cialdini, R. B. (2009). *Influence: The Psychology of Persuasion* (Rev. ed.). Harper Business.

Kahane, H., & Cavender, N. (2020). *Logic and Contemporary Rhetoric: The Use of Reason in Everyday Life* (13th ed.). Cengage Learning.

Groarke, L. (2015). *Informal Logic.* In E. N. Zalta (Ed.), *The Stanford Encyclopedia of Philosophy* (Fall 2015 Edition). https://plato.stanford.edu/archives/fall2015/entries/logic-informal/

Surajiyo. (2019). *Dasar-Dasar Logika.* Jakarta: Bumi Aksara.

SIKUT-IKUTAN ORANG BANYAK: MENGKRITISI ARGUMEN POPULIS (ARGUMENTUM AD POPULUM)

Oleh : Nurul Lailatul Aulia

A. PENDAHULUAN

Dalam beberapa tahun terakhir, dinamika diskusi publik terutama di media sosial menunjukkan kecenderungan kuat untuk menjadikan banyaknya dukungan sebagai penentu kebenaran suatu pendapat. Istilah seperti "viral", "trending", "lagi rame", atau "sudah jutaan orang sepakat" sering dijadikan tolok ukur validitas, seolah-olah sebuah gagasan pasti tepat hanya karena populer. Hal ini terlihat jelas dalam perdebatan terkait isu kesehatan, pilihan politik, hingga tema hiburan populer, di mana suatu klaim dianggap sah bukan karena argumennya kokoh, melainkan karena banyak dibicarakan. Dalam berbagai diskusi publik, komentar warganet, ataupun acara debat, sering muncul anggapan bahwa "jika mayoritas mendukung, maka pendapat itu yang benar." Pola semacam ini menegaskan adanya kecenderungan berpikir ikut-ikutan yang dibungkus menjadi seolah-olah sebagai konsensus bersama.

Permasalahan muncul ketika tingkat popularitas dijadikan standar utama untuk menilai kebenaran. Mengikuti suara mayoritas memang memberikan rasa aman, membuat seseorang merasa diterima, dan menghindarkannya dari pertentangan. Namun, kenyamanan tersebut tidak selalu membawa pada penilaian yang benar; mayoritas pun dapat keliru, apalagi jika keyakinan tersebut tidak dibangun di atas dasar pengetahuan yang memadai. Di era demokrasi digital, tekanan untuk mengikuti arus mayoritas justru semakin kuat. Ketika suatu opini viral, banyak orang merasa terdorong untuk ikut berpihak demi menghindari label negatif atau penilaian sosial tertentu. Akibatnya, menjadikan popularitas sebagai dasar argumen menjadi pilihan mudah yang sering menyesatkan.

Dalam logika informal, pola berpikir seperti ini dikenal sebagai Argumentum ad Populum, yakni sesat pikir yang menilai kebenaran berdasarkan banyaknya orang yang mempercayainya. Secara retoris, kesesatan ini memang sangat efektif karena memanfaatkan kecenderungan manusia untuk mencari penerimaan sosial. Namun secara rasional, jenis argumentasi ini rapuh, sebab kebenaran tidak pernah ditentukan oleh jumlah pendukung, melainkan oleh kuatnya bukti dan ketepatan penalaran.

Bab ini disusun untuk mengkaji secara mendalam bagaimana argumentum ad populum bekerja, mengapa ia mampu meyakinkan banyak orang, serta apa pengaruh buruknya terhadap kualitas dialog publik. Pembahasan juga mencakup ragam bentuk argumentum ad populum disertai contoh dari ranah politik, media digital, periklanan, hingga akademik. Pada bagian akhir, mahasiswa dipandu untuk mengenali, menilai, dan menolak argumen populis dengan cara yang logis dan etis. Dengan demikian, pembaca diharapkan mampu mengembangkan kemampuan berpikir kritis yang lebih matang dan tidak mudah terombang-ambing oleh opini mayoritas.

B. PEMBAHASAN

Membedah Argumentum ad Populum: Logika di Balik Kekeliruan

Argumentum ad Populum, atau dalam pengertian literal berarti "argumen yang diarahkan kepada khalayak ramai", merupakan salah satu jenis kekeliruan logis yang paling sering muncul dalam kehidupan sehari-hari. Inti dari sesat pikir ini adalah anggapan bahwa suatu klaim dianggap benar semata-mata karena diyakini oleh banyak orang. Dengan kata lain, popularitas menjadi dasar pembenaran, padahal secara logis tidak ada hubungan yang sah antara banyaknya orang yang mendukung suatu pendapat dengan validitas kebenaran pendapat tersebut. Dalam bahasa logika formal, pola ini termasuk non sequitur sebuah kesimpulan yang tidak mengikuti premis secara rasional. Banyaknya orang yang percaya tidak menjadikan suatu pernyataan benar, sama halnya dengan minoritas tidak menjadikan suatu gagasan otomatis salah.

Popularitas suatu gagasan bisa terbentuk oleh berbagai faktor yang sama sekali tidak berkaitan dengan kebenaran. Beberapa opini menjadi populer karena sering diulang, diperkuat oleh iklan, dipromosikan figur otoritatif, atau disebarkan oleh kelompok yang memiliki kepentingan tertentu. Emosi, ketakutan, kesalahpahaman, propaganda, ketidaktahuan kolektif, dan bahkan algoritma media sosial dapat mendorong suatu gagasan menjadi viral sekalipun tidak memiliki dasar logis yang kuat. Dengan demikian, banyaknya pendukung suatu pendapat tidak dapat dijadikan indikator akurat untuk menilai kebenaran.

Dari sudut pandang psikologi sosial, kekeliruan ini bekerja sangat efektif karena bersandar pada dorongan manusia untuk menyesuaikan diri dengan kelompok. Kebutuhan untuk diterima secara sosial merupakan motivasi yang kuat, bahkan terkadang lebih dominan daripada dorongan untuk mencari kebenaran objektif. Eksperimen Solomon Asch (1951) menjadi bukti klasik bahwa individu cenderung mengubah jawaban mereka hanya untuk mengikuti jawaban kelompok, meskipun jawaban tersebut jelas-jelas keliru. Temuan ini menegaskan bahwa manusia kerap mengorbankan penilaian rasional demi keselarasan sosial.

Argumentum ad populum juga beroperasi melalui bandwagon effect, yaitu kecenderungan seseorang untuk mengikuti suatu kepercayaan atau tindakan karena melihat banyak orang melakukannya terlebih dahulu. Efek ini sering muncul dalam tren mode, gaya hidup, konsumsi produk, pilihan politik, bahkan dalam penerimaan informasi terkait kesehatan dan sains. Ketika seseorang melihat bahwa pendapat tertentu didukung mayoritas, ia sering merasa lebih aman untuk ikut serta tanpa melakukan evaluasi kritis. Alhasil, argumen populer sering diterima begitu saja, sementara argumen yang tidak populer walaupun lebih rasional cenderung diabaikan.

Dalam konteks digital modern, fenomena ini semakin menguat. Algoritma platform media sosial seperti Facebook, TikTok, atau Instagram dirancang untuk memprioritaskan konten yang memiliki interaksi tinggi. Konten yang viral akan semakin sering ditampilkan, menciptakan ilusi bahwa konten tersebut memiliki otoritas atau kebenaran lebih tinggi daripada konten yang tidak banyak mendapat perhatian. Sistem ini secara tidak langsung memperkuat persepsi keliru bahwa popularitas adalah indikator kredibilitas. Akibatnya, masyarakat sering terjebak dalam echo chamber yang memperkuat pandangan yang sama secara berulang-ulang sehingga terlihat seperti kebenaran universal.

Selain itu, perkembangan media digital memungkinkan penciptaan popularitas palsu melalui manipulasi algoritma, bot otomatis, dan kampanye terencana. Opini yang tampak ramai belum tentu merupakan refleksi pandangan masyarakat secara nyata. Fenomena manufactured consensus atau konsensus buatan sering digunakan dalam kampanye politik maupun pemasaran komersial untuk menciptakan persepsi bahwa sebuah pendapat adalah suara mayoritas. Padahal, yang terjadi hanyalah ilusi persebaran opini, bukan penerimaan publik secara autentik.

Dari keseluruhan pemahaman tersebut, jelas bahwa argumentum ad populum merupakan kekeliruan berpikir yang berbahaya. Ia menggantikan proses penalaran logis dengan ketergantungan pada opini mayoritas tanpa mempertimbangkan kualitas argumen. Kebenaran seharusnya ditentukan oleh bukti, koherensi logis, dan analisis kritis, bukan oleh jumlah orang yang mempercayainya. Oleh karena itu, penting bagi mahasiswa dan masyarakat luas untuk mampu mengenali mekanisme argumentum ad populum serta menolaknya dalam berbagai konteks, sehingga tidak menjadi korban pola pikir massal yang tidak berdasar.

Ragam Argumentum ad Populum: Wajah-Wajah Argumen Populis

Argumentum ad Populum merupakan salah satu bentuk kesesatan berpikir yang dapat muncul dalam beragam situasi kehidupan manusia. Ia tidak hadir hanya sebagai argumen yang bersandar pada banyaknya pendukung, tetapi mengejawantah dalam berbagai kategori dan situasi yang membuatnya tampak meyakinkan. Keberagaman bentuk ini membuat kesesatan berpikir berbasis popularitas sering kali tidak disadari dan dianggap sebagai argumentasi yang wajar. Dalam bagian ini akan dipaparkan ragam argumentum ad populum secara lebih mendalam, lengkap dengan contoh luas dari konteks akademik, politik, agama, budaya digital, periklanan, serta kehidupan sosial.

1. Bandwagon Fallacy (Efek Ikut Arus)

Bandwagon Fallacy adalah bentuk paling umum dari argumentum ad populum. Sesat pikir ini mendasarkan kebenaran suatu argumen pada fakta bahwa banyak orang melakukan, mendukung, atau mempercayainya. Prinsip "ikuti yang ramai" dijadikan tolok ukur kebenaran, seolah-olah sesuatu yang populer pasti benar atau terbaik. Padahal, sesuatu yang banyak diikuti belum tentu berdasar pada penalaran yang valid bisa saja hanya terbawa euforia massa atau tren sesaat.

Contoh dalam kehidupan sehari-hari:

"Karena hampir semua warga kompleks menggunakan layanan internet tertentu, itu berarti layanan tersebut paling baik."

"Semua teman sebaya memakai produk diet tertentu, jadi produk itu pasti efektif."

"Banyak orang sedang mengikuti gaya hidup vegan, maka itu berarti veganisme adalah satu-satunya yang benar untuk kesehatan."

Contoh dalam konteks akademik:

"Mayoritas mahasiswa memilih topik penelitian X, artinya itulah topik yang paling ilmiah."

"Karena hampir semua orang mengutip teori tertentu, maka teori itu pasti paling benar."

Contoh dalam konteks politik:

"Kandidat A unggul di berbagai poling, maka dia yang paling layak memimpin."

"Karena sebagian besar publik mendukung kebijakan populis tertentu, maka kebijakan itu pasti baik."

Contoh dalam dunia agama:

"Banyak jamaah mengikuti pendapat ustaz tertentu, maka pendapat itu yang paling sahih."

"Karena mayoritas umat menjalankan ritual tertentu dengan cara tertentu, maka cara itu mutlak benar."

Contoh dalam budaya digital & media sosial:

"Video ini sudah ditonton 30 juta kali, berarti isinya valid."

"Tagar #GerakanX viral, maka gerakan itu pasti penting dan layak didukung."

Dalam seluruh contoh di atas, tindakan atau keyakinan dipandang benar bukan karena argumen atau bukti yang kuat, melainkan karena banyak orang terlibat di dalamnya.

2. Appeal to Common Belief (Kepercayaan Umum)

Appeal to common belief merujuk pada kesesatan berpikir yang menganggap sesuatu benar hanya karena telah lama diyakini masyarakat secara luas. Kepercayaan umum sering bertahan bukan karena valid, tetapi karena diturunkan antargenerasi, diperkuat adat, atau tidak pernah diuji secara ilmiah. Dalam konteks ini, suatu klaim dianggap benar karena "sudah lama dipercaya".

Contoh dalam kehidupan sehari-hari:

"Sejak dulu orang percaya bahwa kilat terjadi karena marahnya para dewa, berarti itu benar."

"Orang bilang kalau hujan-hujanan pasti sakit, jadi itu pasti benar."

Contoh dalam konteks akademik

"Dari dulu kita belajar bahwa kecerdasan diukur dari nilai, jadi nilai adalah indikator utama kemampuan."

"Karena banyak buku lama mengajarkan metode hafalan, maka metode itu dianggap paling efektif."

Contoh dalam konteks agama:

"Tradisi tertentu sudah menjadi kepercayaan ribuan tahun, berarti isinya pasti benar secara teologis."

"Banyak umat berpegang pada tafsir tertentu karena diwariskan ulama terdahulu, berarti tafsir itu paling tepat."

Contoh dalam konteks sains dan kesehatan:

"Karena banyak orang percaya bahwa minum es menyebabkan sakit tenggorokan, maka itu benar padahal tidak memiliki dasar ilmiah."

"Banyak masyarakat meyakini bahwa posisi tidur tertentu dapat menentukan nasib atau rezeki."

Contoh dalam media massa:

"Karena berita tertentu disebarkan banyak orang, berarti berita itu benar."

Kepercayaan umum tidak otomatis identik dengan kebenaran. Sejarah membuktikan bahwa banyak kepercayaan populer seperti bumi datar atau teori miasma penyakit pada akhirnya terbukti keliru.

3. Appeal to Tradition (Mengacu pada Tradisi Mayoritas)

Appeal to tradition adalah kesesatan yang menyatakan bahwa suatu tindakan atau gagasan benar hanya karena telah dilakukan sejak lama. Tradisi memang memiliki fungsi budaya dan sosial, tetapi lamanya praktik berlangsung tidak menjadi bukti bahwa praktik tersebut benar secara logis ataupun etis.

Contoh dalam kehidupan sosial-budaya:

"Upacara adat ini harus dijalankan persis seperti nenek moyang melakukannya, karena itulah yang benar."

"Pakaian tertentu wajib dikenakan karena sudah menjadi tradisi turun-temurun."

Contoh dalam konteks akademik:

"Model pembelajaran ceramah harus tetap digunakan karena telah dipakai sejak awal sistem pendidikan."

"Karena buku teks klasik sudah lama digunakan, maka isinya pasti paling benar."

Contoh dalam konteks agama:

"Karena urutan ibadah telah dilakukan seperti ini selama berabad-abad, maka tidak boleh ada pendekatan baru."

"Cara berdakwah tertentu dianggap paling sahih karena diwariskan dari generasi sebelumnya."

Contoh dalam konteks politik & pemerintahan:

"Sistem ini sudah lama diterapkan, jadi harus dipertahankan."

"Karena sejak dulu kelompok tertentu memegang kuasa, maka itu hal yang wajar."

Contoh dalam dunia kesehatan & pengobatan:

"Resep tradisional ini digunakan sejak nenek moyang, jadi pasti ampuh."

"Karena masyarakat dahulu memakai metode tertentu untuk menyembuhkan penyakit, maka metode modern dianggap salah."

Masalah muncul ketika tradisi dijadikan alasan untuk menolak inovasi atau pendekatan baru yang lebih efektif, ilmiah, dan manusiawi.

4. Popularity as Moral Legitimacy (Popularitas sebagai Legitimasi Moral)

Popularitas sebagai legitimasi moral adalah jenis argumentum ad populum yang menggunakan dukungan massa untuk membenarkan tindakan moral tertentu. Dalam hal ini, suara terbanyak dianggap sebagai indikator kebenaran etis. Padahal moralitas tidak ditentukan oleh jumlah pendukung, melainkan oleh prinsip kemanusiaan, keadilan, dan logika etis.

Contoh dalam konteks moral & etika:

"Karena mayoritas setuju bahwa hukuman keras diperlukan, maka itu pasti adil."

"Karena banyak orang membenarkan tindakan diskriminatif tertentu, berarti tindakan itu wajar."

Contoh dalam konteks politik:

"Kebijakan kontroversial yang didukung mayoritas pasti benar secara moral."

"Larangan terhadap kelompok minoritas dianggap sah karena didukung mayoritas masyarakat."

Contoh dalam konteks agama:

"Karena sebagian besar kelompok memandang praktik tertentu salah, maka itu pasti salah secara moral."

"Ajaran tertentu dipandang benar karena lebih banyak penganutnya."

Contoh dalam konteks budaya digital:

"Karena komentar negatif terhadap seseorang menjadi viral, maka orang itu pasti bersalah."

"Karena banyak warganet membully tokoh tertentu, maka tindakan bully dianggap wajar."

Contoh historis:

Praktik perbudakan pernah dianggap benar karena mayoritas mendukungnya pada masa tertentu.

Diskriminasi rasial pernah dianggap wajar karena menjadi norma sosial.

Bentuk argumentum ad populum ini sangat berbahaya karena bisa melegitimasi kekerasan, intoleransi, dan pelanggaran hak asasi manusia.

Keempat jenis argumentum ad populum ini memperlihatkan betapa luas dan fleksibelnya sesat pikir berbasis popularitas dalam memengaruhi penilaian seseorang. Popularitas dapat menjebak individu untuk mengabaikan analisis logis, menggantikan penalaran kritis dengan tekanan sosial atau kenyamanan psikologis. Dengan memahami ragam bentuk ad populum beserta efeknya di beragam konteks akademik, politik, agama, dan media mahasiswa dapat mengembangkan kemampuan berpikir kritis, sehingga tidak mudah terbawa arus mayoritas yang belum tentu benar.

Dampak Destruktif Argumentum ad Populum

Argumentum ad Populum, atau dalam pengertian literal berarti "argumen yang diarahkan kepada khalayak ramai", merupakan salah satu jenis kekeliruan logis yang paling sering muncul dalam kehidupan sehari-hari. Inti dari sesat pikir ini adalah anggapan bahwa suatu klaim dianggap benar semata-mata karena diyakini oleh banyak orang. Dengan kata lain, popularitas menjadi dasar pembenaran, padahal secara logis tidak ada hubungan yang sah antara banyaknya orang yang mendukung suatu pendapat dengan validitas kebenaran pendapat tersebut. Dalam bahasa logika formal, pola ini termasuk non sequitur sebuah kesimpulan yang tidak mengikuti premis secara rasional. Banyaknya orang yang percaya tidak menjadikan suatu pernyataan benar

Argumentum ad Populum merupakan salah satu bentuk kesesatan berpikir yang dapat muncul dalam beragam situasi kehidupan manusia. Ia tidak hadir hanya sebagai argumen yang bersandar pada banyaknya pendukung, tetapi mengejawantah dalam berbagai kategori dan situasi yang membuatnya tampak meyakinkan. Keberagaman bentuk ini membuat kesesatan berpikir berbasis popularitas sering kali tidak disadari dan dianggap sebagai argumentasi yang wajar. Dalam bagian ini akan dipaparkan ragam argumentum ad populum secara lebih mendalam, lengkap dengan contoh luas dari konteks akademik, politik, agama, budaya digital, periklanan, serta kehidupan sosial.

1. Bandwagon Fallacy (Efek Ikut Arus)

Bandwagon Fallacy adalah bentuk paling umum dari argumentum ad populum. Sesat pikir ini…

Argumentum ad populum membawa dampak yang signifikan terhadap dinamika berpikir masyarakat serta kualitas diskursus publik. Salah satu dampak paling mencolok adalah rusaknya kualitas dialog yang seharusnya berfokus pada pertukaran gagasan rasional. Ketika popularitas dijadikan dasar penentuan kebenaran, diskusi tidak lagi berporos pada argumentasi yang dibangun melalui logika dan bukti, tetapi berubah menjadi ajang pembuktian siapa yang memiliki massa lebih besar. Diskursus yang seharusnya menjadi ruang deliberasi justru tereduksi menjadi kontestasi pengaruh, di mana gagasan yang paling banyak diikuti otomatis dianggap unggul, tanpa mempertimbangkan validitasnya.

Selain itu, argumentum ad populum berpotensi melemahkan kemampuan berpikir kritis individu.

Argumentum ad populum memiliki konsekuensi serius terhadap dinamika intelektual dan kehidupan sosial, terutama ketika popularitas dijadikan ukuran validitas suatu gagasan. Salah satu dampak paling nyata dari kesesatan berpikir ini adalah menurunnya kualitas diskursus publik. Ketika argumen tidak lagi diukur berdasarkan bukti atau konsistensi logis, tetapi jumlah orang yang memberikan dukungan, maka ruang diskusi berubah menjadi arena kompetisi massa. Dalam kondisi seperti ini, gagasan yang seharusnya diuji melalui proses argumentatif justru menjadi subordinat dari opini yang paling ramai. Akibatnya, diskusi yang seharusnya bersifat kritis dan terbuka beralih menjadi sekadar peneguhan pandangan mayoritas tanpa memberikan kesempatan bagi argumen alternatif untuk dipertimbangkan secara seimbang.

Selain menurunkan mutu dialog, argumentum ad populum juga memiliki dampak signifikan terhadap kemampuan berpikir kritis individu. Ketika seseorang terbiasa menerima suatu klaim hanya karena didukung oleh banyak orang, mereka secara perlahan kehilangan kebiasaan untuk menganalisis argumen secara mandiri. Dorongan untuk mengikuti mayoritas baik karena kebutuhan akan penerimaan sosial, ketakutan dikucilkan, ataupun rasa nyaman berada dalam kelompok besar menyebabkan individu enggan mempertanyakan pendapat populer. Proses berpikir mendalam, yang merupakan inti dari kemampuan kritis, menjadi terpinggirkan. Dalam jangka panjang, masyarakat menjadi rentan terhadap penyebaran gagasan yang tampak meyakinkan secara emosional namun lemah secara rasional

Dampak destruktif lain dari argumentum ad populum adalah munculnya polarisasi sosial. Ketika opini yang populer dianggap sebagai satu-satunya kebenaran yang sah, siapa pun yang berbeda pendapat berisiko dicap sebagai penyimpang, minoritas keras kepala, atau bahkan musuh kelompok. Fenomena ini menciptakan pembagian yang tajam antara "kita" dan "mereka", memperkuat sekat sosial serta memperlemah upaya dialog lintas kelompok. Dalam konteks politik, misalnya, pendapat minoritas sering kali tidak diberi ruang untuk disampaikan, padahal terkadang pendapat tersebut justru lebih logis atau berbasis bukti.

Polarisasi ini dapat memicu konflik sosial, misinformasi, hingga hilangnya kemampuan masyarakat untuk melakukan deliberasi publik secara sehat.

Tidak hanya itu, argumentum ad populum juga membuka pintu lebar bagi manipulasi massa. Ketika popularitas suatu gagasan dijadikan dasar kebenaran, maka mudah bagi kelompok berkepentingan baik politisi, pemegang kekuasaan, influencer, maupun aktor ekonomi untuk menciptakan ilusi dukungan melalui berbagai teknik manipulatif. Di era digital, manipulasi dapat dilakukan melalui bot media sosial, kampanye informasi yang disengaja, pencitraan berlebihan, bahkan algoritma yang mempromosikan konten tertentu sehingga tampak populer. Ketika popularitas bisa direkayasa, maka persepsi publik pun dapat dibentuk untuk menyetujui sesuatu yang sebenarnya tidak berdasar. Hal ini menghadirkan risiko serius, terutama ketika yang dimanipulasi adalah isu terkait kebijakan publik, ideologi, atau kepercayaan keagamaan.

Secara keseluruhan, argumentum ad populum bukan sekadar kekeliruan berpikir yang tampak sederhana, melainkan pola penalaran yang dapat menggerus fondasi rasionalitas masyarakat. Dampaknya meluas dari degradasi kualitas diskusi, melemahnya kemampuan berpikir kritis, meningkatnya polarisasi, hingga rentannya masyarakat terhadap manipulasi. Jika kesesatan berpikir ini tidak dikenali dan ditangani, ia dapat melemahkan kehidupan demokratis, menghambat perkembangan intelektual, dan menimbulkan keputusan kolektif yang tidak rasional. Oleh karena itu, pemahaman mendalam mengenai bahaya argumentum ad populum menjadi langkah penting dalam membangun budaya berpikir yang sehat, kritis, dan berorientasi pada kebenaran, bukan sekadar popularitas.

Strategi Menghadapi Argumentum ad Populum

Dalam menghadapi argumentum ad populum dalam berbagai bentuk diskusi, dibutuhkan seperangkat kemampuan berpikir kritis yang dapat menjaga fokus seseorang pada inti persoalan. Langkah pertama adalah mengidentifikasi dan menamai kesesatan tersebut secara eksplisit. Dengan menyebut bahwa lawan bicara sedang menggunakan argumen yang hanya bergantung pada popularitas atau persetujuan mayoritas, kita membantu mengembalikan percakapan pada poin yang sebenarnya penting. Penegasan semacam ini juga menyingkap bahwa klaim yang disampaikan bukanlah hasil pemikiran logis, melainkan bergantung pada tekanan sosial atau daya tarik emosional massa. Ketika sesat pikir tersebut dikenali sejak awal, ruang dialog menjadi lebih kondusif untuk proses penelaahan yang lebih rasional.

Langkah berikutnya adalah mengembalikan perhatian pada bukti dan penalaran yang dapat diuji. Cara sederhana namun efektif untuk melakukan ini adalah dengan mengajukan pertanyaan kritis, misalnya: "Bukti apa yang mendukung pernyataan Anda?" atau "Apa alasan logis yang membuat argumen tersebut dapat diterima?" Pertanyaan seperti ini memaksa pihak yang menggunakan ad populum untuk tidak lagi mengandalkan jumlah pendukung, melainkan menyusun argumen yang berdasar pada data atau penjelasan yang dapat dipertanggungjawabkan. Melalui pendekatan ini, percakapan bergerak dari sekadar mengikuti arus pendapat umum menuju analisis yang lebih objektif dan mendalam. Inilah pengingat bahwa kebenaran tidak bergantung pada popularitas, melainkan kekokohan argumen.

Strategi ketiga adalah menjelaskan dengan tegas bahwa popularitas tidak berhubungan dengan kebenaran. Penekanan dapat diberikan dengan menunjukkan bahwa banyak keyakinan yang dahulu dianut mayoritas akhirnya terbukti tidak benar. Dengan memberikan perspektif seperti ini, peserta dialog diajak memahami bahwa popularitas hanyalah fenomena sosial yang dapat berubah-ubah, bukan landasan epistemik untuk menentukan benar atau salah. Tujuan dari strategi ini bukan untuk merendahkan opini mayoritas, melainkan untuk membantu semua pihak melihat bahwa penilaian yang valid harus dibangun di atas bukti dan logika, bukan pada banyaknya orang yang setuju.

Melalui tiga pendekatan ini, diharapkan mahasiswa maupun pembaca dapat mengembangkan pola pikir yang lebih kritis, mantap, dan mampu bertahan dari tekanan opini mayoritas. Dengan demikian, mereka dapat berpartisipasi dalam diskusi secara lebih rasional, terstruktur, dan bebas dari pengaruh argumentum ad populum.

C. KESIMPULAN

Bab ini menyoroti bahwa argumentum ad populum merupakan salah satu bentuk sesat pikir yang paling sering muncul dalam berbagai ranah kehidupan modern, terutama dalam ekosistem budaya digital, arus komunikasi massa, serta percakapan sehari-hari. Di tengah dunia yang dipenuhi informasi serba cepat, kecenderungan untuk menyamakan popularitas dengan kebenaran menjadi semakin kuat dan sering tidak disadari. Melalui pembahasan ini, ditekankan bahwa tingkat dukungan suatu gagasan, seberapa pun besarnya, tidak pernah menjadi landasan epistemik yang sah untuk menentukan apakah sebuah klaim benar atau keliru. Kebenaran memerlukan dasar berupa bukti, koherensi logis, dan argumentasi yang dapat dipertanggungjawabkan, bukan sekadar jumlah suara yang berada di belakangnya.

Pembahasan dalam bab ini juga menekankan pentingnya kesadaran etis dalam berpikir. Mahasiswa, sebagai individu yang sedang membangun kemampuan analitis tingkat tinggi, perlu mengembangkan kebiasaan untuk menimbang gagasan berdasarkan substansi dan kualitas argumennya. Menjadikan opini mayoritas sebagai satu-satunya acuan kebenaran tidak hanya melemahkan kemampuan berpikir kritis, tetapi juga berpotensi menciptakan budaya intelektual yang rapuh. Dalam konteks demokrasi pengetahuan, kemampuan untuk berdiri di atas argumen yang kuat, meski bertentangan dengan pendapat populer, merupakan nilai etis yang penting untuk dikembangkan.

Melalui identifikasi dan analisis mendalam terhadap argumentum ad populum, bab ini mengajak pembaca untuk memahami mekanisme psikologis, sosial, dan logis yang membuat sesat pikir ini begitu persuasif. Dengan pemahaman tersebut, pembaca diharapkan mampu mengenali pola penalaran keliru yang sering disamarkan sebagai konsensus atau suara bersama. Ketika seseorang mampu menolak daya tarik popularitas dan kembali menilai argumen secara objektif, ia turut berperan menjaga kualitas diskursus di lingkungan akademik maupun ruang publik.

Pada akhirnya, pemahaman mengenai argumentum ad populum bukan hanya menambah pengetahuan tentang kesesatan logika, tetapi juga menjadi bekal penting untuk membentuk sikap kritis dalam menghadapi arus informasi yang masif. Mahasiswa dan pembaca diharapkan tidak sekadar menjadi pengamat pasif dalam diskursus publik, tetapi menjadi agen perubahan yang mampu mendorong dialog lebih rasional, berimbang, dan terbebas dari dominasi opini mayoritas yang belum tentu benar. Dengan demikian, budaya diskusi yang sehat dapat terus diperkuat, dan kualitas penalaran masyarakat dapat berkembang ke arah yang lebih matang dan bertanggung jawab.

DAFTAR PUSTAKA

Asch, S. E. (1951). Effects of group pressure on the modification and distortion of judgments. In H. Guetzkow (Ed.), Groups, leadership and men (pp. 177–190). Carnegie Press.

Cialdini, R. B. (2009). Influence: Science and practice (5th ed.). Pearson Education.

Kahneman, D. (2011). Thinking, fast and slow. Farrar, Straus and Giroux.

Lestari, R., & Kurniawan, A. (2020). Fenomena bandwagon effect dalam konten viral media sosial. Jurnal Komunikasi Indonesia, 9(2), 101–115.

Sunstein, C. R. (2017). #Republic: Divided democracy in the age of social media. Princeton University Press.

Tambunan, R. T., & Sari, D. P. (2021). Analisis sesat pikir dalam wacana publik di media sosial. Jurnal Filsafat dan Logika, 5(1), 45–60.

Wibowo, A. (2019). Pengaruh opini mayoritas terhadap pengambilan keputusan individu di ruang digital. Jurnal Psikologi Sosial Indonesia, 7(3), 212–225.

Zahra, M. R., & Putra, H. R. (2022). Popularitas sebagai legitimasi moral: Studi kritis argumentum ad populum dalam ruang publik Indonesia. Jurnal Etika dan Argumentasi, 4(1), 33–48.

Haryanto, S. (2018). Rasionalitas publik dan pengaruh opini mayoritas dalam demokrasi digital. Jurnal Ilmu Komunikasi, 15(1), 45–60.

Siregar, M. L. (2021). Bias kognitif dalam pengambilan keputusan politik di media sosial. Jurnal Politik Indonesia, 12(2), 201–218.

Pratama, D. A., & Wulandari, S. (2020). Karakteristik sesat pikir dalam diskursus akademik mahasiswa. Jurnal Pendidikan dan Logika, 8(1), 77–92.

Nasution, A. R. (2022). Populisme digital dan pembentukan opini mayoritas. Jurnal Sosioteknologi, 21(3), 289–304.

Yuliana, R. (2020). Dinamika persepsi massa dan legitimasi sosial dalam budaya populer. Jurnal Komunikasi dan Budaya, 6(2), 133–148.

Sukmono, B. (2021). Analisis kritis fallacy dalam debat publik mengenai isu kesehatan. Jurnal Argumentasi dan Retorika, 3(1), 50–65.

Firmansyah, Y., & Dewi, K. (2019). Media sosial dan pembentukan echo chamber dalam masyarakat digital. Jurnal Teknologi Komunikasi, 11(2), 145–159.

Rahmawati, L. (2021). Penyebaran informasi menyesatkan dan peran opini mayoritas dalam literasi digital. Jurnal Literasi Informasi, 4(1), 25–40.

Nugroho, T., & Aminah, S. (2022). Pengaruh tren viral terhadap persepsi kebenaran mahasiswa. Jurnal Psikologi Pendidikan, 10(1), 91–107.

Widodo, H. (2020). Representasi argumentum ad populum dalam retorika politik Indonesia kontemporer. Jurnal Politik & Komunikasi, 7(1), 31–48.

MENCARI KAMBING HITAM : MENGHINDARI KESALAHAN LOGIS SEBAB- AKIBAT

Oleh : Intan Fitriani

A. PENDAHULUAN

Mencari kambing hitam merupakan tindakan menyalahkan pihak lain atau suatu hal yang sebenarnya tidak bersalah, agar seseorang terhindar dari tanggung jawab atas kesalahan yang dilakukannya. Fenomena ini sering terjadi dalam berbagai konteks sosial, organisasi, maupun kehidupan sehari-hari, di mana individu atau kelompok berusaha menghindari konsekuensi dengan mencari pihak lain yang dijadikan tumpuan kesalahan. Tindakan semacam ini sering kali melibatkan kesalahan logis sebab akibat, yaitu menyimpulkan hubungan sebab-akibat tanpa dasar yang valid, sehingga menyebabkan penilaian yang tidak adil dan tidak objektif. Oleh karena itu, penting untuk menghindari kesalahan logis ini agar proses penyelesaian masalah dapat dilakukan secara bijak dan berdasarkan analisis yang rasional.

Dalam upaya memahami realitas sosial, manusia lazim menghubungkan peristiwa satu dengan peristiwa lain melalui kerangka sebab-akibat. Cara berpikir kausal semacam ini menjadi dasar dari penalaran ilmiah, proses pengambilan keputusan yang bertanggung jawab, serta interaksi komunikasi dalam masyarakat. Meski demikian, pemaknaan kausalitas sering kali dilakukan secara tergesa-gesa tanpa dukungan bukti empiris yang memadai atau analisis kritis yang memadai. Akibatnya, proses penalaran mudah terjebak dalam kekeliruan logis. Salah satu kesalahan argumentatif yang kerap terjadi tanpa disadari adalah Non Causa Pro Causa, yakni menetapkan sesuatu sebagai sebab dari suatu kejadian padahal tidak terbukti demikian. Kekeliruan tersebut biasanya tampak dalam bentuk pencarian kambing hitam, yaitu kecenderungan menyalahkan objek tertentu guna memberikan penjelasan cepat atas persoalan kompleks dan membingungkan.

Di ranah sosial dan politik, praktik menyalahkan pihak tertentu menarik secara psikologis karena menyediakan narasi sederhana yang dapat meredakan rasa cemas serta memberi ilusi kontrol atas situasi yang tidak pasti. Daripada menganalisis berbagai faktor dan mekanisme yang terlibat, masyarakat sering kali tergoda untuk menerima penjelasan kausal yang dangkal dan reduksionis. Contohnya, kesulitan ekonomi dikaitkan begitu saja dengan kelompok etnis tertentu, perilaku kriminal dipahami semata-mata sebagai kegagalan moral individu tanpa mempertimbangkan dimensi struktural, atau problem pendidikan dipandang sebagai akibat buruknya perilaku peserta didik tanpa menilai aspek sistemik. Gambaran tersebut menunjukkan bahwa kesalahan kausal tidak muncul sebagai kekeliruan personal semata, tetapi berakar pada kecenderungan manusia menyederhanakan realitas yang kompleks.

Kekeliruan Non Causa Pro Causa tidak hanya merusak keabsahan argumen, tetapi juga menimbulkan konsekuensi etis maupun sosial. Ketika penyebab palsu dijadikan dasar kebijakan, keputusan publik yang lahir sering kali salah arah, tidak efektif, atau bahkan berpotensi menimbulkan diskriminasi. Argumentasi keliru juga dapat melahirkan praktik scapegoating terhadap kelompok tertentu, memperburuk kesenjangan sosial, serta menghambat solusi yang rasional dan berbasis bukti. Oleh sebab itu, kekeliruan dalam penalaran sebab-akibat bukan sekadar persoalan teori logika, tetapi turut menentukan kualitas kehidupan sosial secara nyata.

Kemunculan media massa dan media sosial memperbesar peluang terjadinya kesalahan kausal. Karakter media yang menonjolkan informasi emosional dan menuntut respons cepat, ditambah rendahnya literasi informasi, membuat publik lebih mudah menerima klaim yang tampak masuk akal tanpa verifikasi. Pernyataan yang diulang-ulang atau cocok dengan prasangka tertentu cenderung dianggap benar terlepas dari validitasnya. Kondisi ini memperlihatkan bahwa kekeliruan kausal tidak selalu disebabkan oleh intensi manipulatif, tetapi bisa muncul dari keterbatasan pengetahuan dan tekanan kognitif individu dalam menghadapi arus informasi.

Oleh karena itu, kajian terhadap Non Causa Pro Causa menjadi penting dalam konteks pendidikan berpikir kritis. Kemampuan menetapkan hubungan sebab-akibat yang benar membutuhkan penguasaan metode penalaran, pemahaman konteks sosial, serta kesadaran terhadap bias kognitif. Keahlian membedakan korelasi dan kausalitas merupakan unsur kunci untuk menghasilkan refleksi, keputusan, dan kebijakan yang tepat. Dengan mengenali bagaimana praktik pencarian kambing hitam bekerja dalam logika publik, masyarakat dapat terhindar dari cara berpikir yang simplistis dan mulai mengonstruksi solusi berdasarkan bukti yang sahih.

Dengan demikian, pencarian kambing hitam melalui kekeliruan logis sebab-akibat menjadi problem epistemologis sekaligus problem sosial. Fenomena ini mencerminkan ketegangan antara kebutuhan manusia untuk memberi makna terhadap realitas dan kompleksitas dunia yang tidak mudah disederhanakan. Menelusuri dan mengkritisi Non Causa Pro Causa berarti menolak cara berpikir yang malas, bias, dan tidak akurat, serta mendorong terciptanya budaya argumentasi yang lebih kritis, terbuka, dan bertanggung jawab.

Dalam konteks ini, penulis menegaskan pentingnya berpikir kritis dan objektif dalam mengidentifikasi akar masalah, sehingga tidak hanya mencari satu pihak yang mudah disalahkan. Dengan demikian, proses penyelesaian masalah menjadi lebih adil dan efektif serta mengurangi risiko ketidakadilan sosial dan diskriminasi. Pendekatan ini juga mendorong budaya tanggung jawab, kerja sama, serta solusi yang berkelanjutan dalam berbagai aspek kehidupan. Pendekatan logis dan kritis ini sangat relevan untuk diterapkan dalam dinamika sosial dan organisasi agar menghindari dampak negatif dari praktik mencari kambing hitam, yang tidak hanya merugikan pihak yang disalahkan, tetapi juga dapat merusak kinerja dan budaya organisasi secara keseluruhan.

Isi pendahuluan ini memberikan gambaran bahwa logika dan penalaran yang tepat sangat penting dalam membangun sikap yang kritis, objektif, dan bertanggung jawab dalam menghadapi berbagai masalah, sehingga penanganannya bisa dilakukan secara efektif dan adil tanpa mengorbankan pihak tertentu secara sepihak. Pendahuluan ini mengajak pembaca untuk memahami bahaya kesalahan logis dalam kehidupan sehari-hari agar mampu mengembangkan pola pikir yang rasional dan komunikatif.

Perilaku mencari kambing hitam tidak hanya berdampak pada organisasi secara struktural, tapi juga menimbulkan dampak psikologis yang serius bagi individu yang menjadi sasaran. Orang yang dijadikan kambing hitam sering mengalami tekanan emosional yang berat, seperti stres, kecemasan, dan rasa takut yang berkepanjangan akibat perlakuan tidak adil dan tuduhan yang tidak berdasar. Tekanan ini dapat mengganggu kesehatan mental dan kesejahteraan secara keseluruhan.

Dampak psikologis tersebut juga dapat menurunkan motivasi dan semangat kerja. Individu yang merasa terus-menerus disalahkan cenderung mengalami penurunan harga diri dan rasa percaya diri yang signifikan. Mereka bisa menjadi defensif, kehilangan rasa aman di tempat kerja, bahkan berpotensi mengalami depresi dan masalah kesehatan mental lainnya jika kondisi ini dibiarkan berlanjut tanpa penanganan yang tepat.

Selain itu, dampak negatif juga meluas ke hubungan interpersonal di lingkungan kerja. Kambing hitam yang terus menjadi sasaran akan sulit membangun hubungan yang sehat dengan rekan kerja lainnya. Hal ini berpotensi menyebabkan isolasi sosial, berkurangnya dukungan dari tim, dan menurunnya produktivitas kerja secara keseluruhan. Lingkungan kerja pun menjadi tidak kondusif karena atmosfer ketidakpercayaan dan ketegangan yang meningkat.

Fenomena ini juga melemahkan akuntabilitas organisasi secara keseluruhan. Ketika kesalahan dialihkan secara tidak tepat kepada individu tertentu, penyebab sistemik dan proses yang bermasalah sering kali tidak teridentifikasi dan tidak diperbaiki. Akibatnya, organisasi kehilangan kesempatan penting untuk pembelajaran dan peningkatan berkelanjutan, sehingga kegagalan serupa berpotensi terulang di masa depan.

Dari sisi psikologis, mekanisme mencari kambing hitam biasanya berakar pada ketakutan dan ketidakamanan individu maupun kelompok dalam menghadapi tekanan dan tanggung jawab. Sikap menyalahkan pihak lain menjadi cara untuk mengalihkan rasa bersalah, menjaga citra diri, serta menciptakan persepsi keteraturan di tengah situasi yang tidak pasti. Namun, mekanisme ini justru memperburuk masalah karena menghalangi evaluasi yang jujur dan solutif.

Karena itu, penting bagi organisasi untuk menyadari dampak psikologis ini dan mengambil langkah-langkah preventif dan kuratif. Pendekatan yang mengedepankan komunikasi terbuka, empati, serta budaya tanggung jawab bersama dapat membantu mengurangi praktik mencari kambing hitam. Dengan menciptakan lingkungan kerja yang suportif dan adil, kesehatan mental dan produktivitas karyawan dapat terjaga, dan tujuan organisasi dapat dicapai secara lebih efektif.

B. PEMBAHASAN

Hakikat Perilaku Mencari Kambing Hitam dalam Kehidupan Sosial dan Organisasi

Fenomena mencari kambing hitam merupakan salah satu pola perilaku manusia yang sangat sering muncul dalam berbagai konteks kehidupan, baik dalam lingkungan kecil seperti keluarga, sekolah, dan komunitas lokal, hingga dalam lingkup yang lebih luas seperti organisasi, perusahaan, birokrasi, bahkan negara. Perilaku ini merujuk pada kecenderungan seseorang atau kelompok untuk menyalahkan pihak lain atas suatu masalah, kekeliruan, atau kegagalan yang terjadi, meskipun pihak yang disalahkan tersebut tidak memiliki peran signifikan atau bahkan sama sekali tidak terlibat dalam munculnya masalah tersebut. Tindakan mencari kambing hitam bukanlah sekadar perilaku emosional spontan; ia merupakan respons psikologis, sosial, dan logis yang berakar pada dinamika kompleks yang melibatkan persepsi, bias kognitif, struktur hubungan kekuasaan, komunikasi yang tidak efektif, hingga mekanisme pertahanan diri manusia.

Dalam kehidupan sosial masyarakat, tindakan menyalahkan pihak lain sering kali dianggap sebagai cara cepat untuk mengalihkan fokus dari masalah yang sebenarnya. Ketika terjadi kegagalan, seringkali masyarakat mencari seseorang yang secara sosial lebih lemah, lebih berbeda, atau lebih mudah dijadikan target tuduhan. Dalam situasi seperti ini, kambing hitam sering kali dipilih bukan karena ia benar-benar berkontribusi pada masalah, tetapi justru karena ia tidak mampu membela diri atau tidak memiliki posisi yang cukup kuat untuk menolak tuduhan tersebut. Fenomena ini menunjukkan bahwa mencari kambing hitam bukan hanya masalah logika, tetapi juga masalah relasi kekuasaan.

Dalam konteks organisasi, fenomena mencari kambing hitam muncul dalam berbagai bentuk yang lebih terstruktur. Ketika sebuah tim gagal mencapai target atau ketika sebuah proyek tidak berjalan sebagai mana mestinya, hampir selalu muncul kecenderungan untuk menunjuk seseorang sebagai penyebab utama, meskipun kegagalan tersebut sebenarnya merupakan hasil gabungan dari berbagai faktor internal dan eksternal. Bahkan pada organisasi modern yang telah memiliki sistem manajemen dan struktur kerja yang baik, budaya saling menyalahkan tetap dapat tumbuh subur apabila komunikasi tidak berjalan dengan baik, kepemimpinan tidak transparan, atau ketika struktur kekuasaan berjalan tidak seimbang. Dengan kata lain, organisasi dapat menjadi tempat di mana perilaku mencari kambing hitam berkembang jika tidak ada mekanisme evaluasi yang objektif dan adil.

Secara psikologis, tindakan mencari kambing hitam dapat dipahami sebagai bentuk mekanisme pertahanan diri. Ketika seseorang merasa terancam reputasinya, posisi sosialnya, atau rasa percaya dirinya, ia cenderung mencari cara untuk mengalihkan rasa bersalah dari dirinya sendiri ke pihak lain. Mekanisme ini bertujuan untuk melindungi ego dan menenangkan rasa cemas akibat kegagalan atau kesalahan. Alih-alih melakukan introspeksi, seseorang memilih tindakan defensif yang lebih mudah dan cepat, yaitu menyalahkan orang lain. Namun, mekanisme ini meskipun secara emosional tampak menenangkan, justru menimbulkan kerusakan jangka panjang bagi hubungan antar individu maupun stabilitas organisasi.

Dari perspektif logika, tindakan mencari kambing hitam berkaitan erat dengan kesalahan penalaran, terutama *fallacy* yang berkaitan dengan sebab akibat. Ketika seseorang langsung menyimpulkan bahwa seorang individu adalah penyebab utama suatu masalah tanpa analisis yang memadai, seseorang telah melakukan kesalahan logika. Kesalahan logika ini tidak hanya melemahkan kualitas berpikir, tetapi juga menghasilkan keputusan yang tidak tepat dan tidak adil. Masalah yang seharusnya dipecahkan melalui analisis rasional justru dibiarkan dan digantikan dengan tuduhan yang tidak berdasar.

Salah satu penyebab utama mengapa perilaku ini begitu mudah muncul adalah karena manusia memiliki kecenderungan mencari jawaban sederhana atas masalah yang kompleks. Ketika menghadapi situasi rumit, manusia akan berusaha menyederhanakan masalah tersebut dengan cara menunjukkan satu faktor atau satu individu sebagai penyebab utama. Sederhananya: semakin kompleks suatu masalah, semakin besar keinginan untuk menemukan satu penyebab tunggal, meskipun itu tidak benar secara faktual. Dari perspektif kognitif, otak manusia lebih suka solusi cepat dan sederhana daripada analisis mendalam yang membutuhkan waktu dan energi.

Di lingkungan keluarga, fenomena mencari kambing hitam sering muncul dalam bentuk menyalahkan salah satu anak sebagai sumber masalah, meskipun permasalahan tersebut merupakan akibat dari pola asuh yang tidak konsisten, dinamika emosional yang tidak sehat, atau bahkan tekanan sosial di luar rumah. Anak yang memiliki karakter lebih pendiam, lebih sensitif, atau terlihat berbeda sering kali menjadi target tuduhan, bukan karena ia salah, tetapi karena ia menjadi sosok yang paling mudah disalahkan. Dalam konteks sosial yang lebih luas, pola yang sama dapat terjadi pada kelompok minoritas yang sering kali dijadikan target tuduhan ketika terjadi masalah di masyarakat. Hal ini menunjukkan bahwa fenomena kambing hitam bukan hanya persoalan individu, tetapi persoalan sosial yang berhubungan dengan stigma, stereotip, dan struktur sosial yang timpang.

Di sekolah, fenomena mencari kambing hitam juga sangat umum terjadi. Ketika nilai kelas secara umum rendah, guru atau kepala sekolah dapat menunjuk beberapa siswa tertentu sebagai penyebab turunnya prestasi, meskipun sebenarnya penyebab masalah tersebut bisa jadi berasal dari metode pembelajaran, lingkungan belajar, kurikulum yang tidak sesuai, atau kurangnya fasilitas pendidikan. Siswa yang dianggap "nakal" atau kurang fokus sering kali menjadi korban, padahal penilaian tersebut tidak selalu merepresentasikan kenyataan yang sebenarnya. Bahkan dalam kasus tertentu, siswa yang sebenarnya memiliki kesulitan belajar secara khusus dapat disalahkan karena dianggap tidak mampu mengikuti kegiatan pembelajaran.

Dalam masyarakat yang lebih luas, fenomena mencari kambing hitam menjadi alat yang sering digunakan dalam komunikasi massa atau politik. Dalam kampanye atau penyampaian program kerja, sekelompok pihak dapat ditunjuk sebagai penyebab masalah ekonomi, sosial, atau politik. Hal ini dapat dilakukan untuk mendapatkan dukungan publik dengan cara menciptakan musuh bersama, meskipun musuh tersebut sebenarnya tidak bertanggung jawab atas masalah yang terjadi. Di sinilah manipulasi logika jauh lebih berbahaya, karena ia dapat digunakan untuk mengontrol opini publik dengan cara yang tidak etis.

Perilaku mencari kambing hitam dalam organisasi memiliki dampak yang lebih kompleks karena berkaitan dengan struktur kerja, budaya organisasi, manajemen konflik, hingga produktivitas tim. Ketika budaya saling menyalahkan berkembang, organisasi akan kehilangan lingkungan kerja yang sehat. Karyawan akan merasa tidak aman secara psikologis, hubungan antar tim menjadi rapuh, dan inovasi terhambat karena setiap individu lebih fokus melindungi diri daripada berkolaborasi. Dalam jangka panjang, organisasi yang membiarkan budaya kambing hitam berkembang akan mengalami penurunan kualitas sumber daya manusia dan kinerja organisasi secara keseluruhan.

Kegagalan manajemen dalam mengelola komunikasi yang transparan dan efektif merupakan salah satu pemicu utama munculnya perilaku ini. Ketika informasi tidak disampaikan dengan jelas, berbagai interpretasi muncul dan kesalahan mudah ditimpakan kepada individu yang tidak memiliki kekuatan untuk menolak atau membela diri. Selain itu, kurangnya mekanisme evaluasi yang objektif juga menyebabkan tuduhan mudah diarahkan kepada pihak yang dianggap paling lemah atau tidak populer di antara anggota tim.

Selain itu, dalam organisasi sering ditemukan bahwa individu yang memiliki karakter tertutup, kurang vokal, atau tidak pandai menjelaskan pekerjaannya lebih rentan menjadi kambing hitam. Hal ini menunjukkan bahwa kemampuan komunikasi sering kali menjadi faktor yang lebih menentukan daripada fakta objektif mengenai kontribusi seseorang terhadap suatu masalah. Bahkan, dalam beberapa kasus, orang yang pandai berbicara atau memiliki koneksi kuat dalam organisasi dapat menghindari tuduhan meskipun ia sebenarnya berkontribusi pada kesalahan atau kegagalan.

Lebih jauh lagi, fenomena kambing hitam juga muncul ketika struktur kekuasaan tidak seimbang. Dalam situasi seperti ini, atasan dapat dengan mudah menyalahkan bawahan, sementara bawahan jarang memiliki ruang untuk membela diri. Hal ini menciptakan ketidakadilan struktural yang dapat merusak moral dan semangat kerja anggota organisasi.

Pada dasarnya, perilaku mencari kambing hitam tidak pernah menyelesaikan masalah. Ia hanya memindahkan beban moral dan psikologis kepada pihak yang disalahkan, sementara akar masalah yang sebenarnya tetap tidak disentuh. Dalam banyak kasus, masalah yang tidak ditangani secara objektif dapat muncul kembali dan bahkan menjadi lebih besar karena tidak adanya perbaikan sistemik. Dengan kata lain, mencari kambing hitam adalah tindakan jangka pendek yang justru merugikan jangka panjang.

Untuk memahami fenomena ini secara lebih komprehensif, perlu dipahami bahwa manusia dan organisasi memiliki kecenderungan untuk mencari stabilitas. Ketika terjadi ketidakstabilan akibat kegagalan atau masalah tertentu, tindakan menyalahkan pihak lain adalah cara cepat untuk mengembalikan stabilitas semu. Namun stabilitas ini bersifat ilusi karena dibangun di atas asumsi yang salah dan tidak menyelesaikan inti masalah.

Dari keseluruhan pembahasan ini, jelas bahwa fenomena mencari kambing hitam merupakan perilaku yang memiliki akar psikologis, sosial, dan logis yang kompleks. Ia tidak hanya terjadi karena kesalahan individu dalam berpikir, tetapi juga karena struktur sosial dan organisasi yang memungkinkan perilaku ini tumbuh. Untuk itu, pemahaman tentang fenomena ini sangat penting dalam membangun budaya berpikir kritis, budaya organisasi yang sehat, dan hubungan sosial yang adil. Pemahaman ini menjadi fondasi bagi sub-bab berikutnya yang akan menguraikan berbagai bentuk kesalahan logika, mekanisme psikologis, serta strategi untuk membangun budaya anti kambing hitam dalam organisasi dan masyarakat.

Kesalahan Logika Sebab-Akibat sebagai Akar Munculnya Perilaku Mencari Kambing Hitam

Kesalahan logika sebab-akibat merupakan salah satu bentuk kekeliruan penalaran yang paling sering terjadi dalam kehidupan sehari-hari, baik dalam konteks personal, sosial, maupun organisasi. Dalam banyak situasi, manusia cenderung menyimpulkan suatu hubungan kausalitas atau hubungan sebab-akibat berdasarkan asumsi, persepsi singkat, atau interpretasi yang hanya melihat permukaan masalah tanpa analisis mendalam. Kesalahan ini menjadi akar mengapa fenomena mencari kambing hitam begitu mudah terjadi, karena menyalahkan seseorang tanpa dasar bukti yang kuat merupakan bentuk paling sederhana dari penalaran yang salah. Sub-bab ini akan membahas lebih jauh tentang bagaimana kesalahan logika sebab-akibat bekerja, mengapa ia terjadi, bagaimana ia mengarahkan perilaku manusia untuk mencari kambing hitam, serta dampaknya dalam berbagai konteks kehidupan.

Dalam logika, hubungan sebab-akibat harus dibangun berdasarkan prinsip-prinsip yang valid. Sebuah kesimpulan bahwa A menyebabkan B hanya dapat diterima jika terdapat bukti yang kuat, pola yang konsisten, dan penjelasan yang logis bahwa A memang menjadi penyebab langsung atau dominan munculnya B. Namun dalam kehidupan nyata, manusia jarang melakukan proses penalaran yang sistematis dan hati-hati. Sebaliknya, manusia lebih banyak bergantung pada intuisi, asumsi cepat, dan kecenderungan untuk mempercayai narasi yang paling sederhana, terutama ketika berhadapan dengan situasi yang menimbulkan kecemasan, ketidakpastian, atau tekanan.

Salah satu bentuk kesalahan logika sebab-akibat yang paling umum adalah *false cause fallacy*, yaitu menyimpulkan bahwa suatu kejadian adalah penyebab utama suatu masalah hanya karena terlihat berhubungan. Ketika terjadi kegagalan dalam sebuah proyek organisasi, mudah bagi seseorang untuk mengatakan bahwa kegagalan itu terjadi karena kesalahan seorang anggota tim yang terlihat menonjol, padahal penyebab sebenarnya mungkin melibatkan banyak faktor seperti manajemen yang buruk, kekurangan sumber daya, atau dinamika eksternal yang tidak dapat dikontrol. Namun, karena otak manusia ingin menemukan jawaban cepat, ia memilih narasi yang tampak paling jelas dan langsung.

Jenis lain dari kesalahan logika sebab-akibat adalah *oversimplification*, yaitu menyederhanakan masalah yang kompleks dengan menunjuk satu faktor saja sebagai penyebab. Masalah-masalah besar dalam organisasi sering kali muncul dari tumpukan banyak variabel: komunikasi yang buruk, struktur kerja yang tidak jelas, adanya konflik kepentingan, beban kerja yang tidak seimbang, atau distribusi wewenang yang tidak efektif. Jika semua ini disederhanakan dengan menunjuk satu individu sebagai penyebab utama, maka inilah contoh nyata dari penyederhanaan yang berlebihan. Di sinilah fenomena kambing hitam tumbuh subur.

Kesalahan logika sebab-akibat juga muncul dalam bentuk *scapegoating bias*, yaitu bias kognitif yang membuat seseorang lebih mudah menyalahkan individu tertentu, terutama individu yang lemah, berbeda, atau tidak memiliki pengaruh besar dalam kelompok. Bias ini membuat manusia cenderung menempatkan penyebab masalah pada pihak yang secara psikologis lebih mudah disalahkan. Misalnya, anggota baru dalam tim lebih mudah dijadikan kambing hitam ketika terjadi kekacauan dalam pekerjaan, meskipun faktanya kekacauan tersebut mungkin berasal dari sistem lama yang tidak efisien. Dalam konteks sosial, kelompok minoritas sering menjadi sasaran tuduhan ketika terjadi masalah ekonomi atau sosial, meskipun mereka bukan penyebab sebenarnya.

Kesalahan logika sebab-akibat sering kali tidak disadari oleh pelakunya. Orang yang melakukan kesalahan penalaran ini biasanya merasa bahwa kesimpulan mereka benar, padahal secara objektif kesimpulan tersebut dibangun di atas asumsi yang salah.

Ketidaksadaran ini membuat fenomena kambing hitam semakin sulit dihentikan, karena pelakunya yakin bahwa tindakannya adalah bentuk analisis yang logis. Bahkan, sering kali seseorang merasa bahwa tuduhannya membantu menyelesaikan masalah, meskipun sebenarnya tuduhan tersebut justru memperkeruh keadaan.

Dalam konteks organisasi, kesalahan penalaran ini dapat terjadi dalam berbagai bentuk. Ketika sebuah target tidak tercapai, manajer dapat menyimpulkan bahwa hal tersebut terjadi karena karyawan tertentu bekerja tidak efektif. Padahal, kegagalan mencapai target mungkin disebabkan oleh kondisi pasar yang tidak stabil, strategi perusahaan yang tidak relevan, atau kurangnya pelatihan bagi seluruh tim. Misalnya, ketika angka penjualan menurun, tim pemasar bisa saja dijadikan kambing hitam, padahal perusahaan tidak menyediakan anggaran yang memadai untuk promosi atau tidak memperbarui produk sesuai kebutuhan konsumen. Namun, manajer sering kali lebih mudah menunjuk individu tertentu sebagai penyebab, karena itu lebih cepat dan terlihat menyelesaikan masalah dalam jangka pendek.

Kesalahan logika sebab-akibat juga diperkuat oleh apa yang disebut *availability bias*, yaitu kecenderungan otak untuk menggunakan informasi yang paling mudah diingat atau paling mudah terlihat sebagai dasar kesimpulan. Jika seorang karyawan baru saja melakukan kesalahan kecil, dan kemudian terjadi masalah besar di organisasi, orang-orang cenderung menghubungkan keduanya meskipun tidak ada hubungan nyata. Kesalahan kecil tersebut "tersedia" dalam ingatan, sehingga secara otomatis diasosiasikan sebagai penyebab masalah yang lebih besar. Inilah salah satu mekanisme mental yang membuat kambing hitam mudah ditunjuk.

Fenomena ini juga diperkuat oleh kecenderungan manusia untuk menolak rasa tidak berdaya. Ketika terjadi kegagalan besar, menerima kenyataan bahwa kegagalan itu disebabkan oleh faktor kompleks yang mungkin di luar kendali adalah hal yang sulit secara emosional. Oleh karena itu, menyalahkan pihak tertentu memberikan ilusi bahwa masalah dapat dikendalikan. Dengan menunjuk individu tertentu sebagai penyebab kegagalan, seseorang merasa bahwa ia telah memahami situasi dan memiliki kendali atas keadaan. Padahal, ini hanyalah mekanisme psikologis yang menyesatkan.

Kesalahan logika sebab-akibat tidak hanya mempengaruhi individu, tetapi juga kelompok dan organisasi secara keseluruhan. Dalam lingkungan kerja, budaya menyalahkan (blaming culture) dapat menjadi salah satu penyebab utama rendahnya produktivitas. Ketika budaya organisasi dipenuhi tindakan mencari kambing hitam, karyawan menjadi takut melakukan kesalahan, dan pada akhirnya mereka menghindari mengambil risiko. Hal ini menghambat inovasi dan inisiatif yang sebenarnya sangat dibutuhkan dalam organisasi modern. Ketika anggota tim tidak berani mencoba hal baru karena takut disalahkan jika gagal, maka organisasi kehilangan potensi besar untuk berkembang.

Dampak lain dari budaya menyalahkan adalah rusaknya hubungan interpersonal. Karyawan yang sering dijadikan sasaran tuduhan akan kehilangan rasa percaya diri dan merasa tidak aman dalam bekerja. Mereka cenderung menarik diri, menjadi kurang proaktif, dan mengalami stres berkepanjangan. Dalam jangka panjang, organisasi akan mengalami tingginya tingkat turnover karena karyawan merasa tidak mendapatkan perlindungan atau keadilan. Selain itu, hubungan antar anggota tim menjadi renggang karena adanya kecurigaan dan rasa tidak percaya satu sama lain. Ketika kepercayaan hilang, kerja sama dalam organisasi menjadi sangat sulit dilakukan.

Kesalahan logika sebab-akibat juga sering muncul dalam konteks manajemen krisis. Pada saat krisis, tekanan untuk menemukan penyebab utama sangat tinggi, dan dalam situasi seperti ini, otak manusia cenderung mengambil jalan pintas untuk menemukan "pelaku" yang dapat disalahkan. Misalnya, ketika perusahaan mengalami kerugian besar, manajemen dapat menyalahkan departemen tertentu tanpa analisis menyeluruh. Padahal, kerugian tersebut dapat berasal dari keputusan strategis yang diambil oleh manajemen puncak, perubahan pasar, atau faktor eksternal lain. Namun dalam kerangka berpikir sempit, manusia cenderung melihat penyebab dari apa yang paling dekat dan paling mudah dituduh.

Salah satu dimensi penting dari kesalahan logika sebab-akibat adalah kecenderungan manusia untuk menghindari tanggung jawab. Ketika seseorang atau kelompok gagal, mengakui kesalahan adalah tindakan yang sulit dilakukan karena menyentuh aspek harga diri dan reputasi. Dalam kondisi seperti itu, menyalahkan orang lain menjadi pilihan yang lebih "aman". Dengan demikian, kesalahan logika bukan hanya terjadi karena ketidaktelitian berpikir, tetapi juga karena faktor emosional dan sosial yang kompleks. Dalam beberapa kasus, seseorang bahkan tidak sadar bahwa ia sedang melakukan kesalahan logika karena fokus utamanya adalah menghindari rasa bersalah atau mempertahankan citra diri.

Salah satu bentuk kesalahan logika yang berkaitan dengan fenomena kambing hitam adalah *post hoc fallacy*, yaitu menyimpulkan bahwa karena suatu peristiwa terjadi setelah peristiwa lain, maka peristiwa pertama pasti menjadi penyebabnya. Dalam organisasi, ketika seorang karyawan baru bergabung dan kemudian perusahaan mengalami penurunan performa, bisa saja ia dijadikan kambing hitam dengan alasan "ketika dia masuk, semuanya jadi buruk". Padahal, dua peristiwa yang terjadi berurutan tidak otomatis memiliki hubungan sebab-akibat. Namun, karena manusia sering memaknai urutan waktu sebagai hubungan kausal, kesalahan logika ini terus muncul dalam banyak konteks kehidupan.

Jenis kesalahan lain adalah *hasty generalization*, yaitu membuat kesimpulan umum berdasarkan sampel atau data yang sangat terbatas. Jika seorang anggota tim melakukan kesalahan, dan kemudian tim gagal mencapai target, kesimpulan cepat bahwa "tim gagal karena dia" merupakan contoh klasik dari generalisasi tergesa-gesa. Padahal kontribusi setiap anggota tim sangat kompleks dan tidak dapat disimpulkan hanya dari satu kejadian.

Dalam konteks sosial, kesalahan logika sebab-akibat dapat mengarah pada diskriminasi. Ketika sebuah peristiwa negatif melibatkan anggota dari kelompok tertentu, masyarakat bisa saja menyimpulkan bahwa seluruh kelompok tersebut adalah penyebab masalah. Hal ini dapat menimbulkan stereotip dan prasangka yang membahayakan kehidupan bersama. Misalnya, jika satu orang dari kelompok tertentu melakukan tindakan kriminal, tidak jarang masyarakat menyimpulkan bahwa kelompok tersebut sebagai keseluruhan bersalah. Inilah bentuk ekstrem dari kesalahan logika yang dapat memicu konflik sosial yang serius.

Selain itu, kesalahan logika sebab-akibat sering dipengaruhi oleh emosi. Pada saat seseorang sedang marah, kecewa, atau tertekan, kemampuan berpikir logis menurun dan kecenderungan menyalahkan pihak lain meningkat. Emosi yang intens dapat memengaruhi cara seseorang menafsirkan informasi dan membuat kesimpulan. Ketika seseorang berada dalam kondisi emosional tertentu, ia lebih mudah melakukan kesalahan penalaran karena fokusnya tertuju pada pelampiasan ketidaknyamanan dibandingkan analisis rasional.

Dari perspektif organisasi, kesalahan logika sebab-akibat juga dapat muncul karena kurangnya data atau informasi yang akurat. Ketika data tidak lengkap, interpretasi yang salah mudah terjadi. Dalam situasi seperti ini, pemimpin yang tidak memiliki kemampuan analisis yang kuat dapat menyalahkan pihak yang salah. Kurangnya data dapat mendorong munculnya praduga berdasarkan perasaan atau dugaan, bukan fakta.

Di sinilah pentingnya budaya organisasi yang berorientasi pada fakta dan analisis objektif. Organisasi harus memastikan bahwa setiap keputusan didasarkan pada data yang valid, bukan pada asumsi atau kesimpulan tergesa-gesa. Ketika budaya kerja menekankan pentingnya bukti dalam pengambilan keputusan, kesalahan sebab-akibat dapat diminimalkan. Selain itu, pelatihan berpikir kritis bagi seluruh anggota organisasi sangat penting untuk membangun kesadaran tentang kesalahan logika.

Untuk mencegah kesalahan penalaran ini, manusia perlu melatih kemampuan untuk melihat masalah secara komprehensif. Analisis sebab-akibat tidak boleh dilakukan secara sepihak. Dalam proses analisis yang baik, seseorang harus mempertimbangkan berbagai kemungkinan, menggali berbagai faktor yang mungkin berkontribusi, dan menghindari mengambil kesimpulan hanya dari satu perspektif. Dengan demikian, analisis yang lebih objektif dapat dilakukan.

Selain itu, kesalahan logika sebab-akibat dapat diminimalkan dengan membangun budaya dialog terbuka. Dalam organisasi, ketika setiap anggota tim memiliki kesempatan untuk menyampaikan pandangannya, interpretasi yang salah dapat dikoreksi sebelum berkembang menjadi tuduhan sepihak. Dialog yang sehat memungkinkan semua pihak untuk saling melengkapi pemahaman, sehingga kesalahan dalam penalaran dapat ditekan.

Pemimpin juga memiliki peran penting dalam mencegah kesalahan logika sebab-akibat. Pemimpin yang baik harus mampu melihat masalah dari berbagai sudut pandang dan tidak tergesa-gesa menyalahkan satu pihak. Pemimpin harus menjadi figur yang adil, objektif, dan mampu membuat keputusan berdasarkan analisis yang mendalam. Ketika pemimpin menunjukkan sikap rasional, anggota organisasi akan meneladani sikap tersebut.

Secara keseluruhan, kesalahan logika sebab-akibat merupakan akar yang subur bagi perilaku mencari kambing hitam. Ketika seseorang tidak mampu berpikir secara kritis dan mendalam, perilaku ini akan muncul dengan sendirinya. Oleh karena itu, pemahaman tentang kesalahan penalaran menjadi hal yang penting dalam membangun masyarakat dan organisasi yang sehat. Dengan memahami mekanisme kerja kesalahan logika, seseorang dapat menghindari kecenderungan menyalahkan pihak yang salah dan dapat berkontribusi dalam menciptakan budaya yang lebih adil dan produktif.

Dinamika Psikologis dalam Perilaku Mencari Kambing Hitam

Fenomena mencari kambing hitam tidak hanya dapat dijelaskan melalui kesalahan logika atau dinamika organisasi semata, tetapi juga memiliki akar yang kuat dalam ranah psikologis. Secara individual maupun kelompok, manusia memiliki kecenderungan untuk melindungi diri dari rasa bersalah, menutupi kelemahan, dan mempertahankan harga diri. Kecenderungan ini sering kali direspons dengan mencari pihak lain yang dapat dijadikan sasaran tuduhan ketika terjadi kesalahan. Dinamika psikologis inilah yang membuat perilaku mencari kambing hitam tetap muncul, meskipun seseorang memiliki kapasitas berpikir logis yang baik.

Pada dasarnya, manusia tidak selalu bertindak berdasarkan logika murni. Sebaliknya, motif emosional, kebutuhan sosial, dan mekanisme pertahanan diri lebih sering berperan dalam mengarahkan perilaku. Mencari kambing hitam merupakan contoh bagaimana emosi dapat mengalahkan penalaran, terutama ketika seseorang berada dalam situasi tekanan, ancaman, atau rasa takut. Dalam sub-bab ini, pembahasan akan diarahkan untuk memahami mekanisme psikologis yang menjadi dasar perilaku mencari kambing hitam, peran ego dalam pembentukan perilaku tersebut, bias kognitif yang mendukungnya, serta bagaimana dinamika kelompok memperkuat kecenderungan ini.

Salah satu faktor utama dalam fenomena kambing hitam adalah *ego defense mechanism* atau mekanisme pertahanan ego. Mekanisme ini merupakan strategi bawah sadar yang digunakan manusia untuk melindungi diri dari tekanan psikologis, kecemasan, atau rasa bersalah. Salah satu mekanisme tersebut adalah *projection*, yaitu kecenderungan seseorang memproyeksikan kesalahan atau kelemahannya kepada orang lain. Dalam situasi tertentu, ketika seseorang merasa terancam reputasi atau harga dirinya, ia dapat memindahkan rasa bersalah tersebut kepada pihak lain. Dengan demikian, ia dapat mengurangi tekanan emosional tanpa harus menghadapi kelemahannya secara langsung.

Selain proyeksi, terdapat pula mekanisme *rationalization*, yaitu membuat alasan-alasan rasional untuk membenarkan tindakan menyalahkan pihak lain. Seseorang yang melakukan kesalahan dapat memberikan argumentasi yang tampak logis untuk menyalahkan pihak lain, padahal alasan tersebut hanyalah pembenaran diri. Mekanisme ini sering kali digunakan untuk menghindari rasa malu atau keruntuhan citra diri di hadapan orang lain. Misalnya, ketika seorang karyawan tidak dapat menyelesaikan tugas tepat waktu, ia mungkin menyalahkan kolega lain yang dianggap tidak membantu, meskipun sebenarnya ia sendiri tidak mengelola waktu dengan baik.

Selain mekanisme pertahanan diri, dinamika psikologis lain yang memengaruhi fenomena kambing hitam adalah *bias atribusi*. Dalam psikologi sosial, terdapat konsep *fundamental attribution error*, yaitu kecenderungan seseorang untuk menilai kesalahan orang lain sebagai akibat karakter atau sifat pribadi, sementara kesalahan sendiri dianggap sebagai akibat situasi. Dalam banyak kasus, seseorang lebih mudah menyalahkan perilaku maupun karakter orang lain, sementara ia sendiri menganggap kegagalannya muncul karena faktor eksternal. Bias ini sangat kuat dan secara tidak langsung mendukung munculnya perilaku kambing hitam.

Bias atribusi juga berkaitan dengan cara seseorang memandang dirinya dibandingkan orang lain. Bias ini disebut *self-serving bias*, yaitu kecenderungan untuk mengatribusi keberhasilan kepada kemampuan diri dan kegagalan kepada faktor eksternal atau kesalahan orang lain. Ketika seseorang memiliki ego yang kuat dan sulit menerima kegagalan, ia cenderung mencari kambing hitam untuk mempertahankan citra positif tentang dirinya sendiri. Bias ini sangat umum terjadi dalam hubungan interpersonal maupun dalam organisasi.

Dalam konteks kelompok, perilaku mencari kambing hitam juga dapat dijelaskan melalui konsep *ingroup-outgroup bias*. Kelompok tertentu cenderung melindungi anggotanya dan menyalahkan pihak luar sebagai penyebab masalah. Dalam organisasi, departemen tertentu dapat menyalahkan departemen lain untuk mempertahankan reputasi kelompoknya. Hal ini diperkuat oleh kebutuhan manusia untuk merasa memiliki kelompok yang "lebih benar" dan "lebih kompeten" dibanding kelompok lain. Ketika kelompok menghadapi tekanan atau kegagalan bersama, strategi menyalahkan pihak luar sering kali digunakan untuk menjaga identitas kelompok.

Selain itu, dinamika kelompok juga dapat menghasilkan fenomena *groupthink*, yaitu situasi di mana kelompok lebih fokus mempertahankan kesepakatan internal daripada mencari kebenaran objektif. Dalam kondisi ini, kritik terhadap anggota kelompok dianggap sebagai ancaman, sehingga menyalahkan pihak luar menjadi pilihan paling mudah. Groupthink dapat menyebabkan organisasi tidak menyadari kesalahan di dalam kelompoknya dan malah mencari kambing hitam dari luar.

Faktor psikologis lain yang memengaruhi munculnya kambing hitam adalah rasa takut. Ketika seseorang berada di bawah tekanan atau ancaman, seperti takut kehilangan pekerjaan, takut dimarahi atasan, atau takut kehilangan status sosial, respons emosional yang muncul sering kali tidak rasional. Menyalahkan pihak lain menjadi jalan pintas untuk meredakan rasa takut tersebut. Misalnya, dalam tim kerja, ketika proyek menghadapi masalah, anggota tim yang takut dianggap tidak kompeten dapat menyalahkan anggota lain yang kurang vokal atau dianggap lemah.

Rasa takut ini juga berhubungan dengan kebutuhan dasar manusia untuk mempertahankan diri. Ketika berada dalam lingkungan yang tidak aman secara psikologis, seseorang akan menggunakan segala cara untuk melindungi diri, termasuk menyalahkan orang lain. Lingkungan organisasi yang penuh tekanan dan kurang memberikan rasa aman psikologis akan lebih rentan melahirkan budaya kambing hitam.

Faktor psikologis lain yang mendukung fenomena ini adalah kebutuhan manusia untuk memahami dunia dan menciptakan penjelasan atas kejadian-kejadian yang dialaminya. Ketika terjadi kegagalan atau peristiwa buruk, otak manusia cenderung mencari penyebab yang jelas dan mudah dipahami. Proses ini dinamakan *meaning-making*, yaitu upaya memahami dan memberikan makna terhadap pengalaman. Dalam kondisi tekanan, penjelasan yang paling sederhana sering kali menjadi pilihan, meskipun tidak akurat. Mencari kambing hitam adalah salah satu cara memberikan makna cepat atas masalah yang kompleks.

Dalam dinamika sosial, fenomena kambing hitam juga dapat dipengaruhi oleh kebutuhan manusia untuk diterima dan disukai oleh kelompoknya. Seseorang dapat menyalahkan pihak lain demi menjaga posisinya dalam kelompok. Dalam kelompok kerja, misalnya, seseorang dapat ikut menyalahkan rekan tertentu bukan karena ia yakin rekannya bersalah, tetapi karena ingin menunjukkan kesetiaan kepada anggota lain. Dalam konteks ini, perilaku kambing hitam muncul sebagai strategi sosial untuk mempertahankan hubungan dan status.

Di sisi lain, ada pula dinamika psikologis yang mengaitkan fenomena kambing hitam dengan karakter individu. Individu yang memiliki sifat perfeksionis, misalnya, sering kali lebih rentan menyalahkan orang lain ketika terjadi kegagalan. Mereka sulit menerima bahwa kegagalan adalah bagian dari proses, sehingga mencari kambing hitam menjadi cara untuk mempertahankan standar tinggi yang mereka tetapkan untuk diri sendiri. .

Individu yang memiliki tingkat empati rendah juga cenderung lebih mudah menyalahkan orang lain. Kurangnya kemampuan untuk memahami perasaan atau perspektif orang lain membuat seseorang tidak menyadari dampak buruk dari tindakannya. Dalam organisasi, individu seperti ini dapat menjadi sumber konflik karena sering kali menyalahkan rekan kerja tanpa mempertimbangkan fakta atau kondisi yang sebenarnya.

Faktor psikologis lain yang perlu dipahami adalah peran pengalaman masa lalu. Individu yang dibesarkan dalam lingkungan penuh kritik dan minim dukungan emosional cenderung mengembangkan strategi bertahan berupa menyalahkan pihak lain. Mereka mungkin pernah mengalami situasi di mana mengakui kesalahan berujung pada hukuman berat, sehingga mereka mengembangkan kebiasaan untuk mengalihkan kesalahan kepada orang lain sebagai mekanisme perlindungan diri.

Selain pengalaman masa lalu, pola asuh keluarga turut memengaruhi kecenderungan seseorang dalam mencari kambing hitam. Anak yang tumbuh dalam keluarga yang tidak mengajarkan tanggung jawab dan sering menyalahkan orang lain cenderung meniru pola tersebut hingga dewasa. Jika keluarga tidak memberikan kesempatan pada anak untuk belajar dari kesalahan, anak akan kesulitan menghadapi konsekuensi logis dari perbuatannya dan akan memilih menyalahkan pihak lain.

Dalam hubungan interpersonal, perilaku mencari kambing hitam menyebabkan masalah serius seperti rusaknya hubungan, berkurangnya rasa percaya, dan munculnya konflik berkepanjangan. Ketika salah satu pihak sering menyalahkan pihak lain tanpa bukti yang kuat, hubungan menjadi tidak seimbang dan penuh ketegangan. Dalam hubungan pasangan, misalnya, perilaku menyalahkan dapat berkembang menjadi manipulasi emosional atau bahkan kekerasan psikologis.

Fenomena kambing hitam juga berkaitan dengan dinamika kekuasaan. Dalam organisasi, atasan yang memiliki kekuasaan besar dapat menyalahkan bawahan untuk melindungi reputasinya di hadapan manajemen puncak. Sebaliknya, bawahan yang tidak memiliki kekuasaan dapat menjadi korban kambing hitam karena tidak memiliki suara atau kemampuan untuk membela diri. Ketidaksetaraan kekuasaan inilah yang membuat fenomena kambing hitam tidak hanya menjadi perilaku personal, tetapi juga persoalan struktural yang harus diselesaikan secara sistemik.

Dalam dinamika kelompok, fenomena kambing hitam juga muncul ketika kelompok membutuhkan stabilitas emosional. Ketika kelompok merasa terancam dari luar, mereka dapat menyatukan diri dengan cara menyalahkan individu tertentu. Dengan demikian, kambing hitam menjadi semacam "pengorbanan sosial" demi menjaga solidaritas kelompok. Ini adalah bentuk dinamika psikologis kolektif yang muncul ketika kelompok memerlukan penyaluran emosi negatif.

Perilaku mencari kambing hitam sangat berbahaya karena menciptakan pola interaksi yang tidak sehat. Dalam jangka panjang, perilaku ini merusak harga diri korban, mengganggu kesehatan mental, dan menciptakan lingkungan penuh ketakutan. Dalam konteks organisasi, korban kambing hitam dapat mengalami stres, kecemasan, dan kelelahan emosional. Mereka juga dapat kehilangan motivasi kerja atau bahkan keluar dari pekerjaan.

Sebaliknya, pelaku kambing hitam juga mengalami kerusakan psikologis meskipun tidak langsung terlihat. Kebiasaan menyalahkan orang lain dapat membuat seseorang kesulitan berkembang karena ia tidak pernah belajar dari kesalahan. Ketika seseorang selalu menghindar dari tanggung jawab, ia tidak dapat mengembangkan kemampuan introspeksi dan perbaikan diri.

Untuk mengatasi fenomena kambing hitam, perlu penerapan pendekatan psikologis yang lebih sehat. Salah satunya adalah meningkatkan *self-awareness* atau kesadaran diri. Individu yang mampu mengenali emosi, motivasi, dan kelemahannya cenderung lebih mampu menerima tanggung jawab. Kesadaran diri membantu individu memahami bahwa kesalahan tidak selalu mencerminkan kegagalan total, tetapi bagian dari proses pertumbuhan.

Selain itu, peningkatan *emotional regulation* penting untuk mencegah tindakan menyalahkan pihak lain dalam kondisi emosional. Individu yang mampu mengelola emosi, terutama dalam situasi tekanan, cenderung lebih rasional dan tidak mudah menyalahkan pihak lain secara impulsif.

Lingkungan sosial yang mendukung juga dapat mengurangi kecenderungan fenomena kambing hitam. Ketika seseorang merasa aman secara psikologis, ia lebih mampu menerima kesalahan tanpa takut dihukum. Dalam organisasi, menciptakan *psychological safety* sangat penting untuk membangun budaya kerja yang produktif dan sehat.

Pada akhirnya, dinamika psikologis dalam fenomena kambing hitam menunjukkan bahwa masalah ini tidak dapat diselesaikan hanya melalui aturan atau struktur organisasi. Penyelesaiannya membutuhkan pendekatan yang menyentuh aspek-aspek psikologis manusia, termasuk penerimaan diri, kesadaran diri, dan kemampuan mengelola emosi. Dengan memahami dinamika ini secara mendalam, organisasi dan masyarakat dapat membangun lingkungan yang lebih adil, harmonis, dan bebas dari perilaku saling menyalahkan tanpa dasar.

Dampak Perilaku Mencari Kambing Hitam di Lingkungan Sosial dan Organisasi

Perilaku mencari kambing hitam merupakan fenomena yang tampak sederhana di permukaan, tetapi memiliki dampak mendalam dan luas terhadap dinamika sosial, hubungan interpersonal, dan efektivitas organisasi. Dalam berbagai konteks, tindakan menyalahkan pihak lain tanpa dasar yang kuat tidak hanya menciptakan ketidakadilan bagi individu yang dituduh, tetapi juga merusak struktur, budaya, dan stabilitas kelompok secara keseluruhan. Dampaknya dapat bersifat langsung maupun tidak langsung, jangka pendek maupun jangka panjang, serta memengaruhi aspek psikologis, emosional, hingga produktivitas. Sub-bab ini akan membahas secara komprehensif bagaimana perilaku mencari kambing hitam membawa dampak signifikan dalam kehidupan sosial dan organisasi.

Secara umum, dampak perilaku kambing hitam dapat dilihat melalui beberapa dimensi utama: dampak terhadap individu yang menjadi korban, dampak terhadap pelaku, dampak terhadap hubungan sosial, dampak terhadap kinerja organisasi, serta dampak struktural pada budaya dan tata kelola organisasi. Masing-masing dimensi ini saling berhubungan dan memperkuat efek negatif satu sama lain sehingga fenomena kambing hitam menjadi sangat merusak apabila dibiarkan tanpa intervensi yang tepat.

Dampak pertama yang paling jelas terlihat adalah dampak terhadap individu yang menjadi korban. Korban kambing hitam sering mengalami tekanan psikologis yang sangat tinggi. Ketika seseorang dijadikan pihak yang bersalah atas sesuatu yang tidak ia lakukan atau tidak sepenuhnya ia kontribusikan, beban emosionalnya dapat meningkat drastis. Rasa tidak adil, ketakutan, rasa malu, dan kecewa menjadi bagian dari pengalaman yang sangat menyakitkan. Dalam banyak kasus, individu korban kambing hitam sulit membela diri karena ia berada dalam posisi lemah secara sosial atau struktural, sehingga tuduhan sepihak dapat merusak harga diri dan kepercayaan dirinya secara signifikan.

Korban kambing hitam juga cenderung mengalami stres kronis. Ketika ia terus menerus berada dalam tekanan, baik dari atasan, rekan kerja, keluarga, atau kelompok sosial, sistem psikologis dan fisiologisnya dapat terganggu. Stres berkepanjangan dapat memicu masalah kesehatan, seperti sakit kepala, gangguan tidur, kecemasan, hingga depresi. Dalam beberapa kasus ekstrem, tindakan menyalahkan yang tidak adil dapat mendorong seseorang mengalami trauma psikologis atau bahkan menarik diri dari lingkungan sosial.

Dampak berikutnya adalah pada motivasi dan kinerja individu. Ketika seseorang merasa diperlakukan tidak adil, motivasinya untuk bekerja atau berkontribusi menurun drastis. Ia menjadi tidak percaya bahwa usahanya akan dihargai atau bahwa kerja kerasnya akan menghasilkan pengakuan yang layak. Akibatnya, individu tersebut menjadi pasif, kurang berinisiatif, atau bahkan mengembangkan sikap apatis terhadap pekerjaan. Dalam jangka panjang, hal ini dapat merugikan organisasi karena potensi individu yang seharusnya dapat berkembang menjadi terhambat oleh tekanan psikologis terkait fenomena kambing hitam.

Selain itu, korban kambing hitam dapat kehilangan rasa percaya terhadap lingkungan sosial atau organisasi tempat ia berada. Rasa percaya merupakan faktor penting dalam membangun interaksi dan kerja sama yang sehat. Ketika rasa percaya hilang, korban cenderung memandang organisasi atau kelompok sebagai tempat yang tidak aman dan penuh ancaman. Ia mungkin merasa bahwa apapun yang ia lakukan dapat dijadikan alasan untuk disalahkan di kemudian hari. Ketidakamanan psikologis seperti ini sangat merusak dalam jangka panjang.

Tidak hanya individu yang menjadi korban, pelaku kambing hitam pun mengalami dampak psikologis tertentu, meskipun dampaknya terlihat berbeda dan tidak selalu langsung terasa. Pelaku yang terbiasa menyalahkan orang lain dapat mengembangkan pola pikir yang tidak sehat, seperti menolak tanggung jawab, merasa paling benar, dan menghindari introspeksi diri. Pola pikir seperti ini menghambat pertumbuhan pribadi dan profesional. Ketika seseorang tidak pernah belajar dari kesalahan karena selalu mengalihkan kesalahan kepada orang lain, ia akan sulit memperbaiki diri, meningkatkan kemampuan, atau menjadi bagian dari tim yang efektif.

Dalam konteks hubungan sosial, perilaku mencari kambing hitam menimbulkan keretakan hubungan interpersonal. Ketika satu pihak merasa disalahkan secara tidak adil, hubungan dengan pihak lain terancam terganggu. Rasa sakit hati, dendam, dan ketidakpercayaan menjadi racun yang merusak dinamika hubungan. Di tempat kerja, hubungan antar rekan dapat berubah menjadi kaku, penuh kecurigaan, atau bahkan permusuhan. Hal ini membuat kerja sama semakin sulit dilakukan. Ketika hubungan interpersonal rusak, tim tidak dapat berkomunikasi dengan baik, koordinasi menjadi tidak efektif, dan konflik dapat meningkat.

Hubungan antar kelompok dalam organisasi juga dapat terganggu akibat fenomena kambing hitam. Misalnya, ketika satu departemen menyalahkan departemen lain atas kegagalan tertentu, interaksi antar departemen menjadi tegang dan penuh saling curiga. Akibatnya, kolaborasi lintas fungsi menjadi terhambat. Struktur kerja organisasi yang seharusnya mendukung sinergi antar bagian justru berubah menjadi arena konflik dan saling tuduh. Jika hal ini terjadi dalam waktu lama, organisasi akan kehilangan efektivitasnya dalam menjalankan fungsi utama.

Dampak paling merusak dari fenomena kambing hitam adalah pada budaya organisasi. Ketika menyalahkan orang lain menjadi kebiasaan dalam organisasi, terbentuklah budaya saling menyalahkan atau *blaming culture*. Budaya ini sangat berbahaya karena mematikan inovasi dan kreativitas. Dalam budaya saling menyalahkan, karyawan tidak berani mengambil risiko karena takut menjadi pihak yang disalahkan jika terjadi kegagalan. Mereka cenderung bermain aman, hanya mengikuti instruksi tanpa inisiatif, dan menghindari tanggung jawab. Tindakan ini menghambat perkembangan organisasi, terutama dalam era yang penuh perubahan dan membutuhkan adaptasi cepat.

Budaya menyalahkan juga menciptakan lingkungan yang penuh ketakutan. Rasa takut menjadi kambing hitam membuat karyawan kehilangan keberanian untuk berbicara, memberikan kritik, atau menyampaikan gagasan. Dalam jangka panjang, organisasi kehilangan pemikiran kritis yang sangat penting untuk menghadapi tantangan dan masalah yang kompleks. Ketika tidak ada kritik dan pandangan berbeda, organisasi menjadi tidak mampu mengenali kelemahannya sendiri, sehingga kerentanan terhadap kegagalan semakin besar.

Selain itu, budaya kambing hitam membuat proses pembelajaran dalam organisasi menjadi terhambat. Organisasi yang sehat seharusnya mampu belajar dari kesalahan dengan cara mengidentifikasi akar masalah dan mencari solusi yang tepat. Namun dalam budaya menyalahkan, fokus bukan pada solusi, melainkan pada mencari siapa yang dapat disalahkan. Akibatnya, kesalahan yang sama dapat terulang kembali karena tidak pernah dianalisis secara objektif. Organisasi tidak mampu berkembang karena lebih sibuk mempertahankan citra daripada memperbaiki sistem internal.

Dari perspektif manajemen, fenomena kambing hitam juga berdampak pada kualitas pengambilan keputusan. Ketika proses evaluasi didasarkan pada asumsi dan tuduhan tanpa bukti, keputusan yang diambil cenderung keliru dan tidak efektif. Kesalahan dalam penilaian dapat mengarah pada kebijakan yang salah arah, seperti pemberhentian karyawan yang tidak bersalah, penempatan posisi yang tidak tepat, atau perubahan strategi yang didasarkan pada persepsi semu. Hal ini dapat merusak kinerja organisasi secara keseluruhan.

Fenomena kambing hitam juga memiliki dampak ekonomi bagi organisasi. Karyawan yang merasa tertekan atau tidak aman psikologis cenderung menurun produktivitasnya. Penurunan motivasi dan kualitas kerja berarti organisasi harus mengeluarkan biaya tambahan, seperti biaya perekrutan pengganti jika karyawan resign, biaya pelatihan ulang, hingga biaya penurunan produktivitas yang tidak langsung terlihat. Dalam beberapa kasus, fenomena kambing hitam juga dapat menimbulkan konflik hukum apabila korban mengambil langkah legal untuk mempertahankan diri. Hal ini dapat menambah beban organisasi baik secara finansial maupun reputasi.

Dalam konteks masyarakat secara luas, fenomena mencari kambing hitam dapat memperkuat polarisasi sosial. Ketika satu kelompok disalahkan atas masalah tertentu, kelompok tersebut dapat mengalami stigma yang berkepanjangan. Hal ini dapat menciptakan permusuhan antar kelompok, memperburuk stereotip, dan memicu diskriminasi. Dalam sejarah, banyak konflik besar bermula dari tuduhan terhadap kelompok tertentu tanpa dasar yang jelas. Dampak ini dapat sangat merusak kohesi sosial dan stabilitas masyarakat.

Fenomena kambing hitam juga berdampak pada moralitas sosial. Ketika menyalahkan pihak lain menjadi kebiasaan, nilai-nilai seperti kejujuran, keadilan, dan tanggung jawab menjadi terpinggirkan. Masyarakat dapat kehilangan orientasi moral karena lebih mengutamakan pembenaran diri daripada pencarian kebenaran. Dalam jangka panjang, fenomena ini dapat melemahkan fondasi etika dalam hubungan sosial, membuat masyarakat sulit membedakan mana tindakan yang benar atau salah secara moral.

Dari sisi pendidikan moral dan karakter, fenomena kambing hitam memberikan contoh buruk bagi generasi muda. Ketika mereka menyaksikan orang dewasa di sekitarnya saling menyalahkan tanpa dasar, mereka dapat belajar bahwa menghindari tanggung jawab adalah perilaku yang dapat diterima. Hal ini berpotensi memengaruhi perkembangan karakter generasi berikutnya, menciptakan siklus perilaku negatif yang berulang.

Salah satu dampak paling serius dari fenomena kambing hitam adalah hilangnya rasa tanggung jawab kolektif. Dalam organisasi maupun masyarakat, keberhasilan dan kegagalan seharusnya menjadi bagian dari tanggung jawab bersama. Namun, perilaku kambing hitam memecah tanggung jawab tersebut, mengarahkannya hanya pada satu individu atau kelompok. Akibatnya, tanggung jawab bersama hilang dan kerja sama melemah. Ketika hal ini dibiarkan terus berlangsung, organisasi dan masyarakat dapat mengalami stagnasi bahkan kemunduran.

Selain itu, perilaku kambing hitam menghambat implementasi perubahan dan perbaikan sistem. Ketika kesalahan terus dialihkan kepada individu tertentu, sistem yang buruk tidak pernah diperbaiki. Organisasi yang terjebak dalam budaya menyalahkan akan terus mengulang pola yang sama tanpa ada transformasi yang signifikan. Sistem kerja yang tidak efektif, prosedur yang tidak sesuai, atau kebijakan yang keliru akan tetap dipertahankan karena fokus pembahasan selalu diarahkan pada siapa yang salah, bukan apa yang salah.

Dari perspektif psikologi organisasi, fenomena kambing hitam juga dapat menyebabkan *turnover intention* atau keinginan keluar dari organisasi. Karyawan yang merasa tidak dihargai atau sering menjadi objek tuduhan akan cenderung mencari tempat yang lebih aman dan adil. Ketika tingkat pergantian karyawan meningkat, organisasi kehilangan stabilitas dan kontinuitas. Hilangnya talenta yang berharga juga berdampak pada menurunnya kualitas kinerja jangka panjang.

Dalam konteks pembangunan budaya organisasi, fenomena kambing hitam menjadi hambatan besar dalam menciptakan nilai-nilai seperti transparansi, kolaborasi, dan integritas. Organisasi yang ingin berkembang membutuhkan budaya di mana setiap anggota merasa aman untuk berbicara, menerima kritik, dan belajar dari kesalahan. Namun, budaya seperti ini tidak dapat berkembang apabila fenomena kambing hitam terus terjadi. Karyawan akan menutup diri, menahan kritik, dan enggan mengungkapkan masalah karena takut disalahkan.

Selain itu, fenomena kambing hitam juga memperburuk konflik horizontal dalam organisasi. Ketika anggota tim atau departemen saling menyalahkan, hubungan antar unit kerja menjadi tidak harmonis. Konflik horizontal sering kali lebih sulit ditangani daripada konflik vertikal, karena melibatkan banyak pihak dan menyangkut kepentingan yang beragam. Jika dibiarkan, konflik ini dapat berkembang menjadi friksi berkepanjangan yang merusak produktivitas organisasi secara keseluruhan.

Fenomena kambing hitam juga berdampak pada reputasi organisasi. Jika budaya menyalahkan menjadi bagian dari struktur atau sistem organisasi, hal ini dapat diketahui oleh para pemangku kepentingan, pelanggan, atau masyarakat luas. Reputasi organisasi dapat tercoreng, terutama jika fenomena ini menyebabkan perilaku tidak etis seperti pemecatan tidak adil atau manipulasi data. Reputasi yang buruk dapat berdampak pada kepercayaan publik, daya tarik bagi calon karyawan, dan stabilitas bisnis jangka panjang.

Lebih jauh lagi, fenomena kambing hitam dapat menghambat proses inovasi. Inovasi membutuhkan lingkungan yang mendukung eksperimen dan toleransi kesalahan. Ketika kesalahan tidak ditoleransi dan justru dijadikan alasan untuk menyalahkan pihak tertentu, karyawan tidak akan berani mencoba hal baru atau memberikan ide kreatif. Organisasi yang tidak berinovasi akan tertinggal dalam persaingan global, terutama dalam era yang sangat dinamis dan kompetitif.

Dalam konteks sosial yang lebih luas, fenomena kambing hitam dapat memperparah kesenjangan sosial. Kelompok yang sering menjadi sasaran tuduhan akan mengalami eksklusi sosial sehingga akses mereka terhadap pendidikan, pekerjaan, dan peluang ekonomi menjadi terbatas. Eksklusi sosial ini dapat menciptakan lingkaran setan kemiskinan, diskriminasi, dan ketidaksetaraan yang sulit diputus.

Pada akhirnya, dampak fenomena kambing hitam tidak hanya bersifat individual atau kelompok, tetapi juga bisa bersifat sistemik. Perilaku ini dapat menyebar seperti virus sosial yang merusak struktur dan budaya organisasi maupun masyarakat. Jika tidak ditangani dengan baik, fenomena ini dapat menimbulkan disfungsi sosial dan organisasi yang menyulitkan terciptanya lingkungan yang harmonis dan produktif.

Dengan memahami dampak-dampak ini secara komprehensif, menjadi jelas bahwa fenomena kambing hitam bukanlah masalah sepele. Ia adalah masalah psikologis, sosial, dan struktural yang membutuhkan perhatian serius. Keberhasilan organisasi dan kesehatan sosial bergantung pada kemampuan memutus siklus perilaku saling menyalahkan dan menggantinya dengan budaya tanggung jawab, kerja sama, dan analisis objektif.

C. KESIMPULAN

Mencari kambing hitam merupakan praktik yang sering terjadi dalam berbagai konteks sosial, organisasi, maupun politik, di mana individu atau kelompok menyalahkan pihak lain atas suatu kesalahan atau kegagalan tanpa dasar yang kuat. Tindakan ini sering kali melibatkan kesalahan logis sebab akibat, yaitu menyimpulkan hubungan kausalitas tanpa analisis yang mendalam dan valid, sehingga menghasilkan penilaian yang tidak adil dan tidak objektif.

Praktik mencari kambing hitam tidak hanya merugikan pihak yang disalahkan, tetapi juga berdampak negatif terhadap kinerja dan budaya organisasi secara keseluruhan. Lingkungan kerja yang penuh dengan tuduhan dan ketidakpercayaan akan menurunkan semangat kerja, menghambat kolaborasi, serta mengurangi inovasi. Oleh karena itu, penting untuk menerapkan prinsip berpikir kritis dan analisis yang objektif dalam menyelesaikan masalah, bukan hanya mencari pihak yang mudah disalahkan.

Mencari kambing hitam juga sering kali berkaitan dengan struktur kekuasaan dan posisi sosial, di mana pihak yang lemah atau tidak memiliki kekuasaan cenderung dijadikan sasaran tuduhan. Hal ini menunjukkan bahwa praktik ini tidak hanya merupakan bentuk kesalahan logis, tetapi juga mencerminkan ketidakadilan dan ketidakseimbangan dalam hubungan sosial. Akar permasalahan harus diidentifikasi secara menyeluruh, dengan mempertimbangkan berbagai faktor yang mungkin berkontribusi, bukan hanya mencari satu pihak yang mudah disalahkan.

Dengan memahami bahaya mencari kambing hitam dan kesalahan logis sebab akibat, kita dapat lebih bijak dalam menangani konflik dan kegagalan. Menghindari kecenderungan untuk menyalahkan pihak lain secara sepihak akan mendorong budaya tanggung jawab, kerja sama, dan solusi yang berkelanjutan dalam berbagai aspek kehidupan. Mendorong komunikasi yang transparan, analisis yang objektif, serta sikap introspeksi diri sangat penting untuk menciptakan lingkungan yang sehat, produktif, dan adil.

Fenomena mencari kambing hitam dalam organisasi menegaskan bahwa perilaku ini sangat merugikan baik bagi individu maupun organisasi secara keseluruhan. Praktik menyalahkan pihak lain tanpa dasar yang kuat tidak hanya menciptakan ketidakadilan dan ketegangan di lingkungan kerja, tetapi juga menggagalkan upaya perbaikan masalah secara nyata. Kambing hitam sering menjadi korban tekanan psikologis berat yang berdampak pada kesehatan mental, motivasi kerja, dan hubungan interpersonal.

Selain itu, proses mencari kambing hitam menghalangi organisasi untuk mengidentifikasi akar penyebab sebenarnya dari masalah yang dihadapi. Akibatnya, kegagalan serupa dapat berulang karena tidak ada evaluasi sistemik dan perbaikan proses yang efektif. Secara struktural, ini mengindikasikan lemahnya budaya akuntabilitas dan transparansi dalam organisasi yang harus segera diperbaiki untuk meningkatkan kinerja dan etika kerja.

Dari sisi manajerial, penting bagi pimpinan untuk menerapkan pendekatan logis dan objektif dalam menangani masalah. Keputusan yang diambil harus berdasarkan analisis data dan fakta, serta melibatkan seluruh pihak yang berkepentingan agar solusi yang ditemukan adil dan berkelanjutan. Pendekatan ini juga menumbuhkan kepercayaan dan sinergi antar anggota organisasi yang sangat penting demi mencapai tujuan bersama.

Fenomena mencari kambing hitam pun tidak lepas dari faktor struktur kekuasaan dan dinamika sosial dalam organisasi. Seringkali pihak dengan posisi lemah menjadi sasaran tuduhan, yang mencerminkan ketidakadilan sistemik. Oleh karena itu, pembangunan budaya inklusif dan tanggung jawab bersama menjadi sangat penting agar tidak terjadi diskriminasi dalam penanganan masalah.

Dampak psikologis yang dialami oleh individu yang menjadi kambing hitam juga menandakan perlunya perhatian lebih pada kesehatan mental karyawan. Organisasi harus menyediakan dukungan berupa komunikasi terbuka, empati, serta lingkungan kerja yang adil untuk mengurangi stres dan meningkatkan kesejahteraan mental. Hal ini penting agar produktivitas dan iklim kerja tetap positif.

DAFTAR PUSTAKA

Dani, R., Firdaus, M. A., Desviona, N., Ediansa, O., & Marsyaf, A. (2025). Pengenalan Jurnal Ilmiah dan Tata Cara Submit Artikel Jurnal. *BERBAKTI: Jurnal Pengabdian Kepada Masyarakat*, *1*(04), 186–191.

Fatwikiningsih, N. (2020). *Teori Psikologi Kepribadian Manusia*. Penerbit Andi.

Gede, I. K., Hosea, E., Ratnaningsih, R., Hendriana, T. I., Hulu, D., Judijanto, L., Saktisyahputra, S., Rinaldi, M., Munizu, M., & Kusumastuti, S. Y. (2024). *Metodologi Penelitian Manajemen Bisnis: Teori dan Panduan Lengkap untuk Karya Ilmiah Terbaik*. PT. Sonpedia Publishing Indonesia.

Grediani, E. (2023). *Peran Motivasi Internal dan Eksternal Terhadap Kejujuran Pelaporan Penganggaran dengan dimoderasi Machiavellianisme, Pengendalian Manajemen dan Fairness*. Universitas Islam Indonesia.

Judijanto, L., Wibowo, G. A., Hakpantria, H., Nuryanneti, I., Apriyanto, A., Firdaus, A., Haryanti, T., Zafar, T. S., Jumiono, A., & Jati, P. (2024). *Karya Tulis Ilmiah: Panduan Praktis Menyusun Karya Tulis Ilmiah*. PT. Sonpedia Publishing Indonesia.

Martani, R. (2025). *PENERAPAN TEORI KAUSALITAS DALAM TINDAK PIDANA PENGEROYOKAN (STUDI PUTUSAN PENGADILAN NEGERI PALOPO NO 163/PID. B/2022. PN PALOPO)*. Universitas Islam Negri Palopo.

Nababan, R. Ri. (2023). *PEREMPUAN YANG KAU TEMPATKAN DI SISIKU TAFSIR KITAB KEJADIAN 3: 1-24 MENGGUNAKAN METODE SEEING TROUGH THE PRESPECTIVE OF RENE GIRARD'S SCAPEGOAT THEORY*. Universitas Kristen Duta Wacana.

Pracoyo, A., Rahman, R. S., Judijanto, L., Zalogo, E. F., Kusumastuti, S. Y., Suyati, S., & Hulu, D. (2025). *Perilaku Keuangan: Teori dan Praktik*. PT. Green Pustaka Indonesia.

Purwono, F. H., Ulya, A. U., Purnasari, N., & Juniatmoko, R. (2019). *Metodologi Penelitian (Kuantitatif, Kualitatif dan Mix Method)*. Guepedia.

Puspita, N., & Susmita, N. (2024). *Keterampilan menulis intensif kebahasaan: pendekatan berbasis masalah untuk penulisan ilmiah*. Pradina Pustaka.

RAHMAN, A. (2023). *TINDAK PIDANA PENCURIAN TERNAK KAMBING DAN PENYELESAIANNYA DI KEPOLISIAN SEKTOR TANAH TUMBUH KABUPATEN BUNGO*. Universitas Batanghari Jambi.

Rendi, R., Marni, M., Neonane, T., & Lawalata, M. (2024). Peran Logika Dalam Berfikir Kritis Untuk Membangun Kemampuan Memahami Dan Menginterpretasi Informasi. *Sinar Kasih: Jurnal Pendidikan Agama Dan Filsafat*, *2*(2), 82–98.

Shutadi, A. A., Soeprapto, A., Sos, S., Julfi, A., Silamat, E., Soelistya, I. D., Saputra, R. S. H., Muksin, I., Sos, S., & Nalu, K. (2025). *Mengelola Konflik dalam Organisasi: Teknik, Strategi, dan Aplikasi*. PT. Nawala Gama Education.

Suhandang, K. (2024). *Human Relations di Lingkungan Kerja*. Nuansa Cendekia.

Sutanto, V. (2024). Membangun Solidaritas Melalui Komunikasi Interpersonal: Studi Interaksi Simbolik Di Komunitas Gang Milan Yang Multikultural. *BroadComm*, *6*(2), 43–53.

Taruh, F. (2020). *Motivasi kerja (meniti suara hati menolak perilaku korupsi)*. Deepublish.

Wibowo, A. (2024). Kemampuan berpikir kritis. *Penerbit Yayasan Prima Agus Teknik*, 1–473.

BAGIAN 4

MENGAPA LOGIKA? MEMBEDAH PERAN PENALARAN DALAM STUDI DAN KEHIDUPAN SEHARI-HARI.

Oleh : Choirun Nisak

A. PENDAHULUAN

Bayangkan seorang peneliti muda yang penuh semangat dan memiliki keinginan besar untuk memberikan kontribusi nyata bagi lingkungan sekitarnya. Ia mengamati berbagai persoalan sosial yang terjadi di masyarakat, lalu memunculkan ide-ide segar yang dirasa mampu menjawab persoalan tersebut. Namun, ketika ia mencoba menuangkan gagasan itu ke dalam proposal penelitian, ia justru terjebak dalam kebingungan. Ide yang sebelumnya tampak jelas dalam pikirannya tiba-tiba menjadi kabur ketika hendak diubah menjadi kerangka pemikiran ilmiah yang sistematis. Ia mulai mempertanyakan banyak hal: Haruskah ia langsung membuat hipotesis? Bagaimana cara memastikan bahwa dugaan sementara yang ia rumuskan memiliki dasar yang dapat diuji? Bagaimana menghubungkan data yang akan dikumpulkan dengan teori-teori yang sudah ada sebelumnya? Situasi semacam ini bukanlah hal yang asing di dunia akademik. Banyak mahasiswa dan peneliti pemula yang kaya akan ide, tetapi miskin dalam kemampuan menyusun kerangka berpikir yang logis. Mereka mampu melihat fenomena dengan tajam, namun kesulitan mengubahnya menjadi penelitian yang memiliki landasan metodologis yang kuat.

Kesulitan tersebut umumnya berakar pada terputusnya mata rantai antara ide spontan, hipotesis terstruktur, dan teori ilmiah. Tanpa memahami hubungan logis di antara ketiga elemen tersebut, penelitian sangat berisiko menjadi sekadar kumpulan data tanpa makna, atau bahkan menjadi rangkaian kesimpulan yang tidak memiliki dasar penalaran yang memadai. Di era modern yang menuntut efisiensi, produktivitas, dan kecepatan publikasi, tidak sedikit peneliti pemula yang tergoda untuk melewati tahapan berpikir ilmiah yang seharusnya dilalui secara runtut. Mereka melompat dari ide langsung menuju kesimpulan, atau merumuskan hipotesis tanpa memahami konteks teorinya. Akibatnya, hasil penelitian menjadi rapuh, sulit dipertanggungjawabkan secara ilmiah, serta minim kontribusi terhadap pengembangan ilmu pengetahuan. Fenomena ini sekaligus menunjukkan bahwa kemampuan berpikir logis bukan lagi sekadar nilai tambah bagi seorang peneliti, melainkan sebuah kebutuhan mendasar dalam proses penelitian ilmiah.

Dalam konteks inilah logika memainkan peran penting. Logika tidak hanya dipahami sebagai sekumpulan aturan formal, simbol-simbol abstrak, atau teori yang kering. Ia bekerja layaknya sistem operasi dalam pikiran peneliti menata alur berpikir sejak proses observasi awal hingga penyusunan teori akhir. Logika membantu peneliti memastikan bahwa setiap langkah dalam penelitian memiliki keterkaitan, konsistensi, dan dasar rasional yang dapat dipertanggungjawabkan. Melalui logika, ide yang bersifat mentah disaring dan dipertajam, sehingga dapat dirumuskan menjadi hipotesis yang jelas dan dapat diuji. Selanjutnya, hasil pengujian hipotesis tersebut akan menjadi bagian dari proses penyusunan teori yang lebih matang. Dengan kata lain, ide, hipotesis, dan teori adalah tiga potongan puzzle yang hanya dapat tersusun dengan baik apabila peneliti menggunakan logika sebagai jembatannya.

Bab ini hadir sebagai peta jalan bagi pembaca untuk memahami bagaimana logika bekerja dalam membangun kerangka pemikiran ilmiah. Pembahasan dimulai dari pemahaman mengenai logika sebagai fondasi berpikir sistematis, kemudian dilanjutkan dengan proses bagaimana ide awal yang muncul secara spontan bisa ditransformasikan menjadi hipotesis yang valid dan terukur. Setelah itu, pembaca akan diarahkan untuk melihat bagaimana hipotesis yang telah diuji dapat berkontribusi pada penyusunan teori ilmiah yang kokoh. Untuk memperkaya pemahaman, bab ini juga akan disertai dengan contoh-contoh nyata dari berbagai disiplin ilmu serta strategi praktis untuk menghindari kesalahan logika yang sering terjadi dalam penelitian. Dengan peta jalan ini, diharapkan pembaca khususnya peneliti pemula dapat memahami bahwa penelitian bukan hanya tentang mengumpulkan data, melainkan tentang merangkai alur berpikir secara logis, sistematis, dan bertanggung jawab.

B. PEMBAHASAN

Logika sebagai Fondasi Pemikiran Ilmiah

Sains pada hakikatnya tidak dimulai dari data, observasi, atau eksperimen semata, melainkan dari sebuah proses berpikir yang terstruktur. Cara berpikir inilah yang menentukan kualitas penelitian, karena tanpa kerangka berpikir yang jelas, data yang dikumpulkan hanya akan menjadi tumpukan informasi tanpa makna. Di sinilah logika memainkan peran penting sebagai fondasi pemikiran ilmiah. Logika menyediakan kerangka kerja yang memungkinkan peneliti berpikir secara tertib, konsisten, dan terarah. Dalam tradisi keilmuan, logika berfungsi sebagai penjaga validitas, memastikan bahwa setiap langkah dalam penelitian mulai dari merumuskan masalah, menyusun hipotesis, memilih metode, hingga menarik kesimpulan berjalan dengan landasan penalaran yang sah. Tanpa logika, penelitian tidak lebih dari upaya spekulasi yang minim pertanggungjawaban ilmiah.

1. Prinsip Dasar Logika dalam Sains

Dalam praktiknya, logika dalam sains (logica artificialis) berbeda dari logika dalam kehidupan sehari-hari (logica naturalis). Logika naturalis adalah kemampuan berpikir spontan yang dimiliki setiap manusia, tetapi sering kali bercampur dengan intuisi, kebiasaan, emosi, dan prasangka. Sebaliknya, logica artificialis menuntut ketelitian formal, kejernihan konsep, dan ketatnya hubungan antara premis dan kesimpulan. Logika ilmiah meminta peneliti untuk mendefinisikan istilah secara tepat sehingga tidak menimbulkan multiinterpretasi. Selain itu, logika memastikan bahwa setiap proposisi dalam penelitian saling berkaitan secara konsisten dan bebas dari kontradiksi.

Contoh sederhana dapat dilihat dalam proses merumuskan masalah penelitian. Pertanyaan "Apakah media sosial berpengaruh terhadap kesehatan mental?" terdengar ilmiah, namun dari perspektif logika, pertanyaan ini terlalu luas, kabur, dan sulit dioperasionalisasikan. Logika menuntut peneliti untuk menghindari ambiguitas dan memperjelas batasan konsep. Dengan menggunakan prinsip logika, pertanyaan tersebut dapat dipertajam menjadi: "Apakah durasi penggunaan Instagram lebih dari tiga jam per hari berkorelasi dengan peningkatan gejala kecemasan pada remaja usia 18–22 tahun?" Contoh ini menunjukkan bagaimana logika membantu mengubah pertanyaan yang abstrak menjadi fokus penelitian yang lebih spesifik, terukur, dan siap diuji. Dengan demikian, logika bukan hanya alat berpikir, tetapi juga instrumen yang menentukan validitas operasional penelitian.

2. Fungsi Logika dalam Metodologi Penelitian

Logika tidak hanya memainkan peran dalam merumuskan masalah, tetapi juga mengarahkan keseluruhan proses metodologis penelitian. Pertama, logika berfungsi sebagai "peta" yang memandu peneliti memilih pendekatan dan metode yang paling sesuai dengan tujuan penelitian. Misalnya, jika tujuan penelitian adalah untuk mengetahui sebab-akibat, maka logika akan mengarahkan peneliti pada metode eksperimental atau kuasi-eksperimental. Jika tujuannya adalah memahami makna atau pengalaman subjektif peserta, logika mengarahkan kepada pendekatan kualitatif. Dengan kata lain, logika memastikan bahwa metode yang dipilih sejalan dengan pertanyaan dan tujuan penelitian, sehingga proses ilmiah tetap konsisten dan tidak menyimpang.

Kedua, logika juga berperan dalam merancang instrumen yang valid dan reliabel. Ketika menyusun kuesioner, misalnya, logika memastikan bahwa setiap item pertanyaan relevan dengan variabel penelitian dan tidak menimbulkan bias. Instrumen yang tidak disusun dengan prinsip logika hanya akan menghasilkan data yang tidak akurat, yang pada akhirnya merusak kualitas penelitian. Logika pula yang memandu peneliti untuk menghindari kesalahan inferensi, seperti *confirmation bias*, yaitu kecenderungan untuk hanya mencari data yang mendukung dugaan awal sambil mengabaikan data yang bertentangan. Tanpa kesadaran logis yang kuat, peneliti dapat dengan mudah jatuh dalam perangkap subjektivitas dan menarik kesimpulan yang tidak sesuai dengan bukti empiris.

Ketiga, logika membantu peneliti menginterpretasikan data secara tepat. Dalam analisis kuantitatif, misalnya, logika diperlukan untuk memahami hubungan kausalitas: tidak semua korelasi dapat diartikan sebagai sebab-akibat. Dalam penelitian kualitatif, logika diperlukan untuk mengidentifikasi tema-tema yang konsisten, memastikan bahwa interpretasi tidak didasarkan pada asumsi pribadi tetapi pada pola data yang muncul secara sistematis. Dengan demikian, logika adalah fondasi yang menjaga agar proses interpretasi tetap berada dalam koridor objektivitas ilmiah.

Keempat, pada tahap kesimpulan, logika berperan penting dalam memastikan bahwa hasil penelitian benar-benar sejalan dengan data yang dikumpulkan. Kesimpulan yang sah secara ilmiah hanya dapat dicapai apabila proses penalarannya mengikuti prinsip-prinsip logika deduktif maupun induktif. Peneliti harus mampu menunjukkan bagaimana data mendukung klaim yang dihasilkan dan menghindari generalisasi yang berlebihan.

Secara keseluruhan, logika merupakan fondasi tak tergantikan dalam pemikiran ilmiah. Ia memastikan bahwa setiap proses penelitian berjalan secara sistematis, konsisten, dan bebas dari kesalahan penalaran. Tanpa logika, penelitian hanya akan menjadi rangkaian aktivitas teknis tanpa arah, sementara dengan logika, penelitian menjadi kegiatan intelektual yang terarah dan mampu memberikan kontribusi bermakna bagi perkembangan ilmu pengetahuan.

Dari Ide ke Hipotesis: Peran Logika dalam Formulasi

Dalam proses penelitian ilmiah, ide merupakan benih awal yang menandai lahirnya sebuah rasa ingin tahu terhadap fenomena tertentu. Namun, ide pada tahap ini biasanya masih bersifat mentah, intuitif, dan belum memiliki bentuk yang sistematis. Untuk menjadikan ide tersebut dapat diuji dalam penelitian, diperlukan langkah transformasi yang didukung oleh prinsip-prinsip logika yang ketat. Logika dalam hal ini berfungsi sebagai alat untuk menstrukturkan gagasan awal tersebut menjadi sebuah hipotesis tunas ilmiah yang telah siap ditanam, diuji, dan dipertanggungjawabkan. Sebuah hipotesis yang baik tidak hanya menjadi dugaan, melainkan pernyataan yang dirumuskan secara spesifik, terukur, serta memiliki dasar penalaran yang rasional. Oleh karena itu, proses berpindah dari ide menuju hipotesis bukanlah proses spontan, tetapi melalui serangkaian tahapan logis yang terencana.

Transformasi ide menjadi hipotesis menuntut peneliti untuk memahami bahwa tidak semua ide dapat langsung dirumuskan sebagai proposisi ilmiah. Ide muncul dari observasi, pengalaman, atau intuisi, namun intuisi bukan merupakan bukti. Dengan demikian, tugas logika adalah menjembatani kesenjangan antara intuisi dan pernyataan ilmiah. Logika memastikan bahwa peneliti tidak terburu-buru menyimpulkan sesuatu tanpa dasar yang memadai. Dalam metodologi ilmiah, formulasi hipotesis merupakan salah satu tahapan kritis yang menentukan arah penelitian, pemilihan metode, hingga interpretasi akhir. Oleh karena itu, kesalahan dalam tahap ini akan berdampak pada semua proses penelitian selanjutnya.

1. Langkah-Langkah Logis dalam Merumuskan Hipotesis

Proses pembentukan hipotesis terdiri dari beberapa tahapan logis yang saling terhubung. Setiap tahapan berfungsi untuk memperkuat keterkaitan antara fenomena empiris yang diamati dan pernyataan ilmiah yang akan diuji. Tahapan-tahapan tersebut adalah sebagai berikut.

a. Observasi dan Identifikasi Pola

Langkah awal dalam merumuskan hipotesis adalah observasi fenomena. Observasi ini bisa berupa pengamatan langsung, pembacaan literatur, pengalaman empiris, maupun refleksi atas fenomena sosial yang terjadi. Namun, observasi saja tidak cukup. Logika berfungsi untuk membantu peneliti mengenali pola dari fenomena tersebut. Misalnya, seorang guru mungkin mengamati bahwa siswa yang terbiasa belajar sambil mendengarkan musik tertentu terlihat lebih fokus. Observasi ini memberikan indikasi awal, tetapi masih berupa asumsi umum. Dengan bantuan logika, peneliti mulai bertanya: “Apakah benar ada pola tertentu?”, “Apakah fenomena ini konsisten?”, atau “Apa kemungkinan faktor lain yang terlibat?” Pengamatan yang disertai penalaran logis akan menghasilkan landasan awal yang lebih kuat untuk merumuskan hipotesis.

b. Penjernihan Konsep

Pada tahap berikutnya, peneliti harus menjernihkan konsep atau variabel yang terlibat. Penjernihan konsep berarti mendefinisikan setiap variabel secara operasional sehingga dapat diukur dan tidak menimbulkan multitafsir. Tanpa definisi operasional, variabel hanya akan menjadi istilah abstrak yang tidak dapat diuji secara empiris. Misalnya, konsep "musik", "konsentrasi", atau "kepintaran" memiliki makna yang sangat luas dan berbeda bagi setiap orang. Dengan menggunakan logika, peneliti mempersempit makna tersebut menjadi variabel yang terukur secara ilmiah. "Musik" dapat didefinisikan sebagai "musik klasik karya Mozart", sementara "kepintaran" dioperasionalkan sebagai "skor ujian matematika". Dengan demikian, penjernihan konsep adalah syarat penting untuk menghasilkan hipotesis yang valid dan dapat diuji.

c. Penyusunan Relasi Logis

Setelah variabel dijernihkan, langkah selanjutnya adalah menyusun relasi logis di antara variabel tersebut. Logika membantu peneliti menghubungkan variabel melalui struktur proposisi yang jelas, seperti hubungan sebab-akibat (jika–maka), hubungan korelasi, atau hubungan pengaruh. Relasi logis inilah yang menjadi inti dari hipotesis. Contohnya, ide awal "Mendengarkan musik klasik membuat pintar" adalah pernyataan yang sangat umum dan tidak dapat diuji. Setelah melalui serangkaian proses logis, ide tersebut dapat berubah menjadi: "Jika siswa mendengarkan musik Mozart selama 30 menit sebelum ujian matematika, maka skor ujian mereka akan lebih tinggi dibandingkan dengan siswa yang tidak mendengarkan musik." Pada tahap ini, hipotesis telah memiliki struktur yang jelas, variabel yang terdefinisi, dan relasi logis yang dapat diuji secara empiris.

2. Menghindari Kesalahan Logika dalam Formulasi Hipotesis

Salah satu tantangan terbesar dalam merumuskan hipotesis adalah menghindari kesalahan logika (logical fallacies). Kesalahan logika dapat membuat hipotesis menjadi tidak valid dan menyebabkan penelitian berjalan ke arah yang keliru. Dua jenis kesalahan logika yang sering muncul dalam formulasi hipotesis adalah *logical leap* dan *false causality*.

Logical leap atau lompatan logika terjadi ketika peneliti membuat kesimpulan tanpa dasar yang cukup. Misalnya, hanya karena dua fenomena terjadi secara bersamaan, peneliti langsung menganggap bahwa salah satunya menyebabkan yang lain. Contoh lain adalah ketika peneliti hanya berdasarkan satu observasi singkat langsung menyusun hipotesis umum untuk populasi luas. Kesalahan ini terjadi ketika peneliti terlalu cepat membuat generalisasi tanpa melalui proses analisis logis.

False causality atau kesalahan sebab-akibat terjadi ketika peneliti mengasumsikan adanya hubungan kausal padahal hubungan tersebut hanya korelasional. Misalnya, peningkatan penggunaan media sosial dan meningkatnya kecemasan pada remaja mungkin terjadi pada waktu yang sama, tetapi tidak berarti media sosial adalah satu-satunya penyebab kecemasan. Logika mengajarkan peneliti untuk selalu bertanya: "Apakah ada variabel lain yang berperan?", "Apakah hubungan ini hanya kebetulan?", dan "Apakah urutan waktu mendukung hubungan sebab-akibat?" Pertanyaan-pertanyaan logis semacam ini membantu peneliti menghindari kesimpulan yang salah dan memastikan bahwa hipotesis memiliki dasar penalaran yang kuat.

Dengan demikian, proses mengubah ide menjadi hipotesis merupakan bagian fundamental dari penelitian ilmiah yang membutuhkan disiplin logika. Logika tidak hanya memperjelas konsep, tetapi juga memberikan struktur pada hubungan antarvariabel serta menjaga peneliti dari kesalahan penalaran yang dapat merusak kualitas penelitian. Tanpa logika, hipotesis hanya akan menjadi dugaan spekulatif; tetapi dengan logika, hipotesis menjadi pernyataan ilmiah yang siap diuji dan berkontribusi pada pengembangan ilmu pengetahuan. Jika diperlukan, saya bisa melanjutkan subbab berikutnya atau membuat versi lebih ringkas.

Dari Hipotesis ke Teori: Logika dalam Verifikasi dan Falsifikasi

Proses ilmiah tidak berhenti pada perumusan hipotesis. Hipotesis hanya menjadi jembatan awal yang membawa peneliti menuju pemahaman yang lebih luas dan mendalam mengenai suatu fenomena. Setelah hipotesis dirumuskan, tahap selanjutnya adalah mengujinya melalui observasi sistematis atau eksperimen yang terkontrol. Pada titik inilah logika memiliki peranan yang sangat penting, karena tanpa logika, proses pengujian hanya akan menjadi kumpulan data acak tanpa arah. Dalam metodologi ilmiah, pengujian hipotesis dilakukan melalui dua pendekatan utama: verifikasi, yaitu proses mengumpulkan bukti yang mendukung hipotesis, dan falsifikasi, yaitu proses mencari bukti yang melemahkan atau menolak hipotesis tersebut. Kedua pendekatan ini bekerja secara komplementer untuk membangun landasan yang kokoh bagi terciptanya teori ilmiah. Teori bukanlah sekadar kumpulan hipotesis yang kebetulan benar; teori merupakan hasil dari proses penyaringan ketat, di mana hipotesis-hipotesis yang lemah dieliminasi dan hipotesis yang kuat dipertahankan dalam satu kerangka penjelasan yang koheren.

1. **Logika dalam Desain Eksperimen**

Sebuah eksperimen ilmiah dirancang untuk menguji hipotesis dengan cara yang paling objektif dan bebas bias. Logika berperan krusial dalam menentukan cara eksperimen tersebut disusun. Penelitian yang dilakukan tanpa mengikuti prinsip logis berpotensi menghasilkan kesimpulan yang menyesatkan. Desain eksperimen yang baik harus mampu meminimalkan pengaruh variabel luar yang tidak diinginkan, sehingga hanya faktor yang diteliti saja yang memengaruhi hasil. Logika membantu peneliti menetapkan variabel bebas, variabel terikat, serta variabel kontrol. Dengan demikian, setiap perubahan yang diamati dapat dijelaskan secara rasional sebagai akibat dari manipulasi variabel yang relevan.

Salah satu bentuk penerapan logika yang paling ketat dalam desain eksperimen adalah penggunaan kelompok kontrol. Kelompok kontrol ini diperlukan agar peneliti dapat membedakan antara efek yang dihasilkan oleh variabel bebas dengan perubahan yang terjadi secara alami. Logika mengajarkan bahwa tanpa pembanding, tidak mungkin menarik inferensi kausal yang valid. Misalnya, dalam penelitian medis, penggunaan *randomized controlled trial* (RCT) merupakan standar emas dalam pengujian hipotesis sebab-akibat. Logika di balik RCT adalah memastikan bahwa setiap peserta memiliki peluang yang sama untuk masuk dalam kelompok eksperimen atau kelompok kontrol. Dengan demikian, faktor-faktor bias seperti kondisi kesehatan sebelumnya, tingkat stres, atau gaya hidup, dapat diminimalkan. Melalui randomisasi, peneliti dapat memastikan bahwa perbedaan hasil antara kedua kelompok benar-benar disebabkan oleh intervensi, bukan faktor lain.

Selain itu, logika juga memastikan bahwa eksperimen memiliki validitas internal yang tinggi. Validitas internal mengacu pada sejauh mana eksperimen tersebut mampu menunjukkan hubungan kausal yang sebenarnya. Jika desain eksperimen tidak logis misalnya tidak mengontrol variabel penting atau menggunakan sampel yang tidak representatif maka validitas internal akan lemah, dan kesimpulan yang dihasilkan tidak dapat dipercaya. Logika memastikan bahwa setiap elemen dalam penelitian memiliki keterkaitan rasional dan tidak ada unsur yang dibiarkan ambigu atau tidak terdefinisi.

2. Logika dalam Proses Verifikasi dan Falsifikasi

Karl Popper, seorang filsuf sains terkemuka, menekankan bahwa kekuatan sains terletak bukan pada kemampuan untuk membuktikan kebenaran, tetapi pada kemampuan untuk menguji kesalahan. Prinsip falsifikasi inilah yang membedakan sains dari kepercayaan atau dogma. Logika memainkan peran penting dalam kedua proses tersebut, baik verifikasi maupun falsifikasi. Dalam verifikasi, logika digunakan untuk memastikan bahwa bukti yang dikumpulkan benar-benar mendukung hipotesis. Ini berarti proses pengumpulan data harus dilakukan dengan cara yang sesuai dengan struktur hipotesis dan variabel yang telah ditentukan. Peneliti harus memastikan bahwa bukti yang digunakan tidak bertentangan dengan prinsip logika induktif maupun deduktif.

Namun, verifikasi saja tidak cukup. Logika mengajarkan bahwa meskipun serangkaian observasi mendukung suatu hipotesis, tidak berarti hipotesis tersebut benar secara mutlak. Justru, hipotesis yang baik harus mampu bertahan dari berbagai upaya untuk membuktikan kesalahannya. Inilah esensi dari falsifikasi. Melalui falsifikasi, peneliti mencoba mencari bukti yang menantang atau menolak hipotesis. Jika hipotesis tetap bertahan, maka validitasnya semakin kuat. Jika tidak, hipotesis perlu direvisi atau diganti. Misalnya, dalam ilmu ekonomi, banyak model hipotesis diuji melalui data empiris untuk melihat apakah pola yang dihasilkan konsisten dengan prediksi teori. Ketika prediksi tidak sesuai, logika menuntut revisi, bukan pembenaran paksa.

Dengan demikian, logika dalam verifikasi dan falsifikasi memastikan bahwa proses ilmiah tidak hanya memperkuat keyakinan, tetapi juga menghapus kesalahan. Tanpa falsifikasi, penelitian mudah terjebak dalam *confirmation bias*, yaitu kecenderungan untuk hanya mencari bukti yang mendukung pandangan awal. Logika melatih peneliti untuk selalu kritis terhadap hipotesis sendiri.

3. Dari Hipotesis ke Teori: Integrasi Bukti Logis

Setelah serangkaian hipotesis diuji, baik melalui verifikasi maupun falsifikasi, pengetahuan ilmiah mulai terbentuk pada level yang lebih tinggi, yaitu teori. Teori tidak dibangun dengan mengumpulkan hipotesis-hipotesis yang terbukti benar secara acak. Sebaliknya, teori lahir melalui integrasi logis dari berbagai bukti yang saling berkaitan. Logika memastikan bahwa teori tersebut konsisten, tidak mengandung kontradiksi internal, dan memiliki daya jelaskan yang luas terhadap fenomena yang dikaji.

Contoh yang paling klasik adalah lahirnya Teori Evolusi Darwin. Teori ini bukan hasil dari satu hipotesis tunggal, tetapi merupakan integrasi dari berbagai bukti yang berasal dari biologi, genetika, paleontologi, dan geologi. Darwin mengamati variasi spesies, Mendel memberikan dasar genetika, dan fosil memberikan bukti sejarah kehidupan. Semua elemen ini disatukan melalui kerangka logika yang kuat hingga membentuk teori yang koheren. Tanpa logika, bukti-bukti tersebut hanya menjadi serpihan informasi yang tidak saling berhubungan.

Teori yang baik juga harus dapat menjelaskan fenomena baru dan memprediksi kejadian yang belum diamati. Logika memastikan bahwa prediksi teori tidak bertentangan dengan bukti sebelumnya. Dengan demikian, logika menjadi pondasi yang menjaga integritas teori sekaligus menjadi alat yang memungkinkan teori berkembang.

Secara keseluruhan, logika memainkan peran utama dalam proses transformasi dari hipotesis ke teori. Melalui desain eksperimen yang ketat, verifikasi yang jujur, dan falsifikasi yang kritis, logika memastikan bahwa ilmu pengetahuan dibangun di atas dasar yang kokoh. Teori yang dihasilkan bukan sekadar kumpulan dugaan yang kebetulan benar, tetapi struktur pengetahuan yang lahir dari proses penyaringan rasional dan evidensial. Jika diperlukan, saya dapat melanjutkan subbab berikutnya atau membantu menyusun bagian kesimpulan chapter.

Kerangka Pemikiran Ilmiah: Integrasi Logika, Hipotesis, dan Teori

Kerangka pemikiran ilmiah merupakan fondasi utama dalam proses penelitian modern yang berfungsi sebagai panduan konseptual untuk memahami hubungan antara ide, hipotesis, dan teori. Di dalam kerangka ini, logika memainkan peran penting sebagai alat penghubung yang memastikan bahwa setiap langkah dalam penelitian berjalan secara sistematis, terstruktur, dan bebas dari kontradiksi internal. Tanpa logika yang kuat, proses ilmiah akan kehilangan arah dan menghasilkan kesimpulan yang rapuh. Karena itu, dalam setiap disiplin baik sains alam, sosial, maupun humaniora kerangka pemikiran ilmiah selalu dibangun dengan mempertimbangkan integrasi ketat antara penalaran logis dan bukti empiris. Proses ini pada dasarnya tidak bersifat linear, melainkan berbentuk siklus yang terus berkembang sejalan dengan akumulasi pengetahuan baru.

Salah satu cara untuk memahami bagaimana logika bekerja dalam kerangka ini adalah melalui model ***siklus logika penelitian***. Siklus tersebut dimulai dari ***observasi***, yaitu pengamatan awal terhadap fenomena tertentu yang menimbulkan rasa ingin tahu ilmiah. Observasi kemudian melahirkan ***ide***, yakni gagasan awal tentang pola, hubungan, atau masalah yang perlu dijelaskan. Dari ide inilah peneliti menggunakan gabungan penalaran deduktif dan induktif untuk merumuskan ***hipotesis***, sebuah pernyataan sementara yang dapat diuji secara empiris. Proses deduktif membantu menurunkan dugaan spesifik dari prinsip umum, sedangkan proses induktif membantu menyimpulkan pola dari data atau fenomena sebelumnya. Dengan demikian, hipotesis tidak hanya bersifat spekulatif, tetapi memiliki dasar logis yang kuat.

Tahap berikutnya adalah ***pengujian empiris***. Pada tahap ini, peneliti menggunakan metode penelitian yang tepat baik eksperimen, survei, observasi terstruktur, maupun analisis dokumen untuk menguji apakah hipotesis tersebut sesuai dengan kenyataan. Logika kembali memainkan peran penting dalam memastikan bahwa desain penelitian bebas dari bias, variabel dikendalikan dengan baik, instrumen yang digunakan valid dan reliabel, serta analisis data dilakukan secara konsisten. Hasil pengujian ini kemudian menjadi dasar bagi proses ***generalisasi logis***, yaitu langkah yang membawa peneliti dari hasil-hasil spesifik menuju **teori**, sebuah kerangka penjelas yang lebih luas dan mampu menerangkan berbagai fenomena sejenis. Teori yang terbentuk bukan hanya kumpulan hipotesis yang terbukti benar, tetapi merupakan integrasi koheren dari sejumlah bukti yang saling mendukung dan bebas dari kontradiksi internal.

Dalam praktiknya, siklus ini tidak berhenti pada tahap penyusunan teori. Teori justru menghasilkan ***prediksi logis*** baru yang memunculkan observasi lanjutan. Prediksi ini memungkinkan teori diuji kembali dalam konteks berbeda. Jika prediksi tersebut terbukti konsisten dengan data baru, teori semakin kuat. Jika tidak, teori harus direvisi atau bahkan diganti. Dengan demikian, proses ilmiah bersifat dinamis dan berkembang, bukan final. Inilah keindahan kerangka pemikiran ilmiah: ia terus bergerak, menyesuaikan diri dengan bukti, dan disempurnakan oleh logika.

Contoh nyata integrasi logika dalam penelitian dapat dilihat dalam studi sosial mengenai fenomena ***cancel culture*** di media sosial. Seorang peneliti yang tertarik pada fenomena ini akan memulai dari observasi tentang bagaimana individu "dibatalkan" melalui gelombang kritik publik. Dari pengamatan tersebut, ia membangun ide awal mengenai dampak cancel culture terhadap kondisi sosial dan psikologis seseorang. Menggunakan logika penalaran, peneliti merumuskan hipotesis, misalnya: "Paparan cancel culture berpengaruh terhadap tingkat kecemasan dan harga diri pengguna media sosial." Untuk menguji hipotesis tersebut, ia melakukan survei, wawancara, dan analisis konten digital. Seluruh proses pengumpulan dan analisis data dilakukan berdasarkan prinsip logis agar hasilnya dapat dipertanggungjawabkan secara ilmiah. Ketika hasil penelitian menunjukkan pola tertentu misalnya adanya hubungan antara paparan cancel culture dan gejala stres sosial peneliti kemudian mengembangkan sebuah teori kecil tentang **mekanisme digital shaming** dalam masyarakat modern, yakni bagaimana tekanan sosial dalam ruang digital dapat membentuk perilaku dan respons emosional individu.

Dengan demikian, kerangka pemikiran ilmiah bukan sekadar struktur teknis, tetapi merupakan proses intelektual yang hidup. Ia menunjukkan bagaimana logika, hipotesis, dan teori tidak berdiri sendiri, melainkan saling melengkapi dalam perjalanan panjang pencarian pengetahuan. Siklus ini akan terus berputar selama manusia masih bertanya, mengamati, dan berusaha memahami realitas secara rasional.

Studi Kasus: Contoh Penerapan dalam Penelitian

Penerapan logika dalam penelitian ilmiah dapat dilihat secara lebih konkret melalui studi kasus, baik pada pendekatan kuantitatif maupun kualitatif. Meskipun keduanya menggunakan metode yang berbeda, keduanya tetap bergantung pada logika sebagai alat yang menjaga validitas proses, kesesuaian prosedur, serta konsistensi interpretasi. Dengan memahami cara kerja logika dalam konteks nyata, peneliti dapat menyadari bahwa penelitian bukanlah sekadar kumpulan teknik, tetapi suatu aktivitas intelektual yang menuntut ketelitian, sistematika, dan kemampuan berpikir kritis.

Pada ***studi kasus pertama***, sebuah penelitian kuantitatif berjudul *"Pengaruh Metode Pembelajaran Interaktif terhadap Hasil Belajar Siswa"* menunjukkan bagaimana logika mengarahkan langkah-langkah ilmiah. Peneliti awalnya merumuskan hipotesis berdasarkan teori pembelajaran modern bahwa metode interaktif dapat meningkatkan hasil belajar. Hipotesis tersebut tidak muncul secara sembarangan, melainkan melalui penalaran deduktif yang menurunkan dugaan dari teori umum tentang keterlibatan aktif siswa dalam pembelajaran. Setelah hipotesis disusun, logika kembali digunakan untuk memilih desain penelitian yang tepat, yaitu ***pretest posttest control group design***. Desain ini dipilih karena secara logis mampu membedakan pengaruh perlakuan (metode interaktif) dengan mengendalikan faktor lain melalui keberadaan kelompok kontrol. Logika juga memastikan bahwa variabel bebas (metode pembelajaran) dan variabel terikat (hasil belajar) dioperasionalkan secara jelas. Selanjutnya, data dianalisis menggunakan uji statistik yang relevan misalnya uji t atau *ANOVA* yang dipilih berdasarkan logika hubungan data, jumlah kelompok, dan tujuan analisis. Pada seluruh tahap, logika memastikan bahwa kesimpulan yang diambil benar-benar berasal dari bukti dan bukan dari asumsi peneliti. Dengan demikian, penelitian kuantitatif ini menunjukkan bahwa logika adalah kerangka kerja yang menjaga objektivitas dan ketelitian prosedural.

Pada ***studi kasus kedua***, penelitian kualitatif berjudul *"Makna Spiritualitas bagi Penyintas Kanker"* menggambarkan bagaimana logika bekerja dalam ranah yang lebih interpretatif. Peneliti memulai dengan menyusun pertanyaan wawancara yang tidak bersifat *leading question*, karena pertanyaan yang memengaruhi jawaban akan merusak keaslian data. Logika digunakan untuk menilai apakah pertanyaan benar-benar terbuka dan mendorong eksplorasi pengalaman, bukan mengarahkan responden pada jawaban tertentu.

Setelah data terkumpul, peneliti menggunakan ***triangulasi*** baik triangulasi sumber, metode, maupun peneliti untuk memastikan bahwa temuan tidak bergantung pada satu perspektif saja. Logika juga memandu proses analisis tematik, terutama ketika peneliti harus mengelompokkan pernyataan menjadi tema-tema yang muncul secara berulang dan konsisten. Dalam proses ini, logika memastikan bahwa tema bukan hasil asumsi pribadi, tetapi benar-benar bersumber dari pola yang dapat dibuktikan dalam data. Hasil akhirnya berupa pemahaman mendalam tentang bagaimana penyintas kanker memaknai spiritualitas sebagai sumber kekuatan emosional dan ketenangan psikologis.

Kedua studi kasus tersebut menunjukkan bahwa logika tidak hanya penting dalam penelitian yang bersifat numerik, tetapi juga menjadi fondasi bagi penelitian interpretatif. Tanpa logika, penelitian akan kehilangan arah; tetapi dengan logika, proses ilmiah menjadi jelas, terstruktur, dan mampu menghasilkan kesimpulan yang dapat dipertanggungjawabkan secara ilmiah.

C. KESIMPULAN

1. Rangkuman Poin-Poin Kunci:

Bab ini telah membedah peran sentral logika dalam membangun kerangka pemikiran ilmiah dari ide awal hingga teori yang kokoh. Logika bukan hanya alat bantu, melainkan **jiwa dari proses keilmuan**. Ia memastikan bahwa setiap langkah dalam penelitian mulai dari perumusan hipotesis hingga penyusunan teori dilakukan dengan penalaran yang sah, konsisten, dan terbuka untuk dikritik.

2. Penegasan Ulang Tesis:

Hubungan antara logika, hipotesis, dan teori adalah hubungan yang **sistematis dan saling bergantung**. Tanpa logika, hipotesis menjadi lemah dan teori menjadi rapuh. Tanpa hipotesis yang teruji, teori kehilangan fondasi empiris. Dan tanpa teori, penelitian kehilangan arah dan makna yang lebih luas. Ketiganya membentuk **mata rantai keilmuan** yang tidak terputus.

3. Refleksi dan Ajakan Bertindak:

Sebagai calon ilmuwan, mahasiswa tidak hanya dituntut untuk menghasilkan ide-ide kreatif, tetapi juga untuk **membiasakan diri berpikir logis** dalam setiap tahapan penelitian. Mulailah dengan melatih keterampilan merumuskan hipotesis yang jelas, mendesain penelitian yang valid, dan menginterpretasi data dengan jujur. Jadilah peneliti yang tidak hanya pintar mengumpulkan data, tetapi juga cerdas dalam **menyusun cerita logis** di balik data tersebut. Dengan demikian, kontribusi Anda tidak hanya menambah jumlah publikasi, tetapi juga memperkuat bangunan ilmu pengetahuan itu sendiri.

DAFTAR PUSTAKA

- Cooper, J. O., Heron, T. E., & Heward, W. L. (2020). *Applied Behavior Analysis* (3rd ed.). Pearson.
- Creswell, J. W., & Creswell, J. D. (2023). *Research Design: Qualitative, Quantitative, and Mixed Methods Approaches* (6th ed.). SAGE.
- Kuhn, T. S. (2012). *The Structure of Scientific Revolutions* (4th ed.). University of Chicago Press.
- Popper, K. (2002). *The Logic of Scientific Discovery*. Routledge.
- Sugiyono. (2022). *Metode Penelitian Kuantitatif, Kualitatif, dan R&D*. Alfabeta.

MENGUJI DUGAAN SEMENTARA: MERANCANG DAN MEMVERIFIKASI HIPOTESIS SECARA LOGIS.

Oleh : Najwa Nuril Maulida Alfianti

A. PENDAHULUAN

Dalam dunia ilmiah, setiap penelitian dimulai dengan sebuah dugaan sementara yang dikenal dengan nama hipotesis. Hipotesis adalah pernyataan yang diajukan berdasarkan pengamatan atau teori, yang kemudian diuji melalui eksperimen atau pengumpulan data untuk menentukan kebenarannya. Hipotesis berperan sebagai pondasi dari setiap penelitian ilmiah, karena tanpa hipotesis yang jelas dan terukur, penelitian tidak akan memiliki arah yang jelas. Namun, meskipun kita sering mendengar istilah ini dalam dunia akademik, banyak orang yang tidak menyadari pentingnya merancang hipotesis dengan cara yang sistematis dan logis. Dalam banyak kasus, hipotesis yang tidak dirancang dengan baik dapat mengarah pada kesalahan yang merugikan, baik dalam penelitian maupun dalam kehidupan sehari-hari.

Logika memainkan peran kunci dalam merancang dan menguji hipotesis. Logika adalah disiplin yang mempelajari prinsip-prinsip penalaran yang benar dan valid, yang membantu kita membedakan antara argumen yang sah dan yang cacat. Dalam konteks penelitian ilmiah, logika tidak hanya digunakan untuk merancang hipotesis yang dapat diuji, tetapi juga untuk menganalisis data dan menarik kesimpulan yang sah berdasarkan bukti. Proses merancang hipotesis tidak sekadar berdasarkan insting atau spekulasi, tetapi harus melibatkan struktur berpikir yang jelas yang memungkinkan hipotesis tersebut diuji secara ilmiah. Di sinilah peran logika menjadi sangat penting logika memberikan pedoman untuk membangun argumen yang dapat dipertanggungjawabkan, baik dalam merancang hipotesis, menguji klaim, maupun menarik kesimpulan.

Hipotesis yang dirancang secara logis tidak hanya memberikan arah bagi penelitian tetapi juga memastikan bahwa penelitian tersebut dapat dipertanggungjawabkan. Dalam dunia akademik, hipotesis yang lemah atau cacat dapat merusak kredibilitas penelitian dan menghasilkan temuan yang tidak valid. Oleh karena itu, penting bagi peneliti untuk tidak hanya merumuskan hipotesis secara asal, tetapi juga dengan mempertimbangkan prinsip-prinsip logika yang jelas, agar penelitian yang dilakukan dapat menghasilkan temuan yang valid dan dapat dipercaya.

Lebih jauh lagi, logika juga berperan dalam memverifikasi hipotesis. Setelah hipotesis dirancang, langkah selanjutnya adalah menguji hipotesis tersebut dengan mengumpulkan data dan menganalisisnya. Proses verifikasi ini membutuhkan analisis yang sistematis dan logis, di mana peneliti harus memastikan bahwa data yang diperoleh mendukung hipotesis yang diajukan atau membuktikan bahwa hipotesis tersebut salah. Oleh karena itu, kemampuan berpikir logis sangat diperlukan untuk memastikan bahwa pengujian hipotesis dilakukan dengan cara yang objektif dan berdasarkan bukti yang valid.

Dalam kehidupan sehari-hari, kita juga sering melakukan pengujian dugaan sementara, meskipun dalam skala yang lebih kecil. Setiap keputusan yang kita buat, mulai dari membeli produk hingga memilih jalur karir, sering kali melibatkan pengujian hipotesis kita membuat dugaan tentang apa yang akan terjadi dan kemudian memverifikasi dugaan tersebut melalui tindakan atau observasi. Oleh karena itu, pemahaman tentang cara merancang dan menguji hipotesis secara logis tidak hanya berguna dalam dunia akademik, tetapi juga dalam pengambilan keputusan sehari-hari yang lebih baik.

Melalui pemahaman yang lebih mendalam tentang logika dan penerapannya dalam merancang dan memverifikasi hipotesis, kita tidak hanya bisa meningkatkan kualitas penelitian akademik, tetapi juga mampu membuat keputusan yang lebih rasional dan tepat dalam kehidupan sehari-hari.

B. PEMBAHASAN

1. Mengenal Hipotesis dan Pentingnya Rancangan yang Logis

Dalam dunia ilmiah, hipotesis merupakan langkah awal yang sangat penting dalam setiap penelitian. Hipotesis adalah sebuah dugaan sementara yang dibuat berdasarkan pengamatan atau teori, dan kemudian diuji untuk melihat apakah benar atau salah. Hipotesis ini berfungsi sebagai dasar untuk eksperimen atau penelitian lebih lanjut, dan dapat berperan penting dalam memperjelas arah suatu penelitian. Namun, hipotesis tidak sekadar didasarkan pada intuisi atau dugaan, melainkan harus dirancang dengan menggunakan prinsip-prinsip logika yang solid agar dapat diuji secara sistematis dan objektif.

Menguji dugaan sementara melalui hipotesis berarti kita harus merancang hipotesis yang tidak hanya jelas, tetapi juga dapat diuji kebenarannya. Logika di sini berfungsi sebagai penyusun argumen yang valid yang mengarahkan proses penelitian dari awal hingga akhir. Tanpa logika yang tepat, hipotesis yang dirancang bisa saja mengandung kesalahan yang tidak terdeteksi dan bisa menyebabkan kesimpulan yang salah. Oleh karena itu, merancang hipotesis secara logis adalah hal yang sangat penting dalam proses penelitian ilmiah.

2. Proses Merancang Hipotesis yang Logis

Proses merancang hipotesis yang logis melibatkan beberapa tahapan yang sistematis dan terstruktur. Agar hipotesis tersebut bisa diuji dengan tepat, ia harus memenuhi beberapa kriteria utama:

a. Kejelasan (Clarity)

Hipotesis haruslah jelas dan mudah dipahami. Agar dapat diuji secara ilmiah, hipotesis harus merumuskan masalah secara konkret, sehingga data yang dikumpulkan bisa langsung digunakan untuk menguji kebenaran atau kesalahannya. Sebagai contoh, jika kita ingin meneliti pengaruh teknologi terhadap produktivitas kerja, hipotesis yang baik bisa berbunyi: "Penerapan teknologi X pada karyawan meningkatkan produktivitas kerja mereka." Hipotesis ini jelas karena bisa diuji dengan mengukur produktivitas kerja karyawan sebelum dan setelah teknologi tersebut diterapkan.

b. Keterukuran (Measurability)

Sebuah hipotesis harus mengandung variabel yang dapat diukur dengan cara yang sistematis. Tanpa keterukuran, pengujian hipotesis tidak akan mungkin dilakukan. Misalnya, jika kita ingin menguji hipotesis mengenai hubungan antara stres dan produktivitas kerja, kita perlu mendefinisikan secara jelas apa yang dimaksud dengan "stres" dan "produktivitas", serta bagaimana cara mengukurnya. Dengan cara ini, eksperimen bisa dilakukan dengan lebih tepat dan hasilnya bisa dianalisis secara valid.

c. Dapat Diuji (Testability)

Hipotesis harus **dapat diuji** dengan metode ilmiah. Artinya, harus ada cara untuk mengumpulkan data dan menganalisisnya untuk menentukan apakah hipotesis tersebut benar atau salah. Sebagai contoh, jika kita mengemukakan hipotesis bahwa "karyawan yang lebih bahagia lebih produktif", kita harus dapat mengukur kebahagiaan dan produktivitas karyawan, serta menguji hubungan keduanya menggunakan data yang valid.

d. Relevansi (Relevance)

Hipotesis harus relevan dengan masalah yang sedang diteliti. Relevansi ini akan memastikan bahwa hipotesis berhubungan langsung dengan fenomena yang sedang diamati. Sebuah hipotesis yang tidak relevan dengan masalah yang diteliti akan mengarah pada eksperimen yang sia-sia dan hasil yang tidak berguna.

Dengan memenuhi kriteria-kriteria di atas, hipotesis akan lebih mudah diuji dan memberikan hasil yang lebih dapat dipercaya. Dalam penelitian ilmiah, proses ini sangat penting karena memastikan bahwa hasil penelitian akan didasarkan pada data yang valid dan metode yang tepat.

3. Verifikasi Hipotesis: Menggunakan Logika untuk Uji Validitas

Setelah hipotesis dirancang, langkah selanjutnya adalah verifikasi hipotesis, yakni menguji apakah hipotesis tersebut benar atau salah berdasarkan data yang diperoleh dari eksperimen atau pengamatan. Proses verifikasi ini sangat bergantung pada logika ilmiah, karena kita harus menggunakan prinsip-prinsip logika untuk menganalisis data secara objektif dan menarik kesimpulan yang valid.

Verifikasi hipotesis membutuhkan dua hal utama: data yang valid dan analisis yang logis. Data yang valid adalah data yang diperoleh dari eksperimen yang terkontrol dan dapat dipercaya. Data ini kemudian dianalisis dengan menggunakan metode statistik atau metode ilmiah lainnya yang tepat. Dengan menggunakan logika, kita akan dapat melihat apakah hubungan antara variabel yang diuji adalah sebab-akibat atau korelasi belaka.

Contoh yang baik dari proses verifikasi hipotesis dapat ditemukan dalam eksperimen tentang pengaruh teknologi terhadap produktivitas kerja. Misalnya, jika kita menguji hipotesis bahwa penggunaan aplikasi manajemen waktu akan meningkatkan produktivitas kerja, kita dapat mengumpulkan data tentang produktivitas kerja sebelum dan sesudah penggunaan aplikasi tersebut. Dengan menggunakan statistik, kita bisa menganalisis apakah ada peningkatan yang signifikan dalam produktivitas, dan apakah perubahan tersebut disebabkan oleh penggunaan aplikasi atau faktor lain.

Selain itu, proses verifikasi hipotesis juga melibatkan pertimbangan terhadap variabel lain yang dapat mempengaruhi hasil. Misalnya, dalam eksperimen produktivitas kerja, selain aplikasi manajemen waktu, faktor seperti lingkungan kerja, kualitas pelatihan, atau motivasi karyawan juga dapat berpengaruh terhadap hasil yang diperoleh. Oleh karena itu, penting untuk melakukan kontrol eksperimen yang ketat untuk memastikan bahwa hasil yang diperoleh hanya dipengaruhi oleh variabel yang sedang diuji.

Selama proses verifikasi ini, kita juga perlu mempertimbangkan bias yang mungkin mempengaruhi hasil penelitian. Salah satu bentuk bias yang sering muncul adalah bias konfirmasi, di mana kita hanya mencari data yang mendukung hipotesis kita dan mengabaikan data yang tidak mendukungnya. Bias ini dapat mengarah pada kesimpulan yang salah dan tidak objektif. Misalnya, jika kita menguji hipotesis bahwa aplikasi manajemen waktu meningkatkan produktivitas kerja, tetapi hanya mengumpulkan data dari karyawan yang sudah terbiasa menggunakan aplikasi serupa, kita bisa jadi mengabaikan perspektif dari mereka yang belum mencoba aplikasi tersebut. Oleh karena itu, logika sangat penting dalam memastikan bahwa pengujian hipotesis dilakukan dengan cara yang objektif, tanpa memihak pada salah satu hasil.

Lebih jauh lagi, dalam pengujian hipotesis, kita juga perlu mempertimbangkan kesalahan statistik yang mungkin terjadi. Terdapat dua jenis kesalahan utama dalam verifikasi hipotesis, yaitu kesalahan tipe I (false positive) dan kesalahan tipe II (false negative). Kesalahan tipe I terjadi ketika kita salah menolak hipotesis nol (misalnya, kita menyatakan bahwa aplikasi manajemen waktu meningkatkan produktivitas padahal tidak ada pengaruh nyata). Sedangkan kesalahan tipe II terjadi ketika kita gagal menolak hipotesis nol (misalnya, kita menyatakan bahwa aplikasi tidak meningkatkan produktivitas padahal sebenarnya ada pengaruh yang signifikan). Untuk meminimalkan kedua kesalahan ini, analisis statistik yang tepat dan pengujian yang hati-hati sangat diperlukan.

Dalam konteks yang lebih luas, verifikasi hipotesis tidak hanya berlaku dalam eksperimen laboratorium, tetapi juga dalam keputusan bisnis, kebijakan publik, dan kehidupan sehari-hari. Setiap keputusan yang kita buat sering kali didasarkan pada hipotesis tentang apa yang akan terjadi jika kita mengambil tindakan tertentu. Oleh karena itu, kemampuan untuk melakukan verifikasi yang objektif dan logis terhadap dugaan-dugaan kita sangat penting untuk memastikan bahwa keputusan yang diambil didasarkan pada informasi yang benar dan dapat dipercaya.

Dengan menggunakan logika dalam proses verifikasi hipotesis, kita memastikan bahwa kesimpulan yang diambil adalah hasil dari analisis yang hati-hati dan berbasis data. Proses ini menghindarkan kita dari kesalahan berpikir dan memungkinkan kita untuk mengambil keputusan yang lebih baik, tidak hanya dalam penelitian ilmiah tetapi juga dalam kehidupan sehari-hari.

4. Pentingnya Struktur Logis dalam Penyusunan Argumen

Salah satu aspek yang sangat penting dalam penelitian ilmiah adalah penyusunan argumen yang logis. Argumen yang logis adalah argumen yang terstruktur dengan baik, dengan premis yang jelas dan kesimpulan yang valid. Penyusunan argumen ini harus mengikuti prinsip-prinsip logika yang berlaku, agar hasil yang diperoleh dari penelitian dapat diterima oleh komunitas ilmiah.

Struktur logis dalam penyusunan argumen ilmiah terdiri dari tiga bagian utama:

- **Premis**: Premis adalah dasar dari argumen. Premis ini harus didasarkan pada data yang valid atau teori yang telah terbukti. Misalnya, dalam penelitian tentang stres dan produktivitas, premis pertama bisa berbunyi: "Stres yang berlebihan dapat memengaruhi kinerja karyawan."
- **Logika atau Proses Penyimpulan**: Proses ini adalah langkah di mana kita menghubungkan premis dengan kesimpulan. Penyimpulan yang logis memastikan bahwa hubungan antara premis dan kesimpulan adalah valid. Sebagai contoh, jika premis pertama adalah bahwa stres dapat mempengaruhi kinerja, dan premis kedua adalah bahwa karyawan yang lebih stres cenderung memiliki kinerja yang lebih rendah, maka kesimpulan yang logis adalah bahwa stres menurunkan produktivitas.

Kesimpulan adalah hasil dari argumen yang telah dibangun. Kesimpulan ini harus didukung oleh premis-premis yang telah diuji dan dianalisis secara logis. Dalam penelitian, kesimpulan ini adalah hasil yang diperoleh dari verifikasi hipotesis yang telah dilakukan.

Tanpa struktur logis yang jelas, argumen dalam penelitian bisa menjadi kabur, tidak valid, dan tidak dapat dipertanggungjawabkan. Oleh karena itu, penting bagi peneliti untuk selalu memastikan bahwa argumen yang disusun mengikuti prinsip-prinsip logika yang tepat, agar penelitian yang dilakukan memiliki dasar yang kuat dan dapat dipertanggungjawabkan.

5. **Menguji Dugaan Sementara dalam Kehidupan Sehari-hari**

Meskipun logika dan pengujian hipotesis sering dikaitkan dengan penelitian akademik, prinsip-prinsip ini juga sangat relevan dalam kehidupan sehari-hari. Setiap hari, kita dihadapkan pada berbagai keputusan yang membutuhkan pertimbangan rasional. Keputusan-keputusan ini bisa melibatkan pilihan yang besar, seperti memilih jalur karir atau memutuskan untuk berinvestasi, atau pilihan yang lebih kecil, seperti membeli barang atau memilih tempat makan.

Dalam konteks ini, kita seringkali perlu menguji dugaan sementara atau hipotesis kita terhadap situasi atau pilihan yang ada. Misalnya, jika kita berencana untuk membeli sebuah produk baru, kita bisa merumuskan hipotesis: "Jika saya membeli produk ini, maka saya akan merasa lebih puas dengan kualitas hidup saya." Untuk menguji hipotesis ini, kita dapat membandingkan pengalaman kita dengan produk yang ada sebelumnya atau membandingkan pendapat orang lain yang telah menggunakan produk tersebut. Proses ini sangat mirip dengan langkah-langkah yang diambil dalam penelitian ilmiah, di mana kita merumuskan hipotesis, mengumpulkan data yang relevan, dan kemudian membuat keputusan berdasarkan analisis yang rasional.

Namun, pengujian dugaan sementara ini tidak hanya terbatas pada keputusan terkait pembelian barang. Dalam kehidupan sehari-hari, kita juga sering membuat keputusan berdasarkan hipotesis tentang bagaimana suatu tindakan atau perubahan akan mempengaruhi kehidupan kita. Misalnya, ketika seseorang ingin beralih dari pekerjaan tetap ke pekerjaan freelance, ia mungkin mengajukan hipotesis: "Jika saya berhenti bekerja di kantor dan menjadi freelancer, maka saya akan memiliki lebih banyak waktu untuk keluarga dan lebih sedikit stres." Untuk menguji hipotesis ini, orang tersebut perlu mengumpulkan informasi lebih lanjut, seperti berbicara dengan freelancer yang sudah berpengalaman, menilai faktor-faktor seperti penghasilan yang tidak tetap, dan melihat dampak perubahan tersebut pada kesejahteraan keluarga.

Tidak hanya itu, dalam hubungan sosial, kita juga sering menguji dugaan sementara kita mengenai bagaimana suatu tindakan akan memengaruhi hubungan kita dengan orang lain. Misalnya, jika seseorang ingin berbicara tentang topik sensitif dengan teman atau pasangan, mereka mungkin merumuskan hipotesis: "Jika saya berbicara secara terbuka dan jujur, maka hubungan kami akan menjadi lebih kuat." Dalam hal ini, pengujian hipotesis melibatkan mempertimbangkan cara menyampaikan pesan yang tepat, mengukur reaksi pihak lain, dan melihat apakah komunikasi tersebut memperkuat atau justru merusak hubungan.

Penting untuk diingat bahwa dalam kehidupan sehari-hari, pengujian hipotesis tidak selalu memiliki metode yang terstruktur seperti dalam penelitian ilmiah. Namun, proses berpikir logis tetap berlaku. Proses ini melibatkan observasi, analisis, dan evaluasi hasil untuk memastikan bahwa keputusan yang diambil didasarkan pada pertimbangan yang rasional dan bukti yang ada. Dengan berpikir secara logis, kita dapat menyaring informasi yang relevan, menghindari kesalahan berpikir yang bisa membingungkan, dan membuat keputusan yang lebih baik dan lebih terinformasi.

Selain itu, kemampuan untuk merumuskan dan menguji hipotesis dalam kehidupan sehari-hari membantu kita mengembangkan pemikiran kritis dan metakognisi kemampuan untuk berpikir tentang cara kita berpikir. Dengan keterampilan ini, kita lebih mudah mengenali asumsi yang kita buat dalam kehidupan sehari-hari dan dapat lebih bijak dalam mengambil keputusan, baik yang besar maupun yang kecil.

Contoh lain yang sangat relevan adalah pengambilan keputusan finansial. Misalnya, seseorang yang mempertimbangkan untuk berinvestasi dalam saham dapat merumuskan hipotesis: "Jika saya berinvestasi di saham perusahaan X, maka nilai investasi saya akan meningkat dalam waktu dua tahun." Untuk menguji hipotesis ini, orang tersebut akan melakukan riset mengenai kinerja perusahaan, tren pasar saham, dan melakukan perbandingan dengan saham-saham lain yang mungkin lebih menguntungkan. Dalam hal ini, pengujian hipotesis ini dilakukan dengan menganalisis data historis, menilai risiko, dan membuat keputusan berdasarkan logika dan informasi yang relevan.

Secara keseluruhan, menggunakan logika dalam kehidupan sehari-hari untuk menguji dugaan sementara memungkinkan kita untuk membuat keputusan yang lebih informasional dan terencana. Dengan melibatkan proses berpikir yang terstruktur dan kritis, kita dapat menghindari keputusan yang didorong oleh emosi atau asumsi yang tidak berdasar, serta lebih siap menghadapi tantangan yang datang dengan cara yang lebih rasional dan objektif.

DAFTAR PUSTAKA

- Rapar, J. H. (2020). *Pengantar Logika: Asas-Asas Penalaran Sistematis.* Yogyakarta: Creswell, J. W., & Creswell, J. D. (2023). *Research Design: Qualitative, Quantitative, and Mixed Methods Approaches* (6th ed.). Los Angeles: SAGE Publications.
- Dobelli, R. (2020). *The Art of Thinking Clearly* (Edisi Terjemahan Baru). Jakarta: Kepustakaan Populer Gramedia.
- Chatfield, T. (2022). *Critical Thinking: Your Guide to Effective Argument, Successful Analysis, and Independent Study.* London: SAGE Publications.
- Surajiyo. (2019). *Dasar-Dasar Logika.* Jakarta: Bumi Aksara.
- Sugiyono. (2022). *Metode Penelitian Kuantitatif, Kualitatif, dan R&D.* Bandung: Alfabeta.
- Rapar, J. H. (2020). *Pengantar Logika: Asas-Asas Penalaran Sistematis.* Yogyakarta: Kanisius.
- Wijana, I. D. P. (2021). *Berpikir Kritis dan Logis di Era Disrupsi Informasi.* Yogyakarta: Gadjah Mada University Press.
- Tversky, A., & Kahneman, D. (1974). *Judgment under Uncertainty: Heuristics and Biases.* Science, 185(4157), 1124-1131. doi:10.1126/science.185.4157.1124
- Akerlof, G. A., & Shiller, R. J. (2015). *Phishing for Phools: The Economics of Manipulation and Deception.* Princeton University Press.

- Murni, D. (2018). *Logika dalam Penelitian: Teori dan Praktik* (edisi kedua). Yogyakarta: Pustaka Pelajar.

MENGGANTI CARA PANDANG: MEMAHAMI KONSEP PERGESERAN PARADIGMA (*PARADIGM SHIFT*) DALAM ILMU

Oleh : Choirul Umam

A. PENDAHULUAN

Perdebatan ilmiah kerap kali digambarkan sebagai ajang benturan argumen, tetapi di balik diskusi akademik yang tampak tertib itu sering tersembunyi konflik yang jauh lebih mendasar: pertarungan cara pandang. Bayangkan sebuah ruang konferensi ketika seorang peneliti muda mempresentasikan hasil riset yang "mengganggu ketenangan" para ilmuwan senior. Ia mengajukan sebuah model baru tentang perilaku materi yang tidak hanya berbeda dari teori yang mapan, tetapi berpotensi membatalkannya. Sorot mata berubah tajam, gelombang keberatan muncul, dan keheningan yang canggung menyelimuti ruangan. Suasana seperti itu bukan sekadar perbedaan pendapat biasa, melainkan ketegangan antara paradigma lama dan kemungkinan lahirnya paradigma baru.

Fenomena semacam itu selalu berulang dalam sejarah ilmu pengetahuan. Dari pergantian kosmologi *Ptolemaic* ke *Copernican*, maupun dari fisika Newtonian ke relativitas Einstein, setiap lompatan besar dalam ilmu biasanya diawali oleh benturan yang tidak hanya bersifat teknis, tetapi juga epistemologis. Thomas S. Kuhn menyebut momen ini sebagai *paradigm shift*, sebuah perubahan radikal dalam cara komunitas ilmiah memahami, mengorganisasi, dan menafsirkan dunia. Pergeseran ini tidak muncul secara tiba-tiba: ia mendidih perlahan melalui krisis, anomali, perdebatan metodologis, hingga akhirnya menggoyahkan struktur berpikir yang sebelumnya kokoh.

Namun, perubahan paradigma bukan sekadar persoalan sejarah ilmu; ia adalah pertarungan tentang validitas cara berpikir. Pada tahap ini, logika memainkan peran yang tidak bisa diabaikan. Ketika teori yang telah mapan mulai menunjukkan kelema hannya, komunitas ilmiah dituntut untuk menilai apakah model baru yang diajukan benar-benar memiliki kekuatan penalaran yang lebih unggul. Proses penilaian tersebut tidak hanya melibatkan data empiris, tetapi juga koherensi internal, konsistensi dengan prinsip dasar logika, kemampuan prediktif, dan ketahanan terhadap falsifikasi sebagaimana ditekankan Popper. Dengan kata lain, paradigma baru hanya dapat diterima apabila ia mampu "menata ulang" realitas secara lebih logis daripada pendahulunya.

Dalam bab ini, kita akan menelusuri bagaimana sebuah paradigma dapat runtuh, bagaimana paradigma baru lahir, dan terutama bagaimana logika bekerja sebagai alat penyaringan yang memastikan bahwa perubahan tersebut bukan sekadar euforia intelektual, melainkan lompatan epistemologis yang sah dan bernilai ilmiah. Pembahasan akan dimulai dari pemahaman konsep paradigma itu sendiri, kemudian bergeser kepada dinamika perubahan paradigma sebagaimana dibahas oleh Kuhn, Popper, dan Lakatos, hingga akhirnya menyoroti bagaimana logika berperan sebagai mekanisme pembuktian, evaluasi, dan validasi sebuah gagasan ilmiah. Dengan demikian, pembaca tidak hanya memahami perubahan paradigma sebagai fenomena sejarah, tetapi juga sebagai proses penalaran yang disiplin, kritis, dan berbasis pada landasan logika yang kuat.

Sebagai bagian dari kajian Ilmu Logika, pembahasan mengenai pergeseran paradigma tidak hanya penting dari sisi historis atau filosofis, tetapi juga relevan untuk memahami bagaimana struktur penalaran manusia dibangun dan dirombak dalam ilmu pengetahuan. Oleh karena itu, bab ini tidak hanya menelusuri perubahan kerangka ilmu, tetapi juga menyoroti bagaimana prinsip dasar logika bekerja, diuji, dan bahkan dipaksa bertransformasi oleh munculnya paradigma baru.

B. PEMBAHASAN

B.1. Membedah Konsep Pergeseran Paradigma: Logika di Balik Perubahan Ilmiah

Gagasan *paradigm shift* pertama kali dipopulerkan oleh Thomas S. Kuhn lewat karyanya *The Structure of Scientific Revolutions* (1970), yang menegaskan bahwa ilmu tidak berkembang secara linier, melainkan melalui fase-fase stabilitas (*normal science*), munculnya anomali, krisis, dan akhirnya revolusi yang menghasilkan paradigma baru. Kuhn menolak pandangan tradisional bahwa ilmu bertumbuh hanya dengan penambahan pengetahuan, sebab menurutnya, perubahan paradigma adalah perubahan dalam cara ilmuwan melihat dunia, perubahan dalam struktur konseptual yang menjadi fondasi penjelasan ilmiah. Paradigma bukan hanya teori tunggal, melainkan seluruh paket keyakinan, praktik, metode, dan standar yang membuat suatu teori ilmiah dianggap sah.

Dalam konteks perkembangan ilmu, "mengganti cara pandang" bukan sekadar mengubah pendapat atau menambahkan informasi baru, tetapi merupakan pergeseran mendasar dalam cara ilmuwan memahami, menafsirkan, dan mengorganisasi realitas. Pergeseran semacam ini menyentuh struktur paling dalam dari kerangka berpikir yakni apa yang disebut sebagai paradigma dalam tradisi filsafat ilmu. Ketika paradigma berubah, yang bergeser bukan hanya teori, tetapi juga standar penilaian, konsep kunci, dan bahkan pertanyaan yang dianggap layak diajukan. Karena itu, memahami pergeseran paradigma berarti memahami bagaimana komunitas ilmiah berpindah dari satu cara melihat dunia ke cara lain, dan bagaimana logika bekerja sebagai landasan untuk mempertahankan atau menolak perubahan tersebut. Dengan sudut pandang ini, pembahasan mengenai pemikiran Kuhn dan tokoh-tokoh lainnya menjadi relevan sebagai pintu masuk untuk menelusuri dinamika perubahan dalam ilmu pengetahuan. Ketika paradigma bergeser, cara ilmuwan menata premis, menyusun model penjelasan, dan menilai kekuatan inferensi logis juga berubah, sehingga perubahan paradigma pada hakikatnya merupakan perubahan pada fondasi penalaran ilmiah itu sendiri.

Namun, konsep Kuhn sering dianggap terlalu "sosiologis" karena menekankan faktor konsensus komunitas ilmiah. Di sinilah peran logika menjadi penting. Jika paradigma baru hanya diterima karena banyak ilmuwan setuju, maka tidak ada landasan epistemologis yang kuat. Kritik semacam ini datang dari Karl Popper, yang menegaskan bahwa validitas teori hanya dapat dinilai melalui falsifikasi: sebuah teori ilmiah harus dapat diuji dan berpotensi terbukti salah.Dengan demikian, ketika sebuah paradigma baru muncul, ia harus menunjukkan struktur penalaran yang lebih tangguh, bukan hanya lebih populer.

Secara logis, proses perubahan paradigma selalu diawali oleh ketidaksesuaian internal pada paradigma lama. Anomali yang tidak dapat dijelaskan bukan hanya masalah data; ia adalah masalah struktur argumentasi. Ketika suatu teori berkali-kali gagal memprediksi fenomena yang seharusnya dapat dijelaskan olehnya, maka premis dasar dalam teori tersebut menjadi diragukan. Ilmu pengetahuan pada dasarnya tunduk pada prinsip logika deduktif: apabila premis tidak memadai, kesimpulan tidak dapat dipertahankan. Fase inilah yang oleh Kuhn disebut "krisis", namun oleh Popper dilihat sebagai kesempatan untuk menguji kekuatan teori dengan lebih ketat.

Pada titik ini, Imre Lakatos mencoba memediasi ketegangan antara Kuhn dan Popper melalui pendekatan research programmes. Lakatos menilai bahwa teori tidak boleh dinilai satu per satu, melainkan sebagai rangkaian program riset dengan "inti keras" dan "sabuk pelindung" berupa hipotesis tambahan. Program riset dianggap progresif apabila ia menghasilkan prediksi baru yang terkonfirmasi, dan dianggap degeneratif apabila hanya menambal kebocoran tanpa menghasilkan penjelasan yang lebih baik. Pandangan Lakatos memperlihatkan bahwa validitas paradigma bukan hanya soal logika formal, melainkan juga logika perkembangan teori dari waktu ke waktu.

Pada akhirnya, pergeseran paradigma terjadi ketika komunitas ilmiah mendapati bahwa paradigma baru lebih koheren, lebih sederhana, lebih mampu menjelaskan anomali, dan menawarkan struktur argumentasi yang lebih kuat. Logika bekerja sebagai "penjaga gerbang epistemik": ia memastikan bahwa perubahan yang terjadi bukanlah lompatan emosional atau tren intelektual sesaat, tetapi hasil evaluasi kritis terhadap daya jelaskan (*explanatory power*), daya prediksi, serta konsistensinya dengan prinsip penalaran. Dengan kata lain, tanpa logika, pergeseran paradigma akan kehilangan legitimasi ilmiah.

Perlu ditegaskan bahwa perubahan paradigma selalu berkaitan dengan perubahan struktur inferensi. Sebuah paradigma memuat seperangkat premis dasar yang menjadi fondasi deduksi dan induksi ilmiah. Ketika anomali muncul, yang digugat bukan hanya data, tetapi juga validitas premis-premis tersebut. Dengan kata lain, kritik terhadap paradigma adalah kritik terhadap bangunan logisnya. Inilah alasan mengapa logika menjadi titik sentral dalam memahami pergeseran paradigma.

B.2. Dinamika Pergeseran Paradigma: Dari Anomali hingga Konsolidasi Paradigma Baru

Pergeseran paradigma dalam ilmu tidak pernah terjadi secara mendadak. Ia merupakan proses bertahap yang melibatkan pergulatan intelektual panjang, perdebatan metodologis, resistensi sosial dalam komunitas ilmiah, serta ketegangan epistemologis ketika teori lama tidak lagi mampu menanggung beban anomali yang terus menumpuk. Pemahaman mengenai dinamika ini penting agar pembaca dapat melihat bagaimana logika bekerja di balik proses perubahan ilmiah, bukan sekadar menganggapnya sebagai cerita sejarah yang dramatis.

Dalam fase awal, sebuah paradigma berada pada masa yang oleh Kuhn disebut sebagai *normal science*, yaitu periode ketika para ilmuwan bekerja dalam kerangka teori yang relatif stabil, menyelesaikan teka-teki (*puzzles*) yang masih berada dalam jangkauan paradigma tersebut. Namun, tidak ada paradigma yang sepenuhnya sempurna. Selalu ada fenomena yang "mengganggu ketenangan", yaitu anomali yang tidak dapat dijelaskan oleh teori mapan. Pada tahap ini, komunitas ilmiah tidak serta-merta menyimpulkan bahwa teorinya salah, melainkan berusaha menyesuaikan model yang ada dengan berbagai hipotesis tambahan.

Secara logis, kondisi tersebut menggambarkan usaha mempertahankan struktur argumentasi lama dengan menambahkan premis *ad hoc*. Lakatos menyebut strategi ini sebagai *protective belt*, yaitu serangkaian asumsi tambahan untuk melindungi "inti keras" suatu teori agar tidak langsung runtuh. Dalam logika penalaran, tindakan ini bukanlah kesalahan, sebab dalam perkembangan ilmu, teori besar memang sering membutuhkan penyesuaian. Masalah muncul ketika hipotesis tambahan terus bertambah tanpa menghasilkan peningkatan daya jelaskan. Pada titik tersebut, program riset dianggap degeneratif.

Popper melihat fase ini dari sudut yang berbeda: bagi Popper, tidak masalah apakah teori itu lama atau baru, yang penting adalah apakah ia dapat diuji dan rentan dibantah. Suatu teori yang membutuhkan banyak penambalan untuk menghindari falsifikasi menunjukkan kelemahan logis yang serius. Dalam terminologi Popper, teori seperti itu bersifat imun terhadap kritik, dan karenanya tidak ilmiah. Di sinilah logika bekerja: teori yang tidak dapat diuji hilang landasan deduktifnya, sebab ia menolak mengikatkan dirinya pada konsekuensi empiris yang dapat diverifikasi.

Dalam sejarah ilmu, contoh dinamis ini dapat dilihat pada astronomi *Ptolemaic*. Sistem geosentris bertahan selama berabad-abad karena terus-menerus "ditambal" melalui penambahan *epicycle* yaitu komponen gerak melingkar kecil di atas lingkaran besar, yang digunakan untuk menjelaskan gerak planet yang tidak beraturan. Upaya tersebut secara teknis berhasil memprediksi beberapa posisi planet, tetapi secara logis menjadi semakin rumit sehingga kehilangan koherensinya. Ketika Copernicus mengajukan model heliosentris, ia memulihkan kesederhanaan struktur argumentasi meskipun bukti empiris pada saat itu belum sepenuhnya mendukungnya. Paradigma baru itu kemudian diperkuat dengan kontribusi Kepler dan Newton, yang memperlihatkan bagaimana struktur logis yang lebih sederhana serta hukum matematika yang lebih elegan dapat menggantikan teori lama yang kian rapuh.

Dalam dinamika perubahan paradigma, logika tidak hanya berperan sebagai alat untuk menilai koherensi teori, tetapi juga untuk menilai rasionalitas langkah-langkah komunitas ilmiah. Feyerabend, misalnya, memberikan kritik radikal bahwa perkembangan ilmu tidak selalu tunduk pada aturan metodologis yang ketat. Ia berpendapat bahwa dalam banyak kasus, ilmuwan perlu melanggar prosedur metodologis yang dianggap baku demi memajukan teori baru. Gagasannya yang terkenal, "*anything goes*", bukan berarti kekacauan epistemik, melainkan penegasan bahwa logika formal tidak selalu bekerja secara mekanistik dalam sejarah ilmu. Pada beberapa titik, intuisi, kreativitas, dan bahkan keberanian untuk mempertentangkan data dengan teori dominan diperlukan agar paradigma baru dapat muncul.

Akan tetapi, pandangan Feyerabend tidak menghilangkan peran logika. Justru, logika tetap menjadi kompas untuk menilai apakah terobosan yang dilakukan memiliki dasar argumentatif yang sah. Ketika Einstein memperkenalkan teori relativitas khusus pada 1905, langkahnya tidak sekadar revolusioner secara empiris; ia juga menunjukkan konsistensi logis yang lebih tinggi dibandingkan fisika Newtonian, terutama dalam hal kecepatan cahaya yang konstan dan prinsip relativitas Galileo. Einstein tidak menolak logika; ia membangun paradigma baru dengan memodifikasi asumsi dasar namun tetap menjaga koherensi dan implikasi deduktif teorinya. Paradigma baru itu diterima bukan karena keberaniannya, tetapi karena logika internalnya kuat.

Di sisi lain, ketika paradigma lama berada dalam krisis, komunitas ilmiah sering mengalami kebingungan epistemologis. Para ilmuwan tidak sepakat tentang apa yang salah atau bagaimana memperbaikinya. Kuhn menggambarkan masa ini sebagai periode "ketidakstabilan struktur pengetahuan". Dalam logika argumentasi, situasi ini menyerupai kondisi ketika premis-premis dasar dianggap tidak memadai, sehingga seluruh sistem deduksi kehilangan pijakan. Paradigma baru kemudian menawarkan landasan logis yang lebih stabil, yang mampu menata kembali hubungan antar-konsep.

Contoh lain dalam biologi evolusi dapat memperjelas dinamika ini. Ketika teori Darwin mendapat tantangan dari genetika Mendel yang terkesan "diskrit", komunitas ilmiah sempat mengalami kebingungan. Namun melalui sintesis modern, teori evolusi akhirnya menjadi paradigma yang lebih kuat dengan cara menggabungkan dua model yang sebelumnya tampak bertentangan. Ini menunjukkan bahwa pergeseran paradigma tidak selalu berarti menyingkirkan teori lama sepenuhnya; kadang ia adalah proses integrasi melalui rekonstruksi logis yang lebih komprehensif.

Ketika paradigma baru mulai menunjukkan kemampuan prediktif yang lebih baik, menjelaskan anomali lama, serta membangun koherensi argumentatif yang lebih elegan, komunitas ilmiah perlahan beralih. Proses ini, menurut Kuhn, lebih bersifat konversi intelektual daripada sekadar pembuktian formal. Namun jika ditelusuri lebih dalam, pergeseran itu tidak mungkin terjadi tanpa basis logika. Paradigma baru harus menunjukkan konsistensi internal (logika deduktif), kesesuaian dengan data (logika induktif), dan kemampuan untuk diuji (logika metodologis). Dengan demikian, tidak ada pergeseran paradigma yang sah tanpa validitas logis.

Secara logika formal, penolakan terhadap teori lama sering kali melibatkan bentuk inferensi *modus tollens*:

Jika teori benar, maka fenomena X harus terjadi.

Namun fenomena X tidak terjadi.

Maka, teori tidak benar.

Kerangka inferensi ini adalah dasar falsifikasi Popper, dan menjadi fondasi logis dalam menilai apakah sebuah paradigma masih layak dipertahankan. Dengan demikian, dinamika yang dijelaskan Kuhn, Popper, dan Lakatos bukan hanya proses historis, tetapi juga proses logis yang memeriksa kekuatan hubungan premis–konklusi dalam suatu teori.

B.3. Dampak Pergeseran Paradigma terhadap Cara Ilmu Bekerja

Ketika sebuah paradigma bergeser, yang berubah bukan hanya teori, tetapi juga cara ilmuwan memahami apa itu "penjelasan", "bukti", dan "masalah ilmiah". Pergeseran paradigma, sebagaimana ditunjukkan oleh Thomas Kuhn, mengubah kriteria apa yang dianggap sebagai pengetahuan sah. Dampaknya dapat dirasakan pada berbagai tingkatan, mulai dari ranah epistemologi hingga praktik laboratorium sehari-hari.

Salah satu dampak paling signifikan adalah perubahan dalam struktur penalaran. Paradigma lama dan paradigma baru sering kali menggunakan istilah yang sama tetapi dengan makna yang berbeda, sehingga menyebabkan apa yang disebut Kuhn sebagai *incommensurability* yaitu ketidakdapatbandingan antara dua kerangka berpikir. Dalam konteks logika, ini berarti argumen yang terlihat valid dalam paradigma lama dapat kehilangan maknanya dalam paradigma baru. Misalnya, dalam fisika Newton, konsep massa dianggap konstan; tetapi dalam relativitas Einstein, massa bergantung pada kecepatan. Perbedaan definisi tersebut membuat dua paradigma menggunakan logika internal yang sama sekali berbeda.

Selain itu, pergeseran paradigma sering memicu *redesain* metodologi ilmiah. Ketika teori lama mulai ditinggalkan, metode pengumpulan data dan cara interpretasi hasil eksperimen juga berubah. Dalam biologi molekuler misalnya, pergeseran dari paradigma genetika klasik menuju paradigma genomik menuntut pendekatan logis yang lebih kompleks, termasuk penggunaan algoritma komputasional yang sebelumnya tidak termasuk bagian dari "prosedur ilmiah biasa".

Dampak lain adalah perubahan dalam kriteria evaluasi teori. Paradigma baru biasanya menawarkan penjelasan yang lebih ekonomis, lebih koheren, atau lebih mampu memprediksi fenomena yang sebelumnya dianggap anomali. Kriteria logis seperti koherensi internal, konsistensi eksternal, dan kemampuan prediktif menjadi sangat menentukan dalam menerima paradigma baru. Dengan kata lain, meskipun ada aspek sosial dalam sains seperti konsensus komunitas ilmiah, legitimasi sebuah paradigma tetap bergantung pada struktur logisnya.

Dalam ranah sosial-intelektual, pergeseran paradigma juga dapat menimbulkan polarisasi. Ilmuwan generasi lama, yang telah terbiasa bekerja dalam kerangka tertentu, sering mengalami kesulitan menerima perubahan. Pola ini terlihat pada penolakan kuat dari sebagian astronom terhadap model heliosentris, atau resistensi sebagian fisikawan terhadap mekanika kuantum pada awal abad ke-20. Resistensi semacam itu tidak selalu disebabkan oleh sikap konservatif, tetapi sering terkait dengan komitmen logis terhadap prinsip-prinsip yang telah lama dianggap "pasti benar". Pergeseran itu tampak seperti ancaman terhadap tatanan rasional yang telah mapan.

Pada akhirnya, dampak pergeseran paradigma dapat dilihat sebagai proses penyusunan ulang "apa yang masuk akal" dalam ilmu pengetahuan. Paradigma baru tidak hanya mengganti teori lama; ia mendefinisikan ulang apa yang dapat diterima secara logis, apa yang dapat diuji, dan apa yang dianggap sebagai penjelasan ilmiah yang sah. Dengan demikian, logika tidak hanya menjadi alat evaluasi, tetapi juga bagian dari lanskap yang ikut dibentuk oleh perubahan paradigma itu sendiri.

Dalam konteks Ilmu Logika, perubahan paradigma juga dapat dipahami sebagai perubahan makna konsep, yang dalam logika disebut *shifting of conceptual referent.* Istilah yang sama dapat berubah maknanya ketika paradigma berubah, ini memiliki implikasi logis karena penalaran yang valid di satu paradigma mungkin tidak valid pada paradigma lain. Dengan menyoroti aspek ini, kita dapat melihat bahwa perubahan paradigma juga merupakan perubahan dalam struktur semantik yang menopang logika ilmiah.

B.4. Peran Logika dalam Memvalidasi Paradigma Baru

Ketika paradigma baru muncul, ia tidak serta-merta diterima hanya karena menawarkan gagasan yang lebih segar atau lebih menarik. Yang menentukan adalah apakah paradigma tersebut dapat bertahan dalam pengujian logis dan metodologis yang ketat. Dalam konteks ini, logika berperan sebagai penyaring epistemik yang menguji koherensi internal, konsistensi eksternal, dan konsekuensi deduktif dari teori baru. Tanpa fondasi logis yang kuat, sebuah paradigma baru hanya akan menjadi spekulasi yang tidak dapat dibedakan dari *pseudoscience*.

Peran pertama logika adalah menguji koherensi internal paradigma baru. Paradigma harus bebas dari kontradiksi dalam struktur argumentasinya. Sebuah teori boleh memiliki hipotesis yang sangat berbeda dari teori sebelumnya, tetapi ia tidak boleh memuat pernyataan yang saling meniadakan. Dalam ilmu fisika, misalnya, teori relativitas bekerja karena Einstein berhasil menjaga konsistensi antara postulat kecepatan cahaya yang konstan dan prinsip relativitas, meskipun keduanya tampak sulit digabungkan. Logika dalam hal ini memastikan bahwa teori baru tidak hanya kreatif, tetapi juga dapat dipertahankan secara rasional.

Peran kedua adalah menguji kecukupan penjelasan (*explanatory adequacy*). Paradigma baru harus memberikan penjelasan yang lebih baik atas fenomena yang sebelumnya dianggap anomali. Logika induktif membantu menilai apakah data empiris benar-benar mendukung klaim baru atau hanya kebetulan korelatif. Dalam sejarah ilmu, banyak teori baru yang ditolak bukan karena ide dasarnya salah, tetapi karena argumentasi induktifnya lemah dan tidak menunjukkan keterhubungan kausal yang jelas.

Selain itu, logika juga berperan dalam menguji kemampuan prediktif. Paradigma yang lebih baik bukan hanya menjelaskan masa lalu, tetapi juga memprediksi fenomena baru. Lakatos menyebut ini sebagai tanda bahwa program riset bersifat progresif. Jika prediksi baru terbukti benar, maka paradigma tersebut memperoleh legitimasi logis yang kuat.

Yang tidak kalah penting, logika metodologis membantu memastikan bahwa teori baru dapat diuji secara empiris (sebuah prinsip yang sangat ditekankan Popper). Paradigma yang tidak dapat diuji, atau sengaja dibuat kebal terhadap kritik, kehilangan status ilmiahnya karena tidak memiliki struktur deduktif yang membuka kemungkinan falsifikasi.

Pada akhirnya, logika berfungsi sebagai fondasi yang memisahkan "pergeseran paradigma" yang sah dari sekadar perubahan opini. Paradigma baru hanya dapat menggantikan yang lama ketika ia membuktikan bahwa struktur penalarannya lebih kuat, lebih konsisten, dan lebih mampu menata kembali realitas secara rasional.

Untuk memperjelas hubungan antara logika dan validasi paradigma, dapat ditegaskan bahwa proses evaluasi ilmiah sesungguhnya merupakan serangkaian pengujian terhadap:

1. Validitas deduktif

Apakah kesimpulan benar-benar mengikuti premis?

2. Kekuatan induktif

Apakah data cukup kuat untuk menyokong generalisasi?

3. Konsistensi internal

Apakah teori mengandung kontradiksi?

4. Koherensi eksternal

Apakah teori selaras dengan teori lain yang sudah mapan?

Pengujian ini tidak dapat dilakukan tanpa menggunakan logika sebagai alat analisisnya.

B.5. Ilustrasi Peran Logika dalam Menilai Pergeseran Paradigma

Pergeseran paradigma sering kali dipahami sebagai peristiwa besar dalam sejarah ilmu, tetapi di balik drama intelektual itu sebenarnya terdapat mekanisme penalaran yang sangat logis. Setiap paradigma berdiri di atas sekumpulan premis dasar yang menjadi pedoman ilmuwan dalam menjelaskan dunia. Selama periode *normal science*, premis-premis ini diterima begitu saja sebagai kebenaran yang tidak perlu dipertanyakan. Namun, ketika anomali muncul dan semakin sulit dijelaskan, struktur penalaran inilah yang pertama kali mengalami guncangan. Dalam konteks ini, logika bekerja bukan hanya sebagai seperangkat aturan formal, tetapi sebagai alat untuk menilai apakah hubungan antara premis dan kesimpulan masih dapat dipertahankan.

Proses tersebut dapat digambarkan melalui pola inferensi yang sudah sangat dikenal dalam logika formal, yaitu modus tollens. Jika sebuah teori menyatakan bahwa "apabila premis-premis tertentu benar, maka suatu fenomena harus terjadi", tetapi pada kenyataannya fenomena itu tidak muncul, maka hubungan deduktif yang menopang teori tersebut menjadi runtuh. Dengan kata lain, kegagalan teori bukan sekadar karena munculnya data baru, tetapi karena struktur argumentatifnya sendiri tidak lagi bekerja. Pada saat inilah ilmuwan mulai mempertanyakan kekuatan premis dasar paradigma lama.

Fenomena tersebut dapat dilihat dengan jelas dalam pergeseran dari fisika Newton ke teori relativitas Einstein. Dalam paradigma Newton, massa dianggap konstan dan tidak berubah oleh kecepatan. Namun ketika eksperimen menunjukkan bahwa massa meningkat seiring bertambahnya kecepatan mendekati kecepatan cahaya, premis ini kehilangan daya jelaskan. Jika premis utama suatu teori tidak lagi mampu menopang konsekuensinya, maka logika memaksa kita untuk mempertanyakan validitas teori tersebut. Einstein kemudian tidak sekadar menambahkan koreksi kecil pada teori lama, tetapi membangun ulang struktur penalaran mengenai ruang, waktu, dan massa sehingga keseluruhan kerangka teoritis menjadi lebih koheren, baik secara matematis maupun logis.

Melalui contoh ini, kita melihat bahwa perubahan paradigma tidak terjadi karena preferensi atau selera ilmuwan semata. Perubahannya lahir dari kebutuhan untuk memulihkan konsistensi antara premis dan kesimpulan, antara teori dan fenomena. Dengan kata lain, pergeseran paradigma merupakan bentuk rekonstruksi logis yang terjadi ketika struktur penalaran lama tidak lagi mampu memikul beban anomali yang semakin menumpuk. Paradigma baru lahir karena ia menawarkan bangunan argumentatif yang lebih kokoh, lebih koheren, dan lebih sesuai dengan prinsip dasar penalaran ilmiah.

Karena itu, memahami pergeseran paradigma berarti memahami bagaimana logika memandu ilmuwan dalam menentukan kapan sebuah teori harus dipertahankan dan kapan harus digantikan. Logika tidak hanya berfungsi sebagai alat evaluasi terhadap teori-teori ilmiah, tetapi juga menjadi fondasi yang memungkinkan munculnya lompatan konseptual. Dalam konteks ini, dinamika perubahan ilmu bukan hanya cerita tentang data baru atau penemuan menarik, tetapi cerita tentang bagaimana manusia melalui penalaran yang disiplin akan terus menata ulang cara memahami dunia. Ilmu berkembang bukan sekadar karena fakta berubah, tetapi karena struktur logis yang menopang penjelasan tentang fakta tersebut juga berkembang.

C. KESIMPULAN

Bab ini menegaskan bahwa perubahan dalam ilmu pengetahuan bukanlah peristiwa yang terjadi begitu saja, melainkan sebuah perjalanan panjang yang melibatkan evaluasi kritis terhadap dasar-dasar penalaran ilmiah. Setelah menelusuri konsep-konsep yang diajukan oleh Kuhn, Popper, Lakatos, hingga Feyerabend, kita dapat melihat bahwa logika bukan hanya hadir sebagai alat teknis, tetapi sebagai fondasi yang memungkinkan komunitas ilmiah menimbang apakah suatu teori benar-benar layak menggantikan teori sebelumnya. Untuk merangkum pembahasan ini, beberapa poin kunci dapat disorot kembali:

1. Pergeseran paradigma muncul dari akumulasi anomali yang tidak dapat dijelaskan oleh teori lama, sehingga memunculkan kebutuhan untuk merumuskan kembali struktur pengetahuan.
2. Logika berperan sebagai mekanisme penilaian, memastikan bahwa teori baru memiliki koherensi, daya jelaskan, dan kemampuan prediktif yang lebih kuat.
3. Perubahan ilmiah bukan hanya persoalan fakta empiris, tetapi juga perubahan dalam cara berpikir, kerangka konseptual, dan standar rasionalitas komunitas ilmiah.
4. Paradigma baru diterima ketika ia lebih unggul secara argumentatif, bukan semata karena konsensus sosial atau popularitas.

Dengan demikian, logika adalah penjaga legitimasi epistemik dalam setiap pergeseran paradigma. Tanpanya, perubahan ilmiah hanya akan menjadi pergantian pandangan semata tanpa dasar yang kokoh. Logika memberi kerangka bagi ilmuwan untuk menguji keabsahan premis, membandingkan kekuatan teori, dan memastikan bahwa setiap lompatan konseptual tetap berada dalam koridor penalaran yang dapat dipertanggungjawabkan.

Pada akhirnya, pemahaman tentang dinamika pergeseran paradigma memberi pelajaran penting bagi mahasiswa dan calon peneliti. Ilmu bukan sekadar kumpulan fakta, tetapi proses penalaran yang terus direvisi dan diperbaiki. Dengan menyadari hal ini, pembaca diharapkan menumbuhkan sikap kritis dan keterbukaan intelektual: berani mempertanyakan teori lama, namun tetap teguh memegang prinsip-prinsip logika sebagai pijakan dalam mengevaluasi kebenaran ilmiah. Sebab hanya melalui sikap seperti itulah ilmu dapat terus berkembang secara sehat dan bertanggung jawab.

DAFTAR PUSTAKA

- Abidin, Z. (2018). *Logika deduktif-induktif.* Rajawali Pers.
- Bakhtiar, A. (2016). *Filsafat ilmu.* Rajawali Pers.
- Bakker, A., & Zubair, A. C. (1990). *Metodologi penelitian filsafat.* Kanisius.
- Barker, P. (2014). *Kuhn, Kuhnians, and the rhetoric of science.* University of Chicago Press.
- Bertens, K. (2001). *Filsafat Barat kontemporer.* Gramedia.
- Chalmers, A. F. (1999). *What is this thing called science?* Open University Press.
- Einstein, A. (1920). *Relativity: The special and general theory.* Methuen & Co.
- Feyerabend, P. (1975). *Against method.* New Left Books.
- Hacking, I. (1983). *Representing and intervening.* Cambridge University Press.
- Hadi, H. (2004). *Epistemologi.* Kanisius.
- Hadi, S. (2000). *Metodologi research.* Andi Offset.
- Ismaun, I. (2017). *Filsafat ilmu dan logika ilmiah.* Prenadamedia Group.
- Kaelan. (2010). *Filsafat ilmu: Ontologi, epistemologi, dan aksiologi.* Paradigma.
- Kitcher, P. (1993). *The advancement of science: Science without legend, objectivity without illusions.* Oxford University Press.
- Kuhn, T. S. (1970). *The structure of scientific revolutions (2nd ed.).* University of Chicago Press.
- Lakatos, I. (1978). *The methodology of scientific research programmes.* Cambridge University Press.
- Moleong, L. J. (2017). *Metodologi penelitian kualitatif.* Remaja Rosdakarya.
- Mulyadi, Y. (2019). *Filsafat sains: Sebuah pengantar kritis.* Deepublish.
- Newton, I. (1999). *Philosophiæ naturalis principia mathematica (Reprint edition).* University of California Press.
- Popper, K. R. (1959). *The logic of scientific discovery.* Hutchinson.
- Popper, K. R. (1963). *Conjectures and refutations.* Routledge.
- Putnam, H. (1974). *The "corroboration" of theories.* Cambridge University Press.
- Sastrapratedja, M. (2005). *Pengetahuan dan metode ilmiah.* Kanisius.
- Siregar, I. (2014). *Filsafat ilmu dan metode penelitian.* Citapustaka Media.

- Suriasumantri, J. S. (2019). *Filsafat ilmu: Sebuah pengantar populer*. Pustaka Sinar Harapan.
- Sutrisno, M., & Putranto, H. (2010). *Teori-teori kebudayaan*. Kanisius.
- Syam, N. (2012). *Madzhab-madzhab ilmu pengetahuan*. LKiS.
- Tafsir, A. (2010). *Filsafat ilmu: Mengurai ontologi, epistemologi, dan aksiologi ilmu pengetahuan*. Remaja Rosdakarya.
- Thagard, P. (1992). *Conceptual revolutions*. Princeton University Press.
- Wirawan, K. (2015). *Filsafat ilmu pengetahuan*. Graha Ilmu.

AKAR PEMIKIRAN RASIONAL: MENELUSURI JEJAK LOGIKA DARI ARISTOTELES HINGGA ERA MODERN

Oleh : Achmad Habibi

A. PENDAHULUAN

Pemikiran rasional merupakan fondasi utama perkembangan pengetahuan manusia. Sejak awal peradaban, manusia telah berusaha memahami dunia melalui proses penalaran yang sistematis, sehingga lahirlah berbagai bentuk logika, metode berpikir, dan kerangka analitis yang menjadi dasar bagi ilmu pengetahuan modern. Dalam konteks sejarah intelektual, perjalanan panjang pemikiran rasional ini tidak dapat dilepaskan dari kontribusi besar para filsuf klasik, terutama Aristoteles, yang sering disebut sebagai "Bapak Logika." Warisan pemikiran Aristoteles tidak hanya membentuk tradisi logika formal, tetapi juga memberikan kerangka berpikir yang bertahan lebih dari dua milenium dan menjadi rujukan bagi perdebatan filosofis maupun ilmiah pada masa berikutnya. Oleh karena itu, menelusuri akar pemikiran rasional berarti mengikuti jejak perkembangan logika sejak era Yunani Kuno hingga transformasinya menjadi instrumen yang kompleks di era modern.

Pada masa Aristoteles, logika dipahami sebagai *organon*, yaitu alat atau perangkat yang memungkinkan manusia mencapai pengetahuan yang benar. Sistem silogisme yang dikembangkan Aristoteles merupakan inovasi monumental, karena untuk pertama kalinya penalaran manusia diformalkan dalam struktur yang dapat diuji keabsahannya. Pendekatan ini menandai transisi penting dari pemikiran intuitif dan mitologis ke pemikiran analitis yang berlandaskan aturan. Aristoteles tidak sekadar merumuskan kaidah-kaidah logika, tetapi juga memandang penalaran sebagai proses hierarkis yang berhubungan erat dengan metafisika, retorika, dan epistemologi. Melalui logika, manusia tidak hanya mengetahui "apa" yang benar, tetapi juga "mengapa" sesuatu dianggap benar. Pemikiran ini menegaskan fungsi rasio sebagai instrumen untuk memahami realitas secara terstruktur.

Pengaruh Aristoteles meluas ke berbagai tradisi intelektual, khususnya melalui peradaban Islam abad pertengahan dan skolastisisme Eropa. Para pemikir seperti Al-Farabi, Ibnu Sina (Avicenna), dan Ibnu Rusyd (Averroes) mengembangkan logika Aristotelian dengan menambahkan perspektif baru, termasuk teori definisi, klasifikasi konsep, dan elaborasi hubungan antara logika dan bahasa. Dalam tradisi skolastik, tokoh seperti Thomas Aquinas menggunakan logika Aristoteles sebagai fondasi argumentasi teologis, sehingga menjadikan logika sebagai jembatan antara filsafat dan agama. Pada masa ini, logika tidak hanya menjadi alat berpikir, tetapi juga menjadi bagian integral dari kurikulum intelektual di berbagai pusat pendidikan. Melalui perkembangan tersebut, logika Aristoteles menemukan bentuknya yang lebih matang dan bertahan hingga memasuki era Renaisans.

Namun, memasuki era modern, pemikiran rasional mengalami perubahan signifikan. Revolusi ilmiah yang dipelopori tokoh-tokoh seperti Galileo Galilei, Francis Bacon, dan René Descartes menandai pergeseran dari logika deduktif ke pendekatan empiris dan metodologis. Descartes memperkenalkan kerangka berpikir rasional yang berlandaskan keraguan metodis, sedangkan Bacon menekankan pentingnya induksi dan observasi sebagai jalan menuju pengetahuan. Keduanya mengkritik keterbatasan logika Aristotelian yang dianggap terlalu terikat pada deduksi dan kurang mendukung perkembangan ilmu-ilmu alam. Meskipun demikian, logika Aristoteles tidak sepenuhnya ditinggalkan; justru kritik-kritik ini membuka ruang bagi logika modern untuk berkembang sebagai sistem yang lebih komprehensif.

Abad ke-19 dan ke-20 menjadi periode yang paling transformatif dalam sejarah logika. Tokoh seperti George Boole, Gottlob Frege, Bertrand Russell, dan Ludwig Wittgenstein mengubah logika dari sekadar studi tentang penalaran verbal menjadi disiplin matematika yang formal dan simbolis. Logika modern tidak lagi hanya memeriksa kesahihan argumen melalui struktur bahasa alami, tetapi juga menggunakan simbol dan operasi matematis untuk memastikan ketepatan dan konsistensi penalaran. Frege, misalnya, merumuskan konsep *predicate logic* yang menjadi dasar logika modern, sementara Russell berusaha mengatasi paradoks dalam matematika melalui analisis logis yang lebih mendalam. Transformasi ini menjadikan logika bukan hanya bagian dari filsafat, tetapi juga fondasi bagi ilmu komputer, linguistik modern, dan kecerdasan buatan.

Perkembangan logika di era modern semakin menunjukkan betapa pentingnya pemikiran rasional dalam kehidupan manusia. Rasionalitas tidak lagi dipahami sebagai kemampuan individu untuk berpikir jernih, tetapi juga sebagai mekanisme formal yang dapat diterapkan dalam teknologi, algoritma, dan sistem pengambilan keputusan. Komputasi modern, yang mendasari perkembangan kecerdasan buatan, perangkat lunak, dan teknologi informasi, bertumpu pada logika simbolis dan teori himpunan. Dengan demikian, jejak pemikiran Aristoteles secara tidak langsung dapat kita temukan dalam berbagai aspek kehidupan kontemporer, mulai dari mesin pencari, sistem kecerdasan buatan, hingga struktur argumentasi dalam penelitian ilmiah.

Meskipun begitu, perjalanan pemikiran rasional dari era Aristoteles hingga era modern bukanlah perjalanan yang linear. Seiring perkembangan ilmu pengetahuan, logika juga mengalami kritik dan pembaruan. Filsafat kontemporer menawarkan berbagai pendekatan baru seperti logika non-klasik, logika fuzzy, logika modal, dan logika intuisionistik yang berusaha menyesuaikan kerangka penalaran dengan kompleksitas realitas modern. Dalam konteks ini, rasionalitas tidak lagi dipahami sebagai satu bentuk tunggal, melainkan sebagai spektrum metode berpikir yang disesuaikan dengan konteks epistemologis tertentu. Hal ini menunjukkan bahwa upaya memahami logika dan rasionalitas merupakan proses yang terus berlanjut dan tidak pernah selesai.

Melihat perjalanan panjang tersebut, penelitian mengenai akar pemikiran rasional menjadi penting untuk memahami bagaimana struktur berpikir manusia berkembang dan bagaimana fondasi intelektual masa lalu membentuk pola berpikir masa kini. Dengan menelusuri jejak logika dari Aristoteles hingga era modern, kita dapat memahami bahwa rasionalitas bukan sekadar konsep abstrak, tetapi bagian dari dinamika sejarah yang dipengaruhi oleh perubahan sosial, budaya, dan ilmiah. Pendekatan historis ini memungkinkan kita melihat keterkaitan antara tradisi klasik dan modern, sekaligus memahami relevansi logika dalam berbagai bidang kehidupan kontemporer.

Pada akhirnya, kajian mengenai akar pemikiran rasional memberikan pemahaman mengenai bagaimana manusia membangun kerangka pengetahuan, bagaimana argumentasi disusun, dan bagaimana kebenaran diuji. Dalam dunia yang semakin kompleks, kemampuan berpikir rasional menjadi semakin diperlukan untuk menghadapi tantangan global, menyaring informasi, dan mengambil keputusan yang tepat. Oleh karena itu, memahami sejarah dan perkembangan logika bukan hanya bernilai akademis, tetapi juga memiliki signifikansi praktis dalam kehidupan sehari-hari.

B. PEMBAHASAN

1. Aristoteles dan Fondasi Logika Klasik

Aristoteles merupakan tokoh sentral dalam sejarah logika. Karyanya yang terangkum dalam *Organon* menjadi tonggak awal upaya manusia mengatur pola pikir ke dalam kaidah-kaidah yang sistematis. Sistem silogisme yang dirumuskannya adalah metode pertama yang mendeskripsikan struktur argumen secara formal.

Silogisme Aristoteles didasarkan pada relasi antara premis mayor, premis minor, dan kesimpulan. Misalnya:

- Semua manusia bersifat fana (premis mayor);
- Socrates adalah manusia (premis minor);
- Maka Socrates bersifat fana (kesimpulan).

Struktur penalaran seperti ini membuka ruang bagi pembuktian logis terhadap klaim yang sebelumnya hanya ditangkap secara intuitif atau retoris. Logika Aristoteles sekaligus membedakan antara bentuk argumen yang sahih dan tidak sahih. Dengan melakukan kategorisasi berdasarkan bentuknya, ia menjadikan logika bukan hanya alat berpikir, melainkan ilmu tersendiri.

Selain itu, Aristoteles memandang logika sebagai bagian dari epistemologi pengetahuan diperoleh melalui kombinasi pengalaman dan nalar. Dalam sistemnya, pengertian (*nous*), definisi, dan klasifikasi menjadi tahap awal untuk membuat penilaian, sebelum akhirnya manusia tiba pada kesimpulan melalui proses penalaran.

Inilah alasan mengapa Aristoteles dianggap sebagai peletak dasar rasionalitas ilmiah. Ia mengubah pola berpikir filosofis dari sekadar spekulatif menjadi analitis. Dalam masa-masa selanjutnya, logika Aristotelian menjadi rujukan selama lebih dari dua ribu tahun dalam pendidikan, filsafat, dan teologi.

2. Pengembangan Logika dalam Tradisi Islam Abad Pertengahan

Peradaban Islam memainkan peran signifikan dalam melanjutkan, memperkaya, dan menafsirkan logika Aristoteles. Pemikir seperti Al-Farabi, Ibnu Sina, dan Ibnu Rusyd tidak hanya menerjemahkan karya-karya Aristoteles, tetapi juga mengembangkannya dengan perspektif baru.

a. Al-Farabi: Sistematisasi Logika Aristotelian

Al-Farabi sering dijuluki "Guru Kedua" setelah Aristoteles. Ia menempatkan logika sebagai prasyarat untuk memahami berbagai cabang ilmu, termasuk metafisika dan politik. Karyanya menekankan pentingnya bahasa dalam proses penalaran. Menurutnya, struktur bahasa merupakan pintu masuk untuk memahami struktur pikiran.

Ia memperluas fungsi logika sebagai alat klarifikasi konsep-konsep yang digunakan dalam diskusi filsafat maupun agama. Dengan demikian, logika tidak hanya digunakan dalam argumen ilmiah, tetapi juga dalam kajian teologi.

b. Ibnu Sina: Logika sebagai Ilmu Mandiri

Ibnu Sina memberikan pembaruan penting dengan memisahkan logika dari sekadar alat retoris menjadi disiplin metodologis yang berdiri sendiri. Ia menambahkan teori definisi dan memperluas pembahasan tentang pemahaman konsep. Dalam pendekatannya, logika bukan hanya memeriksa bentuk argumen, tetapi juga memastikan kejelasan konsep sebelum argumen dibangun. Kontribusi Ibnu Sina mengarahkan logika ke pendekatan yang lebih filosofis dan psikologis. Ia melihat bahwa kesalahan berpikir sering kali muncul dari ketidakjelasan konsep, bukan semata-mata dari struktur argumen.

c. Ibnu Rusyd: Pembela Aristotelianisme

Ibnu Rusyd berusaha mempertahankan kesetiaan terhadap pemikiran Aristoteles. Ia mengkritik teolog yang menolak logika dengan alasan agama. Baginya, penalaran logis adalah jalan untuk memahami wahyu, bukan menentangnya. Lewat komentar-komentarnya yang luas terhadap karya Aristoteles, ia membantu merekonstruksi pemikiran Aristoteles bagi dunia Barat setelah karya-karya asli hilang. Tanpa Ibnu Rusyd, era Renaisans mungkin tidak memiliki akses yang cukup terhadap filsafat Yunani. Kontribusi tiga tokoh ini menunjukkan bahwa rasionalitas bukan monopoli satu peradaban. Tradisi Islam abad pertengahan memperluas cakrawala logika Aristoteles, memadukan rasionalitas dengan spiritualitas dan menempatkannya dalam kerangka ilmu pengetahuan yang lebih luas.

3. Tradisi Skolastik dan Integrasi Logika ke dalam Teologi

Ketika pemikiran Islam mulai masuk ke Eropa melalui Andalusia, tradisi skolastik mengadopsi dan mengolah kembali logika Aristotelian. Tokoh seperti Thomas Aquinas menggunakan logika untuk membangun argumen teologis yang sistematis.

Di tangan para skolastik, logika menjadi alat untuk menjelaskan doktrin keagamaan secara rasional. Mereka memadukan iman dan nalar melalui pendekatan deduktif. Karyanya *Summa Theologica* menunjukkan bagaimana silogisme digunakan untuk menegakkan argumen moral dan teologis.

Penggunaan logika dalam teologi memperluas jangkauan pemikiran rasional ke seluruh aspek kehidupan intelektual. Pada masa ini, belajar logika menjadi syarat dasar untuk dapat mempelajari hukum, kedokteran, maupun filsafat.

Skolastisisme memang sering dikritik sebagai era yang terlalu dogmatis, tetapi tidak dapat dipungkiri bahwa periode ini mempertahankan dan mengembangkan tradisi logika Aristotelian hingga titik tertentu. Dari sinilah kemudian lahir kritik-kritik yang membawa Eropa memasuki era baru: Renaisans dan Revolusi Ilmiah.

4. Peralihan ke Era Modern: Kritik terhadap Aristotelianisme

Memasuki abad ke-16 dan 17, terjadi perubahan fundamental dalam cara berpikir manusia. Logika Aristotelian mulai dianggap tidak cukup untuk menjelaskan fenomena alam yang kompleks. Tokoh-tokoh seperti Francis Bacon, René Descartes, dan Galileo Galilei memimpin perubahan paradigma.

a. Francis Bacon dan Metode Induktif

Bacon mengkritik logika Aristoteles yang terlalu mengandalkan deduksi. Menurutnya, ilmu harus dibangun dari pengamatan empiris dan generalisasi. Ia memperkenalkan *metode induktif*, di mana hukum-hukum umum disimpulkan dari fakta-fakta konkret.

Bacon juga memperingatkan bahaya "berhala-berhala" (idola) yang menghalangi berpikir rasional, seperti tradisi yang tak dikritisi dan asumsi yang tidak diuji.

b. René Descartes dan Rasionalisme Metodis

Descartes menawarkan pendekatan yang berbeda melalui keraguan metodis: meragukan segala sesuatu hingga ditemukan dasar yang tidak dapat diragukan lagi.

Baginya, kepastian pengetahuan diperoleh melalui rasio yang bekerja secara jelas dan teratur. Pemikiran Descartes memberi pengaruh besar terhadap metode ilmiah modern karena ia menekankan deduksi matematis dan pembuktian logis.

c. Galileo Galilei: Logika dalam Ilmu Alam

Galileo menggabungkan eksperimen, matematika, dan akal budi. Ia menunjukkan bahwa hukum alam dapat diekspresikan dalam bahasa matematika. Dengan demikian, logika tidak lagi hanya mengatur argumen filosofis, tetapi juga menjadi bagian dari penelitian ilmiah.

Perubahan-perubahan ini menunjukkan bahwa meskipun logika Aristotelian tetap penting, era modern membutuhkan struktur penalaran yang lebih fleksibel dan empiris.

5. Logika Simbolik dan Pembaruan Besar Abad ke-19

Abad ke-19 menjadi era transformasi radikal dalam sejarah logika. Tokoh seperti George Boole, Gottlob Frege, dan Bertrand Russell menciptakan logika modern yang sepenuhnya berbeda dari tradisi Aristotelian.

a. George Boole: Logika sebagai Aljabar

Boole memperkenalkan aljabar logika, di mana proposisi diekspresikan dalam bentuk simbol matematika seperti AND, OR, NOT. Ini adalah dasar dari logika proposisional modern.

Inovasinya memungkinkan logika dianalisis secara kuantitatif. Meskipun inovatif, pada masanya dianggap tidak begitu penting. Namun kemudian terbukti menjadi fondasi teknologi komputer.

b. Gottlob Frege: Logika Predikat dan Analisis Bahasa

Frege dianggap sebagai bapak logika modern. Ia mengembangkan *predicate logic* yang jauh lebih kuat dibandingkan silogisme Aristoteles.

Dalam sistem Frege:

- proposisi memiliki struktur internal,
- istilah dan predikat dipisahkan,
- kuantor seperti "semua" dan "sebagian" dijelaskan secara formal.

Pemikiran Frege mengubah logika menjadi cabang matematika. Bukunya *Begriffsschrift* menjadi tonggak penting.

c. Bertrand Russell: Usaha Menyucikan Matematika

Russell bersama Alfred North Whitehead menulis *Principia Mathematica* untuk menyelesaikan paradoks dalam dasar matematika. Ia percaya bahwa matematika dapat direduksi menjadi logika. Meskipun proyek ini akhirnya dianggap tidak sempurna, kontribusinya terhadap metodologi ilmiah dan analisis filosofis sangat besar.

Transformasi ini menunjukkan bahwa logika telah memasuki era baru: dari sistem verbal menjadi sistem simbolis yang dapat dioperasikan secara matematis.

6. Logika Kontemporer: Diversifikasi dan Tantangan

Memasuki abad ke-20 dan 21, logika berkembang menjadi disiplin yang sangat luas. Berbagai aliran muncul, masing-masing mencoba menjawab kompleksitas dunia modern.

a. Logika Non-Klasik

Karena logika klasik dianggap terlalu kaku, muncul berbagai alternatif seperti:

- Logika modal: membahas kemungkinan dan keharusan.
- Logika fuzzy: menangani nilai kebenaran yang tidak absolut.
- Logika intuisionistik: menolak hukum excluded middle.
- Logika parakonsisten: mengizinkan kontradiksi tanpa meruntuhkan sistem.

Aliran-aliran ini memperluas cakupan logika agar dapat diterapkan dalam situasi nyata yang tidak selalu hitam-putih.

b. Logika dalam Komputasi dan Kecerdasan Buatan

Era digital membuktikan bahwa logika bukan hanya ilmu filsafat, tetapi fondasi teknologi.

Logika proposisional dan predikat menjadi dasar:

- algoritma komputer,
- bahasa pemrograman,
- sistem pakar,
- kecerdasan buatan,
- pembuktian otomatis,
- desain sirkuit digital.

Perkembangan ini seolah menghidupkan kembali gagasan Aristoteles tentang logika sebagai *organon* alat untuk memahami dunia tetapi kini dalam bentuk yang jauh lebih konkret.

c. Logika dan Ilmu Kognitif

Ilmu kognitif modern mempelajari bagaimana manusia berpikir. Penelitian menunjukkan bahwa manusia tidak selalu berpikir secara logis (sebagaimana dijelaskan oleh Kahneman, Tversky, dan ahli lainnya).

Namun justru di sinilah logika berperan: menjadi standar normatif untuk menilai apakah penalaran manusia sehat atau bias. Dengan demikian, perkembangan logika memperluas cakupan rasionalitas: dari aturan abstrak menjadi alat analisis perilaku.

7. Relevansi Pemikiran Rasional dalam Dunia Modern

Perjalanan panjang logika dari Aristoteles hingga era modern menyiratkan bahwa rasionalitas merupakan kebutuhan dasar dalam kehidupan manusia. Di tengah dunia yang semakin kompleks, kemampuan berpikir rasional menjadi semakin penting.

a. Dalam pendidikan

Logika membantu peserta didik:

- menganalisis argumen,
- membuat keputusan yang beralasan,
- membedakan fakta dan opini.

b. Dalam sains

Tidak ada teori ilmiah yang dapat berdiri tanpa logika. Kaidah berpikir ilmiah adalah turunan dari prinsip logis, baik deduktif maupun induktif.

c. Dalam teknologi

Setiap teknologi digital modern pada dasarnya dibangun di atas fondasi logika. Seluruh operasi komputer mulai dari pengolahan data sederhana hingga algoritma kecerdasan buatan yang kompleks merupakan implementasi konkret dari prinsip-prinsip logika simbolik yang dirumuskan sejak abad ke-19. Sistem bilangan biner yang digunakan komputer, misalnya, adalah penerapan langsung dari aljabar logika George Boole. Operasi logis seperti AND, OR, dan NOT yang awalnya disusun sebagai bentuk abstrak analisis proposisi kini diwujudkan secara fisik dalam rangkaian elektronik dan transistor yang mengatur aliran arus listrik.

Tanpa kontribusi Boole yang mengalihkan logika dari sekadar alat argumentasi verbal menjadi suatu sistem matematis yang dapat dioperasikan, mustahil bagi manusia membangun struktur komputasi modern. Demikian pula, tanpa terobosan Gottlob Frege dalam merumuskan logika predikat dan memisahkan antara subjek, predikat, serta kuantor, tidak akan mungkin tercipta bahasa pemrograman, struktur data formal, atau algoritma yang mampu melakukan analisis kompleks. Frege tidak hanya merevolusi logika, tetapi juga menyediakan kerangka konseptual yang memungkinkan komputer memahami instruksi dalam bentuk simbol yang presisi dan tidak ambigu.

d. Dalam kehidupan sosial

Logika penting untuk menghadapi informasi yang berlimpah, termasuk hoaks, propaganda, dan manipulasi opini. Rasionalitas membantu masyarakat membuat keputusan yang objektif.

Dengan demikian, jejak logika dari Aristoteles hingga sekarang bukan sekadar perjalanan akademis, tetapi perjalanan yang mempengaruhi struktur peradaban.

DAFTAR PUSTAKA

- Kneale, W., & Kneale, M. (1984). *The Development of Logic.* Oxford University Press.
- Smith, R. (2015). *Aristotle: Logic.* In The Stanford Encyclopedia of Philosophy.
- Gabbay, D. M., & Woods, J. (2004). *Handbook of the History of Logic (Vol. 1–10).* Elsevier..
- Hadi, S. (2020). "Kontribusi Pemikiran Logika Ibnu Sina dalam Filsafat Islam." *Jurnal Filsafat,* 30(2), SINTA 2..

- Putra, Y., & Mahmud, A. (2021). "Perkembangan Logika Simbolik dari Boole Hingga Frege." *Jurnal Filsafat Indonesia*, 4(2)..
- Sugiyono. (2022). *Metode Penelitian Kuantitatif, Kualitatif, dan R&D*. Bandung: Alfabeta.
- Lubis, N. S., Farleni, F., Juansah, D., & Nulhakim, L. (2025). *Proposisi, logika dalam berpikir sebagai dasar penalaran ilmiah dalam menghasilkan pengetahuan baru.* Jurnal Filsafat Indonesia, 6(2).
- Megawati, S. (2025). *Logika dan rasionalitas dalam ilmu.* Journal of Innovation in Teaching and Instructional Media, 5(3), 855–868.
- Romadhoni, S. A. F., Puspitasari, D. S., & Winarno, A. (2024). *Urgensi prinsip logika sebagai pengantar ilmiah dalam bidang ilmu ekonomi.* Jurnal Manuhara: Pusat Penelitian Ilmu Manajemen dan Bisnis, 3(1).

LOGIKA DALAM DEBAT PUBLIK: MENGANALISIS ARGUMEN POLITISI DI MEDIA MASSA

Oleh : Rofiatus Zahro

A. PENDAHULUAN

Dalam dinamika kehidupan politik modern, debat publik menjadi salah satu instrumen utama dalam proses pembentukan opini, pengambilan keputusan, serta evaluasi terhadap kinerja para politisi. Kehadiran media massa baik media konvensional seperti televisi dan surat kabar, maupun media digital seperti portal berita dan media sosial menjadikan arus informasi politik semakin cepat, masif, dan mudah diakses oleh masyarakat. Kondisi ini membuka ruang yang luas bagi politisi untuk menyampaikan pandangan, membela kebijakan, dan memengaruhi persepsi publik melalui beragam bentuk argumentasi. Namun, di sisi lain, derasnya arus informasi juga menghadirkan tantangan serius: tidak semua argumen yang disampaikan politisi bersifat logis, valid, dan bebas dari sesat pikir. Di sinilah pentingnya kajian logika dalam debat publik sebagai alat untuk menilai kualitas argumen yang beredar di ruang publik.

Logika, sebagai disiplin yang mempelajari kaidah berpikir benar, berperan penting dalam membantu masyarakat memahami argumentasi yang dikemukakan politisi. Logika tidak hanya berkaitan dengan benar atau salahnya suatu pernyataan, tetapi juga menyangkut keutuhan hubungan antara premis dan kesimpulan. Seorang politisi dapat menyampaikan pernyataan yang tampak meyakinkan, emosional, atau retoris, tetapi belum tentu argumen tersebut valid secara logis. Kemampuan masyarakat dalam mengenali pola argumentasi yang kuat maupun sesat pikir menjadi komponen penting dalam pembentukan warga negara yang cerdas, kritis, dan bertanggung jawab secara politik. Di era banjir informasi, literasi logika menjadi bekal untuk memilah argumentasi yang benar-benar berkualitas dari argumen yang hanya terlihat meyakinkan tetapi tidak memiliki dasar rasional.

Dalam konteks debat publik, politisi sering menggunakan berbagai strategi komunikasi untuk mempengaruhi audiens. Beberapa strategi bertumpu pada argumentasi rasional, data empiris, dan penalaran kausal yang kuat, namun tidak sedikit pula yang mengandalkan retorika manipulatif, serangan personal, dan distorsi informasi. Hal ini terutama semakin menonjol ketika kontestasi politik semakin kompetitif, seperti dalam masa kampanye, pembahasan kebijakan kontroversial, atau perdebatan mengenai isu-isu sensitif seperti ekonomi, agama, keamanan, atau kesejahteraan sosial. Pada situasi tersebut, sesat pikir (fallacies) sering kali digunakan baik secara sengaja maupun tidak sebagai cara untuk memperkuat posisi politik atau melemahkan pihak lawan. Misalnya, politisi dapat menggunakan sesat pikir ad hominem untuk menyerang karakter lawan ketimbang membahas substansi argumen, atau menggunakan sesat pikir straw man untuk mendistorsi argumen lawan sehingga mudah dipatahkan.

Fenomena sesat pikir ini tidak dapat dilepaskan dari karakteristik komunikasi politik itu sendiri yang tidak hanya berorientasi pada pencarian kebenaran, tetapi juga pada pencapaian dukungan publik. Dalam banyak kasus, keberhasilan seorang politisi tidak diukur dari kebenaran argumennya, tetapi dari sejauh mana ia mampu membangun citra, mengendalikan opini, dan mempengaruhi emosi masyarakat. Hal ini menyebabkan penggunaan logika tidak selalu menjadi prioritas utama dalam debat publik. Namun demikian, bagi masyarakat yang ingin berpartisipasi secara sehat dalam demokrasi, kemampuan untuk menganalisis kekuatan dan kelemahan argumen politisi menjadi sangat penting. Dengan kemampuan tersebut, masyarakat dapat terhindar dari manipulasi informasi, penggiringan opini, dan propaganda politik.

Media massa memiliki peranan penting dalam membentuk cara publik memahami argumen politisi. Dalam pemberitaan, media tidak hanya menyampaikan isi argumen, tetapi juga memilih bagaimana menampilkan, membingkai, dan menginterpretasikannya. Framing berita dapat mempengaruhi bagaimana masyarakat menilai kualitas argumen politisi, bahkan tanpa disadari. Misalnya, media dapat menonjolkan bagian tertentu dari argumen politisi, menghilangkan konteks, atau memperkuat aspek emosional demi meningkatkan daya tarik pemberitaan. Akibatnya, kualitas logis argumen sering kali tidak menjadi sorotan utama. Masyarakat cenderung menilai argumen berdasarkan judul berita, kutipan singkat, atau potongan video, bukan berdasarkan analisis menyeluruh. Dalam situasi ini, kemampuan analisis logis menjadi semakin penting untuk memahami argumen politisi secara benar dan utuh.

Perkembangan teknologi digital dan media sosial memunculkan tantangan baru. Platform seperti X/Twitter, Instagram, YouTube, dan TikTok mempromosikan bentuk komunikasi yang cepat, singkat, dan sering kali terfragmentasi. Argumen politisi disampaikan dalam bentuk caption singkat, potongan video pendek, atau pernyataan lepas yang kehilangan konteks. Dalam format yang terbatas tersebut, politisi lebih mudah menggunakan sesat pikir tanpa mendapat koreksi langsung. Bahkan, sesat pikir tersebut dapat viral jika dikemas secara emosional atau provokatif. Ketika suatu argumen viral, validitas logisnya sering tidak lagi dipertanyakan oleh publik. Di era digital inilah kemampuan literasi logika harus diperkuat agar masyarakat mampu menilai isi argumen politisi meskipun disampaikan dalam format yang ringkas dan viral.

Menganalisis argumen politisi melalui pendekatan logika bukan hanya bermanfaat untuk kepentingan akademik, tetapi juga memiliki nilai praktis bagi kehidupan demokrasi. Masyarakat yang mampu berpikir logis akan lebih siap berpartisipasi dalam diskusi publik secara sehat. Mereka tidak mudah terpengaruh oleh propaganda, tidak mudah dimanipulasi oleh retorika kosong, dan dapat mengambil keputusan politik secara lebih rasional. Selain itu, analisis logis terhadap argumen politisi dapat membantu mengidentifikasi kualitas kebijakan yang diusulkan. Jika suatu kebijakan dibangun di atas argumentasi yang lemah atau sesat pikir, maka kebijakan tersebut berpotensi menimbulkan permasalahan di kemudian hari. Oleh karena itu, kemampuan untuk menilai argumentasi dengan logika dapat membantu mendorong transparansi, akuntabilitas, dan kualitas pengambilan keputusan politik.

Kajian ini menjadi semakin relevan mengingat meningkatnya polarisasi politik di masyarakat. Polarisasi membuat orang cenderung hanya menerima argumen yang berasal dari pihak yang mereka dukung, tanpa mengevaluasi validitasnya. Di sisi lain, argumen dari pihak lawan ditolak tanpa diulas logisnya. Keadaan ini berbahaya karena dapat memecah belah masyarakat, melemahkan rasionalitas publik, dan menghambat proses deliberasi demokratis. Dengan pendekatan logika, masyarakat dapat belajar menilai argumen berdasarkan substansi, bukan berdasarkan afiliasi politik. Hal ini dapat membantu meredakan polarisasi dan meningkatkan kualitas diskursus publik.

Berdasarkan uraian tersebut, studi tentang logika dalam debat publik dan analisis argumen politisi di media massa sangat penting untuk dilakukan. Studi ini bertujuan untuk mengidentifikasi pola argumentasi politisi, mengevaluasi kekuatan logis argumen mereka, serta menemukan sesat pikir yang sering digunakan. Melalui analisis ini, diharapkan masyarakat dapat memahami cara kerja argumentasi dalam ranah politik dan lebih kritis dalam menyikapi informasi yang diterima. Selain itu, penelitian ini dapat memberikan kontribusi pada pengembangan literasi politik dan logika di kalangan pelajar, mahasiswa, maupun masyarakat umum. Dengan demikian, penelitian ini tidak hanya memberikan manfaat teoritis bagi pengembangan ilmu logika dan komunikasi politik, tetapi juga manfaat praktis bagi peningkatan kualitas demokrasi di Indonesia.

B. PEMBAHASAN

Logika merupakan instrumen intelektual yang berfungsi untuk memastikan bahwa proses berpikir manusia berjalan secara benar, teratur, dan dapat dipertanggungjawabkan. Dalam konteks debat publik, logika berperan penting untuk mengevaluasi kebenaran argumen, menilai koherensi alur penalaran, serta mengidentifikasi kemungkinan adanya distorsi, manipulasi, atau sesat pikir yang digunakan oleh politisi atau peserta debat lainnya. Di era media massa dan media digital yang serba cepat, kemampuan analitis ini menjadi sangat penting bagi mahasiswa, pemilih, dan masyarakat umum.

Pembahasan berikut menguraikan secara mendalam bagaimana logika diterapkan dalam debat publik, bagaimana bentuk-bentuk argumentasi politisi dikonstruksi, apa saja jenis sesat pikir yang paling sering muncul, serta bagaimana media massa mempengaruhi pola penerimaan publik terhadap argumen tersebut.

1. Logika sebagai Instrumen Analisis dalam Debat Publik

Debat publik pada hakikatnya merupakan arena kompetisi ide yang mengedepankan argumen rasional sebagai landasan untuk memengaruhi opini masyarakat. Dalam situasi ini, logika menyediakan seperangkat aturan yang membantu kita membedakan antara argumen yang valid secara struktural dan argumen yang hanya tampak meyakinkan namun salah secara penalaran.

Bagi mahasiswa yang mempelajari logika, debat publik adalah laboratorium nyata untuk menguji konsep-konsep dasar seperti:

- premis dan kesimpulan,
- validitas dan kebenaran,
- pola penalaran induktif dan deduktif,
- dan identifikasi sesat pikir.

Politisi, dalam upaya memperoleh dukungan publik, sering kali menggunakan pola komunikasi persuasif yang memadukan logika formal, logika informal, retorika, dan narasi emosional. Oleh karena itu, kemampuan membedakan antara argumen yang legitimate dan argumen yang manipulatif sangat penting agar mahasiswa dapat bersikap kritis terhadap isu politik.

2. Karakteristik Argumen dalam Debat Politik di Media Massa

Argumen politisi di media massa memiliki beberapa karakteristik yang membedakannya dari argumen akademik atau argumen ilmiah. Beberapa karakteristik tersebut antara lain:

A. Fokus pada persuasi, bukan kebenaran objektif

Politisi sering kali berargumen bukan untuk mencari kebenaran substantif, tetapi untuk membentuk persepsi publik. Mereka memilih kata-kata, data, atau contoh tertentu yang paling menguntungkan posisi mereka. Pendekatan ini dapat mengarah pada distorsi informasi jika tidak ditangani secara kritis oleh publik.

B. Ketergantungan pada retorika emosional

Retorika emosional menjadi salah satu ciri utama dalam debat politik. Politisi sering menggunakan bahasa yang memicu rasa takut, marah, empati, atau harapan untuk memperoleh dukungan, bahkan ketika argumen tersebut tidak memiliki dasar logis yang kuat.

C. Simplifikasi isu-isu kompleks

Media massa memiliki keterbatasan waktu dan ruang sehingga isu politik yang sebenarnya kompleks direduksi menjadi pernyataan-pernyataan sederhana. Penyederhanaan ini dapat membuka ruang bagi sesat pikir seperti false dilemma, strawman, atau overgeneralization.

D. Penggunaan citra diri (ethos) secara berlebihan

Alih-alih menggunakan argumen berbasis data, politisi sering mengandalkan reputasi pribadi, pengalaman, atau identitas kelompok untuk memperkuat argumen. Dalam kerangka logika, ini termasuk ke dalam fallacy *appeal to authority* atau *appeal to ethos.*

3. Media Massa sebagai Ruang Produksi dan Reproduksi Argumen Politik

Media massa memiliki pengaruh besar dalam membentuk cara publik menilai argumen politisi. Ada tiga aspek penting yang perlu diperhatikan:

A. Framing

Media memiliki kecenderungan untuk membingkai isu tertentu dari sudut pandang yang spesifik. Framing ini dapat mempengaruhi konteks penilaian argumen politisi. Misalnya, argumen yang sama dapat terlihat sangat rasional atau sangat manipulatif tergantung dari cara media mengemasnya.

B. Agenda setting

Media menentukan isu apa yang layak dibicarakan dan mana yang tidak. Isu yang mendapatkan ekspos besar akan terlihat lebih penting, sehingga argumen politisi mengenai isu itu cenderung dianggap relevan oleh publik.

C. Efek viral di media sosial

Era digital telah memindahkan sebagian besar debat publik ke platform seperti Instagram, TikTok, YouTube, dan X (Twitter). Fragmentasi informasi dalam bentuk video pendek membuat argumen mudah dipotong, disalahpahami, atau sengaja dipelintir, sehingga sesat pikir lebih mudah menyebar.

4. Identifikasi Sesat Pikir (Fallacies) dalam Argumen Politik

Berikut beberapa sesat pikir yang paling sering ditemukan dalam debat politik:

a. Ad Hominem

Politisi menyerang karakter lawan politiknya daripada membantah substansi argumentasi.
Contoh: "Bagaimana kita bisa percaya pada pendapat Anda tentang ekonomi, sedangkan Anda pernah gagal memimpin perusahaan?"

b. Strawman Fallacy

Politisi mendistorsi argumen lawan menjadi lebih lemah agar mudah diserang. Contoh: "Lawan saya ingin menghapus subsidi! Itu berarti dia tidak peduli pada rakyat miskin."
Padahal yang dimaksud lawan adalah reformasi mekanisme subsidi.

c. False Dilemma

Menyajikan dua pilihan sebagai satu-satunya opsi, padahal terdapat alternatif lain. Contoh: "Jika kita tidak menaikkan pajak, negara akan bangkrut."

d. Appeal to Fear (Argumentum ad Metum)

Politisi menakut-nakuti publik untuk memperoleh dukungan. Contoh: "Jika kalian tidak memilih saya, negara akan dikuasai asing."

e. Post Hoc Fallacy

Menganggap bahwa karena satu peristiwa terjadi setelah peristiwa lain, maka peristiwa pertama menjadi penyebabnya. Contoh: "Sejak pemerintah baru dilantik, harga beras naik. Berarti pemerintah baru adalah penyebabnya."

f. Hasty Generalization

Membuat kesimpulan umum dari sampel kecil. Contoh: "Satu program desa gagal, berarti semua program pemerintah tidak efektif."

g. Bandwagon Fallacy

Mengajak publik mendukung argumen hanya karena banyak orang melakukannya. Contoh: "Semua warga sudah mendukung kebijakan ini, Anda pun harus mendukungnya."

Analisis sesat pikir ini sangat penting untuk membekali mahasiswa agar dapat mengevaluasi kualitas argumen politisi secara lebih objektif dan terhindar dari manipulasi retorika.

5. Peran Mahasiswa dalam Evaluasi Debat Publik

Mahasiswa sebagai bagian dari kelompok terdidik memiliki tanggung jawab moral untuk menjadi pengawas intelektual dalam dinamika politik. Dengan pemahaman logika, mahasiswa dapat:

- mengidentifikasi manipulasi retorika dalam pernyataan politisi,
- menghindari menjadi bagian dari penyebaran informasi sesat,
- menjadi penggerak literasi politik bagi masyarakat luas,
- serta membantu menuntut politisi untuk memberikan argumen yang rasional dan berbasis data.

Mahasiswa juga berperan dalam mengedukasi masyarakat mengenai pentingnya verifikasi informasi sebelum mengambil kesimpulan politik.

6. Analisis Contoh Debat Publik yang Relevan

Untuk memperkuat pemahaman, mahasiswa dapat menganalisis beberapa peristiwa debat politik aktual yang sering mencerminkan sesat pikir. Misalnya:

- Debat pemilihan umum yang sarat dengan ad hominem,
- Diskusi kebijakan publik di televisi yang berisi strawman,
- Argumen pejabat publik yang menggunakan data parsial,
- Konten media sosial politisi yang mengutamakan narasi emosional daripada analisis rasional.

7. Perbandingan Logika Formal dan Logika Informal dalam Debat Politik

Dalam menganalisis argumen politisi, penting untuk memahami perbedaan antara logika formal dan logika informal. Logika formal berkaitan dengan struktur argumen, sedangkan logika informal lebih fokus pada konteks dan bahasa yang digunakan. Dalam debat politik, kedua bentuk logika ini sering saling melengkapi.

a. Logika Formal

Logika formal mengevaluasi argumen berdasarkan struktur validitas. Misalnya, jika premis-premisnya benar dan strukturnya valid, maka kesimpulannya harus benar. Namun dalam konteks politik, argumen jarang disampaikan dalam bentuk silogisme formal. Politisi tidak mengatakan:

1. Semua kebijakan X menyebabkan pertumbuhan ekonomi.

2. Pemerintah menerapkan kebijakan X.

3. Maka ekonomi akan tumbuh.

Sebaliknya, politisi sering menggunakan bahasa persuasif yang membuat argumen tampak valid tanpa benar-benar melalui struktur deduktif. Di sinilah kemampuan mahasiswa mengidentifikasi elemen premis dan kesimpulan menjadi sangat penting.

b. Logika Informal

Logika informal menganalisis argumen berdasarkan kejelasan, relevansi, dan kekuatan bukti. Politisi sering menggunakan ambiguities, implikasi tersirat, atau asosiasi tertentu untuk memperkuat argumen mereka. Hal ini membuka ruang bagi evaluasi konteks seperti:

- apakah data yang digunakan relevan?
- apakah analogi yang dipakai tepat?
- apakah pernyataan yang disampaikan bersifat hiperbolis?

Dengan menggabungkan logika formal dan informal, mahasiswa dapat melakukan evaluasi yang jauh lebih komprehensif.

8. Retorika sebagai Bagian dari Strategi Logika dalam Politik

Retorika adalah seni berbicara untuk meyakinkan, dan dalam dunia politik retorika sering dipandang lebih penting daripada logika. Namun, retorika tidak selalu berlawanan dengan logika keduanya dapat saling menguatkan. Yang menjadi masalah adalah ketika retorika dipakai seolah-olah sebagai pengganti logika.

Beberapa teknik retorika yang sering digunakan politisi dalam debat publik antara lain:

a. Retorika Narratif (Storytelling)

Politisi sering menggunakan kisah-kisah personal atau contoh konkret untuk membangun empati publik. Meskipun teknik ini meningkatkan daya serap pesan, ia sering mengaburkan validitas argumen. Sebagai contoh, seorang politisi mungkin menggunakan cerita satu orang yang sukses berwirausaha sebagai bukti bahwa program ekonomi pemerintah berhasil, padahal kasus itu mungkin hanya pengecualian.

b. Retorika Simbolik

Penggunaan simbol tertentu seperti bendera, pakaian adat, atau slogan nasionalis dapat membangkitkan rasa kebanggaan publik. Meskipun efektif secara emosional, simbol tidak otomatis membuat argumen menjadi logis.

c. Retorika Emosi (Pathos)

Politisi kadang berbicara dengan penuh emosi untuk menutupi kelemahan argumen. Kata-kata seperti "demi rakyat," "demi masa depan bangsa," atau "demi keadilan sosial" sering digunakan tanpa penjelasan logis mengenai kebijakan yang ditawarkan.

Mahasiswa harus mampu membedakan mana retorika yang memperkuat argumen dan mana yang memanipulasi opini publik tanpa dasar logis.

9. Kesalahan Data dan Manipulasi Statistik dalam Argumentasi Politik

Selain sesat pikir, salah satu aspek yang perlu dianalisis adalah manipulasi data dan statistik. Politisi sering menggunakan angka dengan cara yang menyesatkan untuk memberikan kesan seolah-olah mereka menguasai fakta.

Beberapa bentuk manipulasi statistik meliputi:

a. Cherry-picking Data

Politisi hanya memilih data yang menguntungkan dan mengabaikan data lain yang memberikan gambaran berbeda. Misalnya, hanya menampilkan pertumbuhan ekonomi kuartal tertentu tanpa membandingkannya dengan rata-rata tahunan.

b. Penggunaan Persentase yang Menyesatkan

Persentase besar dapat digunakan untuk menutupi fakta bahwa angka absolutnya kecil. Contoh: "Kasus korupsi turun 70%," tetapi tidak dijelaskan bahwa yang dihitung hanya kasus tertentu, bukan total kasus nasional.

c. Korelasi yang Disajikan sebagai Kausalitas

Politisi sering mengaitkan dua peristiwa yang terjadi bersamaan seolah-olah yang satu menyebabkan yang lain. Dalam logika, hal ini termasuk *post hoc fallacy*, namun dalam debat politik masalah ini sering tidak disadari oleh publik.

Analisis statistik yang tepat sangat dibutuhkan agar mahasiswa dapat memverifikasi kebenaran data yang disampaikan politisi dalam debat publik.

10. Pola Argumentasi dalam Kampanye Politik dan Debat Kandidat

Debat kandidat politik, baik dalam pemilihan presiden, gubernur, maupun legislatif, merupakan salah satu ruang yang paling kaya untuk menganalisis logika dan sesat pikir. Terdapat beberapa pola argumentasi umum yang hampir selalu muncul:

a. Polarisasi dan Penggambaran Lawan sebagai Ancaman

Politisi sering membangun narasi "kita vs mereka". Dalam konteks ini, lawan politik digambarkan sebagai ancaman bagi negara, moralitas, ekonomi, atau masa depan generasi.

b. Janji Kebijakan yang Tidak Logis atau Tidak Terukur

Misalnya, politisi menjanjikan penghapusan pajak sambil menjanjikan peningkatan subsidi dalam waktu bersamaan, padahal secara logis kedua hal tersebut kontradiktif tanpa strategi fiskal yang jelas.

c. Klaim Prestasi Tanpa Bukti

Banyak politisi menggunakan klaim yang tidak dapat diverifikasi atau hanya berdasar pada persepsi publik yang dibangun media. Misalnya, "Kami telah meningkatkan kesejahteraan rakyat," tanpa indikator objektif.

d. Menyederhanakan Permasalahan Kebijakan

Politisi sering mereduksi isu kompleks seperti kemiskinan, pendidikan, atau perubahan iklim menjadi masalah sederhana yang dapat diselesaikan dengan kebijakan tunggal. Padahal, kebanyakan isu politik bersifat multidimensional.

Pola-pola ini penting dipahami agar mahasiswa mampu menilai kualitas argumen secara kritis dalam konteks kampanye dan debat resmi.

11. Literasi Informasi sebagai Kompetensi Dasar dalam Evaluasi Debat Publik

Di era informasi, kemampuan literasi mendukung analisis logika secara signifikan. Literasi informasi meliputi:

- kemampuan mencari sumber kredibel,
- kemampuan mengecek fakta (fact-checking),
- penggunaan data yang dapat diverifikasi,
- pemahaman konteks sosial-politik dari pernyataan publik.

Dengan literasi informasi yang baik, mahasiswa tidak hanya memahami argumen secara logis, tetapi juga dapat menilai apakah argumen tersebut berbasis fakta atau sekadar opini retoris.

C. KESIMPULAN

Debat publik di media massa memainkan peran penting dalam membentuk pemahaman masyarakat mengenai isu-isu politik dan kebijakan pemerintah. Namun, banyak argumen yang disampaikan politisi dalam debat tersebut tidak didasarkan pada penalaran logis yang kuat. Sebaliknya, berbagai bentuk sesat pikir sering kali digunakan untuk memanipulasi persepsi publik. Hal ini menunjukkan bahwa tidak semua argumen yang tampak meyakinkan dapat diterima sebagai kebenaran rasional. Oleh karena itu, kemampuan untuk menerapkan logika dalam menganalisis argumen menjadi kebutuhan yang sangat penting.

Penerapan logika memungkinkan mahasiswa untuk melihat lebih dalam bagaimana premis, penalaran, dan kesimpulan dibentuk. Dengan memahami struktur argumen, mahasiswa dapat membedakan mana argumen yang memiliki dasar rasional dan mana yang hanya mengandalkan retorika. Selain itu, pemahaman mengenai sesat pikir membantu mahasiswa mengenali berbagai pola manipulasi yang mungkin digunakan politisi untuk memengaruhi opini publik. Identifikasi sesat pikir seperti *ad hominem*, *straw man*, *false dilemma*, *slippery slope*, dan *bandwagon* memungkinkan mahasiswa mengkritisi argumen dengan akurasi lebih tinggi.

Kemampuan ini tidak hanya penting dalam konteks akademik, tetapi juga dalam kehidupan demokratis secara umum. Masyarakat yang mampu berpikir logis akan lebih sulit terpengaruh oleh propaganda, misinformasi, dan framing media yang menyesatkan. Mereka juga akan lebih selektif dalam menerima klaim politik serta mampu mempertanyakan kebijakan atau pernyataan pejabat publik secara kritis. Dengan demikian, logika menjadi fondasi bagi terciptanya masyarakat yang rasional, kritis, dan sadar akan pentingnya argumen yang valid dalam berbagai keputusan publik.

Selain itu, penerapan analisis logika dalam debat publik dapat meningkatkan kualitas wacana politik itu sendiri. Ketika masyarakat semakin kritis terhadap argumen politisi, maka politisi akan terdorong untuk menyampaikan argumen yang lebih kuat dan berbasis data. Hal ini dapat memperbaiki standar komunikasi politik dan memperkuat budaya demokratis yang sehat. Dengan kata lain, logika tidak hanya bermanfaat bagi individu, tetapi juga bagi sistem politik secara keseluruhan.

Pada akhirnya, dapat disimpulkan bahwa kajian tentang logika dalam debat publik sangat relevan di era digital saat ini. Mahasiswa sebagai generasi intelektual perlu menguasai prinsip-prinsip logika untuk dapat mengevaluasi argumen politisi secara objektif. Kemampuan tersebut memungkinkan mereka berkontribusi terhadap peningkatan kualitas demokrasi dan membangun masyarakat yang lebih cerdas dalam menyikapi dinamika politik. Dengan memperkuat literasi logika, maka publik dapat berpartisipasi dalam diskursus politik secara lebih rasional, kritis, dan bertanggung jawab.

DAFTAR PUSTAKA

Aristotle. (2014). *The Art of Rhetoric.* Oxford University Press.

Copi, I. M., Cohen, C., & McMahon, K. (2018). *Introduction to Logic* (14th ed.). Routledge.

Eemeren, F. H. van, & Grootendorst, R. (2004). *A Systematic Theory of Argumentation.* Cambridge University Press.

Ennis, R. H. (2011). *Critical Thinking.* Prentice Hall.

Fisher, A. (2004). *The Logic of Real Arguments.* Cambridge University Press.

Govier, T. (2013). *A Practical Study of Argument* (8th ed.). Wadsworth.

Keraf, G. (2010). *Argumentasi dan Narasi.* Gramedia.

Kovac, M. (2019). Fallacies in Political Discourse. *Journal of Argumentation Studies*, 5(2), 112–130.

Moore, B. N., & Parker, R. (2012). *Critical Thinking* (10th ed.). McGraw-Hill.

Weston, A. (2009). *A Rulebook for Arguments* (4th ed.). Hackett Publishing.

LOGIKA DI ERA DIGITAL: MENGEVALUASI INFORMASI DAN ARGUMEN DI LINIMASA MEDIA SOSIAL

Oleh : Fitri Shofiatul Ulul Hikmah

A. PENDAHULUAN

Perkembangan teknologi digital telah mengubah cara manusia berinteraksi, memperoleh informasi, dan membentuk opini publik. Media sosial, sebagai ruang komunikasi paling dinamis, memungkinkan siapa pun untuk memproduksi, menyebarkan, dan mengomentari informasi dalam hitungan detik. Namun, derasnya arus informasi ini tidak selalu diiringi dengan kemampuan masyarakat dalam mengevaluasi kebenaran, konsistensi, dan kelogisan isi pesan yang mereka konsumsi. Akibatnya, kesalahan penalaran, misinformasi, dan argumentasi yang menyesatkan sering berkembang tanpa kendali (Andaryanto et al., 2024).

Situasi ini menuntut keterampilan berpikir kritis, khususnya kemampuan memahami prinsip logika dasar agar individu mampu memilah informasi valid dari informasi yang keliru (Rendi et al., 2024). Dalam konteks ini, kajian mengenai logika di era digital menjadi penting untuk menguatkan literasi digital masyarakat, sehingga mereka tidak hanya menjadi konsumen informasi yang pasif, tetapi juga penilai yang cermat terhadap kualitas dan kebenaran informasi yang mereka hadapi.

Meskipun akses informasi semakin mudah, kualitas pemrosesan informasi oleh pengguna media sosial justru menghadapi tantangan yang kompleks. Banyak dari mereka kesulitan membedakan antara fakta dan opini, sehingga cenderung menerima informasi tanpa verifikasi karena terpengaruh oleh kecepatan serta sensasionalisme konten. Selain itu, berbagai *logical fallacies* seperti *ad hominem*, *false cause*, atau *bandwagon fallacy* muncul dalam perdebatan daring dan sering dianggap sebagai argumen yang sah, padahal tidak valid secara logis. Kondisi ini semakin diperburuk oleh algoritma media sosial yang memperkuat *echo chamber*, sehingga pengguna hanya terpapar pada informasi yang selaras dengan keyakinan pribadi dan kehilangan kesempatan untuk melihat perspektif berbeda (Sulianta, 2024).

Di sisi lain, rendahnya literasi digital dan minimnya pemahaman terhadap logika formal juga memperbesar kemungkinan pengguna terjebak dalam misinformasi, disinformasi, hingga polarisasi opini publik. Fenomena ini menciptakan ekosistem informasi yang tidak stabil dan rentan terhadap manipulasi retoris (Setyawan et al., 2023). Oleh karena itu, permasalahan-permasalahan tersebut menunjukkan perlunya pendekatan sistematis untuk memahami bagaimana logika beroperasi dalam interaksi digital, sekaligus bagaimana pengguna dapat meningkatkan kapasitas evaluatif mereka guna menghadapi dinamika komunikasi di era media sosial.

Dalam konteks penelitian ini, logika dipahami sebagai seperangkat prinsip yang digunakan untuk menilai apakah suatu argumen valid, konsisten, dan dapat dipertanggungjawabkan. Informasi merujuk pada segala bentuk data, pesan, atau konten yang disebarkan melalui media sosial, baik berupa teks, gambar, maupun video. Evaluasi argumen diartikan sebagai proses menilai struktur argumen, menelaah hubungan antara premis dan kesimpulan, serta mengidentifikasi adanya kesalahan penalaran (Mesah et al., 2024). Media sosial sendiri dipahami sebagai platform digital yang memungkinkan terjadinya interaksi, distribusi informasi, dan pembentukan opini publik, seperti Instagram, TikTok, X, dan Facebook.

Konsep-konsep tersebut menjadi landasan dalam memahami bagaimana proses berpikir logis diuji dalam dinamika komunikasi online yang berlangsung cepat, masif, dan sering kali dipengaruhi bias (Fuadi et al., 2025). Penelitian ini juga mengintegrasikan kerangka literasi digital sebagai elemen analitis untuk melihat sejauh mana pengguna mampu memverifikasi, menafsirkan, dan menalar informasi yang mereka temui di linimasa media sosial. Dengan demikian, definisi-definisi ini memberikan pijakan konseptual dalam mengkaji hubungan antara logika, informasi digital, dan perilaku pengguna di ruang komunikasi modern (Ronda, 2018).

Bab ini mengantarkan pembaca pada gambaran awal mengenai urgensi logika dalam menghadapi banjir informasi di media sosial. Pada bab selanjutnya, pembahasan akan diarahkan pada kajian teori mengenai logika, literasi digital, pola argumentasi, dan fenomena bias kognitif di ruang digital. Bab metode penelitian akan menjelaskan pendekatan, teknik pengumpulan data, serta analisis yang digunakan untuk menilai praktik evaluasi informasi oleh pengguna media sosial. Bab hasil dan pembahasan akan menguraikan temuan terkait pola penalaran pengguna, jenis kesalahan logika yang dominan, serta faktor-faktor yang memengaruhi interpretasi argumen di media daring. Terakhir, bab penutup akan memuat kesimpulan serta rekomendasi strategis untuk meningkatkan kemampuan berpikir logis dan literasi digital masyarakat dalam menggunakan media sosial secara sehat dan bertanggung jawab.

B. PEMBAHASAN

Pola Konsumsi Informasi Pengguna Media Sosial

Konsumsi informasi di media sosial ditentukan oleh tiga kecenderungan utama: kecepatan, kedekatan emosional, dan kecocokan dengan preferensi pribadi (Luddiana, 2024). Pengguna tidak mengakses informasi melalui mekanisme pencarian yang terstruktur, tetapi melalui pola *scrolling* cepat yang mengutamakan impresi awal. Mereka lebih sering menerima konten yang muncul di beranda tanpa melakukan penelusuran aktif, sehingga eksposur informasi sangat bergantung pada konten yang disajikan platform (Sudibyo, 2022).

Dengan demikian, alur informasi tidak lagi bergerak dari kebutuhan menuju pencarian, melainkan dari algoritma menuju kesadaran pengguna (Irawan et al., 2024). Temuan ini menguatkan riset sebelumnya yang menunjukkan bahwa *algorithmic curation* memainkan peran penting dalam membentuk cara seseorang memahami isu publik. Artinya, media sosial tidak hanya menjadi ruang distribusi informasi, tetapi juga aktor yang menentukan konten apa yang dianggap relevan oleh pengguna (Suhendra & Pratiwi, 2024).

Pengguna juga cenderung memprioritaskan informasi yang bersifat emosional. Konten yang memancing kekaguman, kemarahan, atau empati sering kali menarik perhatian lebih lama dan dibagikan lebih cepat, bahkan ketika validitas informasinya belum terverifikasi. Respons emosional ini menjadi salah satu faktor yang membuat konten tertentu berkembang secara viral, meskipun tidak didukung bukti yang kuat.

Dalam wawancara, beberapa informan mengungkapkan bahwa mereka lebih tertarik membuka postingan yang "ramai dibicarakan" dibandingkan informasi faktual yang disajikan secara netral. Hal ini menunjukkan bahwa konsumsi informasi lebih dikendalikan oleh daya tarik psikologis daripada nilai epistemiknya. Dengan kata lain, persepsi terhadap relevansi informasi sering kali dibentuk oleh intensitas emosi yang ditimbulkan, bukan oleh kualitas data atau argumen yang mendasarinya (Rosalina et al., 2024).

Selain itu, terbentuk pola konsumsi informasi yang didorong oleh kesesuaian ideologis atau *confirmation bias*. Pengguna cenderung menyukai dan mengikuti akun-akun yang memiliki preferensi politik, moral, atau gaya hidup serupa. Akibatnya, linimasa mereka dipenuhi oleh informasi yang menguatkan keyakinan yang sudah dimiliki sebelumnya (Hanum et al., 2022). Kondisi ini menciptakan ruang *echo chamber* di mana keberagaman perspektif menurun, sementara pandangan yang homogen semakin dominan.

Dalam wawancara, informan menjelaskan bahwa ketika mereka menerima informasi yang bertentangan dengan pandangan pribadi, respons pertama yang muncul bukanlah mengevaluasi argumen tersebut, melainkan menolak informasi itu sebagai "tidak relevan" atau "tidak sesuai nilai saya." Reaksi otomatis semacam ini menunjukkan bahwa preferensi ideologis sering kali menghalangi proses berpikir kritis dan objektif, sehingga memperkuat polarisasi dan menghambat pemahaman yang lebih komprehensif terhadap isu publik (Aliyamsyah Siregar et al., 2025).

Fenomena ini semakin diperkuat oleh desain platform media sosial yang memprioritaskan *engagement* dibandingkan akurasi informasi (Raniya et al., 2024). Konten yang memperoleh banyak interaksi baik berupa komentar, *likes*, maupun *shares* cenderung lebih sering muncul di linimasa pengguna. Mekanisme ini membuat pengguna terjebak dalam lingkaran konten populer, bukan konten yang benar atau valid secara fakta.

Hasil observasi lapangan menunjukkan bahwa pola tersebut membentuk kebiasaan berpikir yang reaktif. Pengguna merespons informasi secara cepat tanpa melalui proses refleksi logis yang memadai, karena sistem platform mendorong kecepatan interaksi alih-alih analisis kritis. Akibatnya, ruang untuk penalaran mendalam semakin sempit dan pengguna semakin rentan menerima serta menyebarkan argumen yang keliru.

Dengan demikian, pola konsumsi informasi di media sosial pada dasarnya tidak memberikan ruang yang cukup untuk proses evaluasi logis yang mendalam. Pengguna lebih banyak berinteraksi dengan konten yang cepat, emosional, dan sesuai preferensi, sehingga rentan terhadap argumentasi yang menyesatkan.

Bentuk-Bentuk Kesalahan Logika yang Dominan

Dalam interaksi digital, kesalahan logika atau logical fallacies muncul secara berulang dan sering dianggap sebagai bentuk argumentasi yang sah. Berdasarkan analisis percakapan daring, komentar publik, dan wawancara dengan informan, ditemukan lima jenis fallacy yang paling dominan.

Pertama, ad hominem, yaitu menyerang pribadi lawan bicara alih-alih argumennya. Kesalahan ini paling sering terjadi dalam perdebatan politik dan isu moral. Informan mengaku bahwa ketika mereka tidak setuju dengan suatu pendapat, sering kali mereka justru mempertanyakan karakter pengunggah seperti "akun palsu," "pansos," atau "tidak kompeten," tanpa mengevaluasi premis argumen yang disampaikan. Media sosial, yang memfasilitasi anonimitas dan jarak sosial, membuat kecenderungan ini semakin kuat.

Kedua, bandwagon fallacy, yaitu menganggap suatu pendapat benar karena banyak yang percaya. Fenomena viral menjadi penyumbang utama jenis kesalahan logika ini. Informan menyatakan bahwa mereka cenderung mempercayai informasi yang banyak dibagikan, dikomentari, atau diberi tanda suka. Status viral diinterpretasikan sebagai bukti kredibilitas, padahal popularitas tidak identik dengan kebenaran. Dalam banyak kasus misinformasi, lonjakan engagement justru menjadi faktor penyebaran paling cepat.

Ketiga, false cause fallacy, yaitu menghubungkan dua fenomena yang tidak memiliki hubungan kausal. Ini sering muncul dalam isu kesehatan, ekonomi, atau politik. Misalnya, klaim "harga naik karena presiden tertentu," tanpa bukti hubungan langsung. Kesalahan ini berkembang karena media sosial menyederhanakan fenomena kompleks dalam narasi pendek, sehingga memunculkan logika yang terlihat masuk akal tetapi tidak valid.

Keempat, oversimplification, yaitu mereduksi masalah kompleks menjadi satu penyebab tunggal atau solusi tunggal. Informan sering mengaku terbantu oleh narasi ringkas, tetapi bentuk simplifikasi ekstrem ini membuat mereka gagal membaca konteks. Sebagai contoh, penyebab kriminalitas direduksi hanya menjadi "kemiskinan," padahal melibatkan banyak faktor lainnya.

Kelima, appeal to emotion, yaitu argumen yang menggugah perasaan tetapi tidak didukung bukti. Ini menjadi fallacy yang paling sulit dikenali karena konten emosional secara alami lebih menarik. Informan sering merasa "tersentuh" lalu membagikan postingan tanpa mengecek validitasnya. Konten semacam ini banyak ditemukan pada kampanye filantropi, kasus sosial, dan isu kontemporer.

Kesalahan logika yang dominan ini menunjukkan bahwa media sosial tidak hanya menjadi ruang berbagi informasi, tetapi juga arena reproduksi argumen yang tidak valid. Karena logika formal jarang diajarkan dalam konteks digital, banyak pengguna tertipu oleh struktur argumen yang tampak meyakinkan namun lemah secara nalar.

Faktor Psikologis, Sosial, dan Teknologis yang Mempengaruhi Penalaran Pengguna

Evaluasi logis tidak terjadi dalam ruang hampa; ia dipengaruhi berbagai faktor dari dalam diri pengguna maupun lingkungan teknologi yang menopangnya. Penelitian ini menemukan tiga faktor utama: psikologis, sosial, dan algoritmik.

Secara psikologis, pengguna media sosial memiliki kecenderungan alami untuk mencari informasi yang memperkuat identitas diri. Kebutuhan akan penerimaan sosial dan keinginan untuk terlihat benar membuat pengguna lebih memilih argumen yang mendukung posisi mereka. Fenomena ini disebut motivated reasoning. Informan mengaku lebih mudah percaya pada konten yang "sesuai nilai pribadi," bahkan jika konten itu lemah secara logis.

Selain itu, cognitive load atau beban informasi juga memengaruhi kualitas penalaran. Saat pengguna menghadapi banyak konten dalam waktu singkat, mereka cenderung mengambil jalan pintas mental (heuristics) dan tidak melakukan analisis mendalam.

Pada faktor sosial, tekanan kelompok atau peer influence menjadi salah satu penentu paling kuat. Pengguna yang berada dalam komunitas digital tertentu, seperti kelompok politik atau penggemar selebritas, merasa perlu mengikuti arus argumentasi kelompok untuk menjaga penerimaan sosial. Dalam wawancara, beberapa informan mengakui bahwa mereka enggan mengkritik argumen yang salah dalam grup WhatsApp keluarga atau komunitas karena takut dianggap berbeda atau memicu konflik. Kondisi ini menghambat proses berpikir kritis dan memperkuat fallacy yang berulang.

Teknologi juga memainkan peran besar melalui algoritma yang mengatur apa yang dilihat pengguna. Algoritma mempersonalisasi linimasa berdasarkan interaksi sebelumnya, sehingga pengguna hanya akan melihat konten yang selaras dengan preferensinya. Hal ini memperkuat filter bubble dan menurunkan sensitivitas terhadap argumen berlawanan, yang sebenarnya penting untuk melatih evaluasi kritis. Informan sering mengatakan bahwa mereka merasa informasi di linimasa mereka "benar semua," padahal itu hanyalah hasil kurasi algoritma, bukan gambaran realitas objektif.

Ketiga faktor ini bekerja secara simultan dan menciptakan kondisi di mana kemampuan berpikir logis tidak mendapatkan dukungan optimal. Pengguna menjadi lebih emosional, reaktif, dan selektif dalam menerima informasi, sementara ruang untuk refleksi rasional semakin menyempit.

Strategi dan Praktik Pengguna dalam Mengevaluasi Informasi di Media Sosial

Meskipun tantangannya besar, hasil penelitian menunjukkan bahwa sebagian pengguna memiliki strategi khusus untuk mengevaluasi informasi dan argumen. Strategi ini terbagi ke dalam dua kategori: strategi sadar (conscious strategies) dan strategi kebiasaan (habitual strategies).

Strategi sadar dilakukan oleh pengguna yang memiliki kesadaran tinggi terhadap risiko misinformasi (Syahputra et al., 2024). Beberapa informan menyebutkan bahwa mereka melakukan cross-checking ke beberapa sumber terpercaya sebelum mempercayai suatu informasi. Mereka juga memeriksa tanggal unggahan, identitas akun, dan mencermati apakah argumen diselesaikan melalui bukti atau hanya persuasi emosional. Strategi lainnya adalah membandingkan informasi dari media arus utama dan independen untuk melihat konsistensi data.

Strategi kebiasaan muncul dari pengalaman pengguna dalam menghadapi berbagai hoaks dan disinformasi yang beredar di media sosial. Banyak pengguna mengembangkan pola respons tertentu, seperti mengabaikan postingan yang terlalu sensasional, menghindari debat dengan akun anonim, atau menunda reaksi spontan terhadap konten yang provokatif. Praktik-praktik ini terbentuk secara alami seiring meningkatnya eksposur mereka terhadap konten yang menyesatkan (Gunawan & Barito, 2021).

Meskipun strategi tersebut tidak selalu didasarkan pada teori logika formal, pengalaman empiris pengguna menunjukkan bahwa langkah-langkah sederhana ini cukup efektif dalam mengurangi penyebaran informasi keliru. Kebiasaan menahan diri sejenak, meningkatkan kewaspadaan terhadap konten berlebihan, dan menghindari interaksi impulsif membantu menciptakan pola konsumsi informasi yang lebih hati-hati dan reflektif.

Temuan lain menunjukkan bahwa kemampuan evaluasi meningkat ketika pengguna memiliki literasi digital yang baik. Informan yang memahami konsep framing, bias media, dan klikbait lebih mampu menilai motif di balik sebuah konten. Mereka dapat mengidentifikasi struktur argumen yang tidak valid dan menyadari ketika suatu postingan berusaha menggiring opini (Wibowo, 2025).

Selain itu, edukasi informal dari konten kreator yang membahas fact-checking, logika, atau penjelasan ilmiah turut mendorong perkembangan kemampuan berpikir kritis. Beberapa pengguna mengikuti akun-akun edukatif yang membantu mereka mengenali fallacy. Hal ini menunjukkan bahwa meskipun media sosial rentan terhadap distorsi informasi, ia juga menyediakan ruang pembelajaran yang cukup luas.

Namun demikian, strategi individu tidak cukup untuk mengalahkan skala dan kecepatan misinformasi. Evaluasi logis membutuhkan dukungan struktural, seperti transparansi algoritma, edukasi digital sejak sekolah, serta kolaborasi antara pemerintah, platform digital, dan masyarakat. Jika tidak, pengguna akan terus berjuang sendirian dalam lingkungan informasi yang semakin kompleks (Saputra et al., 2023).

C. KESIMPULAN

Penelitian mengenai "Logika di Era Digital: Mengevaluasi Informasi dan Argumen di Linimasa Media Sosial" menunjukkan bahwa proses berpikir dan pengambilan keputusan masyarakat sangat dipengaruhi oleh karakteristik media sosial yang cepat, padat, dan emosional. Pola konsumsi informasi pengguna cenderung reaktif dan berbasis impresi, bukan analisis mendalam. Arus informasi yang dikendalikan algoritma membuat pengguna lebih banyak terpapar konten yang memperkuat keyakinan pribadi sehingga menghambat kemampuan evaluatif. Selain itu, temuan lapangan memperlihatkan bahwa kesalahan logika seperti ad hominem, bandwagon, false cause, hingga appeal to emotion hadir secara dominan dan sering diterima sebagai argumen sah meskipun tidak valid secara penalaran. Faktor psikologis, sosial, dan teknologis bekerja bersama-sama membentuk cara seseorang menilai informasi. Meskipun demikian, sebagian pengguna berhasil mengembangkan strategi evaluasi informasi melalui cross-checking, kebiasaan menahan impuls berbagi, serta peningkatan literasi digital. Semua temuan ini menunjukkan adanya ketidakseimbangan antara kemampuan berpikir kritis individu dengan kompleksitas ekosistem digital tempat mereka berinteraksi.

Dari hasil penelitian, dapat ditegaskan kembali bahwa logika memiliki peran fundamental dalam menjaga kualitas diskursus publik di era digital. Tesis utama penelitian ini menyatakan bahwa kemampuan mengevaluasi informasi dan argumen di media sosial sangat bergantung pada sejauh mana individu dapat menerapkan prinsip logika di tengah tekanan emosional, bias personal, dan kurasi algoritmik. Ketika pengguna memiliki pemahaman yang memadai tentang struktur argumen, jenis-jenis fallacy, serta mekanisme kerja media digital, mereka lebih mampu mengidentifikasi informasi keliru dan tidak mudah terseret arus opini populis. Sebaliknya, tanpa bekal logika yang kuat, pengguna rentan terperangkap dalam misinformasi, polarisasi, dan manipulasi retoris yang semakin marak di dunia digital. Tesis ini terbukti melalui pola temuan empiris yang menunjukkan bahwa tantangan utama bukan sekadar banyaknya informasi, tetapi ketidakmampuan pengguna untuk menilai validitasnya secara kritis dan rasional.

Kesimpulan penelitian ini menegaskan bahwa penguatan kemampuan berpikir logis bukan lagi pilihan, melainkan kebutuhan mendesak bagi masyarakat digital. Refleksi atas temuan lapangan memperlihatkan bahwa kesadaran kritis tidak muncul secara otomatis ia harus ditanamkan melalui pendidikan, pengalaman, dan intervensi struktural. Oleh karena itu, pengguna perlu mengembangkan kebiasaan aktif memverifikasi informasi, mempertanyakan sumber, dan memeriksa struktur argumen sebelum memberikan reaksi. Di tingkat sosial, penting bagi institusi pendidikan untuk memasukkan literasi logika dan literasi digital sebagai bagian kurikulum. Platform media sosial pun memegang peran penting dalam menciptakan mekanisme yang lebih transparan terhadap kurasi algoritmik. Pada akhirnya, kemampuan berpikir logis yang kuat akan melahirkan budaya digital yang lebih sehat, dialogis, dan bertanggung jawab. Melalui langkah-langkah kecil dan berkelanjutan, setiap individu dapat berkontribusi menciptakan ruang digital yang tidak hanya informatif, tetapi juga rasional dan bernilai bagi perkembangan masyarakat.

DAFTAR PUSTAKA

Aliyamsyah Siregar, I., Anrial, A., & Valentine, F. (2025). *Analisis Framing Pemberitaan Media Online Kompas. Com dan Metrotvnews. Com dalam Isu Politik Terhadap Polarisasi Pemilih dalam Pemilu 2024 (Edisi Januari 2024).* Institut Agama Islam Negeri Curup.

Andaryanto, A., Santoso, J. W., & Winarno, A. (2024). Prinsip dan Peran Logika sebagai Dasar Penalaran Ilmiah di Era Informasi. *Dewantara: Jurnal Pendidikan Sosial Humaniora, 3*(4), 189–198.

Fuadi, M. H., Sos, M., Mubarok, H., Sos, M., Rela, I. Z., Sos, D. R. M., Laksono, R. D., PD, S., PD, M. K., & Susilowati, T. (2025). *KOMUNIKASI FILOSOFI DAN METODOLOGIS.* MEGA PRESS NUSANTARA.

Gunawan, B., & Barito, M. R. (2021). *Kebohongan di dunia maya.* Kepustakaan Populer Gramedia.

Hanum, A. N., Utami, D., & Suwarso, W. A. (2022). Disonansi Kognitif Masyarakat Kalimantan Barat Akibat Banjir Informasi Covid-19. *Ekspresi Dan Persepsi: Jurnal Ilmu Komunikasi, 5*(1), 39–57.

Irawan, J., Yusuf, A. M., Iswanto, M. E., & Wati, V. (2024). PENERAPAN ALGORITMA DIJKSTRA DALAM SISTEM PENCARIAN LOKASI INDEKOS DI INDRAMAYU. *TEKNOKOM, 7*(2), 259–265.

Luddiana, Z. (2024). Prilaku Konsumsi Remaja Ponorogo Di Era Digital Sebagai Dampak Dari Penggunaan Media Sosial. *Iain Ponorogo.*

Mesah, W., Darma, F. E., & Lawalata, M. (2024). Memahami Logika Berpikir Sebagai Landasan Membangun Argumentasi Yang Kuat. *Jurnal Teologi Injili Dan Pendidikan Agama, 2*(3), 173–185.

Raniya, R. F., Lubis, P. H., Kesuma, T. M., Tabrani, M., & Nizam, A. (2024). *Dampak Social Media Marketing dalam Kepercayaan Konsumen.* Syiah Kuala University Press.

Rendi, R., Marni, M., Neonane, T., & Lawalata, M. (2024). Peran Logika Dalam Berfikir Kritis Untuk Membangun Kemampuan Memahami Dan Menginterpretasi Informasi. *Sinar Kasih: Jurnal Pendidikan Agama Dan Filsafat, 2*(2), 82–98.

Ronda, A. M. (2018). *Tafsir Kontemporer Ilmu Komunikasi: Tinjauan Teoretis, Epistemologi, Aksiologi*. Indigo Media.

Rosalina, I. F., Shovmayanti, N. A., Citrayomie, A. G., Yoman, M., Harsari, R. N., Fatimah, F., Deswindi, L., Gunarso, S., Laksono, R. D., & Riana, N. (2024). *Buku Ajar Psikologi Komunikasi*. PT. Sonpedia Publishing Indonesia.

Saputra, A. M. A., Kharisma, L. P. I., Rizal, A. A., Burhan, M. I., & Purnawati, N. W. (2023). *TEKNOLOGI INFORMASI: Peranan TI dalam berbagai bidang*. PT. Sonpedia Publishing Indonesia.

Setyawan, H., SIK, M., POLISI, K. B., PERSEORANGAN, K. K. I., & RI, L. (2023). Penguatan Literasi Digital Guna Menjaga Stabilitas Keamanan Menjelang Pemilu Tahun 2024 Dalam Rangka Ketahanan Nasional. *Kertas Karya Ilmiah Perseorangan, Jakarta (Id): Lemhanas*.

Sudibyo, A. (2022). *Dialektika Digital*. Kepustakaan Populer Gramedia.

Suhendra, S., & Pratiwi, F. S. (2024). Peran komunikasi digital dalam pembentukan opini publik: Studi kasus media sosial. *Iapa Proceedings Conference*, 293–315.

Sulianta, F. (2024). *Imagined Communities Dunia Siber*. Feri Sulianta.

Syahputra, R. A., Maliza, N. O., Kasmawati, K., & Putri, C. W. A. (2024). Strategi Peningkatan Kesadaran Data dan Informasi Masyarakat di Era Digital. *Jurnal Pengabdian Kepada Masyarakat Nusantara*, *5*(3), 3164–3171.

Wibowo, A. (2025). ARGUMEN HUKUM. *Penerbit Yayasan Prima Agus Teknik*.

BIOGRAFI PENULIS

Ahmad Dwi Juharmanto adalah mahasiswa Program Studi Pendidikan Agama Islam di Institut Ahmad Dahlan Probolinggo. Minat akademiknya meliputi kepemimpinan, dinamika organisasi pelajar, dan pengembangan nalar kritis. Dalam buku ini, ia berperan sebagai **ketua penyusunan**, sekaligus penulis bab berjudul *"Mengapa Logika? Membedah Peran Penalaran dalam Studi dan Kehidupan Sehari-hari."*

Ahmad Zaini adalah mahasiswa Program Studi Pendidikan Agama Islam di Institut Ahmad Dahlan Probolinggo. Minat akademiknya tertuju pada kajian filsafat dan ilmu logika dalam pendidikan. Saat ini, ia aktif menyusun Book Chapter mata kuliah Ilmu Logika. Ia merupakan penulis bab berjudul *"Peta Pemikiran: Membedakan Pemikiran Formal, Informal, Simbolis, dan Matematika."*

Noer Laili Rohmadhoni Novita Fitri adalah mahasiswa Program Studi Pendidikan Agama Islam di Institut Ahmad Dahlan Probolinggo. Minat akademiknya berfokus pada pengembangan nalar logis dan rasional dalam pendidikan. Dalam buku ini, ia menulis *"Empat Pilar Akal Sehat: Mengaplikasikan Hukum Identitas dan Cukup Alasan"* serta berperan sebagai **pengelola keuangan buku**.

Muhammad Adytia Maulana Zidqi adalah mahasiswa Program Studi Pendidikan Agama Islam di Institut Ahmad Dahlan Probolinggo. Minat akademiknya mencakup kajian logika, nalar kritis, kepemimpinan, dan organisasi pelajar. Dalam buku ini, ia menulis *"Anatomi Argumen: Mengurai Tiga Unsur Dasar Logika dari Pengertian hingga Penyimpulan"* serta berperan sebagai **pengelola keuangan buku**.

Febriana Hisana Hulwa adalah mahasiswa Program Studi Pendidikan Agama Islam di Institut Ahmad Dahlan Probolinggo. Minat akademiknya berkaitan dengan pengembangan kemampuan berpikir logis dalam pembelajaran. Dalam buku ini, ia merupakan penulis berjudul *"Seni Memberi Batasan: Teknik Merumuskan Definisi yang Tepat, Jelas, dan Bebas Ambiguitas."*

Fitria adalah mahasiswi Program Studi Pendidikan Agama Islam di Institut Ahmad Dahlan Probolinggo. Ketertarikannya berfokus pada kajian logika, literasi informasi digital, dan analisis kesesatan berpikir dalam media modern. Ia berkontribusi dalam buku antologi ini melalui penulisan bab berjudul *"Memetakan Realitas: Strategi Menggolongkan Informasi Secara Sistematis dan Konsisten."*

Vania Putri Nabila adalah mahasiswa Program Studi Pendidikan Agama Islam di Institut Ahmad Dahlan Probolinggo. Minat akademiknya mencakup studi pendidikan pembelajaran, Ia merupakan penulis bab berjudul "Berpikir dengan Perbandingan: Menggunakan Analogi untuk Menjelaskan Konsep Kompleks.". *Mahasiswa mampu membangun dan menilai kekuatan sebuah argumen analogis.*

Eka Putriana adalah mahasiswa Program Studi Pendidikan Agama Islam di Institut Agama Islam Ahmad Dahlan Probolinggo. Minat akademiknya meliputi kajian logika, filsafat pendidikan, dan pengembangan berpikir kritis. Dalam buku ini, ia menulis bab berjudul *"DARI PERNYATAAN KE ARGUMEN: MENGANALISIS STRUKTUR PROPOSISI KATEGORIS (A, E, I, O)."*

Iftitah Hidayati adalah mahasiswi Program Studi Pendidikan Agama Islam di Institut Ahmad Dahlan Probolinggo. Minat akademiknya meliputi kajian logika, analisis argumen, dan perkembangan pemikiran kritis dalam pendidikan. Ia berkontribusi dalam antologi ini melalui penulisan yang berjudul *"Memetakan Realitas: Dua Jalan Menuju Kesimpulan: Membedakan dan Menerapkan Penalaran Induktif dan Deduktif."*

Tanti Verawaty Nailis adalah mahasiswa yang memiliki minat pada pendidikan, logika, dan kajian keislaman. Ia aktif mengembangkan kemampuan berpikir kritis dan analitis melalui kajian filsafat dan logika. Dalam buku ini, ia menulis bab berjudul *"Seni Menyimpulkan: Menguasai Teknik Penyimpulan Langsung Melalui Oposisi dan Konversi."*

Marum Dasuki adalah mahasiswa Program Studi Pendidikan Agama Islam di Institut Ahmad Dahlan Probolinggo. Minat akademiknya mencakup studi kepemimpinan, dinamika organisasi pelajar, serta pengembangan nalar kritis dalam pendidikan. Saat ini, ia berfokus pada pentingnya integrasi logika dalam aktivitas sosial dan akademik. Ia merupakan penulis bab 11 berjudul "Jantung Logika Deduktif: Membangun Argumen yang Runtut dengan Silogisme Kategoris".

Samsul Huda adalah mahasiswa Program Studi Pendidikan Agama Islam di Institut Ahmad Dahlan Probolinggo. Minat kajiannya meliputi logika terapan, psikologi kognitif, dan pengambilan keputusan di era digital. Dalam buku ini, ia berkontribusi sebagai **penulis** bab *"Menavigasi Skenario 'Jika-Maka': Aplikasi Logika Hipotetis dalam Pengambilan Keputusan"* serta sebagai **editor**.

Habibatul Fitria adalah mahasiswa Program Studi Pendidikan Agama Islam di Institut Ahmad Dahlan Probolinggo. Minat akademiknya berfokus pada kajian logika dan pengembangan penalaran kritis. Dalam buku ini, ia menulis bab berjudul *"Mengurai Pilihan 'Atau': Teknik Penalaran Menggunakan Silogisme Disjungtif dan Konjungtif."*

Siti Maimunah adalah mahasiswa Program Studi Pendidikan Agama Islam di Institut Ahmad Dahlan Probolinggo. Minat kajiannya mencakup logika, strategi argumentasi, dan analisis perdebatan kritis, dengan fokus pada penerapan argumen dilema untuk menguji posisi lawan bicara. Ia menulis Bab berjudul, "Menjebak Lawan Bicara: Menerapkan Argumen Dilema untuk Menguji Posisi Seseorang".

Irfan Ali adalah mahasiswa Program Studi Pendidikan Agama Islam di Institut Ahmad Dahlan Probolinggo. Minat kajiannya meliputi logika informal, filsafat ilmu, dan etika berargumentasi dalam ruang digital. Saat ini ia aktif meneliti bagaimana kesesatan berpikir (fallacy) memengaruhi diskursus publik di media sosial. Ia merupakan penulis bab ini berjudul "Benteng Akal Sehat: Pengantar Mengidentifikasi Sesat Pikir (Fallacy) dalam Keseharian".

Luluk Mukarromah adalah mahasiswa Program Studi Pendidikan Agama Islam di Institut Ahmad Dahlan Probolinggo. Dedikasinya pada dunia pendidikan tercermin melalui minatnya pada pengembangan karakter peserta didik, penanaman nilai-nilai keislaman, serta pembentukan pola pikir kritis di lingkungan sekolah. Ia merupakan penulis bab 1 berjudul "Mahasiswa Mampu Mendeteksi dan Menolak Argumen yang Menyerang Pribadi, bukan Gagasan".

M. Arjuna Umar Faruq adalah mahasiswa Program Studi Pendidikan Agama Islam di Institut Ahmad Dahlan Probolinggo. Minat kajiannya berfokus pada epistemologi, analisis kritis terhadap wacana publik, serta validasi sumber informasi di era digital. Saat ini, ia aktif menelaah bagaimana bias otoritas mempengaruhi pengambilan keputusan masyarakat. Ia merupakan penulis bab 18 berjudul "Kata Pakar" Belum Tentu Benar: Mengevaluasi Argumen Berbasis Otoritas (Argumentum Auctoritatis).

Nur Wahid adalah mahasiswa Program Studi Pendidikan Agama Islam di Institut Ahmad Dahlan Probolinggo. Minat kajiannya meliputi psikologi kognitif, logika terapan, dan dinamika persuasi dalam komunikasi digital. Ia aktif meneliti bagaimana kesesatan berpikir dimanipulasi dalam wacana publik dan media sosial. Dalam buku antologi ini, ia menyumbangkan bab berjudul "Menavigasi Skenario Logika Ancaman dan Belas Kasih: Mewaspadai Sesat Pikir *ad Baculum* dan *ad Misericordiam*".

Nurul Lailatul Aulia adalah mahasiswi Program Studi Pendidikan Agama Islam di Institut Ahmad Dahlan Probolinggo. Minat kajiannya meliputi psikologi sosial, dinamika opini publik, serta analisis perilaku kolektif di era digital. Ia menaruh perhatian khusus pada bagaimana tekanan mayoritas sering kali mengaburkan objektivitas fakta dalam masyarakat. Ia merupakan penulis bab berjudul "Ikut-ikutan Orang Banyak: Mengkritisi Argumen Populis (Argumentum ad Populum)"

Intan Fitriani adalah mahasiswa Program Studi Pendidikan Agama Islam di Institut Ahmad Dahlan Probolinggo. Minat akademiknya berfokus pada kajian logika dan analisis kesalahan berpikir. Dalam buku ini, ia menulis bab berjudul *"Mencari Kambing Hitam: Menghindari Kesalahan Logis Sebab-Akibat."*

Choirun Nisak adalah mahasiswi Program Studi Pendidikan Biologi di Institut Ahmad Dahlan Probolinggo. Minat kajiannya meliputi metodologi penelitian ilmiah, integrasi logika dalam proses pembelajaran, serta pengembangan berpikir kritis di kalangan mahasiswa. Ia adalah penulis bab berjudul "Dari Ide ke Teori: Peran Logika dalam Membangun Kerangka Pemikiran Ilmiah."

Najwa Nuril Maulida Alfianti memiliki minat akademik pada pengembangan berpikir kritis, penerapan logika dalam pengambilan keputusan, serta inovasi pembelajaran berbasis teknologi. Ia berfokus pada integrasi logika dalam aktivitas sosial dan akademik. Dalam buku ini, ia merupakan penulis berjudul *"Menguji Dugaan Sementara: Merancang dan Memverifikasi Hipotesis Secara Logis."*

Choirul Umam adalah mahasiswa Program Studi Pendidikan Agama Islam di Institut Ahmad Dahlan Probolinggo. Minatnya mencakup filsafat ilmu, logika, dan dinamika pergeseran paradigma pengetahuan. Dalam buku ini, ia berperan sebagai **penulis Bab 26** *"Mengganti Cara Pandang: Memahami Konsep Pergeseran Paradigma (Paradigm Shift) dalam Ilmu"*, sekaligus sebagai **editor dan pemeriksa kesalahan dalam penulisan buku**.

Achmad Habibi adalah mahasiswa Program Studi Pendidikan Agama Islam di Institut Ahmad Dahlan Probolinggo. Minat akademiknya meliputi pengembangan nalar kritis, filsafat logika, dan kepemimpinan dalam pendidikan. Dalam buku ini, ia merupakan penulis Bab berjudul *"Akar Pemikiran Rasional: Menelusuri Jejak Logika dari Aristoteles hingga Era Modern."*

Rofiatus Zahro adalah mahasiswa Program Studi Pendidikan Agama Islam di Institut Ahmad Dahlan Probolinggo. Dalam buku ini, ia menulis bab berjudul *"LOGIKA DALAM DEBAT PUBLIK: MENGANALISIS ARGUMEN POLITISI DI MEDIA MASSA."*

Fitri Shofiatul Ulul Hikmah adalah mahasiswa Program Studi Pendidikan Agama Islam di Institut Ahmad Dahlan Probolinggo. Minat akademiknya berkaitan dengan pengembangan berpikir kritis dan penerapan logika dalam konteks digital. Dalam buku ini, ia menulis bab berjudul *"Logika di Era Digital: Mengevaluasi Informasi dan Argumen di Linimasa Media Sosial."*

Rifqi Khairul Anam menyelesaikan studi Doktoral Filsafat di Universitas Gadjah Mada (2021) setelah sebelumnya menuntaskan pendidikan Sosiologi di Universitas Muhammadiyah Malang. Minat intelektualnya terentang dari eksistensialisme hingga filsafat teknologi. Karya terbarunya antara lain *Filsafat Teknologi Martin Heidegger* (2025) dan *The Abyss And The Ascent* (2025). Saat ini aktif sebagai dosen di Institut Ahmad Dahlan Probolinggo, mengampu mata kuliah yang berfokus pada pengembangan nalar kritis dan logika.

www.ingramcontent.com/pod-product-compliance
Lightning Source LLC
LaVergne TN
LVHW050629051026
849532LV00002B/330